# 何处是乡土

## 近代中国的乡村经济话语

李金铮 著

中华书局

**图书在版编目(CIP)数据**

何处是乡土？:近代中国的乡村经济话语/李金铮著. —北京：中华书局,2025.7. —ISBN 978-7-101-17259-1

Ⅰ.F329.05

中国国家版本馆 CIP 数据核字第 2025ZT2232 号

| | | |
|---|---|---|
| 书　　名 | 何处是乡土？——近代中国的乡村经济话语 | |
| 著　　者 | 李金铮 | |
| 责任编辑 | 王贵彬 | |
| 装帧设计 | 刘　丽 | |
| 责任印制 | 陈丽娜 | |
| 出版发行 | 中华书局 | |
| | （北京市丰台区太平桥西里 38 号　100073） | |
| | http://www.zhbc.com.cn | |
| | E-mail:zhbc@zhbc.com.cn | |
| 印　　刷 | 河北新华第一印刷有限责任公司 | |
| 版　　次 | 2025 年 7 月第 1 版 | |
| | 2025 年 7 月第 1 次印刷 | |
| 规　　格 | 开本/920×1250 毫米　1/32 | |
| | 印张 14⅜　插页 2　字数 350 千字 | |
| 国际书号 | ISBN 978-7-101-17259-1 | |
| 定　　价 | 98.00 元 | |

# 目　录

## 上　篇

题同释异：中国近代农民何以贫困 …………………………… 3

　一、单因论 …………………………………………… 6

　二、多因论 …………………………………………… 10

　三、双因论 …………………………………………… 15

　余　论 ……………………………………………… 21

近代中国耕地“红线”之争 ………………………………… 25

　一、对耕地“红线”的不同估计 ……………………… 26

　二、人口压力说居于主流 ……………………………… 31

　三、解决人口压力办法的纷争 ………………………… 36

　四、反对人满为患和减少人口 ………………………… 44

**机械与机械化：近代中国农业现代化的共识及忧虑** …… 53

　　一、倡导农业机械 ……………………………… 55

　　二、采行农业机械之具体设想 ………………… 65

　　三、农业机械推行不足之解释与质疑 ………… 76

　　结　语 …………………………………………… 88

**大农与小农：清末民国时期中国农业经营规模的论争** … 93

　　一、何谓大农经营和小农经营？ ……………… 95

　　二、大农经营与小农经营优劣之争 …………… 101

　　三、实现大农经营的设想 ……………………… 109

　　四、大农经营未见成效与小农经营的持续 …… 117

　　结　语 …………………………………………… 125

**毁灭与重生的纠结：二十世纪三四十年代**

**中国农村手工业前途之争** ……………………… 129

　　一、手工业必然解体与必须发展机器工业 …… 130

　　二、手工业陷于崩溃之途与眼下仍有提倡之必要 …… 135

　　三、机器工业化不易完全实现与仍要发展农村手工业 … 139

　　四、机器工业与农村手工业的多重纠葛与

　　　　发展农村工业 ……………………………… 143

**释"高利贷"：基于中国近代乡村之考察** ……… 151

　　一、众说纷纭的高利贷标准 …………………… 152

　　二、超过民间社会认可的高利率借贷才是高利贷 …… 159

三、扩大和泛化高利贷政策及其反应 ………………… 170

结　语 …………………………………………………… 178

# 下　篇

**求利抑或谋生：国际视域下中国近代农民**

**经济行为的论争** ……………………………………… 183

一、中国农民是理性小农，追求利益最大化 ………… 184

二、中国农民主要是追求谋生和效用最大化，

　　但也属合理的经济行为 …………………………… 191

三、农民谋生、谋利的双重或多重逻辑 ……………… 200

**洋学者与中国的相遇：卜凯农村调研的西学意识与**

**比较意识** ……………………………………………… 209

一、中国农村经济调查和研究的西学观 ……………… 211

二、中西农业经济之比较 ……………………………… 223

三、中西比较下中国农村传统的改进与继承 ………… 239

结　语 …………………………………………………… 250

**"研究清楚才动手"：二十世纪三四十年代费孝通的**

**农村经济思想** ………………………………………… 253

一、人口对土地的压力 ………………………………… 255

二、土地分配关系的分散与不均 ……………………… 261

三、租佃关系的紧张与缓和 ················· 267

四、小农经营方式的落后与无奈 ··········· 272

五、农村手工业的危机与发展的必要性 ····· 278

六、商品市场与资金市场的动力及其影响 ····· 286

结　论 ··································· 292

**"相成相克":二十世纪三四十年代费孝通的**

**城乡关系论** ····························· 297

一、城乡关系"相成相克"概念的提出 ······· 300

二、传统城乡关系的"平衡"与相成 ········· 305

三、近代城乡关系的相克与分裂 ··········· 312

四、重建城乡之间的有机循环 ············· 325

结　语 ··································· 335

**"土货化"经济学:方显廷及其中国经济研究** ····· 339

一、一个经济学家的成长 ················· 340

二、"中古式与半殖民地式"经济形态 ······· 348

三、机器工业化与现代化 ················· 354

四、传统乡村手工业的瓦解和改进 ········· 360

五、农村经济的衰落与复兴 ··············· 367

六、货币金融与经济之关系 ··············· 372

七、自由主义计划经济 ··················· 378

结　语 ··································· 385

**早期中国马克思主义学者对农村经济的主张**…………389

一、半殖民地半封建的农村经济 ……………………390

二、中国农民的贫困化 ……………………………393

三、土地集中与重新分配 …………………………396

四、地主与农民的剥削与被剥削关系 ………………399

五、农家经济由传统向集体化的变革 ………………402

参考文献 ………………………………………407

后　记 …………………………………………449

上 篇

# 题同释异:中国近代农民何以贫困

近代以来,中国社会之演变过程,也是中国知识分子不断反思和批判的过程。中国农村以其历史悠久、地位重要和纷繁复杂,更是备受关注,贫困问题就是其中的焦点之一。这一历史时期,中国农村社会经济发生了许多"进步性"的变化,比如自然经济趋于解体,经济作物专业区域增加,农产品商品化程度提高,手工业经营中的资本主义因素开始成长,农民生活消费结构有了一些新的变化等等,但无论发生什么变化,从维持生存的绝对意义而言,中国农民的物质生活仍是非常贫苦的。以二十世纪二三十年代的研究而言,无论是激进派马克思主义学者,还是非激进派学者,尽管他们对"贫困"标准的理解不尽相同,但在实际调查和分析的基础上,几乎都得出了中国农民的生活处于"绝对贫困"的同样结论。仅以后一类学者为例,著名社会学家费孝通指出:"中国农村的基本问题,简单地说,就是农民的收入降低到了不足以维持最低限度生活水平所需的程度。中国农村真正的问题是人民的饥饿问题。"[1] 农业经济

---

[1] 费孝通:《江村经济——中国农民的生活》,江苏人民出版社1986年版,第200页。

学家卜凯也指出:"中国农人的生活程度之低,从各方面皆可看出。收入方面既是渺小的可怜,而且其中大部分还是仅仅用于维持物质生活方面的要素。生活必须费用虽占入款的大部分,可是食物既缺乏营养,且又终年不变,衣服极粗,仅足蔽体,住室简陋,聊蔽风雨。"[①]据社会学者柯象峰统计,农民中生活在贫穷线以下的人口约占农民总数的3/4,若以全国总人口4.5亿计算,有不下2.6亿人,约为全国人口总数的60%[②]。毋庸讳言,那个时代的知识人,为了急于复兴中国农村,改变中华民族落后之面貌,关于农村经济和农民生活的描述,可能多少有夸大危机的成分,但我们绝不同意现在有些学者所说的,这些人的描述更多的是出于想象甚至是编造。一个时代的现实作品和社会意识总是基本上反映了社会存在,将那个时代学者的研究贬斥为想象和编造,既违背了历史常识,也是对中国近代农村经济史的无知,更是对那个时代知识分子本身的不尊重。当然,从历史变化的角度来看,二三十年代的中国农村经济和农民生活不一定比此前更加恶化,但农民仍处于绝对贫困状态则是可以肯定的,这已经被大量的史料和研究所证明。要之,农民贫困是反映中国近代社会主流和本质的一个大问题,某个时段或某个地区的枝节的"改善"远不足以撼动这个主流和本质。近些年所谓"改善"和"发展"说,仅具相对意义,而非绝对意义[③]。笔者以为,

---

① 〔美〕卜凯著,张履鸾译:《中国农家经济》,商务印书馆1936年版,第558页。

② 柯象峰:《中国贫穷人口之估计》,《新社会科学》1931年第1卷第4期。

③ 近些年来,有的学者从一个极端走向了另一个极端。如果说,以往所谓中国近代农村经济和农民生活不断恶化之说属偏颇之论,而今有的学者又将近代中国尤其是民国时期描画为"天堂",认为中国近代农民生活处于不断改善之势,甚而认为多数农民过着幸福的生活,则同样属偏执之说。(转下页)

中国近代农村的问题已经不是农民是否贫困，而是农民为什么贫困，与之相连的是农村经济为什么落后。只有对此做出一个合理的解释，才能真正深入到中国近代社会的深处，也才能真正谈得上解决中国社会矛盾。应该说，近代以来，社会各界对这一问题从未停止过讨论，但只有到了二三十年代，这一讨论才达到前所未有的激烈程度，也正是在这一时期，人们的社会危机感才愈加强烈起来。其背景显然与这一时期的时局动荡和社会思潮的活跃有关：一是大革命时期结束前后，与革命前途相关联的对中国社会性质、中国农村社会性质的大讨论，尤其是中共革命的大规模实践，推动了对中国农村社会经济尤其是农民贫困问题的探讨；二是南京国民政府和知识界提出了"复兴农村"的口号，而复兴农村的前提则是要了解此前中国农村尤其是农村社会经济矛盾、农民贫困的状况，由此掀起了对中国农村调查、研究和讨论的高潮；三是受世界经济危机、日本侵略东北三省和水旱灾害集中爆发的影响，中国农村经济一度陷入低谷，农民生活更加困难，从而引发了社会各界的关注。而这一时期中国社会的动荡、国民政府统治力的薄弱，也为学

---

（接上页）还有的学者认为，就整个中国近代社会而言，农村经济和农民生活水平虽不能说不断恶化，但也不是不断改善，而是有高低起落，处于波动之势。以学界争论较多的南京国民政府统治的前十年而言，农村经济和农民生活在世界经济危机期间一度处于低谷，从而导致乡村社会的危机，也是引发知识界大讨论的缘由之一。不过，在低谷之外的年头，农民生活比以前不一定恶化，甚至有所改善。尽管如此，就总体来看，中国近代农民生活不一定比古代就好。已有学者的研究证明，二十世纪三十年代中期，江南居民的生活消费水平还不如十九世纪初期。参见李伯重：《中国的早期近代经济——1820年代华亭—娄县地区GDP研究》，中华书局2010年版，第255—263页。这也就是说，农民生活并未随着历史迈入近代而有所改善。

者的自由论争提供了一定的空间。总之,由于以上的机缘,社会各界对当下乃至整个近代中国农村社会、农民生活贫困的问题更加关注,争论更加激烈。正如社会学家李景汉所言:"对于农村问题的症结与其解决的办法,近年以来已经发表了极多的言论,提出了不少的主张。仁者见仁,智者见智,均有其独到之点。"①迄今,这些言论已经成为非常珍贵的思想遗产,然尚未引起相关学界应有之重视,仅在一些实证研究中作为资料引用,至于思想史、学术史视域下的探讨则尚付阙如。本文之主旨,就是钩沉相关史料,将最具代表性的论争做一梳理,以反映这一时期学界对中国农村社会经济和农民生活进行探讨的思想脉络。与此同时,也为今天的中国近代农村社会经济史、农民史研究提供对话的起点。也就是说,首先应该弄清那个时代的人们是如何说的,由此出发继续进行相关研究,超越前人,避免有人动辄自言学术创新的夸大其词。历史并不遥远,这一学术史、思想史的阐述,相信也能为当今的中国农村建设、社会建设提供一些认识上的借鉴。

# 一、单因论

所谓"单因论",就是一些学者侧重从某一方面论证中国农民贫困的原因。大略言之,有以下六种表现形式:

1. 有的学者强调帝国主义的经济侵略

中国近代社会经济的变化,始自外国列强的军事侵略和经济侵略。于是,有不少学者将中国的社会经济问题之所以产生

————————

①李景汉:《中国农村问题》,商务印书馆1937年版,第121页。

归因于外国列强的侵略。经济学者、"重工派"代表人物之一袁聘之就持此观点。他认为，导致中国农村经济破产的主要原因，不是内在的农业生产之落后，而是由于外来帝国主义的商品侵入穷乡僻野，帝国主义对农村不断的残酷榨取，这由1842年以前中国农村经济未曾破产，而破产的加速又为近几年资本主义的恐慌，对中国大量倾销的时期可以证明。也就是说，农业建设如果不能阻止帝国主义商品的侵入，则农民的收入不仅不能增加，甚至还要减少。1933年全国的丰收就是一个例证：由于农产品价格低落，农民反以丰收为灾。至于农业生产增加后，企图以农产品的大量输出来提高或保持农产品的价格，增加农民收入，在事实上更不可能。他因此认为，在资本主义长期恐慌的今日，在各帝国主义者施行货币关税，用尽各种方法倾销其农产品及原料的今日，那只是一种幻想。由此可知，救济农村不是建设农业可以济事，必须阻止帝国主义商品的侵入，才能达到目的[1]。

2. 有的学者强调人口因素

在清前期，中国人口由顺治朝的5000多万迅速增至康熙朝的1.2亿人、乾隆末年的3亿人和道光朝的4亿多人。自此以后，人口膨胀及其危害成为朝野上下关注的社会焦点，洪亮吉、汪士铎的言论曾盛极一时。在二十世纪二三十年代，主张人口压力巨大的学者也是相当之多。不过，其中特别强调人口压力导致农民贫困者，主要是农业经济学家乔启明。他认为，

---

[1]袁聘之：《论中国国民经济建设的重心问题——重农重工问题之探讨》，罗荣渠主编：《从"西化"到现代化——五四以来有关中国的文化趋向和发展道路论争文选》，北京大学出版社1990年版，第839—841页。

近年以来,中国农村社会,迭经外铄内发种种因素的摧残,几已濒于破产。目前国家一切严重的社会、政治、经济等问题,与农村人口过剩多有直接关系。中国虽称地大物博,然地虽大而多不适于利用。今后利用科学,改良生产技术,或调整土地利用,固能增加生产,然人口增加若不予以有效的限制,仍难解决人口与粮食问题。总之,乔启明认为中国农村社会问题的本原为人口过剩,今后提高中国生活程度之道,固在增加土地,或促进文化,而人口问题之首获解决,尤为重要。苟此人口过剩的核心问题得其解决,则其他一切问题不难迎刃而解[①]。

3. 有的强调军阀混战

辛亥革命推翻皇朝帝制后,中国陷入军阀割据和军阀混战时代。每次战祸,必致战区生灵涂炭,民不聊生。于是,一些学者特别强调军阀战争的恶果。如统计学和经济学家陈其鹿以陕西农村为例指出,农村破产,已至山穷水尽之境。此种灾荒之造成,主要原因不出袁世凯时代所遗留残余军阀的恶劣影响。举凡各种苛捐杂税的征收、杂项摊派的剥削、粮食牲畜的供应、不兑换流通券的发行、土匪之遍野,无一而非军阀所造成。贪官污吏不过为军阀的爪牙,土豪劣绅流氓地痞则在杂色军队统治下而愈形猖狂,至于高利贷不过为民穷财尽后之自然现象,皆非促成农村崩溃的主要原因,主因无非为军阀争夺地盘与军费之浩繁[②]。

4. 有的强调国内政治与社会秩序不良

所谓政治与社会秩序不良,既与上一因素相关,但又不尽

①乔启明:《中国农村经济学》,商务印书馆1946年版,第7—8页。
②陈其鹿:《陕西省农业金融之概况》,《社会经济月报》1934年第1卷第10期。

然,其涉猎范围较广。著名学者胡适认为,全国农村大都陷入了破产的状态,这里面的因子很复杂。有许多因子是由于世界的变迁、国际的关系,但绝大多数的农村所以破产,农民所以困穷,都是由于国内政治的不良、剥削太苛、搜括太苦、负担太重。现时内地农村最感苦痛的是抽税捐太多,养兵太多,养官太多。"在这种苦痛之下,人民不逃亡,不反抗,不做共产党,不做土匪,那才是贱种哩!"[①]他不同意帝国主义经济侵略导致了中国农民贫困,"如说'贫穷则直接由于帝国主义的经济侵略',则难道八十年前的中国果真不贫穷吗?如说'扰乱则间接于由于帝国主义之操纵军阀',试问张献忠、洪秀全又是受了何国的操纵?今日冯、阎、蒋之战又是受了何国的操纵?"[②]

5. 有的学者强调天灾人祸

天灾人祸是中国历史上的老问题,只是近代尤其是民国以后更加频繁罢了。一个署名起予的学者通过对山西几个村镇的研究指出,农村的种种衰颓,有的固然是由于它们特殊的经济背景所造成,而大部分是历年天灾、人祸和整个政治的、经济的恶因的反映。这几个镇的情况可以代表中国农村一般的情形,至少可以代表山西的农村[③]。

6. 有的学者强调农民负担苛重

苛捐杂税古已有之,历代王朝官民矛盾的激化往往由此而起。相比而言,民国以后,中国农民的负担有明显加重的趋势,引起学者的重视。财政学者任树椿认为,农村经济之崩溃,固

---

①胡适:《从农村救济谈到无为的政治》,《独立评论》1933年第2卷第49号。
②《胡适之答梁漱溟先生》,《新月》1930年第3卷第1期。
③起予:《大孟黄寨青龙镇三村访问记》,《新农村》1933年第3—4期。

有其他种种关系,而田赋问题,关系农民经济与国家财富,至为重大。历来中国田赋之积弊,实罄竹难书,如附加税之繁重,税则之紊乱,征收制度之不良,在在足以使农民负担加重,农民生活困苦,国家收入减少[①]。

以上所列,不一定全面,但可以看出,对造成中国农民贫困持单因论者,学术背景比较复杂,他们一般是从各自的角度和理解强调某一方面的原因,并提出中国农村社会改革的意见。衡诸近代中国农村经济和农民生活的实际,各家看法均不无道理,皆为社会存在的部分反映。不过,他们仅从单一角度或主要从一个角度进行分析,有其偏颇之处。

## 二、多因论

与单因论相比,更多的学者主张多因论,即从多侧面、多角度解释中国近代农民贫困的原因。他们之中,多数是研究中国农村社会经济的专家,也有从事乡村建设实验的改良派。

卜凯一向被称为中国农村经济研究"技术派"的代表人物。他认为,农村的贫困是由于农场面积的零细、生产力的薄弱、人口的繁密、劳力的过剩、农民平时积蓄的缺乏、水利不修、交通不便、森林太少、缺乏信用组织等项,因此他主张人口节制、公允地租、改善运输机关、推广信用制度、增进农业技术、整理水利等项[②]。

著名哲学家、乡村实验派代表人物梁漱溟认为,对中国乡

①任树椿:《中国田赋之沿革及其整理之方案》,《东方杂志》1934年第31卷第14号。
②〔美〕卜凯著,张履鸾译:《中国农家经济》,第561—565页。

村和农民的破坏力量有三：一是政治属性的破坏力，即兵祸、匪祸、苛征等；二是经济属性的破坏力，即外国之经济侵略；三是文化侵略的破坏力，即礼俗风尚之改变等。三大破坏力以文化居先，而政治最大，因破坏不外两面，国内与国外的，国内的固当由政治负责，即国际的侵略其责亦在政治[①]。

以晏阳初为代表的中华平民教育促进会认为，中国农村经济之所以崩溃，中国文明的进步之所以受到阻碍，是因为中国农民有愚、穷、弱、私四大缺点，即：缺乏知识力，不但没有适当的知识，更不识本国的文字，如何能取得知识，更提不到享受文化！在生计上，生产低落，经济困难，生活在生存的水平线之下，没有增加生产、改善经济组织的能力。身体衰弱，对于公共卫生，毫无办法，真是病夫的国家！更要紧的是人民不能团结，不能合作，缺乏道德的陶冶，缺乏公民的训练，无法自立自强[②]。

国际联盟驻华技术合作代表拉西曼，在向国联行政院及对华技术合作委员会提交的报告书中指出，中国农业生产和农民生活危机的基本原因是：生产技术不精，农业产额低微，高利借贷，赋税过重（尤以附加税为然），以及国内大部分所通行的苛刻而不经济的佃租制度[③]。

财经专家朱偰认为，农民经济没落的原因主要有三个方

① 参见李景汉：《中国农村问题》，第 123 页；许莹涟等编述：《全国乡村建设概况》第 1 辑上册，山东乡村建设研究院 1935 年版，第 27 页。

② 李景汉：《定县社会概况调查》，中华平民教育促进会 1933 年版，第 785—786 页。

③ 李紫翔：《拉西曼报告书之农业部分的批评》，千家驹等编：《中国乡村建设批判》，新知书店 1936 年版，第 72 页；千家驹：《我们对于农业技术改良运动的态度》，《中国农村》1936 年第 2 卷第 7 期。

面,而每个方面又可再加细分:(1)自然原因。如水旱、蝗灾、瘟疫频繁。(2)政治原因。税捐繁重,间接消费税多,加重平民负担,直接税如田赋及营业税皆落在生产者身上,而受其害最烈者,厥为农民;公债泛滥,中国历年发行公债超过游资二倍,其代价就是信用膨胀,游资集中都市,农村金融偏枯,农产品价格暴跌,甚至地方典当铺也纷纷倒闭,农民欲求高利贷维持生存而不可得。(3)经济原因。在工业化过程中,机器工业以及洋货的倾销剥夺了中国农村副业;入超日趋增加,现银外流,金融益趋紧缩,物价更趋跌落;洋米进口增加,压低国内米价及麦价,摧毁了国内农业[1]。

社会学家李树青通过对北京清华园附近一个村庄的研究,认为导致农民贫穷的原因主要有四个方面:(1)土地分配不均。土地分配不均是构成农村崩溃最主要的原动力,土地过细的分割是农民贫穷的主因。(2)人口与劳力过剩。人口过剩不过是劳力过剩的结果,因都市中新兴工业逐渐没落,劳力市场狭窄,于是大批失业的农民必然导致人口过剩的现象。(3)佃租率过高。由于半自耕农及佃农的众多,导致佃租率过高。(4)利息苛重。高利贷资本是破坏农村最有力的原素,将来如无法制止农村金融的不断向外流动,则农村金融愈枯竭,高利贷资本愈活跃,而投资于土地者亦愈少,结果是农村土地日益荒废,农业再生产行程日益萎缩,农民生活程度也日益低落,势必整个农村完全破产[2]。

---

[1] 朱偰:《农村经济没落原因之分析及救济农民生计之对策》,《东方杂志》1935年第32卷第1号。

[2] 李树青:《清华园附近农村的借贷调查》,陈翰笙主编:《解放前的中国农村》第3辑,中国展望出版社1989年版,第36—38页。

　　社会学家费孝通认为，土地分配不均，地租剥削，苛捐杂税，手工业衰落，天灾人祸是导致农民生活贫困的重要因素：（1）土地分配不均。虽然一个社会的生活程度最后决定于生产力，但是生产技术和生产力不能提高所有农民的生活水平，因为土地分配不平均，每家所得农产物分配也不平均，从而导致一些农民不够食用。（2）地租剥削与苛捐杂税。中国农民所支出的项目并不全是消费，还包含着地租、捐税和摊派。中国土地上至少有 1/4 的收获在地租项目及类似的剥削制度下，脱离了生产者的掌握。一半的农民不够靠所剩余的一部分来维持生活，不能不靠借贷过活。（3）中国农村手工业遭受机器工业和外国货的冲击，迅速衰退，城镇和农村之间的经济平衡被打乱，农民连维持一种最低下生活标准的传统调整办法也做不到了。（4）天灾人祸。灾祸、劫掠、敲诈、瘟疫等意外的打击，各种非法的摊派，供给过境的军队的消耗，以及各种强拉的工役，这些是比土地制度更为紧急的[①]。

　　社会学家吴景超将农民的贫困归结为五个方面的原因，包括土地没有充分利用，农业产量低，分配不公平，人口数量太多，以及各种封建剥削等。（1）农民的农场太小。平均不过 24 亩左右，还有许多农场不到这个数目。（2）生产方法落伍。无论是小麦、稻米还是玉米、棉花，中国农民的成绩都远不如他国农民。（3）交通不便。农民的出产品在市场上得不到善价。

---

[①] 费孝通：《中国绅士》，中国社会科学出版社 2006 年版，第 78—79 页；费孝通：《江村经济——中国农民的生活》，第 196 页；费孝通：《禄村农田》，《费孝通文集》第 2 卷，群言出版社 1999 年版，第 269、272 页；费孝通：《乡土重建》，《费孝通文集》第 4 卷，群言出版社 1999 年版，第 381、394、405—408 页。

（4）副业的衰落。许多副业的出产与外国的出产相竞争而被淘汰，农民丧失了一笔重要的收入。（5）各种剥削势力。地主、高利贷者、奸商、苛捐杂税、股匪与劣兵的骚扰等，都造成中国农村普遍的破产[①]。

经济学者归廷轮认为导致农民贫困的原因有六个方面：（1）帝国主义的经济侵略。我国腹地，无论穷乡僻壤，都充斥着的洋货，农民的土产和幼稚的工商业日渐萎缩，自足经济被破坏殆尽了。（2）地主豪绅及商业资本之剥削。地主豪绅的重田租和高利贷剥削不减于往日，甚至反变本加厉。（3）捐税之繁重。中国目前捐税之繁重已达登峰造极，超过农民负担的限度，加速了农村破产和经济崩溃。（4）农作物价格惨落。农作物价格惨落，减少了农民的收入，使农民感到经营农业的绝望。（5）副业之衰败。在帝国主义的侵略下，中国农村的丝和茶两种副业一落千丈。（6）天灾人祸频仍。天灾使农民终岁辛劳的结果概被摧毁，人祸使农民不能安居乐业[②]。

还有一些学者所列举的原因，就更多了。如社会学家言心哲认为有九个方面：国际帝国主义经济势力的侵略，农村金融机关的缺乏，赋税繁重，商人、土豪、地主的剥夺，战争的祸害，农村社会缺乏组织，不事生产的人口增加，交通不便，水利不讲，灾荒流行等[③]。农村社会学家顾复认为有九个方面：耕作面积过于狭小，农业组织不具备，农民生计困难，租种农颇多，

①吴景超：《第四种国家的出路——吴景超文集》，商务印书馆2008年版，第15页。
②归廷轮：《农村经济没落之原因及其救济方案》，《东方杂志》1935年第32卷第1号。
③言心哲：《农村社会学概论》，中华书局1939年版，第355—359页。

金融机关不振，灾害流行，官民的轻视，农村缺乏指导者，财政困难等[①]。农村社会学家杨开道总结为十二个方面：农民太无知识，收入太少，交通不便，缺乏资本，没有领袖人才，政府太不负责，社会忽视，地主压迫，金钱外溢，兵灾匪祸，农民保守性太重，没有组织等[②]。

以上所列多因论观点，有三个方面值得注意：第一，多因论者所持观点，比单因论者丰富全面，但仔细对照分析，其实际上多是对单因论中几个或多个观点的综合和叠加；尽管如此，他们的观点同样在一定程度上反映了中国农村经济和农民生活的实际。第二，多因论者对所列出的各种因素，一般都是并列视之，而未分别主要和次要，颇有眉毛胡子一把抓的意味。第三，不仅主次不分，所列各个因素之间还经常出现相互重叠、同义反复的现象，缺乏因果勾连。也正是由于第二、三两个方面的原因，多因论者对中国农民贫困的解释深度大大降低了。

# 三、双因论

所谓"双因论"，就是认为中国农民的贫困，主要是由于帝国主义的侵略和封建势力的压迫剥削所导致的。尽管有的论者将之细化为诸多因素，但终究归结或概括为这两个方面，具有鲜明的理论色彩。持此观点者，既有马克思主义学者，也有其他从事社会经济研究的学者。这一观点，最为当今中国学界

---

①顾复：《农村社会学》，商务印书馆 1935 年版，第 27—39 页。
②杨开道：《我国农村生活衰落的原因和解救的方法》，《东方杂志》1927 年第 24 卷第 16 号。

所熟悉。

持此观点的马克思主义理论家、经济学家,主要有潘东周、许涤新、千家驹、薛暮桥、钱俊瑞、陈翰笙、孙冶方、钱亦石、王亚南等。他们或者为中共革命理论家,或者为"中国农村派"的重要成员,被后来的学者称为中国农村经济的"分配派"。

潘东周的主要观点是,地主、军阀、高利贷、商业资本等封建剥削导致了中国农村经济的危机,而这一切又都是受帝国主义控制的。农民所受的封建剥削,第一是地主,地主利用其土地私有权,向农民收取50%以上的地租。第二是军阀制度之苛捐杂税的剥夺,没有一个地方的农民不承受非常重的负担。第三是高利贷的剥夺,高利贷资本利用农民的贫困,用很高的利息借米借钱予农民,使农民得以完成纳税而过最低限度的生活。第四是商业资本的剥夺,城市商人到农村收买农产品,不付给农民以适当的价值,而压制农民生产品的价格。而这一切剥夺的主要动力,是帝国主义。商业资本事实上是帝国主义的买办,高利贷资本多半是城市钱庄在乡村的代理人,而钱庄又是帝国主义银行的支配物。地主取得了生产品之后,同样是卖给帝国主义的买办。世界上没有一国的农民,还像中国农民这样受了非常严重的剥夺,以至农村生产技术日益落后,而造成现在的危机①。

千家驹对此问题进行了深入研究,并做了非常明确的理论升华。他认为,中国农村所以破产的根本原因有两点。第一是由于帝国主义经济的统治,它要从殖民地农村中榨取更多的原

---

① 潘东周:《中国经济发展的根本问题》,高军主编:《中国社会性质问题论战(资料选辑)》,人民出版社1984年版,第70—71页。

料，同时又输进农村日用品，经济容量过小的农民抵不住这猛烈的打击，自不得不趋于完全屈服。另外，国际金融资本通过银行、钱庄、商人、地主而对农民进行高利贷剥削，使破产的农民更陷入贫穷。第二是由于残余的封建势力的剥削，这种剥削又可分为经济的与超经济的。高租佃率是使农民破产的一个原因，军阀官僚的榨取是使农民破产的又一个原因。不过，在这里，绝不是把帝国主义者的经济势力与封建势力在农村中的剥削完全对立起来，实际上它们是"二位一体"，存在着有机的联系，即帝国主义者维持中国的封建势力，中国的封建势力则凭借帝国主义而尽其代理人的作用[①]。不仅如此，千家驹还对当时一些较有影响的改良理论进行了比较激烈的批判。譬如，对中华平民教育促进会的定县农村改良实验理论，千家驹认为，平教会以为中国社会的根本病根是 85% 以上农民的"愚穷弱私"，但仅仅知道"愚穷弱私"这种表面的现象是不够的，还必须进一步去追究为什么中国的农民会愚、穷、弱、私？要真正探究起"愚穷弱私"的社会经济基础来，就不能不承认资本帝国主义长期的经济侵略与国内封建势力残酷的剥削是造成中国今日农村破产的主要原因[②]。他还对国联对华技术合作代表拉西曼博士关于中国农业的报告书也进行了批评。千家驹认为，并不是反对农业技术的改良，而是不能把农业技术改良看作今日救济农村的对症良药和唯一的锁钥。只有在社会生产关系已经根本变革了的社会，农业技术改良才会有充分的、广大的

---

① 千家驹：《救济农村偏枯与都市膨胀问题》，陈翰笙主编：《解放前的中国农村》第 2 辑，中国展望出版社 1986 年版，第 401—406 页。

② 千家驹：《定县的实验运动能解决中国农村问题吗？》，陈翰笙主编：《解放前的中国农村》第 2 辑，第 411 页。

发展前景。在天灾人祸，水旱交迫，农民求生不遑、求死不得的情形下，我们还怎能希望他们来改良生产技术？农村的金融已枯竭到"欲求一元以购置种子而不可得"的地步，还怎能奢想他们来改良农具？单纯再生产都不能维持了，更哪里说得上扩大的再生产？况且，在现存的社会经济结构下，农民生产所得几至于全部提供给地主的佃租、政府的苛捐杂税、高利贷者的利钱去了，他们所剩下的往往不足自家的温饱。所以，要解决中国的农村问题，一定会归结到推翻帝国主义在华统治，铲除封建经济剥削这两点上[①]。

　　薛暮桥对此问题的研究也颇为深入。他认为，促成中国农村经济总崩溃的基本原因，是帝国主义侵略，地主豪绅们的各种半封建剥削，而它的导火线便是灾荒的蹂躏和世界经济恐慌的袭击。灾荒和恐慌的交织，引起农业生产力的极度衰落，耕地缩小，荒地增加，劳动力过剩，都达到了空前的严重程度。在此情势下，农民生活就陷入最悲惨的境地，树皮草根成了各地贫苦农民的普通食料[②]。与此同时，他也对当时一些比较流行的观点进行了全面系统的批判。譬如，针对有的学者把自然条件作为主要的研究对象，认为"人口繁密"和"耕地不足"导致了中国农村破产，薛暮桥却指出，与其说是由于"人口繁密"和"耕地不足"，宁可说是由于大批劳力和大批土地因受现存生产关系的阻碍无法配合起来比较切实一点，这种矛盾是庸俗的人口论者所不会理解的。有的学者把生产技术作

---

①千家驹：《我们对于农业技术改良运动的态度》，《中国农村》1936年第2卷第7期。
②薛暮桥：《中国农村经济的新趋势》，《中国农村》1936年第2卷第11期。

为主要的研究对象，认为中国生产技术如此落后，没有力量在世界市场上同人家竞争，对此，薛暮桥却认为，生产技术的落后固然是农村破产的原因之一，但它自身又是受了陈腐的生产关系约束的结果。不合理的生产关系阻止我们采用机器，农民负担太重，旧式犁耙还怕无钱购置，哪里有能力来买价值昂贵的机器？而农村副业破产，都市工业不发达，因采用机器而节省下来的人力没有出路，势必引起更严重的失业问题。总之，在薛暮桥看来，农村是封建势力的大本营，封建地主靠着占有土地，束缚农民，强迫农民永远做他们的奴隶。这些封建余孽如不能肃清，农业落后就成为免不掉的事情。帝国主义侵入中国农村以后，封建势力受到严重的打击，可是帝国主义的目的是在攫取利润，并不是来解放中国农民，也不是来改良中国农业。所以，他们非但没有肃清封建余孽，而且多少还在那里利用他们，通过他们来剥削中国农民。这样，中国的农民自然就更苦了。因为要受两个主子的剥削，中国的农村怎么会不破产呢[1]？

　　除了以上学者之外，其他如钱俊瑞、孙冶方、陈翰笙、钱亦石、王亚南等马克思主义经济学家，也大都持类似的看法，不再赘述。

　　还有一些从事社会经济研究的学者，他们的政治倾向与革命的马克思主义学者不同，但其基本观点与马克思主义学者类似，也属双因论。不过，正是由于其政治倾向，后来的学者将他们与马克思主义学者大致一样的观点遮蔽了。

---

[1]薛暮桥：《旧中国的农村经济》，农业出版社1980年版，第4—5、122—128页。

金融学家吴承禧认为,中国农村经济崩溃的原因,第一是由于帝国主义者的经济榨取,凡原料的收买、洋货的侵入、手工业的破落等均属之;第二是由于豪绅、高利贷、军阀的超经济的剥削,一切苛捐杂税、重利盘剥、征发徭役等皆属之,此外尚有天灾一项,也是促使农村经济日趋崩溃的主要原因。农村金融的枯竭,虽是农村崩溃的一种悲惨现象,但它不是导致农村破产的主要因素,它与农村破产的本质没有多大联系[1]。

经济学者陈振汉也认为,造成中国农村破产之原因,诚极复杂,然苟略加分析,则其主要原因仅为二端,一是帝国主义者的侵略,二是国内政治的紊乱。今日内地手工业的破坏,丝茶外销的衰落,即直接受帝国主义与国外市场竞争的影响。余如国内军阀混战、匪乱不断,亦莫不直接间接受其影响。至国内战乱频仍,灾荒屡见,税收繁重,皆政治未上轨道的直接结果,而如农民之贫愚弱私,亦都与政治不良直接间接有关[2]。

经济学家吴半农的观点,也是认为帝国主义和封建势力导致了中国农村的贫困化。与千家驹一样,他对中华平民教育促进会的定县改良实验也进行了批判。他指出,中国目前到这样"民不聊生"、"国将不国"的地步,其根本原因决不在"愚穷弱私"四个字,这四个字充其量不过是中国社会四个病态的现象而已,它们其实都是穷的产物,而"穷"是中国农村一个极重要的问题。中国农村为什么这样穷困,其根本原因可分外在的及内在的两方面。外在的方面,第一是帝国主义商品长期的侵

---

①吴承禧:《中国银行业的农业金融》,陈翰笙主编:《解放前的中国农村》第2辑,第568页。
②陈振汉:《政府银行学术机关与复兴农村》,《国闻周报》1933年第10卷第46期。

入，第二是军阀混战，第三是水旱天灾，第四是匪患，第五是苛捐杂税。至于内在的原因，则是地主、高利贷资本及商人资本三位一体的高度剥削。以上都是中国农村急剧贫困化的根本原因，把这些原因归纳起来，可以看到两个破坏中国农村或是说破坏中国社会的主力，一是帝国主义，一是封建势力[①]。

综合上述双因论者的意见可以发现，以上学者尤其是马克思主义学者所列举的具体因素，基本上也包括了单因论和多因论者所涉及的诸方面因素。尽管如此，他们之间还是有明显的区别。其一，双因论者具有高度的理论概括和抽象能力，他们将中国农村经济崩溃、农民生活贫困的原因归结为帝国主义的经济侵略和封建势力的剥削，这是单因论和多因论者所不及的。其二，双因论者特别重视生产关系的基础性作用，认为旧的生产关系的束缚导致了生产力的落后。其三，更值得注意的是，他们在此基础之上，为中共革命的合法性提供了事实和理论依据，具有理论付诸实践的重要意义。而且，随着中共革命的胜利，他们占据了理论界的权威地位。这应当是此派理论与其他学者（更多是书生论政）更大的不同之处。

# 余　论

应该说，在中国古代各个朝代，都有过关于农村经济和农民生活的言论，对与此相关的人地关系、土地分配、农业经营、租佃关系、家庭手工业、民间借贷、田赋杂税等具体问题及其原因

---

[①]吴半农：《论"定县主义"》，千家驹等编：《中国乡村建设批判》，第113—117页。

做过一些分析 [①]，但只是到了近代以来的二十世纪二三十年代，社会各界尤其是知识界对这些问题的讨论，其热闹、激烈和深刻程度为此前历史所未见，从而在中国社会经济思想史上具有极为重要的历史地位。笔者将以上关于农民贫困原因的讨论，划分为三个类型，即单因论、多因论和双因论。因为学术观点、政治立场的不同，不同学者之间进行了批评和反批评。总的来看，几种派别互有交叉，而以后二者更有影响。其中，以"农业技术派"和"土地分配派"的争论最为激烈。"农业技术派"的核心论点，认为中国农民贫困的根本症结在于农业经营方式落后，生产技术和生产力水平低下，与土地分配、阶级关系和封建剥削关系不大；而"土地分配派"则强调地权分配不均、阶级分化、封建剥削的严重，以及与帝国主义经济侵略的交互影响。

　　当历史已经过去，回过头去冷静地分析，应该说，由于学者们所面临的社会问题即中国农民贫困的问题是基本相同的，所以他们的探讨都一定程度或较大程度地反映了中国农村社会经济和农民生活的实际，很难说哪一种完全没有道理，或者说各种看法之间有什么截然相反的矛盾或非此即彼的完全对立，只是侧重点不同、理论深度有别罢了 [②]。其实，也许更大的分歧

──────────

①参见钟祥财：《中国农业思想史》，上海社会科学院出版社 1997 年版。

②作为后来的历史学者，我们有责任要问，在二十世纪二三十年代的所有主张中，哪一种更接近历史的客观实际？显然，只有继续进行大量的实证研究，才能做出更为合理的判断。应该说，当代学者在那个时代研究的基础上，对中国近代农民贫困问题又做了一些研究。譬如，西方学者从二十世纪六七十年代以来，对这一问题给予了较多的关注。这些学者，有的强调帝国主义侵略的影响，有的强调人口增长、天灾和商业动荡的综合因素，有的强调人口压力的因素，有的强调人口和阶级剥削的双重作用，也有的学者对分配派和技术派的观点提出了质疑。在中国，1949 年（转下页）

在于，各派在既有认识的前提下，对如何改革中国社会的面貌，也就是说走什么道路的问题，存在激进、温和之别。但无论如何，正如胡绳所说："从1840年鸦片战争以后，几代中国人为实现现代化作过些什么努力，经历过怎样的过程，遇到过什么艰

（接上页）以来的相当一段时间，对这一问题的宣传多于研究，更未形成太多的争论。改革开放以来，也有学者从学术角度提出了解释：有的从多侧面分析农民生活贫困的原因；有的认为不能把近代中国经济的落后简单归结为外来侵略的结果，而将内因的作用置于次要地位，强调封建经济制度的制约和天灾人祸的严重摧残；有的强调人口对耕地的压力是根本原因；也有的学者赞成农业技术派的观点，认为农业技术派找到了中国近代农村贫弱的根源。参见〔美〕黄宗智：《长江三角洲小农家庭与乡村发展》，中华书局1992年版，第118页；〔美〕罗斯基著，唐巧天等译：《战前中国经济的增长》，浙江大学出版社2009年版，第43、47—51页；〔美〕黄宗智：《华北的小农经济与社会变迁》，中华书局2000年版，第16、60、307—308页；赵冈：《中国土地制度史》，新星出版社2006年版，第179页；〔美〕马若孟著，史建云译：《中国农民经济》，江苏人民出版社1999年版，第140、312—332页；〔美〕费正清主编，杨品泉等译：《剑桥中华民国史》上卷，中国社会科学出版社1998年版，第87—89页；李金铮：《近代华北农民生活的贫困及其相关因素》，《近代中国乡村社会经济探微》，人民出版社2004年版，第215—230页；章有义：《明清及近代农业史论集》，中国农业出版社1997年版，第3—5、21—23页；曹幸穗：《旧中国苏南农家经济研究》，中央编译出版社1996年版，第50—51页；彭南生：《中间经济：传统与现代之间的中国近代手工业》，高等教育出版社2002年版，第80—81页；温铁军等：《农村土地问题的世纪反思》，《战略与管理》1998年第4期；吴毅：《传统的翻转与再翻转：新区土改中农民土地心态的建构与历史逻辑》，《开放时代》2010年第3期；凌鹏：《近代华北农村经济商品化与地权分散——以河北保定清苑农村为例》，《社会学研究》2007年第5期。但值得注意的是，虽然论证翔实了，但大多数成果似未超过二十世纪二三十年代的解释，更未取得共识。那个时代学者的争论，还得继续下去。

难,有过什么分歧、什么争论,这些是中国近代史的重要题目。以此为主题来叙述中国近代历史显然很有意义。"① 当然,各派的改革主张是什么,这种主张是否具有社会实践意义,需要进行专门讨论,不赘。

---

① 胡绳:《再版序言》,《从鸦片战争到五四运动》,人民出版社 1997 年版,第 1 页。

# 近代中国耕地"红线"之争

"我国以农立国,农民有地则安,无地则乱,是土地问题尤为我国农业经济之中心。"[①] 土地之于中国社会,尤其是农民生产和生活的重要性,历代皆有论述,无庸再加强调。它主要包括两个方面的问题:一是人地比例关系,也就是耕地"红线"[②];另一个是土地分配关系,因为涉及公平问题,一向受社会和政府的重视。不过,自清初以来,由于人口数量激增,极大影响了社会经济与社会生活,所以人地比例关系也开始受到关注。近代以后,尤其是二十世纪二十至四十年代,在西方学说输入和中国农村社会现实的相互激荡下,相关讨论更加热烈,既有共识,也有分歧。或者说,大致相同的社会环境既会孕育相对主流的社会思想,但由于社会地位、学术背景以及从事职业的不同,不同的学者也可能会产生不同的看法。本文之主旨,就是将这一问题做一梳理和分析,以丰富中国近代人口思想史的内

①乔启明:《抗战以来各省地权变动概况》,李文海主编:《民国时期社会调查丛编(二编)·乡村经济卷》下,福建教育出版社 2009 年版,第 417 页。
②按今天的理解,耕地红线指的是总数,但更适合表达这一问题的应该是人地比例。实际上,即便是耕地总数也是基于适当的人地比例计算出来的。

容,当然也希望有益于中国近代土地关系史和乡村社会经济史的研究。还有,由于人地比例关系问题至今仍时时触动着中国人的神经,回顾这一问题的历史,对于思考现实问题也是有益的。此前行龙、何清涟对1840—1919年的中国人口问题做过比较全面的研究,尤详于著名政治家、思想家的人口思想[1],兹专门从人地比例关系的角度进行分析,且不限于政治家和思想家。

# 一、对耕地“红线”的不同估计

人地比例关系是否协调,其底线取决于现有耕地能否维持人们最低限度的生活。所谓最低限度生活,指“凡农民所有土地之收入,仅能敷其生活之必要用度,即生理上的生活所必需之最低限度的费用,是为农民之生活最低限度”[2]。它可以用维持一个人最低限度生活所需的地亩数来衡量,也称为“温饱界线”,实际上就是耕地“红线”。低于这个红线,就开始产生人口压力;超出这个红线,则表明人地比例关系是适度的。由此,耕地红线是确定人口对土地是否产生压力的基本前提。不过,从历史上的相关估计来看,有的是从粮食消费角度,有的是从生活消费角度,有的似乎没有分得很清楚。

早在战国时期,李悝的《尽地力之教》就指出,5口之家需

---

①行龙:《人口问题与近代社会》,人民出版社1992年版;何清涟:《人口:中国的悬剑》,四川人民出版社1988年版。

②张柏香:《整理田赋应规定农民生活最低限度》,《东方杂志》1935年第32卷第1号。

要土地 20 亩也即人均 4 亩可以达到口粮自给[①]。

　　清初有两种记载。在顺治时期,理学家、农学家张履祥在所撰《补农书》中指出:"百亩之土,可养二三十人。"[②]即人均3—5 亩,可维持生活。乾隆末年,经学家洪亮吉认为:"今日之亩,约凶荒计之,岁不过出一石,今时之民,约老弱计之,日不过食一升。率计一岁一人之食,约得四亩,十口之家即需四十亩矣。"[③]由此,人均 4 亩可维持最低限度的粮食消费。

　　到清末,1904 年 8 月《东方杂志》有一篇社评《论中国治乱由于人口之众寡》,也是从粮食消费角度,认为供 1 人之食大约需要 4 亩土地[④]。

　　民国时期,主要是二十世纪二十至四十年代,国内外学者更多是从生活消费角度做过相关的估计,既有全国范围的,也有地区性的。

　　关于全国的估计,有的是平均每个农家需要的地亩数,如经济学者张镜予认为,平均每家需要 25 亩[⑤];社会学者柯象峰认为,平均每一家需要 30 亩[⑥];教育经济学者古楳认为,平均每家需要 32.5 亩[⑦];陈培元认为,平均每家 6 英亩或 36 亩才能维

①方行:《中国封建经济论稿》,商务印书馆 2004 年版,第 127 页。

②〔清〕张履祥:《杨园先生全集》卷五,清同治十年江苏书局刊本。

③〔清〕洪亮吉:《卷施阁文甲集》卷一《意言·生计》,沈云龙主编:《近代中国史料丛刊续编》第 443 辑,台北文海出版社 1986 年版,第 102 页。

④《论中国治乱由于人口之众寡(社说)》,《东方杂志》1904 年第 1 卷第 6 号。

⑤张镜予:《中国农民经济的困难和补救》,《东方杂志》1929 年第 26 卷第 9 号。

⑥柯象峰:《中国贫穷人口之估计》,《新社会科学》1931 年第 1 卷第 4 期。

⑦古楳:《中国农村经济问题》,中华书局 1930 年版,第 193 页。

持生活[1]。以平均每家 5 口人计算,则以上估计大致供 1 人之食需要 5—7 亩不等。有的是对平均每家和人口所需地亩的估计,如英国学者米德尔顿认为,平均每家需要 43 亩,人均需要 8.6 亩[2];农村经济学者张则尧和俄罗斯学者库辛斯基都认为,平均每家需要 50 亩,人均需要 10 亩[3];美国学者伊士特认为,平均每家需要 82.5 亩,人均需要 15.2 亩[4]。

更多的估计,是地区性的。有的是对南方农村的估计,如苏德森认为,广西富罗村平均每家 6 人,8 亩可以维持生活,人均需要 1.3 余亩[5];经济学家陈翰笙认为,南方稻作区户均需要 6—10 亩,人均需要 2—2.5 亩[6];江苏省农民银行统计,江苏丹阳县 5 口或 6 口的普通农户,15 亩可以自给,即平均每人需要 2.7—3 亩[7]。有些是对华北地区农村的估计,如陈重民认为,5 口之家需要 20 亩,人均需要 4 亩[8];陈翰笙认为,5 口之家需要 20 — 30 亩,人均需要 5 亩左右[9];英国学者白克尔认为,5 口之

---

[1] 陈培元:《警管区制与新农村之建设》,《民间》1936 年第 3 卷第 10 期。
[2] 李景汉:《中国农村土地与农业经营问题》,《东方杂志》1936 年第 33 卷第 1 号。
[3] 张则尧:《中国农业经济问题》,商务印书馆 1946 年版,第 23 页;王达三:《农村怎样可以自力更生——发展农村工业化》,《民间》1937 年第 3 卷第 19 期。
[4] 王世颖:《农村经济及合作》,黎明书局 1934 年版,第 318 页。
[5] 苏德森:《广西的一个农村经济调查》,《民间》1935 年第 2 卷第 8 期。
[6] 陈翰笙著,冯峰译:《解放前的地主与农民——华南农村危机研究》,中国社会科学出版社 1984 年版,第 10 页。
[7] 郭汉鸣:《安徽省之土地分配与租佃制度》,李文海主编:《民国时期社会调查丛编(二编)·乡村经济卷》下,第 700 页。
[8] 李树青:《中国农民的贫穷程度》,《东方杂志》1935 年第 32 卷第 19 号。
[9] 汪熙、杨小佛:《陈翰笙文集》,复旦大学出版社 1985 年版,第 150 页。

家需地 24.2 亩,每人近 5 亩[①];美国学者泰罗与中华经济学会资料室认为,在北部耕作地带,5 口之家需要 25 亩,人均 5 亩[②];经济学者王药雨认为,每人有 5 亩以上始能维持生活[③];美国人韩丁认为,在中国许多地方 3 亩或更少的土地就能养活一口人,但在山西潞城县南部村庄,6 亩地才能养活一人[④];国民党直隶省党部农民部认为,直隶省农民每人需要五六亩以上[⑤];交通运输专家陈伯庄认为,在河北定县,人均 3—5 亩可维持生活[⑥];陆保善认为,河北望都县人均需要 6 亩[⑦]。日本满铁华北经济调查所的调查表明,维持一个 5 口自耕农之家所需地亩为:河北顺义县沙井村、栾城县寺北柴村、良乡县吴店村,山东恩县后夏寨村、历城县冷水沟村,都是 5 亩;河北昌黎县侯家营为 10 亩(或 6 亩)、正定县罗辛庄为 3 亩,山东益都县五里堡为 15 亩[⑧]。

　　由上可见,二十世纪二十至四十年代的估计可谓众说纷纭,莫衷一是。对有些地区如北方农村的估计比较接近,多数

①李树青:《中国农民的贫穷程度》,《东方杂志》1935 年第 32 卷第 19 号。
②中华经济学会资料室:《我国北方各省经济调查》,《中国经济评论》1941 年第 3 卷第 2 期;张则尧:《中国农业经济问题》,第 22 页。
③土约雨:《河北高阳县旧城村实地调查》,李文海主编:《民国时期社会调查丛编(二编)·乡村经济卷》下,第 490 页。
④〔美〕韩丁著,韩倞译:《翻身——中国一个村庄的革命纪实》,北京出版社 1980 年版,第 29 页。
⑤直隶省党部农民部:《直隶土地情形之报告》,《中国农民》1927 年第 2 卷第 1 期。
⑥陈伯庄:《平汉铁路沿线农村经济调查》,交通大学研究所 1936 年版,第 39 页。
⑦李文治编:《中国近代农业史资料》第 1 辑,生活·读书·新知三联书店 1957 年版,第 664 页。
⑧〔美〕马若孟著,史建云译:《中国农民经济》,第 334—335 页。

学者认为平均每人五六亩可维持最低限度生活。有的估计，则差别相当之大，如对全国的估计，从五六亩到十数亩不等。说法之所以如此之多，一是多数估计并未经过严格、精确的计算；二是即便由计算而来，也因为标准不一，从而导致结果迥异。有的看法就因此而受到质疑，如对伊士特的估计，王世颖认为这是依照欧美各国的生活程度计算的，标准过高[1]；对陈重民关于华北农民的估计，李树青认为又低了，"陈先生在计算农民的费用内，并未加入捐税……无怪乎，较其他估计偏低"[2]。

　　以上标准尽管多样，但一般都认为中国农民是"在最低生活程度之下"过日子。社会学家费孝通并不否定关于最低限度生活的概念和对当时农民生活水平低下的判断，但对农民"在最低生活程度之下"生活的表述提出质疑，认为在事实中绝不会有比"最低生活程度"更低的享受者，既然有比某程度更低的，某程度就不能成为最低的程度了[3]。也就是说，一般学者在这一问题的论述逻辑上有缺陷。那么，最低限度的生活水准应该是什么？在费孝通看来，应该是"衣食足"。"衣食足"又有三个标准。一是客观的最低生活水准。常识不允许把"死"作为"活"的限度，所谓最低生活程度应该是指获得健全生活所必需的享受，是一个机体维持常态活动时所需要的营养。二是正当生活标准。除了营养学家的标准之外，还要回到各个人的主观境界里去寻求，这就是当地农民公认的正当的生活标准。三是反抗线。如果社会上有一部分人对于通行的正当标准发生了

---

① 王世颖：《农村经济及合作》，第 318 页。
② 李树青：《中国农民的贫穷程度》，《东方杂志》1935 年第 32 卷第 19 号。
③ 费孝通：《内地的农村》，《费孝通文集》第 4 卷，第 232 页。

怀疑,以前认为"已足"的生活程度变为"不足"了,社会就会发生反抗,反抗线的划定并不在绝对的生活程度而是在相对的生活程度[①]。在以上认识的基础上,费孝通提出,在一个常态的、平时的、长期的现实里,生存和康健应该是一个社会做到的最低水准。换句话说,"不饥不寒是民生的最低水准,如果人有生存的权利,也就应当承认争取这水准是公道而且合理的"[②]。与当时流行的"最低限度生活"概念相比,费孝通所理解的标准要高一些,不过他并没有计算出一个较为严格的量化界限。

值得注意的是,以上所列各家说法,不管是否通过计算而来,都不妨碍各学者根据以上标准,来判定中国人口与土地的松紧关系。

## 二、人口压力说居于主流

按照以上的"红线"来衡量,绝大多数人认为,中国人口压力巨大,已有耕地不能维持农民最低限度的生活。在清代和民国时期,这是最有影响一派学者的观点。

人口压力之说源自清初。在此时期,中国人口由顺治朝的5000多万人,迅速增至康熙朝的1.2亿人、乾隆末年的3亿人和道光朝的4亿余人。这一社会现象,引起朝野上下的极大关注。康熙帝对此表示了忧虑:"地亩见有定数,而户口渐增,偶遇岁歉,艰食可虞。"[③]"民生所以未尽殷卓者,良田承平既久,

---

①费孝通:《内地的农村》,《费孝通文集》第4卷,第232—236页。

②费孝通:《乡土重建》,《费孝通文集》第4卷,第370、408页。

③《圣祖实录》卷二三一,《清实录》第6册,中华书局1985年版,第314页。

户口日蕃,地不加增,产不加益,食用不给,理有必然。"[1]乾隆末年,洪亮吉于 1793 年在《意言》中也发出感叹:"高曾之时,隙地未尽辟,闲廛未尽居也。然亦不过增一倍而止矣,或增三倍五倍而止矣,而户口则增至十倍二十倍。是田与屋之数常处其不足,而户与口之数常处其有余也⋯⋯一人之居,以供十人已不足,何况供百人乎? 一人之食,以供十人已不足,何况供百人乎?"[2]稍后几年的 1798 年,马尔萨斯发表了著名的《人口原理》,提出人口增加速度快于生活资料的生产与供应速度,由此导致社会日益陷于不景气的状态。他据此以法国为标准和中国做比较,估计中国的土地约等于法国的 8 倍,正常情况下可以对应人口 20 800 万人,但在康熙初年全国总人口已超过 33 333 万人,所以他断言,中国人口太多了,中国的土地与人口相比,约有 60% 的人口超过其食物资源的供给[3]。马氏对中国人口实际数量的估计显然有误,但其结论与康熙帝、洪亮吉是一致的。

鸦片战争以后,汪士铎的言论颇具代表性。他在 1855—1856 年所写的随笔和日记,继续发挥了前人的观点,指出:"天下人丁三十年加一倍,故顺治元年一人者,至今一百二十八人。""人多之害,山顶已殖黍稷,江中已有洲田,川中已辟老林,苗洞已开深菁,犹不足养,田地之力穷矣。"他还认为,人口压力过大导致了严重的社会后果,如他把引起太平天国革命和

---

①《圣祖实录》卷二四四,《清实录》第 6 册,第 419 页。

②〔清〕洪亮吉:《卷施阁文甲集》卷一《意言·生计》,沈云龙主编:《近代中国史料丛刊续编》第 443 辑,第 102 页。

③陈达:《现代中国人口》,天津人民出版社 1981 年版,第 110 页。

当时社会动乱的原因归结为人口太多，即所谓"世乱之由，人多；人多则穷……久治思乱"。他认为当时人口素质低劣，也是人口太多之故，如安徽绩溪，此地"人多于他邑，而愚于他邑，贫于他邑，企望长毛之来亦殷于他邑"。他甚至把外国侵略，也视为人口太多的结果，即"远夷航梯来，弊固在利往，闻亦因人满，幸遂非非想，度其果温饱，未忍去乡党"①。著名外交家薛福成也认为，十九世纪四十年代末，"户口蕃衍，实中国数千年所未有"，"中国地有遗利欤？则凡山之坡，水之浒，暨海中沙田，江中洲沚，均已垦辟无余"，结果是，"昔供一人之食，而今供二十人"，"昔居一人之庐舍，而今居二十人"；"乾隆中叶，物产之丰，谋生之易，较之今日，如在天上；再追溯康熙初年物产之丰，谋生之易，则由乾隆年间视之，又如在天上焉"②。1904 年 8 月，《东方杂志》社评指出："盖中国之治乱，与人口之众寡相比例者也。中国之治，非真有求治之道也，徒以人口之寡少耳。中国之乱，亦非真有致乱之道也，徒以人口之增加耳。吾观中国自古以来……大乱之生，皆由于人民之过庶哉。"③

　　到民国以后的二十世纪二三十年代，经历中国农村社会经济的动荡，加之受马尔萨斯人口论的影响，主张人口压力巨大的学者大大增加。

　　经济学家孙倬章用边际劳动报酬递减法则对此问题进行

---

①钟祥财：《中国农业思想史》，上海社会科学院出版社 1997 年版，第 425
　页；行龙：《人口问题与近代中国》，人民出版社 1992 年版，第 220—221
　页；王汎森：《汪悔翁与〈乙丙日记〉——兼论清季历史的潜流》，《中国近
　代思想与学术的系谱》，吉林出版集团 2011 年版，第 81—82 页。
②行龙：《人口问题与近代中国》，第 223 页。
③《论中国治乱由于人口之众寡（社说）》，《东方杂志》1904 年第 1 卷第 6 号。

了分析,认为中国以农立国,耕作法之精细与农人之勤劳,均居世界第一,但农业生产的增加有一定的限度,达到一定限度后,劳动力的增加只能带来较少比例的生产额的增加。近数十年,中国人口增加颇速,虽常有马尔斯萨所称的人口消极预防法,如战祸频仍、饥荒迭见等,但死亡率仍远低于生产率,故中国农村大有人满为患之势。人口既增,耕地求过于供,于是不得已,乃以有限的土地,增加数倍的人工,农业生产额已长期陷于报酬渐减的法则。近年农人的生活,远不及二十年以前的状况,数十年之后必将更加难堪[①]。

人口学、经济学家陈长蘅的看法稍有不同,他认为乾隆末年直至民国时期,人口增加的速率开始放缓,比西方国家人口增加的速率低。不过,这并不妨碍他赞同人口压力大的主张,他认为中国本部18省的农民耕地仍是太少,平均每户仅摊得27.5亩,每人4.6—5亩,而据伊士特的标准,应为现在耕地的2.5—3倍才能维持相当之生活。因此就无怪一般农人皆恶衣粗食,乐岁终身苦,凶年不免于死亡。将来纵能次第改良农业,也不过使一般农人的境遇稍佳,对于以后新添人口的生计问题还是不能解决[②]。

费孝通则明确表示,中国人地比例关系严重失调。他认为,在有限的土地上,人口不断地增加,每个人分到的土地面积,一代小于一代,总有一天会碰着被生理决定的饥饿线。凡是注意中国农村经济的人,除了极少数外,没有不把现在人多

---

① 孙倬章:《农业与中国》,罗荣渠主编:《从“西化”到现代化——五四以来有关中国的文化趋向和发展道路论争文选》,第695页。
② 陈长蘅:《中国近百八十余年来人口增加之徐速及今后之调剂方法》,《东方杂志》1927年第24卷第18号。

地少的现象作为农民贫、弱、愚的基本病因的。以现在的情形来说,平均每人只有可耕地 10 亩弱,平均每户约 30 亩,在这样的小农场上,无论如何努力,也不过图一温饱,根本谈不到其他的生活需要。中国的资源本来有限,人多了挤着争这一点资源,所以一般人民的生活,只能说是"还没有死",生和死真的只差一口气①。他还对中国人口的未来进行预测,提出依现实估计,人口自然增加率如果不变,则约 138 年增加 1 倍。若因奖励而使生育率加倍,又不因贫弱愚而使死亡率减低,则 70 年后,人口就可以满 10 万万了。从现在起,过二十年后,就有五六万万人口。人口增多而耕地面积并不扩大,平均每人所有的耕地也许连 8 亩都不到。这个数目和美国平均每人的耕地相比,相差约 40 倍。换句话说,中国的生活程度,到那时比美国现在的人也要降低 40 倍②。

地质学家翁文灏所估计的人均土地,比费孝通少得多。他认为,我们平均每人只得 3 亩,按金陵大学卜凯的考察,中国麦田的产量大约每亩 6 斗,则平均每人每年只能吃 1.8 石,如何能吃得饱? 即使在若干区域内利用各种方法来增加农产种植,增加 1 倍已了不得,我们也仅仅足以维持最低的生活。稍有水旱兵灾,虽吃尽草根树皮,还是不能生活。所以中国土地虽广,但人口压迫已到世界少见的严重程度③。

吴景超在人口对耕地的压力上,与以上学者的观点是一致

---

① 费孝通:《患土地饥饿症者》,《费孝通文集》第 2 卷,第 439 页;费孝通:《内地的农村》,《费孝通文集》第 4 卷,第 225 页;费孝通:《土地里长出来的文化》,《费孝通文集》第 4 卷,第 178 页。

② 费孝通:《内地的农村》,《费孝通文集》第 4 卷,第 224—225 页。

③ 翁文灏:《中国人口分布与土地利用》,《独立评论》1932 年第 1 卷第 3 号。

的。他认为,中国人口的庞大,是中国大多数人贫穷的主要原因。我们的富源有限,而吃饭者源源不竭而来,以致一年所产生的财富,除供给这些人口的日常需要之外,能节省下来变为生产资本的真是小得可怜。假如中国的人口不是 4 万万而是 3 万万或者 2 万万,那么中国人的生活比现在一定要舒服得多。以这 2 万万人,再来利用中国富源,改良生产技术,实行公平分配,那么使中国人的生活赶上美国人,亦非难事。除此以外,他还指出,中国人口的庞大阻碍了中国近代化。近代化的主要条件,是用机械的生产方法代替筋肉的生产方法,但一谈机械化,便遇到一个困难的问题,就是采用机械之后,被排挤出来的人口将如何安排? 真的机械化了,1 万万人中只能用 1 千万人,其余 9 千万人将在何处安身立命? 许多的好计划都给这个失业问题吓住了,提不出来,行不出去。所以,中国大量的人口束缚了生产力,使其不能自由的发展①。

其他还有不少学者或从全国或从一个地区角度,表达了类似主张,不赘。

## 三、解决人口压力办法的纷争

以上学者并未停留在人口压力的结论上,而是进一步提出了解决人口压力的办法。

对此问题,洪亮吉、汪士铎是清代有过明确见解的两位代表性人物。洪氏提出两个方法,一是"天地调剂法",即借助水

---

① 吴景超:《中国的人口问题》,《独立评论》1936 年第 9 卷第 225 号;吴景超:《提高生活程度的途径》,《独立评论》1934 年第 5 卷第 115 号。

旱灾害和瘟疫流行来减少人口；二是"君相调剂法"，其中又包括开垦荒地、禁奢和救灾等①。汪士铎也提出多个办法，其中以威断多杀为主，如大量屠杀起义和各种犯事的邪恶分子。另外，他还提出推广溺婴尤其是溺女婴；限制暴力残害他人和不能成器之人的婚配，鳏夫、寡妇再嫁也应严格控制，以及推行晚婚少育，对早婚者处以极刑，广施不生育的药方，进行避孕等办法②。

马尔萨斯在其《人口原理》中提出两种抑制人口增加的方法，即积极抑制和道德抑制。积极抑制就是通过失业、贫困、饥饿、罪恶、瘟疫和战争等办法来消灭过剩人口，道德抑制是要求人们节欲、不育、晚婚、不婚，由此达到人口增长与生活资料增长的平衡。他认为，前者是一种自然的、客观的手段，是不以人的意志为转移的；后者是一种人为的、自觉的、主观的手段。与之比较，洪亮吉所提出的"天地调剂之法"与马尔萨斯的"积极抑制"之法是较为接近的。而汪士铎的方法，则兼具马氏的两种方法，但较为单一和偏狭。

民国时期的二十世纪二三十年代，各种解决人口压力的相关讨论日益高涨，有的主张用一种方法，有的主张双管齐下，还有的主张多策并举。

第一种，节制生育，减少人口。

此为单一的解决方法。美国学者桑普逊说："只有生育节

①〔清〕洪亮吉：《卷施阁文甲集》卷一《意言·生计》，沈云龙主编：《近代中国史料丛刊续编》第443辑，第102页。
②行龙：《人口问题与近代社会》，第221—222页；王汎森：《汪悔翁与〈乙丙日记〉——兼论清季历史的潜流》，《中国近代思想与学术的系谱》，第83—84页。

制,似乎才能解决中国人口问题。"[1]刘王立明认为,倘若妇女们不起来节制生育,恐怕几百年以后,地球上的人便将因人口的过多,照弱肉强食的定论,大众要来拿同类充饥了！节制生育原不止是一个人口问题,人类品质的改良、社会道德的提高以及母体的健康、家庭幸福等等,莫不与此发生极密切的关系[2]。

第二种,垦拓荒地,扩大耕地面积。

此为另一种单一的解决方法。经济学者李宏略认为,中国有可耕地 41.6 亿亩,按我们的标准,每家须有 32 亩,则现有耕地能赡养 1.3 亿个农家,但现时中国已经开垦的耕地面积,按刘大钧估计为 18.02 亿亩,占可耕地面积的 44%；按陈长蘅估计为 22.03 亿亩,占可耕地面积的 53.5%,即使按陈长蘅的估计,尚未利用的可耕地也还有 19.03 亿亩,若把它全数开拓了,便可以赡养 60 356 250 个农家。这样一来,荒地的垦拓对于改进农家生活,应该是目前最切要的一件事！固然,像耕地的整理、坟墓的迁移也可扩大耕地面积,但垦荒终究是一个最有效的办法[3]。

第三种,促进中国工业化,吸收过剩人口。

这同样是比较单一的解决方法。以研究高阳织布业闻名的经济学者吴知认为,中国最紧要的农业问题,非仅为耕者"有"其田,而是如何使耕者"多"其田。若只求土地所有权的平均,则农家所得不过 20 余亩,同为不便耕种、不经济的小农场。那么,如何才能扩大农场呢？他不赞成垦殖边荒的主张,认为移民垦殖已经希望不大,从前东三省是华北人口过剩的尾

①〔美〕桑普逊著,张永懋译:《中国人口问题的世界观(续)》,《三民半月刊》1930 年第 4 卷第 12 期。
②刘王立明:《妇女与节制生育》,《东方杂志》1935 年第 32 卷第 1 号。
③李宏略:《数字中底农家生活》,《东方杂志》1934 年第 31 卷第 7 号。

间,但自"九一八"后,东北失陷,华北移民已受到极严厉的限制。西北地面虽大,然因气候雨量地质等关系,用力多而成功小,不堪维持很多的人口,仍旧不能根本解决人口问题。有鉴于此,他认为唯一的出路就是发展工业,以消纳过剩的农业人口,当农业户口减少之后,平均每户分得的土地自然就增多了。这一点已被事实所证明,世界上工业化最盛的地方,也就是人口最密的地方[①]。

第四种,发展机器工业与向国外移民相结合。

此为将两种方法融为一体的解决方案。晚清外交家薛福成就主张此说,他认为,笼统地说"西洋富而中国贫,以中国患人满也"是不确切的。实际上,中国人口密度远低于欧洲,每方里欧洲人实倍于中国,而其地之膏腴又多不及中国。"以逊中国之地,养倍于中国之人,非但不至如中国之民穷财尽,而英法诸国多有饶富景象者,何也? 为能浚其生财之源也。"有鉴于此,他主张大力发展机器工业,提高劳动效率,增加产量,扩大贫民的就业机会,解决人满之患。除此以外,薛福成还主张像西方国家那样,向国外移民,西方国家之所以不患人满,就在于他们"善寻新地,天涯海角,无阻不通,无荒不垦。其民远视异域为乐土者,无岁无之。噫! 彼以此法治民,虽人满,何尝不富也! 而况其能使不满也"[②]。

第五种,实现工业化与移殖边疆相结合。

这也是两种方法合为一体的解决方案。翁文灏持此看法,

①吴知:《中国国民经济建设的出路》,罗荣渠主编:《从"西化"到现代化——五四以来有关中国的文化趋向和发展道路论争文选》,第876—880页。

②钟祥财:《中国农业思想史》,第437—438页。

他指出,中国只有工业化才能富强,并成为国际经济发展的重要一员。他还强调,工业化运动并不限于都市和工业区,还要向广大农村推进,使农业生产逐步实现机械化。比如"美国人口一万万三千万,农民只有一千万,但其农产品已能自给……美国一个农民能养活十多个人,使他们能够从事工商等业。我们八个人才能养活十个人,这个比数不能改进,我国人民的生活将永无好转的一天"①。所以,翁文灏认为立国虽不妨以农业,但建国必须以工业。此外,他还主张开发东北和西北,东北是天留的新农区,除去现有人口,总数可增加 2600 万余人。西北地区面积虽广,但由于种种天然限制,如雨量太少、大部分是山脉高原和沙漠,能增加约 800—1000 万人,并非有些人所想象的增加太多②。

第六种,节制生育与增加农业生产相结合。

农学家乔启明认为,我国可供利用的土地已属有限,今后解决人口过剩的方法,一是治标方面,亟宜注重土地利用,增加生产;二是治本方面,应效法英美各国调节与统制生育,如倡行迟婚节育等,以求得适中的人口及适宜的人口密度③。费孝通也一向主张推广生育节制,但他又认为单单推广生育节制,并不见得能减少人口。因为人口众多是症候,不是病源,除非农业里能采用动力,不依赖体力劳动,人口才能逐渐减少④。

①翁文灏:《以农立国,以工建国》,罗荣渠主编:《从"西化"到现代化——五四以来有关中国的文化趋向和发展道路论争文选》,第 911 页。
②翁文灏:《中国人口分布与土地利用(续)》,《独立评论》1932 年第 1 卷第 4 号。
③乔启明:《中国农村经济学》,第 42 页。
④费孝通:《乡土中国·生育制度》,北京大学出版社 1998 年版,第 228、248—249 页。

　　第七种,节制生育与振兴实业相结合。

　　巫宝三持此看法。他认为,救治中国乡村人口高密度的方子,一是振兴实业,二是节制生育。振兴中国工业可以解决乡村人口问题的一部分,节制生育则是解决乡村人口问题的最后武器。从理论上讲,乡村人口移向都市是无可非议的,但困难的是大工业发达的可能性如何[1]。吴景超也认为,节制生育是解决人口问题的最好方法,是目前中国应当采取的人口政策[2]。对于一些人鼓励中国人生育,他认为这无异于看见人家跌下井,还从上面摔块石头下去一样,结果只有使中国人的生活格外走入悲惨的境界,真心为大众谋福利的人,绝不可有此无益而有大害的主张[3]。除此以外,他还提倡发展实业,改良生产技术,欢迎有志人士来创造新工业,创造新都市,为乡下的过剩农民另辟一条生路[4]。

　　第八种,节制生育与移民边疆相结合。

　　陈长蘅持此看法。他认为,救国事业甚多,就人口方面言之,至少应有两大基本政策:第一,现时本部18省之农人因平均所耕地亩太少,大都异常贫苦。故救济本部人口过庶的第一根本政策,莫如努力向东三省、蒙古、新疆、青海及西藏移民开垦,惨淡经营,全力以赴,庶乎有济。第二,实行相当的迟婚与节育,以提高国民程度。在今日人口已密,人民程度甚低之中国,此项政策较移民实边尤为重要。因移殖政策只能调剂人口过庶于一时,而不能将全国人口问题完全解决。事实上,我国

①巫宝三:《乡村人口问题》,《独立评论》1935年第6卷第134号。

②吴景超:《中国的人口问题》,《独立评论》1936年第9卷第225号。

③吴景超:《第四种国家的出路——吴景超文集》,第13页。

④吴景超:《提高生活程度的途径》,《独立评论》1934年第5卷第115号。

近百八十余年人口增加之徐速,可谓完全不受迟婚节育、外出移民的影响。在此期间,我国人民皆不知迟婚减育,而移居海外者也极属有限。故我国人口增加日见迂缓,完全系由于人满为患,又不知向外发展,遂致死亡率次第增高。换言之,即备受马尔萨斯所谓天然的限制。人口密度愈大,天灾人祸也愈烈。故相当的迟婚节育实为提高国民程度之最要法门,迟婚节育愈普遍,中国进步也愈速[①]。

第九种,节制生育、发展农业与移民边疆。

此为三种方法相结合的解决方案。社会学家李景汉以华北定县为例阐述了这一看法,他认为,实行节育、移民、增加生产都可以相当地解决人口繁密问题。不过,若单独在一方面努力,而忽略其他方面,则效力较缓,若能双管齐下或三面并进,则收效较速较大。只移民与增产而不节育,终有不能移增之一日。若能节育,虽无地可移,无产可增,也终有人地适可之一日。故三者之中,以节育为最有把握,若人口继续任其增加,又没有大量的增加地亩,增加生产,提倡实业,或移民他处,则生活问题也会随之更加严重。假定现在人口数目不再增加,而同时能尽量增加生产,发展工业,再有一部分移居西北,则人民生活的程度即便一时不能提高到理想的地步,也至少能减少现在许多的悲剧[②]。

第十种,节制生育、振兴实业、改良农法、移民边疆。

此为四种方法相结合的解决方案。农业经济学家卜凯以

---

① 陈长蘅:《中国近百八十余年来人口增加之徐速及今后之调剂方法》,《东方杂志》1927 年第 24 卷第 18 号。

② 李景汉:《华北农村人口之结构与问题》,《社会学界》1934 年第 8 卷。

河北盐山县的调查为例指出,解决人口压力可以采取一些临时方法,一是增加生产,包括种植较集约的作物、改良品种及耕作方法,使每亩产量增高;二是转移人民到人口较稀的地区,如东三省;三是发展社会及家庭工业,以吸收过剩人口;四是农闲之时,多从事其他种类工作,如冬季可到城市做短工。不过,这些临时方法只能救济于一时,而非永久之谋。纵使行之而效,一代或可维持,数代之后,以人口增加如是之速,仍当有供不应求之日,届时人口过剩问题又发生了。所以,还需要根本的解决方法,这就是:节制人口生殖,使男女晚婚;破除不孝有三无后为大的古话,使人民不渴望生子;自然限制生育;等等[1]。对当时甚嚣尘上的开发西北的呼声,卜凯与翁文灏一样,也表示了异议,但更加具体。他认为,西北地区多半沃土,业已耕种,山旁宜于牧场或森林一类不适农用的土地,也多已开垦。由于自然环境不良,其已开垦田地,平均每人产量颇为微薄。虽尚有可垦之地,但以土壤不佳,或以灌溉水源缺乏,结果开发者甚属有限。而且,开垦西北砂土草地,有可能没有变为良田,反致砂土飞扬,不能恢复原有的良好牧地。由此,他进而提出,东南人口较密之区,应容纳更多的人口[2]。

由二十世纪二三十年代诸说可见,持论者大多是思想上比较温和的学者。解决人口压力的办法尽管见仁见智,但在不同看法中也有共性,多数学者认为节制生育和发展经济应相辅而行。当然,如果与同一时代的西方学者比较,中国学者发展经

---

[1]〔美〕卜凯著,孙文郁译:《河北盐山县一百五十农家之经济及社会调查》,《金陵大学农林科农林丛刊》1929年第51号,第151—153页。
[2]〔美〕卜凯主编,乔启明等译:《中国土地利用》,成都金陵大学农学院经济系1941年版,第385页。

济的目的主要在于吸收过剩人口,而西方学者譬如米塞斯则认为,发展资本主义市场经济可以起到节制生育、抑制人口增长的作用。因为经济发展到一定高度,人们自然会考虑提高个人和子女的生活质量,而不会无限制地生育[①]。不过,与前辈马尔萨斯相比,中国学者虽然深受其影响,但在解决人口压力的办法上,则有所不同。他们基本上不主张马氏和汪士铎等人提出的所谓"积极抑制"办法,而是认为应该实行节制生育的"道德抑制",此外还增加了发展现代经济、移民边疆等方法。所谓节制生育,其实更多也是一种提倡,而非由政府主导下的"计划生育"。当然,由于当时中国的政治、社会处于混乱动荡之中,以上主张大多限于言说,并未有多少成功的具体实践。

## 四、反对人满为患和减少人口

在中国古代,一般都主张人口越多越好,因为那时人口数量与农业生产、经济发展、军事实力是相辅相成的。如春秋战国时期的孔子、墨子,都主张增加人口,发展农业。宋代思想家叶适也认为,"民多则田垦而税增,役众而兵强,则所为而必从,所欲而必遂"[②]。

但如前所述,清初以后,由于人口的急速增长,朝野上下反应强烈,对人口压力表示极大担忧。清中晚期之后,尤其是民国时期,社会各界对人口压力的呼喊更加高涨。在此主流声音

---

① 〔奥〕米塞斯著,夏道平译:《人的行为》,上海社会科学院出版社 2015 年版,第 616—618 页。

② 转引自钟祥财:《中国农业思想史》,第 249 页。

之中,也有一些人提出了相反的主张,他们认为中国不存在人满为患,进而反对节制生育,减少人口,这对古代的人口观呈现出一定的继承性。

　　包世臣是鸦片战争前后主张经世致用的社会改革家,他对当时颇为流行的人多致贫的观点明确表示质疑:"论者常曰:'生齿日众而地不加多,是以民必穷困,'非定论也。"他强调人口与生产和富裕的密切关系,"天下之土,养天下之人,至给也。人多则生者愈众,庶为富基,岂有反以致贫者哉!"为了证实自己的观点,他对当时中国的耕地、粮食产量作了估算:全国可耕地41.2亿亩,养活全国的人口绰绰有余,即使人口再增一倍,按7亿人计算,平均每人仍有可耕土地5亩以上。他认为,人口最为稠密的苏州府,因"五年耕而余两年之食",也不存在人满之患。至于造成人民穷困的真正原因,包世臣认为主要是由于统治阶级不重视农业,只要统治者重视农业,使"民归农",就能做到"谷植繁,奸邪息"。不能不说,包世臣对当时人口和耕地的估算是有所夸大的,但他强调人是生产者,人口的多寡不是导致人民是否贫困的根源,则是很有见地①。稍晚一些的学者徐鼐,也驳斥了"生齿日繁,尽归之农桑,恐地不足以给"的观点,认为人口繁密与贫困没有直接关系,人口最密的东南正是最为富裕之地,只要人人都从事耕织,即可保证温饱。他指出:"今天下人民之众,无过东南,谷帛之多,亦无过东南,然今东南之地,未尝无余利也。一尺之地皆可耕,一寸之丝皆可织,第令人人耕而天下无饥者矣,人人织而天下无寒者矣。"②

①行龙:《人口问题与近代社会》,第217页。
②(清)徐鼐撰,刘荣喜校注《未灰斋诗文集·未灰斋文集》卷一《拟上开矿封事》,巴蜀书社2009年版,第51页。

　　著名改良维新派梁启超,不仅延续了以上学者的观点,还增加了一些新的思想。他认为中国之所以不存在人满之患,一是人口密度比欧洲诸国要低;二是尚有许多荒地未能开垦,边疆各地万里灌莽,未经垦辟,江南、闽粤等地也多有荒地;三是已耕土地没有得到充分的利用,地中应有之利仍十不得五。在此情况下,只要尽地力,即使中国人口再增加几倍,也不会有饥寒之虞。"尽地利"的办法,就是首先迅速发展农业,"以西国农学新法经营之","兴荒涨之垦利,抉种产之所宜,肆化学以粪土疆,置机器以代劳力"。其次,大力发展工矿业,造出众多的机器来装备农业,从而做到"一人耕能养百人"。除此以外,他还积极主张实行晚婚,提高人口质量①。

　　资产阶级革命家孙中山也持此说,不过思想更加复杂一些。孙中山曾慨言中国大有人满之患,使大部分人不能维持其生活水平,但他又认为,如果与欧洲资本主义国家的人口发展比较,中国还不能说是"人满为患"。他特别从民族危机的角度指出,中国贫穷的根源不可归结为人口的多寡,而是因为帝国主义的政治压迫、经济压迫和列强人口增加的压迫。对乾隆以后一百多年来中国人口停滞不前的状况,他感到极大忧虑,认为近一百年之内,美、俄、英、日、德的人口都成倍增加,而中国人口却没有增加,已经受到列强人口增加的压迫,照此下去,中国会有亡国灭种的危险。正是在此基础上,他又严厉批判马尔萨斯的人口论,主张不能盲目地减少中国人口,对"中国现在的新青年,也被马尔萨斯学说所染,主张减少人口"非常担心。对于中国人口和经济发展中存在的一些问题,孙中山也提出了一

①行龙:《人口问题与近代社会》,第227—228页。

些改良建议。比如,他针对农民所受的地主剥削,提出"平均地权",耕者有其田;针对农业落后所导致的农民没有饭吃,主张发展农业,只要农业搞好了,在中国的土地上再增加一倍的人口也是可能的;针对人口分布不均,提出急待开发西北和蒙古地区等地广人稀的地区,大量移民垦荒;针对人口素质的提高,主张取缔鸦片、缠足等社会恶习①。

另一位革命家、孙中山的战友廖仲恺,也坚决反对马尔萨斯的人口论。他认为,中国的人口密度远远低于瑞士、比利时、英国、荷兰、意大利、日本等国,人口增加"断不会到可怕的程度","人满之患"终归是一句傻话罢了。在文明日趋进步的国家里,绝不会"弄到土地所处的东西不够养人"的地步。因为随着科学技术的发达,人类利用自然,开发土地的本领也日益扩大。比如在农业方面,人们就会"改良种子,改良肥料,改良灌溉、栽培的方法","很多从前不能用的所谓不毛之地,也可以用来种东西",会大大增加人们的生活资料。另外,人口的增加是有自然限度的,随着科技文化和人们物质生活的提高,虽然养育儿女会多一些,预防和治病的方法也会多一些,"人民的平均寿数"会高一些,但由于"男的怕家累,就会不娶亲,就是要娶亲,也比较晚些。女的能独立,就会怕嫁人,就是嫁了人,也不想多生育,害她的身体,妨她的娱乐"。不仅如此,他还从现代国家的角度对此进行了阐述。他认为,构成近世国家最紧要的要素,就是人民、领土、主权三件物事。中国人口多和土地广,是建设现代新国家的优越条件,那种关于小国寡民比广土

①行龙:《人口问题与近代社会》,第231—236页;陈达:《现代中国人口》,第111—114页。

众民的国家易治而强的观点,是完全错误的。只要努力进行革命和建设,"把从前闷死了的无穷的物产,要它活泼泼地输出;从前压死了的民生商业,要它热腾腾地发达",国家的"地方越大,人口越多,越有用处"[1]。

值得注意的是,以孙中山继承人自居的蒋介石,从对抗土地改革的目的出发,也提出中国之土地不患缺乏,全国人口与土地之分配尚属地浮于人,不苦人不得地,唯苦地不整理[2]。而在国民党五届八中全会通过的重要议案中,也有"奖励生育,提倡优生,发扬民族,以固国本"一案[3]。

有国民党地方党部背景的北平"众志学社"成员阎振熙,借批判定县平民教育实验之机,对李景汉的"节育主义"提出反对意见。其理由是:第一,土地面积虽无法增加,但因为技术的改良,土地的生产率是可以提高的,而如果农业的生产率没有提高的可能,则目前所谓改良选种运动便无丝毫意义;第二,人口的繁殖,要受自然的经济规律所支配,无须煞费苦心来提倡节欲主义;第三,目前所呈现的人口过剩和农民离乡去找出路的现象,乃是农村经济破产的表征,绝不是地力用尽不能给养众多人口的简单问题,如果使农村人口日渐减少而其他的条件一如目前,不但农村经济不能有新的发展,土地的收获量亦势必每况愈下[4]。

马克思主义学者,也反对人满之患说。

---

① 行龙:《人口问题与近代社会》,第237—238页。
② 章有义编:《中国近代农业史资料》第3辑,生活·读书·新知三联书店 1957年版,第1055页。
③ 费孝通:《内地的农村》,《费孝通文集》第4卷,第221页。
④ 阎振熙:《定县实验区考察记》,北平众志学社1934年版,第36页。

　　中国共产党创始人之一李大钊,于1917年发表《战争与人口问题》一文,他虽然不否认马尔萨斯人口论的经济学价值,但也批判了马氏的荒谬之处。对于马氏所谓人口增长必然超过食物增长,如果不加限制,就必然陷于人口过剩,并导致灾荒、战争等罪恶的必然发生,李大钊认为,这种学说给西方列强造成了侵略战争的口实,而其本身之不完备也是显然的:一是与历史实际不符,欧美"各国不惟无人口过庶之忧,且有过减之虑";二是马氏忽视生产力的发展,其实"人类自具无限之天能,宇宙自有无尽之物力";三是马氏忽视文明之进步可与"土地报酬递减之律"相抗;四是马氏鼓吹战争为人口过剩的必然结果,潜滋其"贪惰之根性"。其实,"今日战争之真因,不在人满乏食,乃在贪与惰之根性未除"[1]。

　　著名经济学家、中国农村派的代表人物薛暮桥,更是从生产力的发展和生产关系的改革方面,全面论述了自己的主张。他把马尔萨斯的信徒称为庸俗的人口论者,认为这些人完全没有看到,随着生产技术的进步,土地报酬——农业的劳动生产率是会增加起来的。"如果我们把产业革命以前的农业生产同大战前后的农业生产作一比较,谁都能够看到,在这短短的百余年中,劳动生产率已经飞速增加,因此生产食料的困难非但没有增加,而且远为减少。"[2]事实证明,现今资本主义各国所闹着的"生产过剩",更是证明马尔萨斯的人口学说只是一个无根据的幻想。当然,薛暮桥并非说资本主义世界不存在人口问

[1] 朱文通等编:《李大钊全集》第2卷,河北教育出版社1999年版,第561—563页。

[2] 薛暮桥:《贫困现象的基本原因》,陈翰笙等编:《解放前的中国农村》第2辑,第207页。

题——在"生产过剩"的旁边不是还存在着几千百万的失业工人吗?不过,这种人口问题的来源,并不是由于人口的增加超过了食料的增加,而是由于资本主义经济的发展,使大部分的财富集中到少数资本家的手里,许多小生产者因此纷纷破产。那些大资本家为着追逐利润,努力提高生产技术,用机器代替人力,于是许多工人便被他们自己所制造的机器排挤到生产圈外,他们捧着空腹,眼睁睁地望着资本家在那里大规模地销毁"过剩生产"。这就是资本主义世界的人口问题!针对有人提出中国人口压力巨大,农民收入太少,粮食问题不能解决,因此必须实行节制生育的说法,薛暮桥认为:中国粮食的入超是帝国主义经济侵略的结果,而不是人口膨胀;如果能够充分利用荒地,发展农业生产,产量至少要比现在增加一倍,从而也就一定能解决民食问题;假使每个农民平均分到耕地,不受任何人的剥削,可勉强过着小康生活。而事实上,中国的耕地分配不均,收获的一大部分又被帝国主义和地主豪绅们所剥夺,这才是问题的主要根源[1]。

中国共产党的革命领袖毛泽东,从革命的角度阐发了檄文式的思想。他在1949年所写的《唯心历史观的破产》中,猛烈地批判了美国国务卿艾奇逊宣传的马尔萨斯人口决定论,认为世界上所有的社会革命,都不是由于人口过多导致的。不仅如此,他还强调,"中国人口众多是一件极大的好事。再增加多少倍人口也完全有办法,这办法就是生产。西方资产阶级经济学家如像马尔萨斯者流所谓食物增加赶不上人口增加的一套谬

---

①余霖:《从山额夫人谈到人口问题》,《中国农村》1936年第2卷第4期。余霖为薛暮桥的笔名。

论,不但被马克思主义者早已从理论上驳斥得干干净净,而且已被革命后的苏联和中国解放区的事实所完全驳倒","世间一切事物中,人是第一个可宝贵的。在共产党领导下,只要有了人,什么人间奇迹也可以造出来。我们是艾奇逊反革命理论的驳斥者,我们相信革命能改变一切,一个人口众多、物产丰盛、生活优裕、文化昌盛的新中国,不要很久就可以到来,一切悲观论调是完全没有根据的"①。

由上所论不难看出,持反对人口压力者主要是具有不同政治背景的学者、革命家。也就是说,这些人的政治派别虽然不同,但对社会问题的认识方向可能是一致的。当然,也正是因为派别不同、立场不同,在同样反对人口压力的前提下,解释的理由并不完全一致。有的是从社会经济学的学理角度,有的是从保族保种角度,还有的是从社会革命角度,以及将几种结合起来的角度,这反映了社会认识的多面性和复杂性。但又有一点与控制人口者相似,反对人口压力者对于如何鼓励和刺激人口的增长,同样没有具体的政策和实践。

1949年新中国的成立,标志着中共革命取得了胜利。马克思主义学者和革命领袖的主张占居统治地位,"人多力量大"的口号压倒一切。受此影响,大约有三十余年的时间很少有学者继续探讨近代中国耕地的红线问题。改革开放以来,从严峻的人口现实出发,实行计划生育政策成为中国的国策,人口的快速增长得到抑制。在此背景下,学术界重新探讨历史上的人地关系,其结论基本上接续了民国时期的主流言说,中国近

---

① 中共中央文献编辑委员会:《毛泽东选集》第4卷,人民出版社1991年版,第1511—1512页。

代人口压力日大、耕地严重不足之说重新占据了论坛[①]。然而，二十世纪九十年代初以后，又有学者跳出国家政策的影响，提出了不同意见，认为中国近代人口压力并非像以前所说的那样严重，人口数量与传统农业的需要基本上是相适应的[②]。近年来，国家的人口政策又有一定的调整，这一背景是否对近代中国耕地红线的讨论发生一定的影响，还很难确定。不过，笔者以为，对这一问题的继续研究，不仅可以深化对这一问题本身的认识，对今后中国人口政策的发展走向也将是有益的参照。

---

①行龙：《人口问题与近代社会》，第 49、239—240 页；温铁军等：《农村土地问题的世纪反思》，《战略与管理》1998 年第 4 期。
②章有义：《近代中国人口和耕地的再估计》，《中国经济史研究》1991 年第 1 期；吴承明：《中国近代农业生产力的考察》，《中国经济史研究》1989 年第 2 期；李金铮：《也论人口压力：近代冀中定县人地比例关系考》，《近代史研究》2008 年第 4 期。

# 机械与机械化:近代中国农业现代化的共识及忧虑

所谓农业机械,为西方近代工业革命的产物,主要指以蒸汽、电力等机械动力来代替人力和畜力的高级农具形式①。使用农业机械乃至实现农业机械化,是我国近代以来直至今天一直追求的农业现代化梦想。就近代而言,如后所述,农业机械推广的实际成效非常有限,故此问题更多具有思想史、认识史的意义。但正是这些认识,构成中国农业现代化道路探索的重要组成部分,有着不可忽视的历史价值和现实价值。

原本中国农具起源甚早,但自秦汉以来,无论在名称、样式还是实际使用上都变化不大。直至近代,伴随着外国列强的入侵、中外交流的日益广泛,农业机械或者说西式农具的实物和概念开始进入中国人的视野,对于农具的认识以及农具的实际

---

① 中国古代虽也有机械、机器的名称,但多指较为精巧的器具或装置如用于灌溉的桔槔,和西方农业机械不是一回事。在民国时期,农业机械还有农具机械、机械农具、农业机具、农业机器、新式农具、新农具、新式机械、新式农器等诸多称法。

结构都发生了不同程度的变化。唯其如此，就发生了一系列值得思考的问题：首先，当遇到西方农业机械之时，社会各界尤其是知识界对此有何反应，具体说就是如何评价西方农业机械和中国传统农具的？其次，倘若要学习和使用农业机械，那么如何学习，又是如何实践的？再者，在此过程中，又会碰到哪些问题，结果如何，为什么？这一看似比较狭窄的农具问题，广泛牵涉到中与外、新与旧、传统与现代之间的矛盾，有助于我们理解近代中国经济，尤其是农业现代化进程的变迁。

　　不能不说，以往中国近代经济史学界、农史学界对于农业机械的关注是比较缺乏的，即便有所涉及也主要是关注其样式、使用情况，很少讨论其与农业经济的关系，更鲜有如上所说的"认识史"层面的探讨①。而在中国近代思想史、观念史学界，对于农业机械的探讨也几为空白。有鉴于此，笔者拟对此作一阐述，以弥补这一不足。本文主要从"认识史"而非"思想史"角度进行讨论，主要是因为学界对思想史的研究对象还有较大争议，主流认为思想史是研究杰出人物、思想家的思想，或者说以理论形式出现的思想，而"认识史"的研究范围则较为宽泛，无论是杰出人物、思想家还是普通学者、普通人物都可以表达自己的思索、设想、主张，这些都属于认识史研究范畴，由此可

---

① 公开发表的成果主要有，周昕：《中国农具通史》，山东科技出版社2010年版；王方中：《旧中国农业中使用机器的若干情况》，《江海学刊》1963年第9期；章有义：《海关报告中的近代中国农业生产力状况》，《中国农史》1991年第2期；咸金山：《中国近代农机改良事业述评》，《中国农史》1989年第1期；咸金山：《中国近代机灌事业的发展》，《中国农史》1989年第2期；沈志忠：《近代中美农机具事业交流与合作探析（1898—1948年）》，《南京农业大学学报（社会科学版）》2010年第4期。

多少避免一些歧义。

认识是时代的产物，"我们只能在我们时代的条件下进行认识，而且这些条件达到什么程度，我们便认识到什么程度"①。中国近代农业机械的认识史也是如此，从笔者搜集和梳理的文献可以判断，对农业机械的认识始于晚清洋务运动时期，其演进过程和中国近代史上的政治经济变化是基本一致的，大致晚清时期为第一阶段，北洋政府时期为第二阶段，南京国民政府前十年为第三阶段，抗日战争和解放战争时期为第四阶段。其中，后两个阶段中对此问题的讨论明显多于前两个时期。

# 一、倡导农业机械

面对农业机械这个新生事物，中国人是提倡还是排斥，是首先需要回答的问题。这一问题与对传统农具的看法如影随形，渗透了强烈的比较意识。

1. 晚清时期对农业机械的认识由直觉向自觉的转化

近代以前，中国为大一统王朝，实力高居世界之首，间有外力威胁也不能撼动其根基。在此情况下，立足于"华夏中心观"，对国内一切事物、制度充满了自信，鲜有自我矮化的情绪。就农具而言，尽管秦汉以后基本定型，但并未产生明显的"停滞"意识。元代王祯的《农书》和明代徐光启的《农政全书》，对农具样式、结构和功用的介绍几乎不带任何倾向，恰恰表明了自我欣赏的心态。不过到了明末，随着西方传教士来华以及带

---

①恩格斯：《〈自然辩证法〉节选》，《马克思恩格斯选集》第3卷，人民出版社2012年版，第933页。

来西洋农具的信息,中国农学家开始受到触动。如由德国传教士邓玉函口授、王徵译绘的《远西奇器图说》,就借外人之口表达了对西洋农具的倾慕,认为西洋奇器之法,"其制器之巧,实为甲于古今……书中所载皆裨益民生之具,其法至便"[①]。但王徵仍不忘记在另一本《新制诸器图说》中介绍在中国见到的新制农具,"见之者颇谓裨益民生日用,有已造而行之者,有未造而仪其必可行者"[②]。这种比较,多少带有西洋人有中国也有的意思,恐为自信心开始下滑之表征;但从另一个角度也可以说,他对新事物并未采取消极拒斥的态度。

到晚清时期,中国进入数千年未有之变局。列强的坚船利炮让国人真正认识到西洋的强大和本国的危机,于是从以前的优越感变为自卑感,被迫转向学习西方,"师夷之长技以制夷",开始产生救亡图存的民族主义意识。在这一历史背景和自省逻辑之下,固有传统逐渐沦为愚昧、保守、腐朽的代名词,西学却愈益成为中国社会追求的主流。尤其是在器物层面上,西方标准成了中国标准。

农具的西洋化倾向,在洋务运动时就开始了。管见所及,最先明确倡导西式农业机械者,是思想家冯桂芬,他在清同治初撰写了《校邠庐抗议》,谈到"以中国伦常名教为原本,辅以诸国富强之术","今欲采西学……如农具、织具,百工所需,多用机轮,用力少而成功多,是可资以治生"[③]。要想富强,要想提高生计,必须采用西方农业机器的富强之术,但本国思想、制度之

①〔德〕邓玉函口授,〔明〕王徵译绘:《远西奇器图说》,中华书局1985年版,第2页。
②〔明〕王徵:《新制诸器图说》,中华书局1985年版,第1页。
③〔清〕冯桂芬:《采西学》,《校邠庐抗议》,上海书店2002年版,第56页。

本是不能动的。同一时期，清朝派遣首批外交官出访或出使欧美大国，他们亲眼目睹西方农业机械的先进，意识到中国农具大大落后了。如1868年，志刚随办理中外交涉事务大臣蒲安臣出访美国，至敖拜尔参观农器，"其器甚夥。要皆用力少而见功多，是大有益于生民者也"[①]。1877年，张德彝出使英国，曾接见英国制造耕田机器之人郎荓娄，郎氏展现耕田机器的图纸，"各有铁轮关键，而皆驾之以马，可代十数人之力"，张德彝认为"可谓巧夺天工矣"[②]。维新政论家王韬，多年游历英国、日本，1883年他提出建议，以京师为首的北方官地，"或济之以西国机器水火二气之力，务使三年耕必有一年之蓄"[③]。这就不只是感叹西方机器先进，而是想将之直接运用于中国农田开发了。

立志推翻满清帝制的革命家孙中山，在1894年所写《上李鸿章书》中也明确提出要采用机器，改进中国农业落后的局面。他认为，中国农民恒守古法，劳多而获少，民食日艰，"非有巧机无以节其劳，非有灵器无以速其事，此农器宜讲求也"。近世农业机器，"多以器代牛马之用，以其费力少而成功多也。……机器之于农，其用大矣哉"[④]。这一认识比王韬又进了一步。

1895年甲午之战，清朝惨败。戊戌变法后至二十世纪初，兴起一股重农思潮。政府设立了农工商部和农务总会，有识之士不仅创办农业学堂、农事试验场，还译介西方农业机械书籍。

---

① 〔清〕志刚：《初使泰西记》，湖南人民出版社1981年版，第30页。

② 〔清〕刘锡鸿、〔清〕张德彝：《英轺私记·随使英俄记》，岳麓书社1986年版，第457—458页。

③ 〔清〕王韬：《弢园文录外编》，上海书店出版社2002年版，第21页。

④ 孙中山：《人尽其才，地尽其利，物尽其用，货畅其流——上李鸿章书》，孟庆鹏编：《孙中山文集》下，团结出版社1997年版，第403—404页。

在此情况下,学习和倡导使用农业机械成为自觉的认识。

康有为在其著名的《公车上书》中,讲了养民之法,其中第一条就是"务农"。他认为,我国物产亟思救济之良法,外国"田样各等,机车各式,农夫人人可以讲求。……刈禾则一人可兼数百工,播种则一日可以三百亩"。我国应该翻译其农书,助力农人,"用新而去旧,农业自盛"①。孙中山 1906 年发表的演说,继续发挥了上李鸿章书的认识,认为欧美各国借机械的力去帮助人力,自然事半功倍,农工所生产的物品不愁不足,只愁有余②。这一认识,极为鲜明地强调了近代农业机械的优势。

《农学报》《广益丛报》等期刊,也发表署名或不署名的文章,讨论中国农具与西方农业机械的差距。1897 年,农学学者张寿浯在《农学论》一文中指出,中国农器不甚讲究,犁耙牛种以及各等器具费地费工费时,而泰西讲求农器,是故庶植繁息,累实丰茂③。1909 年,《广益丛报》发表文章认为,我国农事不振,与仍用古来农具有关。农具之目的应以最少之时间与劳力,得最多之收益。欧美诸国农具,应用高等学理,发明精巧器械,由是增进农业利益④。这里提到的"以最少之时间与劳力,得最多之收益",已完全符合西方经济学原理了。总之,清末舆论界已形成较为一致的意见,中国农具明显落后于西方,应学习和使用机器以发展农业。

---

① 康有为:《上清帝第二书》,汤志钧编:《康有为政论集》上,中华书局 1981 年版,第 126 页。

② 孙中山:《民族的、国民的、社会的国家——在东京〈民报〉创刊周年庆祝大会的演说》,孟庆鹏编:《孙中山文集》上,第 5 页。

③ 张寿浯:《农学论》,《农学报》1897 年第 4 期。

④《实业:改良农业之方针》,《广益丛报》1909 年第 212 期。

2. 北洋政府时期和国民政府前十年对农业机械的科学认识与农业机械化的初步讨论

北洋政府时期，中央设农商部，省级设实业厅，各县设劝业所，颁布农业法规，指导农业经济和农具改良。这些举措也推进了社会各界对农业机械的认识。

舆论界对农业机械的认识，仍延续了清末的思路。1913年，王章晑在《农具篇》中说，"泰西诸国农具，讲求器械，一人能力可兼数十百人"。中国号称农国，却以农具不精，农业日隳，处此人类竞争，天择物竞之时，"倘不及时改弦更张以利农者利国，则民生国计之前途宁复堪问哉"①。这里将改革农具和采用西方机械上升到中国在世界能否生存的高度。1914年，农业学者彭心如在一篇论述农具的文章中也指出，欧美各邦以精巧机械运用畜力或凭借汽机电气之力以济人工之穷，已司空见惯。而中国农界默守旧惯，处于今日交通经济时代万难容身。但和此前不同的是，彭心如开始用数据来证明农业机械的先进，如整地用器每日可耕 80 余亩，播种用器每日能播 30—50亩，收获器每日刈取禾谷 60 亩②。这已不再全是比较模糊的叙述，提高了对农业机械认识的科学性。当然，大量真正科学的认识还在以后才产生。

1927 年 4 月南京国民政府成立，到 1937 年 7 月全面抗战爆发之前的十年间，从中央到县都设立了相应的农业管理机构、农业试验机关。留学欧美的学者也更多归国，投入到经济行政、农业教育和乡村建设之中。在农村危机和复兴农村的声

①王章晑：《农具篇》，《安徽实业杂志》1913 年第 4 期。
②彭心如：《最新简易农具之种类及其效用》，《中华实业界》1914 年第 11 期。

浪中,社会各界尤其是学界对农业机械的讨论比以往显著增加。不仅如此,与此前相比,这一时期还有两个特点:

其一,利用数据资料来证明农业机械的优越性已成普遍论证方法。

以数据进行比较,已不限于中国传统农具和西方农业机械之间,还扩大到中国本地制造的传统农具和新式农业机械的比较。1931年,农业经济学者杜修昌发表文章,认为农业机械对农业生产产生了有利影响,在节省劳力上,耕作1英亩的小麦,如果使用人力劳动,锄耕要6小时40分,播种要1小时25分,耙耕要2小时50分,而使用机械,所有这些劳动只需要15分钟;在电机灌溉费上,如江苏吴兴、苏州地区,每亩分别需要9角、1.4元,而以人工灌溉则增加到1.35元、6.4元;在生产量上,如常州水田1亩,用电力灌溉收获7担,油力灌溉收获5担,人力或牛力灌溉仅收获2担。杜氏还指出,中美农业机械的差距极大,在美国机械力已达农业生产动力的五分之三,而中国几全为人力、畜力[1]。以上数据的运用,明显多于前述北洋政府时期彭心如的文章,由此更能表现出中西农具的优劣之别。

又如南京中央棉产改进所技师沈其益,他在1935年也用丰富的数据对发达国家使用先进机器所产生的影响做了多方面论证。在动力耗费上,用曳引机耕种的费用只为马匹的半数,而每单位人工耕种的面积却是使用畜力的数倍。在工作效力上,以收获而论,原本割轧机可以减少总费用的20%,而最新的联合机,人工费用只及割轧机的1/5,总费用减少50%。在耕种能力上,使用50马力的曳引机每天可耕地18英亩,而中国每人每牛

---

[1] 杜修昌:《中国农业机械化问题》,《新农业》1931年第1期。

仅能耕地 0.5 英亩；从前耕种小麦需要 10—15 小时，现在仅需要 2—3 小时。对于机械动力使用的中美差距，沈其益还从人口和动力的比例上做了比较：美国农业人口为 0.29 亿，机械动力为 3336 万马力；中国农业人口 3.5 亿，机械动力仅为 100 万马力，由此"看出我们是如何的可怜"①。用人口和动力的比例进行比较，比杜修昌所呈现的数据更为直观和有说服力。

以上数据资料的运用，表明中国学者对西方农业的了解愈益深入，对农业机械的认知也越来越深刻。

其二，农业机械化的必然趋势。

从二十世纪三十年代开始，学界提出农业机械化（或农业机器化）的概念，并展开了初步讨论。这一讨论，将对农业机械的认识提升到一个新的高度。上举杜修昌、沈其益等学者的文章，就都是讨论农业机械化的，兹再从机械化角度增举两例：

四川大学农学院教授蓝梦九 1932 年发表文章，强调了农业机械化的世界趋势以及中国农业机械化的必要性。他指出，所谓农业机械，多半指所发明的新农具，以蒸汽机、火油机及发电机、电动机为动力，有耕地机、耙碎机、播种机、刈草机、刈割结束机、脱粒机等。农业的机械化已成为一种必然的趋势，无论是社会主义国家还是资本主义国家，都利用机械从事于农业的大经营，使其生产量激增不已。中国若不迅速使农业机械化，"不但国际上的平等自由不能回复，恐怕连民族生存的地位都会渐渐没有了"②。这里不仅延续了以前农业机械使用关乎民族生存的观点，而且表达了对苏联社会主义农业机械化的欣

---

① 沈其益：《近代农业机械化》，《科学世界》1935 年第 4 卷第 3 期。
② 蓝梦九：《农业机械化问题》，《乡村建设旬刊汇要》1932 年第 1 期。

赏,这也是二十世纪三十年代苏联经济对中国知识界产生重要
影响的一个反映。

机械工程学者萧灌恩1935年发表文章,也表达了类似意
见。他认为,各国农业的趋势无不极力倾向于农业机械化,甚
至连阿根廷、澳洲都有长足的进步。对苏联机械化,他同样表
达了赞扬的态度,认为苏联自实行"五年计划"以来,对于农业
科学及农业机械的应用更力谋扩张,"今日苏俄时代之所以为
世人震惊,非共产主义之功,乃因其能采用最新式之农业技术
与机械以解决农民问题,使国内的经济础基得以确立"。反顾
我国,依然"男徒手以耕","女徒手以织","我国农业一天不进
于机械化,则中国永无富强之一日"①。

至此,实现农业机械化已成为推进中国农业发展的强音。

3. 抗战时期和国共决战时期对农业机械化的继续讨论

全面抗日战争爆发后,中国陷入空前的民族危机。国民政
府对于农业经济颁布了一系列相关法令和条例,对中央和地方
农业管理机关、实验机构也进行了多次调整。日本投降后,进
入国共决战阶段,社会动荡达于极点,尽管如此,学界仍没有停
止对农业机械的讨论,而且有两点值得注意:

一是认为使用农业机械可以缓解战时农业劳动力的短缺。

这一目的,是以前讨论中未曾提到的。中国农业劳动力一
直充盈,甚至被认为其阻碍了农业机械的使用,然而恰恰由于
农业生产依赖劳动力的特性,当抗日战争和国共决战的特殊历
史时期出现劳力减少的现象时,学界反而提出应该使用农业机
械来缓解这一紧张。

---

① 萧灌恩:《复兴农村与农业机械化》,《校风》1935年第286期。

抗战期间，1938年，中央大学农学院助教蒋耀撰文认为，抗战开始后，战区同胞不少向西移动，人口骤减，已沦为战区的广大区域，多因此停止耕种，任其荒芜。将来抗战胜利到来时，在人工缺少的情况下，非设法利用机械以补救不可[1]。1939年，浙江省农业改进所彭起等也发表文章指出，当此全面抗战，壮丁相率入伍从戎，耕种人力顿形减少时，应提倡使用新式农具，以节省人力，不至影响后方生产效能的减低[2]。由此表明，战时劳动力的减少更为倡导农业机械化之说提供了依据。

抗战胜利后，此种言论减少，但也不是没有。如1946年农业学者李永振发表文章指出，战时家畜大减，劳力也极感不足，今后欲恢复生产，对于增加劳动效率一点极感重要，"利用机械，制机器，即可补救劳力不足所生之影响"[3]。区祖继也认为，随着人口之减少、劳力缺乏和荒地的增加，"农民们再没有力量来重建他们的家园，我们只好乞灵于机械了"[4]。也就是说，弥补劳力缺乏，恢复战争创伤，成为采用农业机械的重要理由。

二是对农业机械化的讨论更加深入。

无论是出于抗战建国的目的，还是对战后未来的憧憬，都让社会各界尤其是学界充满期待，关于农业机械化的讨论比以前更加热烈了，其中大多数相关论著是在1940年以后发表的。

在这一讨论中，有的学者依然延续了此前以数据资料增强

①蒋耀：《农具之选材问题》，《科学世界》1938年第7卷第4期。
②彭起、周开慧：《改良农具以增工作效能由》，《浙江农业》1939年第5—6期合刊。
③李永振：《农业机械化问题》，《苏讯》1946年第71期。
④区祖继：《把握农业集体化的时机（续）》，《大公报》（上海）1946年9月20日。

对农业机械的科学化认识的论证逻辑,兹不赘述。但是,对农业机械化的意义的认识,则比以前更加全面和深入。如在抗战时期,刘培德在 1941 年指出,农业机械化的倡行对于中国农业建设的前途具有多方面的影响,包括推动地方建设、粮食的自给自足、原料的供给、提高农民生活等。其中较为重要者,一是产量增加,推行机械农具使农产量增加的速率远在人口增加之上;二是土地集中,大农场的利益远较小农场为大,机械生产效率在规模愈大的农场愈为明显;三是工商业发达,农产品原料的丰足及农村购买力的增高,可促使工业生产的增加;四是农业品质的改进,采用农业机械耕种,有利于农产品加工和品质的改善;五是促进国防,机械耕种可解决战时劳动的不足,使一部分农民得以参加战时工作;六是推动垦殖,中国尚有一半以上的耕地未经开垦,须借助机械之力,省时省力;七是增加农民福利,机器可以节省劳力,耕田工作不再是一件苦役[1]。

抗战胜利后的讨论比抗战时期更多。如 1947 年经济学家赵葆全从增进农民收益、增加土地利用和走上工业化的道路等三个方面,强调"中国农业是有推行机械化之必要"[2]。同年,李国桓也从提高生产效率、配合工业化的大量生产、改变农业制度、补救农忙时劳力之不足、救济战时畜力之减少等五个方面,阐述了中国农业机械化的必要性[3]。这些讨论基本上延续了抗战时期的认识。

---

[1] 刘培德:《中国农业机械化问题》,《协大农报》1941 年第 3 卷第 3 期。
[2] 赵葆全:《推行合作农场以促进中国农业机械化》,《中华农学会通讯》1947 年第 71—72 期。
[3] 李国桓:《中国农业机械化之可能与农业经营制度之配合问题》,《中央周刊》1947 年第 9 卷第 34 期。

由上观之，在中国近代各个时期，农业经济都曾受到不同程度的重视，为社会各界对农业机械的认识和有关实践提供了一定的政策基础。社会各界对农业机械的认识，经历了从直觉到自觉再到科学化论证的历史演变。尽管不同时期所提出的理由不尽一致，但与中国传统农具决裂，使用农业机械乃至实现农业机械化愈益成为社会各界的共识。这一认识明显带有现代与传统二元对立的意味，且如后所述有脱离中国农村经济实际的成分。不过，从农业现代化发展的必然趋势和民族国家的独立富强而言，又有一定的道理，可谓中国农业经济认识史上的重要突破。

## 二、采行农业机械之具体设想

在改革传统农具、倡导农业机械已成为基本共识的同时，社会各界对如何采行农业机械也提出了诸多设想，包括农业机械由何而来、以什么办法使用和推广农业机械等。由于使用和推广农业机械关联到中国农业乃至更为广大的农村经济、社会经济，所以这一问题比上述倡导农业机械的认识更为复杂。

1. 关于农业机械输入与制造的设想

即农业机械来自哪里，此为使用和推广的第一步。由于近代农业机械并非中国自发的产物，而是源自西方，因此首先不得不从国外输入，并向国外学习、模仿和制造。

在晚清时期，由于对农业机械的接触和认识还是初步的，各界对采行农业机械的意见主要是限于从国外购买。譬如，实业家、思想家郑观应1875年在《论机器》一文中提出，若用西国机器，以之耕种，"何不先购一小机器，以沃壤数亩试而行之。

如果异常,然后购其大者,推行尽利"①。1877年2月,《申报》发表《论筹购机器以开垦荒田》一文,认为咸丰之后田地多有荒芜,"欲垦荒莫如购器,是亦当今最急至要之先务也","何不每处设法购买,以代人耕"②。1894年,孙中山在《上李鸿章书》中也断言,泰西创器之家,以后农器之精一定能超过现在,"中国宜购其器而仿制之"③。1896年,维新派陈炽在《续富国策》中指出,中国拥有多田之富人可以购买机器,"俾用力少而见功多"④。以上认识,都是基于从向国外购买农业机械入手,来提高垦荒、耕种的劳动效率。

不过,这一时期也开始有自行制造农业机械的主张。如1874年7月《申报》发表《论机器》一文,认为除了购买西方耕种机器以外,也可"自行制造之。虽不能较胜于泰西,亦不至终落于泰西也"⑤。1907年6月《广益丛报》的一则报道强调:"能仿照外国造出最新农工上各项器具,或能自出心裁创制各项农工器具者,当分别大小轻重,予以各等奖励"⑥。以上认识,都主张打破传统观念,鼓励仿造西方机器。

到北洋政府时期,与清末不同的是,已很少见到向国外购买农业机械的意见,而是提倡仿造、制造。如1915年9月企业

① 〔清〕郑观应:《论机器》,夏东元编:《郑观应集》上,上海人民出版社1988年版,第89页。
② 《论筹购机器以开垦荒田》,《申报》1877年2月20日。
③ 孙中山:《人尽其才,地尽其利,物尽其用,货畅其流——上李鸿章书》,孟庆鹏编:《孙中山文集》下,第404页。
④ 〔清〕陈炽:《续富国策》,赵树贵、曾丽雅编:《陈炽集》,中华书局1997年版,第174页。
⑤ 《论机器》,《申报》1874年7月20日。
⑥ 《广东:提倡制造农具》,《广益丛报》1907年第138期。

家朱志尧上书政府，指出西北一带荒田甚多，若用机器耕种，既可得无穷利薮，又可绝外人觊觎，希望政府能提倡而培植。所以，他建议开设各种工厂，其中包括机器农具厂[①]。1922年，农业学者吴宏吉对农业改良提出意见，认为在稻田灌溉中，中国水车不能令人满意，而购买外国的吸水机又价钱太大，故希望我国农具学家和机械家共同研究，办起工厂，作出新农器[②]。1924年，孙中山在《三民主义十六讲》中强调："如果大家都用机器，需要增加，更要我们自己制造，挽回外溢的权利。"[③] 以上自行制造机器、减少利权外流的看法，反映了自主制造机械意识的增强。

这一时期，还有一点与晚清有别的是，对农具和农业机械开始有了研究意识。上述吴宏吉的意见对此已有显示，兹再举一例。1917年，北京农业专门学校农学科张金銮指出："农具之学，悉心研究，精益求精，且内顾本国情形，外采欧美新法，一炉合治，推陈出新，以为改良之基础。"[④] 此处所谓"研究"，是在了解西方农业机械的基础上，对我国农具进行改良。

在南京国民政府前十年，学界继续延续北洋政府时期的认识，重视农业机械的仿造、制造，减轻对外国的依赖。1928年，农学家虞振镛在谈到改良农具时以犁为例，认为"外国犁比中国犁耕得深，犁铲不易弄坏。耕的地方也比中国犁来得宽。地下的垄沟又平。不过……价钱也贵一点。将来我们中国自己

---

① 《朱志尧创设各种工厂上政府书》，《大公报》（天津）1915年9月14日。
② 吴宏吉：《改良我国农业之管见》，《农业丛刊》1922年第1卷第1期。
③ 孙中山：《三民主义十六讲》，孟庆鹏编：《孙中山文集》上，第178页。
④ 张金銮：《论我国农业之亟宜改良》，《国立北京农业专门学校校友会杂志》
　　1917年第2期。

能造的时候,价钱自可减低了"①。1929 年,另一农学家孙清波也说,外国农具之所以发达,乃由于受工业进化之反射,故中国"设农具制造厂,以事改良农具,实属急切不容或缓者矣",并强调要改革外国农具,发明新农具,使之适用于本地,以适应潮流之需要②。1933 年,李丹五说,初步使用农业机器,势须由国外购置,但是在农业机器使用渐渐普遍的时期,就不能不多多建设农业机器工厂,制造新式机器。农业机器制造厂的设立,至少每个省应设立一家工厂③。这一认识明确表示了必须由从国外购置转向自行制造,创办农业机器制造厂愈益成为各界的呼声。

对传统农具和新式农具的调查和研究的强调,也比北洋时期进了一步。譬如,1929 年,河南省建设厅厅长张钫提出,"先从改良农具着手,惟是改良方法,端赖调查",要求各县将现时的新旧农具,绘图贴说,作为考察而资改良的依据④。1936 年,丁礼卿在山东省《改良农具初步计划草案》中,"责成各县政府选择本地最适用之农具",派员赴上海、苏州、南京等地调查新式农具的应用,以资借镜⑤。政府机关有此认识并予以介入,与当时社会各界兴起的农村调查之风是吻合的。

①虞振铺:《农具》,《中国华洋义赈救灾总会丛刊乙种》第 25 号,1928 年版,第 4 页。
②孙清波:《江苏省立农具制造所计划》,《农矿公报》1929 年第 7 期。
③李丹五:《增进农业生产的途径(续)》,《大公报》(天津)1933 年 5 月 10 日。
④《河南省令县长转建设局应用新旧农具》,《河南建设月刊》1929 年第 2 卷第 3—4 期。
⑤丁礼卿:《改良农具初步计划草案》,《山东省建设半月刊》1936 年第 1 卷第 1 期。

在抗战时期和国共决战时期,社会各界对农业机械依然是主张制造和研究。对于农具制造的认识,相关文章颇多,不赘。仅需说明的是,有的学者提出了另一此前少见的看法。如1942年,宗秩提出农具工厂的设立不以求利润为目的,应多出价廉物美的农具[1]。此为针对农业机械的昂贵而言的,但不求利润恐只能为政府行为,而不可苛求私营企业,这一点宗秩并未说明。

这一时期对于农具的调查研究更加重视、更加强调了。譬如,1944年,西北农学院农经系学生李作人指出,我国农具改良必须有充分的数理基础,要研究农具病理,必须举行调查。他建议,农业教育机关应设专科及专系,以造就研究农具基本人才,国家亦应奖励农学界从事农具研究工作及献身创研农具改良事业[2]。1945年,农学家马保之更提出了一个农具研究分区合作的想法,他建议将全国划分为若干区域,每一区域设立一个研究机构,既研究外来新式农具是否适用于该区,又对该区原有旧式农具进行研究与试验,以别优劣取舍[3]。以上阐述,都是对农具认识的进步。

2. 关于使用和推广农业机械的设想

农业机械怎样才能更好地运用于农业生产呢? 所涉问题颇为复杂,更加重要的是,农业机械的规模较大,适合于大农场经营,而中国却是农田经营狭小,绝大多数农家又处于贫困状态,和机械推广是有矛盾的。围绕这一情况,社会各界尤其是学界提出了各种主张。

①宗秩:《希望农具工厂注意》,《农业推广通》1942年第4卷第4期。
②李作人:《我国战后之农具问题》,《中农月刊》1944年第5卷第3期。
③马保之等:《中国农具前途之展望》,《西南实业通讯》1945年第12卷第5—6期。

在晚清时期，只有个别人考虑过这个问题，侧重于大农场经营思路。如 1896 年，陈炽在《续富国策》中指出，英国为"拥有膏腴数百顷"的大农场，法国为"多田者，不过六百亩，少或数亩十数亩"的较小农场，他认为中国"拥有田数千亩数万亩者"可以走英国大农场道路，采用机器生产；而只有"数亩数十亩之田"，可仿法国之法①。1902 年，康有为在他设想的大同世界中提出，天下田皆为公有，各地农场应备农人若干、机器若干，"机器愈精，道路愈辟，人之智力愈强，则农场愈广也"②。同样是对大农场，陈、康的理解有显著的区别，前者属西方资本主义经营，后者则是和资本主义不同的公有制，但在使用机器进行大规模经营上是一致的。

到北洋政府时期，对此考虑者也不多，但比清末的认识明显丰富。第一种观点认为，可将农民耕地集合起来使用农业机械。1920 年，王珍在《改良陕省农业意见书》中说，要想使用新农具，应将农民的土地集合于一处，以增加耕地面积，减少生产费用③。第二种观点认为，农民可合作购买并使用农业机械。伯材认为，新农具价钱很贵，可由许多人家共同购买，轮流使用④。以上合作意识的增强，和民初以来西方合作思潮的传入有关。第三种观点认为，可贷款给农民购置新式农具。1922 年，《钱业月报》刊文指出，中国农民大多贫困，无巨款购置新器，故"须先贷款于农民，庶可以收后效"⑤。第四种观点与前述清末的认

①〔清〕陈炽：《续富国策》，赵树贵、曾丽雅编：《陈炽集》，第 173—174 页。
②康有为：《大同书》，内蒙古人民出版社 2005 年版，第 265、267 页。
③王珍：《改良陕省农业意见书》，《秦钟》1920 年第 5 期。
④伯材：《农民常识、旧式农业社会的改良》，《申报》1920 年 10 月 15 日。
⑤《新式农具之销路》，《钱业月报》1922 年第 2 卷第 7 期。

识一致，仍将大农场和新农具联系起来。如马克思主义者李大钊指出，用于大农场的农具设备，其效率等于用于小农场者的二倍[1]。当然，李大钊的政治信仰与持此观点的其他学者已完全不同了。

在南京国民政府时期前十年，对此问题基本上延续了北洋政府时期的认识，但关注者之多和之前相比已不可同日而语，而且对与农业机械相关的各个方面都展开了热烈讨论。

有的学者对使用农业机械所遇到的困难及其解决方法作了多方面分析。1931年，杜修昌指出，中国欲利用农业机械，须解决三个问题。一是整理耕地。应解决耕地面积狭小和分散各处的问题，然后才能使用曳引机等机械。二是农业金融。国家应以长期低利的资金贷给农民，使其有余力购农业机械；同时提倡农业合作社，由农民合资购买农具机械。三是农民教育。要普及农业教育与农民教育，提高其农业技术，然后使用农业机械才不致茫无所措[2]。1936年，玉璧提出使用农业机械需要解决的问题更多，包括土地所有权社会化、土地重划、开垦荒地、发展实业、行农业贷款、开办农业机械制造厂等六个方面，广及土地、金融、教育、实业等，反映了农业机械推广的复杂性[3]。

这一时期，随着合作思潮的进一步传播，对于合作、大农场与农业机械关系的讨论更加集中、系统和深入了。

其一，以合作或合作社的形式，达到共同购买共同使用农

①李大钊：《土地与农民》，《李大钊文集》下，人民出版社1984年版，第828、833页。
②杜修昌：《中国农业机械化问题》，《新农业》1931年第1期。
③玉璧：《中国农业机械化刍议（续）》，《天地人》1936年第1卷第7期。

业机械的目的。1932 年,蓝梦九指出,机械的价值较贵,单独一家既无那样多的钱去购买,也没有那样多的土地来耕种,因此可采取生产合作社或利用合作社的办法,由各农家集资共同购买新式农具,共同使用,由此生产费用减少,生产总量也必然大大增加[1]。1934 年,刘汉祥还从另一角度说,大经营不适合中国,因为中国土地分割,除用暴力以外,实无方法能使土地集中。但通过采取共同作业的办法,也能获取大农制的优点,无论大规模抽水机还是小件机械农具,都可共同购买、共同使用[2]。1937 年,合作经济学者尹树生对此进行了更加深入的论证。他认为,世界上农业与机器结合的方法主要有两种,一是美国式的农业资本主义化,实行资本主义的大农场经营;二是苏联式的农业社会主义化,或由国家组成国营农场,或由农民自动组成集体农场。但这两种方法,在中国都不具有实现的条件和可能,因此"我们便不得不寻找一个新的道路,即农业合作化的方法,尤其是农具利用合作社"。这种经营方式,既保持了现存的小农制,又能获得大经营的利益[3]。

中国旱灾频繁,有的学者还专门对机器灌溉合作提出了建议。1931 年,农业经济学者毛邦汉指出,农田戽水机要小农独自去购置,是不可能的事,只有采取集众合购的办法,集同村或同区的田户合购一部,按照田数的多寡来摊派机款。他举例说,如集合各户田数至四五百亩,购办 5 匹马力的车水机一部,

①蓝梦九:《农业机械化问题》,山东乡村建设研究院编:《乡村建设旬刊汇要》第 1 集,山东乡村建设研究院 1932 年版,第 50 页。
②刘汉祥:《关于江西农业经营改制问题》,《农村》1934 年第 1 卷第 3 期。
③尹树生:《农业机器化与农具利用合作社》,《乡村建设》1937 年第 6 卷第 13 期。

合每亩只需出洋1元有零。以上是第一年创办的费用，到第二年只需车水机消耗及其用油的费用，合每亩只需数角。他还提出一个自认为更妥善的办法，即纠集众人组织灌溉合作社，通过向农行借款来购置戽水机①。1936年，李孟麟以江浙为例认为，小农田亩分配均甚狭小，应联合组织灌溉合作社，从100亩至5000亩都可以组织，用柴油机适宜于规模较大的组合②。以上毛、李二人虽都建议组织机器灌溉合作社，但角度并不完全一样，前者强调节约灌溉费用，后者侧重提高灌溉能力。

其二，通过大农场经营，采用农业机械。与上述小规模的农民合作不同，有的学者主张可以进行大规模或有限度的大农场经营。1933年，李丹五认为，尽管中国不能走美国和俄国的经营道路，但在国有或省有农场可以重新组成大规模的农场，充分使用新式农具，进行科学的合理经营③。1936年，社会学家李景汉也指出，在国有荒地，可先采取过渡办法，组织小规模的耕田合作社，由合作社员共同经营，逐渐养成大规模的联合耕种习惯，最终达到苏俄式的国家或公共团体的农业集体经营。但与李丹五不同的是，他认为集体农场不一定只适用于共产主义的国家，在要开垦的国有荒地内也可以参酌苏俄大规模集体农场的办法④。可以看出，苏联的农场经营模式已在中国学界产生了一定影响。

在抗战时期和国共决战时期，无论是对农业机械使用的困

① 毛邦汉：《谈谈新农具的利益和购置的办法》，《苏农》1931年第2卷第2期。

② 李孟麟：《机器灌溉法》，《农行月刊》1936年第3卷第7期。

③ 李丹五：《增进农业生产的途径（续）》，《大公报》（天津）1933年5月10日。

④ 李景汉：《中国农村上地与农业经营问题》，《东方杂志》1936年第33卷第1号。

难及其解决办法,还是以合作或合作社形式采用农业机械,仍有讨论,兹各举一例。关于前者,1940年,萧双云提出四点:一是发展工业,所造机器应质优量大,成本低,易于推广,以适合农村经济困乏的需要;二是改良固有农具,推广简单机械,可以根据中国的自然地形,制造和使用能节省劳力、增加速度、减少疲乏、坚固耐用的农具;三是普及农民生产教育,灌输自然科学智识,使之能利用农业机械;四是调整田亩分布,将碎割与形状不整之地连成一片,提高实施农业机械的威力①。关于后者,1944年,钟耀山指出,应由县合作管理局派员下乡推行合作农场与合作社,通过向银行借款购买机器,分配给社员有偿租用②。

与此前相比,这一时期对大农场经营的期待更加热烈了。譬如1945年,合作经济学者李仁柳指出,我国农业要实现机械化,必须改小农制为大农制,扩大农场面积,扩大耕作单位。他认为,农业经营制度的改革不是创设分散式的自耕农制度,而是集体化的进步性的合作农场制度的推广,合作农场的地权形态是半公半私的,它不属于国家所公有,而是为一个团体所共有③。又如1946年,经济学家马寅初也强调,唯有集小农田为大农场,方可达到农业机械化之目的。土地改革的目标,必须减少小农场,建立大农场,应在乡镇普设地方公营农场或发展农民合作耕种,农场为农户所共有,不分割给各个农户④。两人的

①萧双云:《我国农具今后之改进》,《政经学刊》1940年第1卷第1期。
②钟耀山:《我国农业机械化问题》,《新福建》1944年第6卷第2期。
③李仁柳:《我国农业经营制度改革论》,《合作经济》1945年第2卷第1期。
④马寅初:《工业革命与土地政策》,《马寅初经济论文选集(增订本)》,北京大学出版社1990年版,第311—312页。

主张是基本一致的。

值得注意的是,有的学者高调认同苏俄的集体农场制,甚至认为"我国农业机械化之呼声,乃来自苏联的国营农场及集体农场"[①]。具体而言,1944年,农业经济专家张保丰指出,今后的农业经营,必须集合组织为集体农场,利用新式的机械耕作,以期增进生产。苏联的集体农场获得伟大而迅速的成果,已奠定而且巩固了社会主义的经济制度,是"我们这个小农经营的国家将来改善农业经营制度的最好榜样"[②]。1946年,李永振也认为,中国要实施机械耕作,最大的阻碍是农场面积过小,首要要打破这一难关。苏联的集体农场制度,在中国今后颇有推行的必要与可能。"集体农场,既可利用机械耕作,自不难利用机器共同加工了。……我国今后不欲推行集体农制则已,如欲实施,则苏联已行之办法,似尚可供仿行"[③]。可见,此时苏联集体农场经营方式在中国学界的影响更大了。

此一时期,还有一个看法值得注意,即有的学者提出,不同区域要采用不同的经营方式和不同程度的农业机械。如1945年,农业机械学者吴相淦指出,按全国农业地域特性及作物栽培特性两方面来决定农业机械化的程度,在东北大豆、高粱区,外蒙游牧森林区,新疆玉米区、春麦区、冬麦小米区、冬麦高粱区,可高度机械化;在西北高原青稞区,仅可简单或畜力机械化;在扬子江水稻小麦区,有三大平原可高度机械化,其余实现畜力机械化;在水稻茶区、水稻两获区、西南水稻区,全部畜

①巫宝三:《农业经济:农业机械化的展望》,《福建农业》1943年第3卷第10—12期。
②张保丰:《战后农村集体经营之策进》,《新中华》1944年第2卷第7期。
③李永振:《农业机械化问题》,《苏讯》1946年第71期。

力机械化;在四川水稻区,全部畜力及简单机械化。按照以上各区面积估计,高度机械化将来可望占 70%,畜力机械化约占 25%,简单机械化占 5%[①]。

由上可见,中国近代关于农业机械来源的认识,经历了从简单地向国外购买,到仿造、制造,并愈益重视调查研究、增强自主性的过程。而在如何将农业机械运用到农业生产上,从开始时关注者较少到逐渐增加,讨论议题愈益宽广,其中对合作社与农业机械、大农场与农业机械之间的关系的认识尤为丰富。从理论上说,以上设想都各有其依据,然而最关键的问题是,它们在实践中的成效如何,社会各界又是如何看待的呢?

## 三、农业机械推行不足之解释与质疑

农业机械的推行,是不同主体参与实践的过程,包括政府、学校、民间团体、企业、个人等。对此具体过程,已有相关研究,且非笔者讨论的任务,毋庸赘述,关键是看农业机械推行的结果及其如何解释,它们才属于认识史的范畴,也即笔者讨论的重点。

1. 农业机械推行的不足及其解释

在中国近代的不同历史阶段,各个参与主体都对农业机械的输入、仿造、制造和推广做了不同程度的努力。如晚清和北洋政府时期,已有多个省份建立农业试验场、新式农垦公司、灌溉公司和农业高校,引入和使用西方农业机械。农具制造厂也

---

①吴相淦:《我国农业机械化实施方案》,《农业推广通讯》1945 年第 7 卷第 7 期。

开始建立，制造新式农具。但是，只有到了南京国民政府时期，才形成了由政府、公司企业、银行、科研机构、高校、乡建团体、发明家等多种力量促推的局面，农业机械的输入、研究、试验、制造、人才训练、推广等方面有了明显的推进。尤其是在江南地区，用抽水机灌溉已经比较常见。二十世纪三十年代初，在农村社会性质大论战中，有人对此给予了高度评价。如被称为"托派"分子的任曙认为，农业机械的采用"是资本主义在农村经济中发展的证明，亦即封建经济破坏的标志。……不要看轻这些新工具的采用，它就是资本主义支配农村经济的表现，也即农村经济资本主义化的演进"[①]。这一观点当然与事实相距甚远，即便是机械使用较多的苏南农场，比例也是很小的。如苏南地区1949年有105处农场，使用机器设备的仅有8处，不到10%[②]。检索二十世纪三四十年代的报刊和地方志，各地都有大量"未有用机械者"的记录，也是明证。所以，一般都认为近代以来推广农业机械的成就是有限的，传统农具的使用仍一直居于统治地位。

从本文第一部分所述来看，各界始终强调中国农具落后和倡导农业机械，就已经表明了上述认识的普遍性。不过，这是从对现状不满和进行改革的角度谈的，还有从改革成效不足的角度发表意见的。1934年，农业经济学者韩德章以河北深泽县为例说明北方旱田农具的情形。他指出深泽县常见的60多种农具，其价值还不如一架新式的脱谷器，可见"农具用途效率的

---

① 任曙:《中国经济研究绪论》,高军主编:《中国社会性质问题论战(资料选辑)》,第477页。

② 《苏南农场概况》,华东军政委员会土地改革委员会:《江苏省农村调查》,1952年印,第341、353—356页。

低微"①。1937年,尹树生认为,中国采用的农业机器,不少是由公私立的农业试验机关所采用的,大体说"我国的农业虽称尚未与机器发生关系亦不为过分"②。1944年,农业经济学家曲直生指出:"育种防腐病虫害各工作,今年已有相当成绩。……惟农具问题,至今仍属停滞不进"③。与以上观点类似的看法,可谓不胜枚举。这都表明,当时一切使用和推广农业机械的主张、设想更多只是一种美好的祈盼而已。

问题是,为什么自晚清提倡农业机械以来的七八十年间,成绩如此可怜呢?

在晚清和北洋政府时期,引进和使用农业机械的实践还不多,少见有人对此进行反思。南京国民政府时期,特别是二十世纪三十年代以后,农业机械的推广已有较多经验,相关分析也越来越多。

一些学者侧重从单一一个角度进行解释。如有的学者认为,小农经营、地块分散阻碍了农业机械的使用。二十世纪三十年代初,张登岳认为,中国是一种家庭的细小经营,生产技术的进步极为缓慢,尽管也采用戽水机这样的新式机械,但曳引机等只有少数地方试验过,均无若何成绩,其理由就是小农田天然地排斥大量生产的发展,以及不能使用机械的原故④。

---

① 韩德章:《中国农具改良问题》,千家驹编:《中国农村经济论文集》,中华书局1936年版,第193—195页。
② 尹树生:《农业机器化与农具利用合作社》,《乡村建设》1937年第6卷第13期。
③ 曲直生:《农具与农业》,《中国农民》1944年第4卷第1期。
④ 张登岳:《綦江农村经济研究》,萧铮主编:《民国二十年代中国大陆土地问题资料》第53册,台北成文出版社有限公司、(美国)中文资料中心1977年版,第26856—26858页。

1939年，社会学家言心哲也认为，我国的农田因遗产制度的关系，重视平均支配，大块的土地每次零碎分割，不独面积狭小，而且形状极不整齐，其结果，不仅劳力不好分配，大规模的机器耕种更是不好运用[1]。也有的学者认为，农家贫困，无力购置农业机械是阻碍农业机械使用的原因。1936年，《冀察平津农事试验场及推广机关调查报告》对各县份推广农业机械的困难，就频频强调了这一原因。如永年县，"新式之犁耙，当地农民，向未使用，该所因碍于经费困难，拟置未果"；清苑县，"至耕地之美国三滑犁，人民虽欲引用，奈困于经济，尚未实行"；获鹿县，"本地农家，仍用旧式农具，新式农具因置办困难，尚无设置"[2]。1937年，意檀也指出，中国今日自己下田的农民，其家庭经济的困窘，十之八九已至朝不保夕的地步。他们种田，没有能力购买适量的肥料，没有能力选留优良的种子，更没有能力添置新式的农具[3]。此外，还有一些学者从农业劳力过剩，或农民保守，或农民使用农业机械不够熟练等一个方面进行解释。

也有的学者从两个乃至多个方面对此做出解释。1931年，杜修昌认为，中国农业机械的不发达既有一般原因，也有特殊原因。一般原因又有三个方面：一是技术困难，农业劳动场所由自然所造成，不像工业那样易于应用机械；二是经济困难，农业生产在一年之中只是短时间利用机械，以机械节省劳力不及工业；三是社会困难，在农村不易得到娴习使用机械的劳动者，运送机械也有不便之处。特殊原因也有三个方面：一是贫

---

① 言心哲：《农村社会学概论》，第359页。

② 《冀察平津农事试验场及推广机关调查报告》，《冀察调查统计丛刊》1936年第1卷第3期。

③ 意檀：《农业推广工作的困难》，《中国农村》1937年第3卷第3期。

农普遍,收支不敷,缺乏资金购买农业机械;二是农业劳动工资低廉,比使用机械便宜,没有谁肯费高价去购买机械;三是土地资本过大,缺乏农业经营资本,妨碍购办新式农具及机械。此外,小农经济的普遍以及土地使用的分裂也妨碍农业机械的应用[①]。1940年,农业机械学者朱天祜从三个方面分析了推广农业机械的困难:一是由于资金拮据,不能大量制造,输入农村;二是采购新式农具的选择、鉴别及使用修理的知识,不仅农民毫无所知,即农业推广人员也不是深切明了;三是新式农具价格高昂,在目前中国农村经济破产情形下,缺乏采购能力[②]。他与杜修昌的意见大致是相似的。

以上认识见仁见智,揆诸中国农村实际,相关资料所在多有,皆有其道理。如果与本文上一部分内容对照,也不难发现,在将农业机械运用于农业生产的具体设想中,试图以合作经济、大农场的方式来解决农业机械推广的困难(即农地狭小和农家购买力弱等),显然远未解决问题。当时不仅大农场形成的条件尚未出现,即便是取得一定成绩的合作经济,相对于小农经营的汪洋大海也是十分微弱的,而且更多还是与乡村借贷有关的信用合作,与农业生产没有太大关系[③]。也就是说,原本设想的农业机械推广的困难一直存在,这也成了农业机械推广不力的原因。

2. 农业机械适合中国吗?

从结果不足的角度来解释农业机械推广的困难,并不必然

---

[①] 杜修昌:《中国农业机械化问题》,《新农业》1931年第1期。

[②] 朱天祜:《农具推广》,《川农所简报》1940年第24—25期。

[③] 李金铮:《民国乡村借贷关系研究:以长江中下游地区为中心》,人民出版社2003年版,第338—341页。

意味着对农业机械推广本身的否定。与此同时，也有人在此基础上，对农业机械是否适合中国提出了质疑，或者表示反对，或者认为利弊并存，或者认为情况复杂需要变通，或者认为目前没有实现的可能，等等。在贬斥传统农具和倡导农业机械的主流声中，这些质疑是比较微弱的，但不失其认识的价值。

在晚清时期，相关记录较少。有趣的是，在提倡农业机械的文章中，有的却间接地反映出有人是持反对态度的。1875年，郑观应的《论机器》就是如此，文中指出一些人对使用农业机械表示异议，认为"若改用新法，必致夺其旧业，转以病民，故不为也"，"世有拘迁之士，以效法西人为耻，从而非笑之"①。显然，他们担心的是，使用农业机器，会打破传统惯性，导致民众失业。1896—1897年，谭嗣同的《仁学》也反映出，有的人因"机器夺民之利"，反对机器耕种②。如果说以上为间接反映，有的则是本人的直接认识了。王韬原本认可农业机械的优越性，但同时也表示了疑虑，他在1876年编成的《弢园尺牍》中说："中国贫乏者甚多，皆借富户以养其家，一行此法，数千万贫民必至无所得食，保不生意外之变？"③这与上面一些人的担忧是一致的。1877年7月，清朝驻英副使刘锡鸿参观英国农业机械，也看到机械可以节省劳力，但他更看重的却是负面效果，"夫农田之以机器，可为人节劳，亦可使人习逸者也；可为富民省雇工之费，亦可使贫民失衣食之资也"④。除了失业之外，其危害又加了一条

①〔清〕郑观应：《论机器》，夏东元编：《郑观应集》上，第89—90页。
②〔清〕谭嗣同：《仁学》，李敖主编：《谭嗣同全集》，天津古籍出版社2016年版，第35页。
③〔清〕王韬：《弢园尺牍》，中华书局1956年版，第28页。
④〔清〕刘锡鸿、〔清〕张德彝：《英轺私记·随使英俄记》，第160—161页。

使人好逸恶劳。以上认识表明,反对农业机械的人所关心的不是生产效率,而是担忧使用机器所带来的社会问题。

在北洋政府时期,有关论述也不多。同样是在倡导农业机械的文章中,间接地反映了反对者的态度。1914 年,古松的一篇改良农具的文章指出:"西方工商业发达,大农多而小农少,宜于汽力畜力,故器械有不得不改之势。东方劳动金低廉,小农盛而大农少,宜于人力畜力,故器械可无改良之必要。"① 这一看法与清末有些学者的反对理由不同,已明确表示西方器械不适合中国农业经营。1920 年,正在美国攻读棉作学硕士的唐启宇,在一篇赞赏农业机械的文章中也反映了一些人的否定意见:"有许多人以为中国人力很丰富,若用机械不是使许多人失业吗?"② 这点与前述清末有些人的反对看法又一致了。此外,也有人对此表示了其他的疑虑。如 1924 年,直隶省实业厅厅长于敷岑指出,中国农民固于旧习,对于农具改良,"现训各劝业所设法劝导,逐渐改良,仍不可操之过急"③。此为地方官员的意见,明确表示对农业机械的使用应当慎重。

到南京国民政府时期,有关讨论明显增加,各种质疑都出现了。

其一,有的学者明确表示反对使用农业机械。

和晚清、北洋政府时期类似,有人在提倡农业机械的文章

---

① 古松:《论中国农具之改良》,《江苏省立第二农业学校校友会汇刊》1914 年第 1 期。

② 唐启宇:《农业机械对于生产及工作之影响》,《少年世界》1920 年第 1 卷第 12 期。

③《新年声中之振兴实业声,实厅长通令改良农业》,《大公报》(天津)1924 年 1 月 1 日。

中间接地反映了这种反对意见,称之为"不合时宜""因噎废食"。譬如,1934 年,农业经济学者杨蔚指出,一部分人以为中国经营农业的方法与欧美不同,一是中国农工充足,工资低廉,使用机械反不及人工合算;二是耕地面积与地块都太小,不宜于机械;三是机械与原料由外洋输入,不啻为外人造机会,逼中国农人失业,所以"抵死反对"[①]。1941 年,农林学者李鲁航也指出,许多人怀疑农业机械化的可能性,一是许多人甚至还有些学农的,仍相信中国农业是最进步的集约经营,新的建设却不一定有把握,甚至拿外国拥护小农者的理论来替中国分解零割的农田作辩状;二是中国有 80% 以上的人口务农,一旦换用机器,省下来的劳力自不在少数,他们会不会失业呢? 三是分割零碎的农田,如何可以施用机器? 四是中国农业上最棘手的便是贫困,即便有志换用机器来改革农业,但这笔巨资从何而来[②]?

有的学者则直接表示,使用农业机械是错误的。1936 年,农业经济学者王启美指出,凡认为采用新式农具都足以使农业生产大大的改进,是最大的一个错误观念。实际上,农具能否改进农业生产,并不完全在乎新旧的问题,农事的改进并非一定要用新式农具。以农人常用的农具犁来说,犁的种类很多,中西犁各有其优劣,不一定凡是西洋农具总是好的。往往一个优良的本国当地犁比较外国劣等的洋犁还要好[③]。1941 年,史家麒也认为,在有资本而缺乏劳力之情况下,机械使用才发生迫切的需要,但是中国农场贫困异常,极度缺乏资本,而且有过

---

①杨蔚:《采用农业机械的合理化》,《农村经济》1934 年第 1 卷第 10 期。

②李鲁航:《农业机械化与农业革命》,《三民主义周刊》1941 年第 2 卷第 4 期。

③王启美:《农具采用之基本观念》,《农林新报》1936 年第 13 年第 32 期。

多过贱劳力,农民根本不需要使用动力的机械。采用大规模机械工作,用机器动力代替人力,无异使劳力过剩的农村陷于更严重过剩之惨境。仍应该采取小农场的集约经营,以求获得每亩耕地的最大生产量,使剩余的劳力得以充分利用,维持其一家之生活,这才是解决中国农业问题的一条正路,"农业机械化非独目前不需采用,最近二三十年内恐亦难有采用之可能"①。

从以上反对意见不难看出,无论是耕地面积狭小、劳力过剩,还是资本缺乏、人才缺乏等,其实都是那些倡导农业机械者认为应该克服的困难,也是那些分析农业机械推广成绩有限者讨论的原因,在这里它们又被视为反对农业机械推广的理由。同样一些因素,在不同角度下变为三种认识,相互之间的粘连性、复杂性可见一斑。

其二,有的学者认为推广农业机械虽有利于生产,但也对农业和农民生活产生了不利影响。

与上一派完全否定农业机械的优越性不同,他们认为推广农业机械利弊并存,提醒人们在高唱赞歌的同时也要注意其不利的一面。譬如,1933年,农业经济学家董时进指出,农业机械可以节省生产费用、提高劳力效率、减轻劳苦、减少工人等,但不能增大每亩地的生产力。在中国不但难于购置机械,而尤难于扩大农场,农民每户只有数十亩可耕,是不需机械也不能用机械的。最麻烦的是,机械使用之后数十百家小农向何处安插? 所节省的劳力,由何处使用? 如果不得使用,"不啻将自己应得之工资,供机械之耗费,以换取闲逸之时间,然贫穷之小农

① 史家麒:《我国农业机械化问题之检讨》,《西南实业通讯》1941年第3卷第1期。

民，岂宜有此举动乎”[①]？ 1936年，王观华也指出，新农具能节省劳力，增加工作效能，但他更强调其“利少而弊多”，认为新农具推行的弊端主要有三点：一是年轻农民，性好浮动，平日若工作繁忙，尚可安心耕作，一旦稍有闲暇，便趋之市集，或吃茶，或赌博，小之耗费金钱，大之则扰事闯祸；二是原有人力便觉嫌多，减少工作劳力后，一部分农民便无田可耕而遭失业，“饥寒起盗心”，农村治安便无法维护；三是农民既多闲暇，各地唱花鼓戏、映皮人戏、赛会、迎灯之事日见增多，靡费金钱，莫此为甚[②]。

以上种种不利影响，大多都已包括在否定派所持的理由之中，在这里不过是触发他们对采用农业机械产生疑问，而未导向完全的否定。

其三，有的学者表示中国各地情况复杂，对农业机械不可盲目照搬，而是应该所有变通。

持此认识的学者，也肯定农业机械的功能，但又认为“如果皂白不分，囫囵吞枣地搬运过来，恐怕会有橘移变枳和殃及全局的危险”[③]。他们认为，主要还是应该对传统农具进行改良。

美国在华教授、农业经济学家卜凯在1929年、1936年和1945年连续提到这一问题。他指出，无论对于何种新式工具，决不能贸然采用，应注意该项农具能否省工，是否合算，工作结果是不是较旧式为佳，尤应注意该项农具对于农民的生活有无提高的可能，然后再决定取舍。由于中国劳力来源极富，比土地与资本便宜得多，所以中国农业的进步不是一定要采用西洋

---

①董时进：《农业经济学》，北平文化学社1933年版，第173—178页。
②王观华：《新农具与农民》，《浙江农业推广》1936年第2卷第1期。
③刘冰石：《农业机械化的面面观》，《金大农专》1935年第5卷第2期。

高贵的农业机器才能成功，而是可以采用若干小型机器或改良农具，以及新式农具与机器中较为合算者。他也提到，如使用大机器，则很多农人将无工作可做[1]。

也有其他中国学者提出过类似的看法。1935 年，区昭文指出，中国尚无条件实现大规模机械化，田形不独割裂，而且分属于几个主人所有，多的不过十亩八亩以至数十亩，大机器是不能施展其作用的。另外，中国农业机械制造业不发达，倘若硬要去干大规模农业机械化的话，恐怕农业机械化尚未化得来，就将整个中国的金钱给外国了。再者，中国劳动力并不缺乏，若大规模农业机械化，适足以加重失业的问题。所以，希望农业机械专家多研究出农民所需要的、为财力所能办得到的机械，才能协助农民增加生产[2]。1940 年，农学家戴松恩也认为，我国农业生产机械化问题确是一时很难解决的，与其说"农业机械化"，还不如说"农业改良农具化"，改良农具的效率较原有的要高好几倍。他还进一步为此辩护，说即便是在美国，也仍有一部分的农场没有完全采用机械化的农具，所以"改良农具化"的农业生产计划，是适合于目前国情的救急办法[3]。

其四，有的学者认为中国目前尚无采用农业机械的条件，俟诸将来才能实现。

---

[1]〔美〕卜凯著，张履鸾译：《采用西洋农具应注意的几点》，《农林新报》1929年第 186 期；〔美〕卜凯著，张履鸾译：《中国农家经济》，第 427—428 页；〔美〕卜凯著，汪荫元译：《从农场管理上论中国农业机械》，《农场经营指导通讯》1945 年第 3 卷第 1—2 合期。

[2]区昭文：《由美国底农业机械化讨论到我国现时能否农业机械化》，《现代生产杂志》1935 年第 1 卷第 7 期。

[3]戴松恩：《农业机械化与农具改良》，《新经济》1940 年第 4 卷第 3 期。

　　持此主张者,也不否定农业机械的优长,但又认为目前中国还没有实现机械化的环境和条件,有待环境和条件解决之后方可。这些前提条件或困难,已在前述中出现数次,这里再次作为一个角度提出,成为另一种认识。持此主张者又有马克思主义学者与非马克思主义学者之别。

　　在一般非马克思主义学者看来,采用农业机械尤其是农业机械化有待将来,但这一问题的解决不需要改变政治制度和社会制度。譬如,1947年时宗良指出,"目前中国农业机械化似乎已成为不可能",其原因包括人力过剩、农地多阡陌、没有造曳引机工厂、农民不懂机械、负担不起等。所以,非把以上"彻底解决后,不能使中国农业机械化"。而要解决它们,必须振兴工业,实行整地①。1948年,机械学者陈贵耕也认为,曳引机的大量应用仍有待将来,"盖安定农场,重整土地,吸收农村过剩人口,提高农民知识水准等等均为农业机械化之先决条件"。他希望先要研究此等机械,以便将来需要②。还有值得注意的现象是,从北洋政府到南京国民政府时期,无论是在学者提出的改进中国农业之策还是地方政府制订的改进农业的方案中,都有未曾提及采用农业机械乃至农具改良为方法的;而没有提及,可能恰恰表明他们认为目下还没有采用农业机械的条件。

　　至于马克思主义学者,则强调只有进行革命性的制度变革,才能为实现机械化开辟道路,于是对农业技术改良运动者进行严厉的批判。经济学家千家驹的观点很有代表性。他于1936年指出,在中国整个农村未有解决办法之前,先指导农民

①宗良:《中国农业机械化》,《农之友》1947年第25—28期。
②陈贵耕:《曳引机与农业机械化》,《工程界》1948年第3卷第2期。

做一点选择种子、改良农具及施肥的改良工作,在某种限度内是应该做的。但我们绝不以为中国今日农村之危机是由于"生产落后"或"技术不精"所造成,因为改良技术的应用不仅关系到技术本身,还有使用技术所必需的社会条件,只有在社会生产关系已经根本变革了的社会,技术改良才有充分的、广大的发展前途。推翻帝国主义在华统治,铲除封建经济剥削,才能扫除土地零细和资本不足的障碍[①]。另一经济学家薛暮桥在1934年、1936年也提出,并没有人禁止中国农民采用最进步的农业机械,但是粗笨的手制农具还在中国农村中占有统治地位,就是因为不合理的生产关系阻止采用机器,假使能打破这些阻碍农业生产的各种社会关系,"一切都是容易解决的啊"[②]。总之,革命是实现农业机械化的基本前提。

从以上对采用农业机械乃至机械化的质疑可见,有的比较保守,有的略显折中,有的比较激进,与前述一些学者对推广农业机械成就有限的解释一样,都在一定程度上反映了中国农村经济的实际。其区别在于,肯定者反映了农业机械化的必然趋势,质疑者反映了当时社会经济制度对农业机械化的制约。

# 结　语

农业机械的认识史,为理解中国近代社会经济史、农业

① 千家驹:《我们对于农业技术改良运动的态度》,《中国农村》1936年第2卷第7期。
② 薛暮桥:《怎样研究农村经济》,《中国农村》1934年创刊号;薛暮桥:《中国农村经济常识》,新知书店1937年版,第60—63页;薛暮桥:《中国农村中的基本问题》,《中国农村》1936年第2卷第1期。

经济思想史尤其是对农业现代化道路的探索提供了一个新的维度。

不像抽象的思想、意识和观念，农具以及农业机械是看得见摸得着的实物，其生产效率不难判断，所以对此问题的认识比较容易形成一种压倒性倾向。晚清以来，在欧风美雨之下，社会各界对农业机械的肯定是逐渐深化的，经历了从直觉的羡慕到自觉的认识再到科学化讨论的过程。在此过程中，改变中国传统农具，提倡采用农业机械乃至实现农业机械化，提高农业生产效率和农民生活水平，进而增强民族国家实力，已成最为普遍的认识。也可以说，在中国与西方、传统与现代、新与旧的比较中，追求西方的、现代的、新的声音已处于绝对优势的地位。

在农业机械使用和推广方法的设想上，同样有渐趋深入之势。对于农业机械的来源，经历了从简单的输入到自行仿造、制造，减轻依赖西方并注重调查和研究的过程。对于农业机械的推广，从合作、合作社、合作农场乃至大农场等经营形式方面，来考虑如何解决在推广过程中所遇到的土地和资金的困难等问题。尽管面对诸多困难，鼓吹农业机械者对推广农业机械的态度是积极的、乐观的。

然而，现实并不完全以人的意志为转移。从理论和逻辑上无懈可击的设想，在中国农村的实践中恰恰遭遇到了学者们曾经预料到的困难。而且，这些困难并没有随着推广机械的实践而有所缓解，更谈不上解决。机械推广的效果实在有限，传统农具照旧占有绝对统治地位。于是，本来被设想为需要解决的各方面的困难，又变成了人们分析机械推广成效不足的原因了。

更值得注意的是，当机械推广的必要性已成为普遍共识之时,忧虑和质疑之声从来就没有停止过,尽管比较微弱,但在认识史上别具意义。那些被设想为农业机械推广中所要解决的困难,以及阻碍农业机械推广的原因,此时又变为质疑农业机械是否适合中国的理由了。当然,同样是质疑,质疑的角度和理由是不一样的。那些对机械和机械化持否定意见者,被称为保守,他们质疑更多的并不是农业机械,而是提醒人们不能仅仅看到其好处,也要看到其所产生的不利影响;不能仅仅看到农业机械的高效率,也要考虑其是否适应中国农村的实际,是否应该予以变通。对农业机械的质疑,还成为革命与改良之争的媒介,马克思主义学者认为只有进行生产关系的革命,才能实现农业机械化,这一认识预示着未来中国农业机械化、农业现代化的命运。

拉长时段或许更能看清历史的发展趋势。1949 年新中国成立,迄今七十余年,农业经营体制经历了从集体化时期合作化、人民公社到改革开放时期农户经营的过程,农业机械的推广也从低水平起步、缓慢发展阶段发展到快速发展、突飞猛进发展阶段,许多地区已实现农业机械化了。问题是,在清末民国时期,小农经营被视为农业机械推广的最大障碍[①],而改革开放以来的农户经营并没有阻碍农业机械化的进程,这是一个颇值得思考的问题。关于其中原因,管见所及,或可理解为尽管两个时期都属于农户经营模式,但在其他方面却发生了巨大变化[②],譬如,城镇工商业的迅猛发展吸引了大量农业人口入城,

---

①参见李金铮:《大农与小农:清末民国时期中国农业经营规模的论争》,《近代史研究》2021 年第 5 期。
②传统的生产资料私有制与社会主义生产资料的公有制为本质的区别。

农业机械制造业和租赁方式的发展，以及经济发展之下农民减轻劳作负担的追求，诸此都缓解和解决了清末民国时期农业机械推广所遭遇的困难，从而推动了农业机械化、农业现代化的进程。

# 大农与小农：清末民国时期
# 中国农业经营规模的论争

农业经营规模主要指经营面积的大小，为农业经营方式的重要组成部分[①]。在中国，"农业经营"的名称最早出现于民国初年，"经营规模"的出现始于北京政府统治末期。不过，作为经营规模的标志性概念——大农和小农，在清末就有了[②]。此时，随着中西方碰撞与交流的愈益频繁，大农经营的观念及其形态从西方传入中国。中国是一个以小农经营为特色的传统农业社会，面对这一传入，开始产生了大农、小农及其优劣的

①除了经营面积的大小，农业经营方式还包括以生产资料为基础而形成的自营、租佃、雇佣和合作经营方式，以及农作物结构、生产技术等，它们相互之间具有密切的内在联系。只有在一定的农业经营方式下，才能将土地、劳动和资本等生产要素组织起来，推动农业生产的进行。

②参见编辑部：《农业经营与产业组合法之效果（续第一期）》，《农友会报》1912年第1卷第3期；彭学沛：《大农经营制度和小农经营制度》，《晨报副刊·社会》1926年第21期；梁漱溟：《中国之地方自治问题》，中国文化书院学术委员会编：《梁漱溟全集》第5卷，山东人民出版社2005年版，第331页。"农业经营"出现后，又有农田经营、农场经营、农场制度等称法。

讨论。民国时期,相关讨论就更多,也更加复杂了。到今天,有关争论仍在继续,而且没有形成一致意见。兹事体大,关涉未来中国农业经济的发展,作为历史学者,回顾和思考清末民国时期的相关讨论,或许可以为政府理性地分析、判断和作出决策提供有益的历史借鉴。对中国近代农业经营的规模以往仅在个别实证研究中有所涉及①,而从思想史、认识史层面进行的探讨,即便是专门探讨经济思想史的学界也未曾论及。有鉴于此,本文主要依据清末民国时期社会各界尤其是学界的相关言论,拟从源流演变的角度,梳理和考证以下四个问题:1.何谓大农和小农? 2.大农和小农优劣之争;3.如何实现大农经营? 4.农业经营的现状及其原因。所谓源流演变,指历史政治经济变化与农业经营规模讨论的互动过程。大致而言,清末为第一阶段,甲午战争后至二十世纪初,兴起一股重农思潮,清廷设立农工商部和农务总会,推动农业改良;北京政府时期为第二阶段,依然重视农业发展,设立各级农业机构,合作社思潮也开始引入;南京国民政府时期为第三阶段,掀起复兴农村之声,政府及各界对合作社与合作农场的设立都给予了一定程度的重视②。当然,思想史、认识史本身有其内在的发展逻辑,有的方面

---

①譬如〔美〕黄宗智:《华北的小农经济与社会变迁》,第142—211页;〔美〕黄宗智:《长江三角洲小农家庭与乡村发展》,第44—76页;曹幸穗:《旧中国苏南农家经济研究》,第86—130页。

②参见苑朋欣:《清末农业新政研究》,河北师范大学博士学位论文,2007年,第11—139页;秦孝仪主编:《革命文献》第84辑,台北"中央"文物供应社1980年版,第2、305、308页;荣孟源主编:《中国国民党历次代表大会及中央全会资料》上,光明日报出版社1985年版,第134、287页;荣孟源主编:《中国国民党历次代表大会及中央全会资料》下,第927—1137页。

连续性很强，并未显现出明显的阶段性，笔者尽可能将阶段性和连续性结合起来进行阐述。

## 一、何谓大农经营和小农经营？

"大农""小农"之名古已有之，但不具大农经营和小农经营的含义。在汉代，设官职大农令、大司农，简称大农，掌管财政经济。至北宋，始出现表示农民的大农、小农词语。如诗人刘敞的《荒田行》云："大农弃田避征役，小农挈家就兵籍。良田茫茫少耕者，秋来雨止生荆棘。"这反映了在繁重的兵役之下，大农逃离农田，小农应征入伍，由此导致农田荒废的情形[①]。这里的大农、小农已多少具有大户、小户之意。对大农经营情形似有描述者，始自汉代司马迁《史记》："陆地牧马二百蹄，牛蹄角千，千足羊，泽中千足彘，水居千石鱼陂，山居千章之材。……此其人皆与千户侯等。"[②]各项经营收入要达到千户侯的水平才可称得上"大农"，当时只有大地主才有此可能，但司马迁并未用大农称之。

近代以来国门洞开，西方列强带来的不仅是坚船利炮，还有社会经济等方面新的信息。以英国为例，它是率先步入农业现代化的国家，其农业革命始于十五世纪最后三十年的圈地运动，止于十九世纪中叶集约化农业的建立，资本主义农场经营已占据了优势。就经营面积而言，通常称 100 英亩以上的农

---

① 潘同生编著：《中国经济诗今释》，中国财政经济出版社 2000 年版，第 121 页。

② 〔汉〕司马迁：《史记》，北京线装书局 2006 年版，第 542 页。

场为大农场,100 英亩以下的为中小家庭农场,也有的将 100、200、300 英亩作为小、中、大农场的分界线。到 1851 年,100 英亩以上的大农场占英国农场总数的 1/3,占农业经营土地的比例已达到 70%—80%,雇佣劳动力也占到农业劳动力总投入的80% 左右[1]。由此可见,大农小农的界限主要表现为经营面积和雇佣劳动方式。法国重农学派代表人物魁奈 1757 年发表《谷物论》,通过对英法两国农业经营的比较,提出了以资本主义大农经营代替小农经营的主张[2]。英国等发达国家农场信息的传入,势必对中国关心农业发展的人士产生影响。

在清末,最早对英国大农作出介绍,始于甲午战争后的维新派人士陈炽。陈炽热心西学尤其是经济学,1896 年在《续富国策》里指出,英国"多田之翁,拥膏腴动数百顷",合中国数千亩;而法国与中国相似,"多田者,不过六百亩,少或数亩十数亩"[3]。不过,陈氏尚未使用"大农"名称,而是用"多田"来表示。最先从经营意义上使用"大农"一词者,是另一维新派人士麦孟华。1897 年,他在《民生第二·公司》中指出:"泰西机器之利,所以亦独厚于大农也。"[4]

最先将大农、小农并列使用者,是 1901 年《农学报》介绍日本学者今关常次郎的文章。该文认为,农场分大农、中农、小

---

① 参见王章辉:《英国农业革命初探》,《世界历史》1990 年第 1 期;艾礼朋:《英国对近代农业革命和农业资本主义的研究》,《世界历史》2007 年第 2期;肖玉琼:《19 世纪英国小农变化初探》,南京大学硕士学位论文,2015年,第 12 页。

② 王亚南:《经济学史》,上海民智书局 1933 年版,第 163—165 页;吴斐丹、张草纫选译:《魁奈经济著作选集》,商务印书馆 1981 年版,第 42—54 页。

③〔清〕陈炽:《续富国策》,赵树贵、曾丽雅编:《陈炽集》,第 173 页。

④ 转引自钟祥财:《中国农业思想史》,第 504 页。

农，"甲，小农，土地狭，起业者自尽其劳力，而不借人之劳力者
也。乙，中农，土地较大，起业者自管理，而不借人之管理者也。
丙，大农，起业者之下，有多数之管理者也"。但大农、小农之
别具有相对性，在一国称为大农，在他国可能仅为中农[①]。1903
年，《农学报》发表另一日本学者新渡户稻的文章，对大农、中农
和小农做了更细的划分，小农细分为小之小、小之中、小之大，
中农分为中之小、中之中、中之大，大农分为大之小、大之中、大
之大，但其基本含义与今关常次郎的界定相差不大[②]。从二文可
见，甲午战争后日本学界对中国社会的影响力开始凸显。

　　最早由中国人将大农、小农之名并用者，始于1905年梁启
超的《驳某报之土地国有论》一文。梁氏借用德国经济学家菲
立坡维治的话指出："大农，谓有一教育经验兼备之农业家立于
其上，以当监督指挥之任，而使役多数劳动者以营业农业……
小农，营业者自与家族从事耕作，而不雇用他人者也。"[③] 而后，
清朝官僚戴鸿慈使用了小农与大公司、小农地与大农地的说
法。1907年5月，官任礼部尚书的戴鸿慈考察丹麦哥本哈根农
务学堂，在日记中记载："自1800年至今，节节比较，迥相悬绝。
盖前者人人皆为小农，各业其业；今则知其为弊，一切合资，组
织一大公司，是以凡事无不操胜算。"[④] 所谓大公司，就是与小农

---

① 〔日〕今关常次郎著,〔日〕吉田森太郎译:《农业经济篇（卷下）》,《农学报》
　　1901年第141期。
② 〔日〕新渡户稻:《农业本论（续）》,《农学报》1903年第221期。
③ 梁启超:《驳某报之土地国有论》,《饮冰室合集》文集之十八,中华书局
　　1989年版,第41页。
④ 〔清〕戴鸿慈:《出使九国日记》,湖南人民出版社1982年版,第182—
　　183页。

相对的大农。不过,至此对大农小农的经营面积,并未像英国那样有一个比较明确的界定。

　　进入民国后,在北京政府时期,对大农小农的解释也多为文字描述,而缺乏数量概念。1912 年,邓礼寅从贫富不均的角度提出,农民有大农、中农、小农之别,"中小农自有之土地既少,又苦无抵当之财产,不能如大农借入多额之资金,且贩卖其生产物,又不能如大农可以骤集多额,即买入肥料、种子等,亦不能如大农亦可以骤得多数也"①。同年,农业学者潘咏雷也指出,农民分大农、中农、小农三种,大农指美国式的大农制度,"实为农业界之大企业家矣",中国并无大农制可言,虽也有占地万顷的富户,但既非大地主,也非企业家,"不过为土地所有权之一人而已。言其地上权之归属,则在小农者为多,间有地上权与所有权集于一人者,然以史实考之,不过为中农而未必大企业家"②。他是从土地使用权和土地所有权来说明中国农户多为小农、中农的。1922 年,农业学者余景德也认为,农田制度有大中小三种,其中大农制度是有大资本的人办农业,就像美国的大农制度一样③。1926 年,北京大学政治学教授彭学沛首次明确提出"大农经营"和"小农经营"的概念,定义小农经营为自作农人及其家族,劳动结果归自己;大农经营以资本利殖为目的,其雇用佣人以能得利益为限度④。

---

①邓礼寅:《保全中小农刍言》,《农林公报》1912 年第 1 卷第 3 期。
②潘咏雷:《论大农制度不适用于中国》,《生活》(上海)1912 年第 8 期。
③余景德:《要救济中国农民不能用大农制度的意见》,《湖北省农会农报》
　　1922 年第 11 期。
④彭学沛:《大农经营制度和小农经营制度》,《晨报副刊·社会》1926 年第
　　21 期。

　　北京政府时期,只有少数人对大农经营的面积给予了一定的关注。实业家穆藕初 1914 年考察过美国南部塔虎脱农场,1916 年撰文描述:其农场面积 10 万英亩,内分植棉 1.04 万亩、玉蜀黍及御粟等约 3600 亩,雇工 5000 人[①],显然是一个特大规模的农场。1922 年,美籍学者、金陵大学教授卜凯通过河北盐山县的农家调查认为,10 亩以下为小农场,31 亩以上为大农场[②]。1925 年,马克思主义者李大钊根据金陵大学对安徽芜湖农家的调查,也将大农场限定在 31 亩以上,小农场在 10 亩以下[③]。定义面积 30 亩以上即为大农场,与西方大农场的标准距离甚远。

　　到南京国民政府时期,在大农小农之外,大农经营、小农经营已成为特别常见的概念,比较明确的数量界定也明显增加。1928 年,农业学者、广西省立第三师范学校教师叶非英指出,结合经营面积的大小、生产技术的精粗、需用劳动力的多少,农户分为过大农经营、大农经营、中农经营、小农经营和过小农经营。大农指耕地面积甚大,能利用大机械和应用多数劳动者的经营;小农为耕地甚少,只靠家族的劳动力的经营;中农耕地介于二者之间,除自己家族供给劳动力之外,尚雇用少数劳动者经营;过小经营和过大经营可同理相推。据此,中国农户 10 亩以下为过小农经营,10 亩以上为小农,30—100 亩为中农,100 亩以上为大农。中国还没有过大经营,大地主的田分给佃农耕

---

①穆藕初:《游美国塔胡脱农场记》,《穆藕初文集(增订本)》,上海古籍出版社 2011 年版,第 37—39 页。

②〔美〕卜凯著,孙文郁译:《河北盐山县一百五十农家之经济及社会调查》,第 41—42 页。

③李大钊:《土地与农民》,《李大钊全集》第 4 卷,第 623 页。

种,不能称为大经营①。叶氏对大农经营和小农经营的解释,比以往相关界定都要全面、详尽。1931 年,农学家、任职江苏省实业厅的童玉民认为,只就农耕地面积大小来判断大农、中农或小农"亦非至理,更须调查其利用之程度"。他认为,同属大农,在不同国家,经营面积有别,德国 1500 亩的大农与中国、日本七八百亩的大农相仿佛,因德国采行一熟制度,不如中、日两三熟制度。即便在同一国家,也有区别,在德国,南部千亩以上为大农场,北部 4500 亩以上才称大农场。至于中国农户,则分为贫农、小农、中农及大农四类。贫农为最小农,有地 10 亩以下,小农有地 10 亩以上至 50 亩,中农有地 50 亩以上至 100 亩,大农有地 100 亩以上②。

此后,学界对大农经营、小农经营的界定基本上没有超出以上认识,只是详略程度不同而已。如 1947 年,吴士雄对农场类别做了比以往更为繁杂的划分,从理论上可按规模大小、作业多寡、劳资比额、耕作动力等分类;从实用上可按作业多寡、劳资比额、耕作动力、经营目的、组合方式、企业结合、地权关系、场主类别等分类。按以上分类标准,农场总计有 53 类之多。因此,农场规模的测量方法随农场所具条件而不同,无法以一种标准概括农场全部条件,但在普通情形下,大多仍以农场面积为标准,分为小型、中型、大型三种。一般说来,欧洲农场较美国为小,而中国较欧洲尤小。在中国,小型农场为 10 亩以下,中型农场为 10—50 亩,大型农场为 50 亩以上③。

①叶非英:《中国农业经营论(上)》,《血路》1928 年第 1 卷第 8 期。
②童玉民:《农业经济学》,上海新学会社 1931 年版,第 142—145 页。
③吴士雄:《农场分类研究》,《中农月刊》1947 年第 8 卷第 10 期。

　　个别学者有新的阐发。1934年，社会学家、燕京大学社会学教授杨开道指出，农场单位有许多方式，在农业先进国家，除了家庭农场之外，还有三种发展趋势，第一种是资本国家的资本农场，第二种是合作国家的合作农场，第三种是苏俄社会主义国家的集体农场，只有共同生产，没有共同消费[①]。1947年，农业经济学家张则尧指出，以往关于农场制度的分类甚多，但没有体现农业生产关系，如以组织方式为标准加以区分，大致可根据个人、团体、国家等经营主体，分为私营、合营、国营农场。三种农场在任何国家都存在，但每种农场所占的比重因各国经济制度不同而有多寡之别[②]。在以上新的阐发中，大农场的类型增加了合作农场、集体农场，尤其是在那个年代颇有影响的苏俄集体农场，与此有关的讨论，详见后述。

　　由上可见，受西方大农经营的影响，中国开始有意识地讨论大农经营与小农经营的名称及含义。从大农小农到后来变为大农经营和小农经营，与此有关的数量界定也逐渐明确。在不同国家、不同地区甚至同一国家和同一地区之内，大农经营和小农经营的面积并非恒定不变，而是相对变动不居的。

## 二、大农经营与小农经营优劣之争

　　在中国古代，虽有前述司马迁对大农经营的赞美式描述，但并未与小农经营进行实际比较。北宋农学家陈旉在《农书》中提出"量力而为"的看法，言"农之治田，不在连阡跨陌之多，

①杨开道：《农场管理学》，商务印书馆1934年版，第45—47、59—60页。
②张则尧：《中国农业经济问题》，第26—27页。

唯其财力相称,则丰穰可期也。审矣"①。他对超出家庭财力的经营规模予以否定,但也未对大农经营和小农经营的优劣做出比较。

从世界范围看,对农业经营规模效益的争论始于产业革命之后。经过产业革命,西方各国工业普遍使用机械,建立了大工厂,手工业很快遭到溃灭。在此情况下,传统的小农业经营能否适应机械并和平生存下去呢? 李俊认为:"这个问题,便成了许多农业界争论的中心。"② 在中国,当西方农业机器的知识和器物传入后,有了进行比较的参照,开始产生传统农业经营规模是否需要改革的争论。

清末时期,对经营规模的讨论还较少。不多的讨论主要是从机械使用与农业经营关系的角度展开,侧重全盘接受和赞扬大农场的经营方式。1896 年,陈炽以英国为例指出,英国"讲求农学,耕田、培壅、收获均参新法,用机器,瘠者皆腴,荒者皆熟,一人之力,足抵五十人之工,一亩之收,足抵五十亩之获。……中国于此,诚宜兼收并采,择善而从"③。1897 年,麦孟华也认为,西国农工竞于新法,一切机器日新月异,"业大业小,所费略同,若用新机而田亩不广,则阡陌界错,旋转费时,所事无几,不尽其用,所得之利,不敷租工"④。1902 年,康有为指出:"今以农夫言之,中国许人买卖田产,故人各得小区之地,难于用机器以为耕,无论农学未开,不知改良。……即使农学遍设,

①〔宋〕陈旉撰,万国鼎校注:《陈旉农书校注》,农业出版社 1965 年版,第 23—24 页。
②李俊:《滨湖农业经营方式之研究》,《明日之土地》1946 年第 2 期。
③〔清〕陈炽:《续富国策》,赵树贵、曾丽雅编:《陈炽集》,第 173—174 页。
④钟祥财:《中国农业思想史》,第 503—504 页。

物种大明，化料具备，机器大用，与欧美齐；而田区既小，终难均一，大田者或多荒芜，而小区者徒劳心力。"①同年，严复在译著《原富》按语中也指出："自汽机盛行以还，则缦田汽耕之说出，而与小町自耕之议，相持不下。谓民日蕃众，非汽耕不足于养，而汽耕又断不可用于小町散畦之中，盖世局又一变矣。"②缦田汽耕和小町自耕就是大农经营和小农经营。1905年，梁启超更是为大农经营呐喊："以大农直接之结果论，诚得其人以理之，则收获可以加丰，则私人资本增殖，而社会资本亦随而增殖，又必至之符也。以其间接之结果论，则以有大农之故，能为种种设备，以从事于农业改良，而小农得资为模范，令全国农业随而进步，其造福于社会更不可量。"③由上可见，甲午战败后，以维新派为代表的精英人士对中国传统小农经营已发生认同危机，转而产生学习西方大农经营的强烈愿望。

　　民国建立，在北京政府时期，对大农经营与小农经营的比较明显增多，所持观点也由一元转向多元，改变了清末维新派一边倒的赞扬大农业经营倾向。之所以如此，应与第一次世界大战所引起的质疑西方文明的思潮有关。

　　有的学者完全赞成大农经营。1912年，邓礼寅指出："小农自有之资本甚微，农业组织之规模甚小，较诸大农不及远甚，从自有竞争制度之下观之，其不能与大农抗衡者，亦势使之然也。"④1925年，李大钊认为："农场面积的大小，对于使用人工

---

①康有为：《大同书》，第258页。

②〔英〕亚当·斯密著，严复译：《原富》，商务印书馆1931年版，第414页按语。

③梁启超：《驳某报之土地国有论》，《饮冰室合集》文集之十八，第42—43页。

④邓礼寅：《保全中小农刍言》，《农林公报》1912年第1卷第3期。

畜工农具的效率,亦有一种确定联带的关系。"大农场男工的效率等于小农场男工效率的 2 倍,大农场畜工的效率等于小农场的 3 倍,大农场农具设备的效率等于小农场的 2 倍[1]。

有的学者则认为大农经营、小农经营各有优劣。1926 年,彭学沛的阐述较详,他指出小农经营的优点有三:第一,小农家人及其家族,由于劳动结果归自己,比大农经营中的农业佣人勤勉;第二,自家作工比农业佣人周密;第三,生活也更为俭朴。但他也认为以上优点不能夸大,第一,所谓勤勉为过度勤勉,非如此不能维持生计;第二,凡属人类,都不会甘于极端俭朴的生活,而是希望充分满足其欲望;第三,小农人被过度劳动所压迫,欠少教养,不能应用近代科学、进步的技术,所谓作工比农业佣人周密的价值是有限的。对于大农经营,彭氏认为从技术上说,其优越性没有疑义,要充分地利用科学和分业经营原则、节约土地劳力资本,非大经营不可,大经营无论是利润率还是劳动生产率都比小经营优越。但大农经营也有不利之点,如畜类的饲养、菜类果实的栽培,大农经营的优越性就大受限制[2]。以上分析,达到了一定的理论高度。

有的学者明确表示反对大农经营。1912 年,潘咏雷指出,大农制度不适于中国,从历史上观察,中国历经五千年,大农制度渺无陈迹;从社会上观察,"大农势盛,则小农不能食于其地,影响社会关系甚巨。……在今日,何可特辟此制以反社会之趋势";从经济上观察,"大农又有不合于经济者,以大农多以大规

①李大钊:《土地与农民》,《李大钊全集》第 4 卷,第 623 页。
②彭学沛:《大农经营制度和小农经营制度》,《晨报副刊·社会》1926 年第 21 期。

模行之，收获之量必不能尽其地力小作人经营。……又况现今经济之状况，每欲调和贫富不使相差过甚，大农制度适与此成反比例"。基于此，"大农制度不能存立于吾国者，无待论矣"[①]。1922年，余景德也不同意大农经营，主要原因是：历史上大农制度不相宜，历代都是采取抑制大农的措施；实行大农制度，将导致垄断收获，囤积居奇；农业规模太大，营业粗放，雇工不会像自作农一样用心[②]。以上两位学者的分析，更多是基于中国经营传统和社会安定因素而对大农经营持否定意见。

到南京国民政府时期，随着对欧美农场以及苏联集体农场的了解，以及对中国农村调查研究的逐步深入，各界对大农经营和小农经营的比较研究更加活跃起来。尽管仍有学者认为大农经营、小农经营各有优劣，但倾向于大农经营的主张明显居于压倒性优势，质疑大农经营的声音已相当微弱，对小农经营的认同危机达于极点。

不仅如此，这一时期还出现了一种新的论证方式，即直接援引西方学者关于大农经营、小农经营各有优劣的言论，然后再表明赞扬大农经营的倾向。如1931年，时任陕西省政府秘书的陈必赆发表《大农经营与小农经营优劣论》，在该文中大概最早出现了这种引证。文中介绍，十九世纪欧洲社会主义者埃家挪斯、李卜克民希、柯茨基主张小农经营必然没落说，而达德、苏巴德、达维德主张小农经营增长说。在此叙述的基础上，陈氏认为，小土地集约经营的收获品虽比大土地经营要多，但

---

① 潘咏雷：《论大农制度不适用于中国》，《生活》（上海）1912年第8期。
② 余景德：《要救济中国农民不能用大农制度的意见》，《湖北省农会农报》1922年第11期。

在利用现代科学方面,小土地面积依然敌不过大土地面积。那种盲目赞扬小土地经营论者,以为小农经济不仅未被资本主义的发展所压倒,反而日见增加,未免太昧于今日小农生活状况了。要想振兴中国农业,改进农民生活,非以大农经营的方式采用新的科学方法不可[①]。1934 年,清华大学社会学系学生李树青也指出,"主张小农地位较优者,有亚当斯密、密勒、亨利达德、桑巴特、柏伦斯坦因、达维德、布尔加克夫",其中布尔加克夫认为大经营早已完结它的历史使命,将来大经营缩小、小经营增大是最可能的事;而主张小农地位不利者,马克思根据工业上大生产驱逐小生产的理论,认为小农必定陷于注定失败的命运。其他如李普克尼希、考茨基和廖谦珂也都推证大经营优于小经营。李树青倾向于后者,认为中国小农的确存在诸多问题,如无力使用机械来改进生产技术和增加生产力,"不但没给中国以好处,而只是供给整个农场崩溃破产的资料。小农经营的完全不利,却被事实证明了"[②]。

　　如将以上所举西方不同派别学者的言论,与前述北京政府时期中国学者所述大农经营和小农经营的优劣点进行比较,就不难发现二者有明显的类似之处,或可表明北京时期的学者当时对西方的观点已有一定的了解,只是未像南京政府时期那样在介绍西方对立观点的基础上再表明自己的倾向罢了。当然,这一时期大多数学者在比较大农经营和小农经营时,并未引用西方学者的言论,而是仍如北京政府时期一样做直接的表达,或从小农经营或从大农经营的角度,论证了小农的不利和大农

---

① 陈必贶:《大农经营与小农经营优劣论》,《新陕西》1931 年第 2 期。
② 李树青:《中国的小农问题》,《清华周刊》1934 年第 42 卷第 6 期。

的有利[①]。

　　因南京国民政府时期的乡村调查研究蔚成风气，以数据统计来证明大农经营有利者也不鲜见。如1934年，中央研究院社会科学研究所研究员韩德章对河北深泽县梨元村、南营村的研究表明，农场愈大，人工及畜工的效率愈大，单位面积的净利也愈高。以梨元村为例，每标准工人在一周年间所完成的人工数，由9.9亩以下农场的175个升至60亩以上农场的225个；每标准工人所经营的作物亩数，由9.9亩以下农场的18.8亩升至60亩以上农场的23.8亩；每标准工人作物亩的净利，由20亩以下农场的-4.2元升至40亩以上农场的3.99元。所以，小农场对于人工畜工的使用都不经济，大农场是易于获利的[②]。1936年，冯紫岗对浙江嘉兴县农场的研究也表明，经营愈大，劳动效率也愈高。以每劳动单位的耕地面积来说，由自耕农过小经营的9.2亩增至大经营的14.93亩，半自耕农由过小经营的8.6亩增至大经营的19.0亩，佃农由过小经营的7.3亩增到大经营的18.2亩[③]。上述研究都加入了数据统计，使论证的科学性大大增强。

　　在对待大农经营的态度上，马克思主义经济学者和上述学者是基本一致的。他们结合中国农村的实际，继承了马克思、恩格斯赞成大农经营的主张。如陈翰笙指出，小农天然排斥资本

①董时进、解翼生、谷春帆、醒钟、张保丰、李仁柳、梧冈、徐天胎、余先亮、熊叔良等学者都发表了言论，不赘。

②韩德章：《河北省深泽县农场经营调查》，《社会科学杂志》1934年第5卷第1期。

③冯紫岗：《嘉兴县农村调查》，李文海主编：《民国时期社会调查丛编（二编）·乡村经济卷》上，第327—328页。

的集中、大量生产的发展。尽管在某些特殊地区,每个集约农业的土地单位的净收入多于每个粗放农业的土地单位,但是如果把每个土地单位的生产成本和劳动力计算在内,那就不难证明,较大规模的农业要比较小规模的农业优越[①]。马克思主义经济学的阵地《中国农村》编辑部也认为,不论栽种何种作物,大规模经营总比小农经营有利。在大农场上,劳动力和农具的使用都比较经济,生产率也比较高。而在小农经营的条件下,许多新的农业机械是根本不适用的,小农的零细经营是私有制度尤其是半封建土地关系下的畸形产物,足以阻碍生产力发展,甚至阻碍整个社会的前进[②]。冯和法也强调,小农经营是现今社会制度下的一种病态,不能和使用进步生产方法的大农经营相比。在一样大小及一样土质的土地内,大农经营的收获虽常不及小农经营,但这不能说小农经营较大农经营为有利,恰恰相反,如以全部成本的总和与收获量进行对比,小农经营远不如大农经营[③]。

在大农呼声愈益高涨之时,也有少数学者并未完全倒向这一观点,而是认为大农经营、小农经营各有利弊,应因地制宜。如 1933 年,农业经济学者龚厥民指出,大农小农各有利有弊,不能遂断其优劣。大农的优点,可以分业和利用机械,纯利益也多;小农经营精密,诸事节俭,但因生产费较大,易使纯利益减少。在面积相同的土地上,小农可较大农获得多量的生产,

---

①陈翰笙:《现代中国的土地问题》,《中国经济》1933 年第 1 卷第 4—5 合期;陈翰笙著,冯峰译:《解放前的地主与农民——华南农村危机研究》,第 14 页。

②通讯讨论组:《关于大小经营的利弊》,《中国农村》1936 年第 2 卷第 6 期。

③冯和法:《社会学与社会问题》,黎明书局 1933 年版,第 325 页;冯和法:《农村社会学大纲》,黎明书局 1934 年版,第 248—249 页。

收容多量的人口，在人口已多、工业未盛的国家，大农的确是不如小农的。所以，他认为理想的农业经营不是大农，也不是小农，而是"大农中农小农，混成适当比例，使分工协作，其规模范围，有大小之分，其经营方法，有精粗之别，因地制宜，因时而变，其目的，乃在实际之利益耳"[①]。1934年，章植也认为，大农与小农经营各有优劣，不能加以武断，要视一地情形而异。就农地面积而言，人口稀散之地有大农经营的可能，而人口稠密之处不得不以小农经营为原则；就农作物而言，凡可大规模生产的作物宜于大农经营，而以个人劳力为重的作物宜于小农经营。"过大与过小之农场，经营皆非所希冀"[②]。以上见解，与北京政府时期个别学者的观点具有一定的连续性。

凡属新生事物，总是在与既有事物的比较中激发不同的认识乃至争论。新的大农经营方式也是如此，在和传统小农经营的比较中孰优孰劣，愈益成为争论的焦点。对大农经营方式的讨论，大致经历了一个从全盘接受到多元并持再到绝大多数接受的过程。清末民国时期对小农经营方式的认同危机愈益强烈，但也并非如以往所想象的，一定是一个被社会各界完全否定的对象。

## 三、实现大农经营的设想

从上述所论可见，清末民国时期除了少数人仍坚持小农经营外，绝大多数人都赞同大农经营的主张。所以，相比之下，如

---

①龚厥民：《农业经济学》，商务印书馆1935年版，第8—9、90页。
②章植：《土地经济学》，黎明书局1934年版，第108—113页。

何实现大农经营便成为社会各界最为关心的问题。

在清末,由于对大农经营和小农经营的思考较少,对如何实现大农经营也缺乏系统的论述。1896 年,陈炽认为应学习英国的大农经营办法,占有土地多的应使用机器,"南北各省乡里之富人,有拥田数千亩数万亩者,宜劝令考求培壅、收获新法,购买机器,俾用力少而见功多,如伊尹之区田,亩收数十倍,则富者益富矣"①。1902 年,康有为认为使用机器可以扩大农业经营,他在幻想的大同世界中,设计了一个公有的农场经营方式:"举天下之田地皆为公有,人无得私有而私买卖之。政府立农部而总天下之农田,各度界小政府皆立农曹而分掌之,数十里皆立农局,数里立农分局。……其农场者,农田种植之所也;里数不定者,机器愈精,道路愈辟,人之智力愈强,则农场愈广也。"②1905 年,梁启超也认为应奖励大农经营,大农为"使役多数劳动者以营业农业","善为谋国者,一面当保护小农,全其独立;一面仍当奖励大农,助其进步。……若举国永无大农,则举国农业可以永绝革新进步之望也"③。可见,这一时期将大农经营主要寄希望于雇佣大农场之上。

北京政府时期,对大农经营与小农经营的比较研究有所增加,但对如何实现大农经营的关注仍是较少的。然而,在这不多的意见中,出现了与清末不同的认识,即通过合作办法使小农经营达到大农经营的效果。此与民初西方合作思潮的传播有关,越来越多的人认识到推行合作事业与中国经济改进的

①〔清〕陈炽:《续富国策》,赵树贵、曾丽雅编:《陈炽集》,第 174 页。
②康有为:《大同书》,第 265—267 页。
③梁启超:《驳某报之土地国有论》,《饮冰室合集》文集之十八,第 41、43 页。

关系。在农业经营上，开始还不常称为"合作"，而是公团、组合等①。1912年，邓礼寅指出，通过"产业公团"可使中小农经营变为大农经营，中小农要想"与大农相提携，以收农业改良之效果，不可不利用产业公团之组织。所谓产业公团者，即从事产业者，因改良其产业或生活之状态，而为多数结合之团体也。……庶产业公团可以成立，而中小农得借以经营大农之事业"②。这里的产业公团就是合作经营。同年，《农友会报》编辑部介绍了丹麦的农业合作经营方法。文中说，十九世纪，丹麦本是面积狭而人口少的贫弱小国，近三十年间却成为世界著名农国，主要就是采用了"产业组合法"。在当局支持下，以统一机关指导农民，"农村诸产业组合法履行之结果，生产、贩卖上比较的大农家与小农业皆得齐一均等之便利，促进品种之改良，究精制造之方法，品质品位之统一。生产物完全输送于世间大市场，一以得高价于市面，二以博信用于人民"③。1926年，彭学沛也提到了小农经营的"协同组织"，指出"近来技术发达的结果可以适用于小经营的小机械也发明了，并且小经营者若协同组织起来，也多少可以利用大机械了"④。由上可见，在小农经营为中国最基本的农业经营方式的前提下，人们考虑更多的不是雇佣大农场，而是既保留小农的相对独立性，又通过协同、合作方式转化为具有大农效果的经营方式。

_____

①名称仿自日本，实即西欧的合作制度。
②邓礼寅：《保全中小农刍言》，《农林公报》1912年第1卷第3期。
③编辑部：《农业经营与产业组合法之效果（续第一期）》，《农友会报》1912年第1卷第3期。
④彭学沛：《大农经营制度和小农经营制度》，《晨报副刊·社会》1926年第21期。

　　南京国民政府时期,大量出现"合作"经营的主张。首先是其统治前十年,从中央到地方都将合作事业、合作经营作为复兴农村经济的重要措施。1928年,叶非英指出,既要鼓励资本家的农业经营,也要保护小农经营,而组织"合作公司"是最有效的办法。合作公司由地主、无地农民及资本家组成,地主常苦缺乏资金不能实行新式经营,资本家又嫌投入土地太多不合经济,无地农民则不能自己耕种,而利用这个方法,"一方面可以免除阶级斗争,同时可以容易使农业社会化。国家应极力促成此种组织,以法律规定公司组织法,经营机关由地主、资本家、农民(农业劳动者)三方的代表组织而成"。此外,他还提出通过国家力量防止土地的过细分裂,对没有实行大经营的大块土地不能因继承而分割,也不能分割租予佃农耕种,须整块租予佃农团体或其他资本所有者耕种,国家要帮助佃农团体的成立[①]。不过,对合作公司如何运作,叶氏并未指出一个清晰的途径。1933年,主持山东邹平乡村建设实验的梁漱溟,对"合作"经营提出了更为深刻的理由。他认为经济进步均从小规模进于大规模,从零碎生产进于大批生产,农业进步亦需要大规模的经营。农业经营不能像工业那样走竞争吞并的路,个人要径行大规模的农业经营,只有在新开垦新拓殖的地方才有其可能。中国人口土地分配无特别悬殊偏畸之病,没有这种可能性,"其经营复须相当的大规模,则舍农民同意的自觉的'合作',殆无他途"[②]。

①叶非英:《中国农业经营论(上)》,《血路》1928年第1卷第8期。
②梁漱溟:《中国之地方自治问题》,中国文化书院学术委员会编:《梁漱溟全集》第5卷,第331页。

　　这一时期，中国学界对农业合作经营的讨论，与苏联经济尤其是集体农场的迅速发展也有或多或少的联系。1933年，社会学者王斐荪指出，俄国1917年革命后，一切私有土地收归国有，分配给农民自由耕种。在国家的援助与奖励之下，引导自耕农自动合作，发展集体农场，是处置自耕农土地最妥善的方法。这种政策不仅在趋向共产主义的苏俄可以实行，在土地私有制度尚存的中国也可斟酌采用。集体农场组织有协进社、农业独立劳动组合和农业公社等三种递进形式，王氏结合中国的情况建议：协进社是最简单而易创立和发展的，应尽可能引导自耕农从事此种农业生产合作运动；农业独立劳动组合为比较进步的集体农场，在政府奖励之下，自耕农亦可发展；农业公社在文化落后的自耕农中，恐不易办到[1]。1934年，杨开道对资本主义的资本农场、合作主义的合作农场以及社会主义苏俄的集体农场进行了比较分析，认为三者都有集中力量、增加生产的效果。合作农场和集体农场还在试验之中，存在许多困难，不能充分解决，中国不妨小规模试办，有了成效后再去推行。尤其是集体农场，尽管拥有资本农场、合作农场几乎所有的优点，但由于无人愿意加入、无人愿意牺牲个人权利，社会主义俄国都要强迫农民加入，其他自由主义或家庭主义的国家更没有法子实现了[2]。可见，当时学者对资本主义农场和俄国集体农场并不都是完全赞同的。

　　对合作经营和集体农场的认识，国民政府统治前十年奠定了一个基调。抗日战争和国共决战时期，国民政府对合作事

①王斐荪：《自耕农与集团农场》，《中国经济》1933年第1卷第1期。
②杨开道：《农场管理学》，第51—60页。

业仍持推进态度,学界对农业经营合作的认识也未发生大的变化。如 1941 年,陈颖光指出,最进步最合理的农业经营形态莫若合作经营,由此小农与过小农得以购置大农设备,运用大农优点而取得大经营与机械化的利益。就抗战建国的需要而言,为增加生产、安定社会计,对于合作经营不可不普遍倡导推行。一是将田地互相毗连的农民联合组成耕种合作社,所需种子、肥料和农具由合作社共同购置或自行生产,各种工作由社员共同负担,每年收益依照社员所出的土地、资本及劳力为比例而分配;二是建立合作农场,以共同生产、个别消费为目标,组织较严密,合作化程度较为深切;三是建立合作新村或集体农场,以共同生产、共同生活为原则,各尽所能,各取所需,为合作组织的最高理想。目前所应倡导者为前两种,因战时合作经营最适于缺乏人工和农具的乡村[1]。1946 年,马寅初从土地改革的角度指出,大农场的建立是今后经济建设计划中的一环。由政府设立土地银行,发行土地债券,备价征收每个农产所需要的土地面积,或在乡镇普设地方公营农场,或发展农民合作耕种。农场为农户所共有,其愿意退出者,只能领回其对农场所投资本,另由其他农户来承乏。农场工作由合作的农户共同担任,其收获亦由合作农户按所投的资本与劳力分配。对农场的土地可使用机械,但今日的小块农田不适于机械化,唯有集小农田为大农场,方可达到农业机械化的目的[2]。

此时,有的学者对美国式农场和苏联式集体农场也进行了

<hr>

① 陈颖光:《农业经营上合作共耕之重要》,《合作评论》1941 年第 1 卷第 3 期。
② 马寅初:《工业革命与土地政策》,《马寅初经济论文选集(增订本)》,第 311—312 页。

反思。1947年，张则尧认为，美国的农业是为人所称道的，在农业科学及农事效率上确足供中国人取法，建立大农经营是应该的，但中国农场制度的改革不能以美国的大规模农业企业为模型，因为中国不能走上资本主义农业之路。而苏联社会主义建设，集体农场为其农业上最大的成就，但斟酌中国的农业经济实际，要实行苏联式的集体农场有一个根本的障碍，土地私有权并未加以废弃，要收归国有必酿成社会巨变，故以国有土地为基础的集体农场在目前是不可能的，在以后亦得从长计议。稳健的对策，仍是建立团体自耕农，土地所有权属于自耕农团体，共同组织集体农场，实行集体耕作，使用机器农具，增进农业生产，获得苏联集体农场同样的效果。基于此，中国农场的面积最小应为300亩，最大为1000亩，为别于苏联的集体字样而特称之为"团体农场"[①]。1948年，合作事业专家罗子为也认为，大农制的经营形态有私营农场、公营农场、合作农场，但中国农业只有合作组织一途，别无他路。农业经营合作化，主要是由劳动农民成立合作社，将土地集合一起，合力共同经营。合作社再层层扩大联合，构成整个社会经济大的联合体，在政府有计划的管制指导下，为协议的、联合的、有计划的进行。它有别于以私营经济为主体的资本主义经济，也不同于以公营经济为主体的社会主义经济，可名为"社会本位的民主经济"[②]。

还值得注意的是，在此时期马克思主义学者也提出了实现大农经营的主张。不过，即便同属一个阵营，他们的具体看法

---

① 张则尧：《中国农业经济问题》，第28—38页。
② 罗子为：《中国农业经营合作化的途径》，《时代批评》1948年第5卷第102期。

也不是完全一致的,对苏联集体农场的认识有一个前后变化的过程。1930 年,吴黎平认为,土地革命之后,应走苏联式的社会主义集体农场道路。如果还保持着资本主义的制度,就会蜕化为美国式的资本主义农业经营,导致农民之间两极化以及社会主义革命。土地革命最可能的是社会主义的前途,是"苏联式"的发展道路[1]。1937 年,钱俊瑞认为应先发展国家资本主义。苏俄社会主义比国家资本主义是前进一步的,但中国还没有力量由家长制的经济和小商品的生产直接过渡到社会主义的经济,所以必须在小生产与社会主义之间找出一顶桥梁来,国家资本主义就是这座桥梁。中国需要一个由革命的民主政府所统制的经济体系,以国营的大经济和集中了的合作经济,如国有国营、国有民营、私有经济的合作经营和国有经济的租让经营,来减少私人经营的小经济[2]。薛暮桥先后在 1936 年和 1946 年提出不同意见,认为在半殖民地半封建的中国,自由的资本主义经营和社会主义集体农场都走不通。中国之所以不能走欧美自由资本主义的旧道路,是因为它以牺牲工农劳动人民的利益来发展资本主义;社会主义农业也不是现在就能实行的,因为它是建筑在土地公有的基础上进行的大规模集体生产。不但如此,就连反对个体经济,立即提倡合并土地,创办合作农场,也不合于今天中国农民的要求。经过土地改革,土地大多落入贫苦农民手中,我们扶助他们的最合理的办法,是用合作社(包括劳动互助)的方式把他们组织起来,使他们的生产逐渐地集

---

① 吴黎平:《中国土地问题》,高军主编:《中国社会性质问题论战(资料选辑)》,第 268—269 页。

② 钱俊瑞:《中国国防经济建设》,《钱俊瑞选集》,山西人民出版社 1986 年版,第 321—329 页。

体化。今天仍要向着新民主主义经济的方向发展，经过新民主主义再走向社会主义[①]。与其他革命派学者的看法相比，薛暮桥的主张别具一格。

以上所述表明，绝大多数学者认为大农经营是现代社会的产物，代表着先进的经营方式，因而必然成为中国这样的落后国家学习和实践的目标。但在具体的实现路径上，因视角不同、立场不同，学者的看法有或多或少的差别，但通过合作经营来实现大农经营的理想则为其中的主流认识。

## 四、大农经营未见成效与小农经营的持续

对大农经营的认识和设想，只有付诸实践才能变成真正的物质力量。大农经营包括农场和合作社，农场又有国家农场、私营农场和合作农场之别，但从实际创办来看，主要是私营农垦公司、合作社与合作农场。尽管晚清民国时期几种类型都处于增加之中，但成绩是极为有限的，小农经营的主导地位始终未曾改变，大农经营依然处于讨论和设想之中。

中国的私营农垦公司出现于二十世纪初，是集股商办农牧垦殖企业。1901 年张謇在江苏南通创办通海垦牧公司，首开其端。截至 1912 年，全国共有新式农垦企业 171 家。民国之后，1912—1926 年北京政府时期创办数量明显下降，只有 31 家。到南京国民政府时期，创办就更少了。农垦企业大多以公司名义招佃开垦，收取地租，或贱买贵卖，从事投机活动，与大农经营无

---

①薛暮桥：《中国农村中的土地问题》，《中国农村》1936 年第 2 卷第 3 期；薛暮桥：《中国农业发展的新方向》，《抗日战争时期和解放战争时期山东解放区的经济工作》，山东人民出版社 1984 年版，第 125—130 页。

关。只有少数华侨、商人和工业资本家创办的公司,雇佣劳动力,进行商品生产,具有大农经营的性质。如 1915 年,宁波商人李云书在黑龙江呼玛县创办三大公司,雇佣农业工人 45 人,种植小麦、燕麦,行销邻近地区。1922 年,实业家穆藕初在上海郊区创办杨思蔬菜种植场,雇佣农业工人 40 余人,种植蔬菜、花卉,供应上海市场[①]。不过,它们和乡村农民也很少发生联系,对农业经营方式影响不大。

合作社始于北京政府时期。农村合作社始于华洋义赈会在河北办理的合作社,河北省合作社数量,1923 年有 8 社,1926 年增至 317 社[②]。南京国民政府时期,由于政府的介入和推动,合作社发展较快,全国合作社 1931 年有 2796 社,1937 年增至 46 938 社。抗战胜利后,到 1946 年 4 月底,达到 314 605 社[③]。不过,合作社主要是信用、购买、运销等类,真正与农业生产有关者是较少的。南开大学经济研究所梁思达的研究表明:"我国目前经营之生产合作社,于名称上虽多称之为生产合作,然其业务,则常未能达到真正生产合作之经营,且往往与运销合作相混。"[④]具体统计可为之佐证。1935 年,生产合作社仅占

①李文治编:《中国近代农业史资料》第 1 辑,第 694—709 页;章有义编:《中国近代农业史资料》第 2 辑,第 339—380 页;章有义编:《中国近代农业史资料》第 3 辑,第 839—856 页;戴鞍钢:《近代中国新式农垦企业述略》,《中国农史》1985 年第 2 期。

②秦孝仪主编:《革命文献》第 85 辑,台北"中央"文物供应社 1980 年版,第 237 页。

③秦孝仪主编:《革命文献》第 85 辑,第 221—223 页;秦孝仪主编:《革命文献》第 96 辑,台北"中央"文物供应社 1983 年版,第 40 页;秦孝仪主编:《革命文献》第 101 辑,台北"中央"文物供应社 1984 年版,第 56 页。

④梁思达:《中国合作事业考察报告》,南开大学经济研究所 1936 年版,第 53 页。

全国合作社总数的 8.9%。到 1946 年 4 月底，生产合作社有所增加，也不过占 18.7%，而且绝大多数为兼营[1]。当时全国有约2700 个县，平均每县专营农业生产的合作社仅有 3.3 个，真正的农业合作社是颇为鲜见的。

　　与合作社相比，合作农场的成绩更为有限。其创办始于南京国民政府建立后，但主要是处于抗战时期中的 1941 年后由农林部负责推动的。1945 年初，农学与合作社专家李仁柳总结道：农林部派员在重庆、南岸、遂宁、成都、璧山四处分别辅导当地农民组织，先推行局部合作，如合作贷款、合作购买、合作灌溉、合作加工、合作运销等，使之表现大规模经营的利益，然后再推进而至于合作耕耘。此外，合作当局以及各机关、团体、私人也参与了创办和经营合作农场的活动[2]。抗战胜利后，此项工作改由社会部合作事业管理局负责。到 1947 年初，在河南黄泛区、广西、台湾、福建、浙江等地筹设合作农场 27 所，场员3827 人[3]。不过，直到 1948 年，全国合作农场数量仅有 232 所，总面积 612 885 亩[4]，平均 10 个县不到 1 所合作农场。而苏俄的集体农场，1936 年就已达全国耕地面积的 90% 了[5]。农业学者雷秉章感叹，当时虽有"不少实际从事合作农场经营者……

---

①秦孝仪主编：《革命文献》第 85 辑，第 224—225 页；秦孝仪主编：《革命文献》第 101 辑，第 56 页。

②李仁柳：《我国农业经营制度改革论》，《合作经济》1945 年第 2 卷第 1 期。

③王世桢：《一年来之合作事业》，《中农月刊》1947 年第 8 卷第 4 期。

④《全国合作农场共二三二所场员二九九六人总面积六一二八八五》，《每周经济要闻索引》1948 年第 15 期。

⑤侯哲荪：《苏俄集团农场与合作化实验区》，《农村合作月报》1936 年第 2 卷第 2 期。

都没有相当优良的成绩表现"①。此为符合历史实际的结论。

大农经营既无显著的表现，小农经营汪洋大海的局面遂长期延续。有关观察未曾间断过，如1928年，叶非英指出，除了边疆地区大经营农业略多之外，其他地区都是小经营占优势，山东代表中原北部，陕西代表西北一带，湖北代表中部，都是小经营居多。江苏代表长江下游和沿海诸省，福建代表东南沿海诸省，人口更加稠密，小经营更占优势②。1933年，农业经济学家汤惠荪通过与国外比较更证实了这一观点。中国本部诸省人口稠密，农家一户之耕地面积甚为狭隘，平均为21亩，都是过"小农者"；而欧美各国平均每户耕地面积，加拿大1200亩、美国880.5亩、英国282.5亩、丹麦241.5亩、瑞典86.6亩、德国74.7亩③。不仅如此，农家经营还有缩小的趋势。1948年，农业经济学者赵清源指出，抗战以来，农场面积渐趋缩小，土地使用更加分散④。可见，合作社与合作农场的建立远不能动摇小农经营的统治地位。

清末民国时期，社会各界一直倡导大农经营，但几无实际成效可言。究其原因，学界既有从合作经营发展缓慢方面的分析，也有从小农经营长期持续角度的探讨，尤以后者居多。

在合作经营发展缓慢方面的分析，更多的是关注合作社，一般都将中国农村经济落后、农民生活贫困以及政府、银行对合作社运营的资金投入极为有限视为主要原因。如1935年，

①雷秉章：《我国合作农场运动》，《世界农村月刊》1949年第3卷第2期。
②叶非英：《中国农业经营论（上）》，《血路》1928年第1卷第8期。
③汤惠荪：《农业经营与土地利用》，《地政月刊》1933年第1卷第12期。
④赵清源：《中国农业经营问题及其解决之途径（上）》，《世界农村月刊》1948年第2卷第7期。

金融学家吴承禧指出:"舆论界尽管闹得震天价响,说是资金应该回农村去,政府甚至规定了储蓄银行的资金应该要有 1/5 投入农村,然而,农村不是一个天堂,银行界也不是一些慈善机关。在农村破产,举世骚然的今日,要想银行家把麇集在都市的游资大量的搬到农村去当然不是一件容易的事。"[①]1942 年,国民政府四联总处在谈到合作社时,也承认自筹资金微乎其微,几乎完全由国家金融机关供给。然而,"农贷数字,虽年有增加,但以我国区域之广,农民之众,加以农业生产建设须待改进之迫切,此项数字,即为我国新式农业金融之全部资金,诚属微少"[②]。

与合作社相比,对于合作农场成效不显的原因讨论较少。农业经济学家张德粹从需求和经营的角度认为,主要有三点:1. 农民对于合作耕种,多认为无此需要,对个人私有土地与他人合并经营更不愿意;2. 合作农场业务庞杂,举凡作物种植、劳工支配、产品买卖莫不兼括,故管理匪易,梳理难期;3. 合作农场将小单位的农业经营合并为大农场的经营,并无显著的经济利益。因此,欲农民将自有土地合并而组织农场,殊属不易[③]。有的学者还对合作农场开办过程中的困难做了分析。如成都区合作农场,1941 年开始设立,三年后萧湘针对合作农场所遇到的困难谈道:就农民而言,成都农民 90% 以上为佃农,生活

---

①吴承禧:《中国银行业的农业金融》,《社会科学杂志》1935 年第 6 卷第 3 期。

②《四联总处 1942 年度办理农业金融报告(节录)》,中国第二历史档案馆编:《中华民国史档案资料汇编》第 5 辑第 2 编《财政经济》(4),江苏古籍出版社 1997 年版,第 187—189 页。

③张德粹:《合作农场之实施》,《浙大农业经济学报》1942 年第 2 期。

艰苦,资金缺乏,识字人数也极少,而且,物价变动剧烈,环境较复杂,农民忙于应付,极少闲暇,故战时农场工作推动较难;就管理机关而言,由成都区合作农场辅导办事处负责辅导,人员经费均嫌过少,辅导区域相距较远,既乏行政力量配合,更缺法益保障,举办一事至不容易。此外,成都平原的土地均为有权势地主所有,佃农不敢交换土地,实行土地合并①。

　　更多学者则是从小农经营长期延续的角度反证了大农经营不能发展的原因。有的学者认为,传统的遗产均分制度是造成这一结果的重要因素。社会学家费孝通指出,遗产的相继划分,使个人占有土地的界线变得非常复杂,农田被分为许多窄长的地带。狭窄的地带和分散的地块妨碍了畜力的使用,也妨碍了采用其他集体耕作方式②。另一社会学家言心哲也认为,农田因遗产平分制度的关系,大块的土地经每次零碎分割,不独面积狭小,而且形状极不整齐,其结果,生产效率甚微,劳力也不好分配,大规模的机器耕种更是不好运用③。

　　有的学者从人口和劳动力过剩的角度进行了阐述。张德粹认为,农业人口过多,每家分得耕地面积过小或农场面积过小,农民耕作偏于浪费劳力,工作效率极低,劳力的报偿极少④。马克思主义经济学者刘端生指出,农民差不多都从事农业工作,劳动力浪费的情形达到了可惊的程度。农村劳动力的过剩

①萧湘:《两年来成都区合作农场辅导工作之回顾与检讨》,《农场经营指导通讯》1944 年第 2 卷第 7—8 期。

②费孝通:《江村经济——中国农民的生活》,第 137 页。

③言心哲:《农村社会学概论》,第 359 页。

④张德粹:《改革我国农制的基本认识》,《农场经营指导通讯》1945 年第 3 卷第 3—4 期。

本不致成为严重问题，只要都市工业发展，就能尽量吸收农村中的过剩人口，这在资本主义各国不乏前例。但在中国不然，都市新兴工业不能顺利发展，原有的农村手工业又逐渐消灭，结果一般农民只有抱着零星土地，尽量利用[①]。

有的学者从机械利用的角度提出了看法。社会学家吴景超认为，美国的农夫能耕种那么大的农场，是因为他们利用机器的缘故。中国的农场因为多水田、耕地倾斜、土地利用甚密、人工甚贱、农民无力购买、田区道路狭窄等，很少用机器[②]。另一社会学家李景汉也指出，大农经营发达的条件是土地的大量集中与大规模的农业机器生产的存在，唯有在农业资本主义化了以后才会有大农经营的出现。在经济发展还没有达到大农经营阶段的社会，小农经营占优势是必然的[③]。

也有的学者从多个角度对此进行论证。《农业周报》社论认为有以下几点：关于土地制度，我国承认土地私有，允许众子承继，于是一传再传，遂陷于过细分割的地步；关于自然环境，膏腴之地多在长江以南，适宜稻类生长，但需池塘储水，足为利用机器的障碍；关于人口与土地的比例，人口密度高，农民比例大，制造工业尚在萌芽，不能吸收多量人口，农民只有从事集约耕种一法；关于耕种学识及技术，农民知识浅薄，耕种技术幼稚，沿用旧式拙劣农具，故仅能为小规模经营；关于资本之丰啬，我国农场资本与美国农场相差15倍乃至数十倍，不能广用

---

① 刘端生：《嘉兴四三一二户农业经营的研究》，《中山文化教育馆集刊（夏季号）》1937年第4卷第2期。

② 吴景超：《中国农民生活程度与农场》，《新月》1932年第3卷第3期。

③ 李景汉：《中国农村土地与农业经营问题》，《东方杂志》1936年第33卷第1号。

新式农具及机械;关于习惯,农民利用土地,已积若干年经验,惮于改革,虽迁移至新辟之区,也以旧习之耕种方法经营[①]。

　　正是因为看到了大农经营成绩的有限以及小农经营的长期延续,才有前述在争论大农小农优劣时,一些学者认为小农经营并非都是缺陷,也有其优点;相反,大农制并非都是优点,也有其不足。甚至个别学者还反对大农经营,而主张小农经营,不再重述。

　　不仅如此,有的学者还注意到,即便在欧美发达国家,小农经营也没有完全没落。如叶非英指出:"农业上独立的小经营不特没有没落下去,而且有些地方反为增加。而小经营的经济也并不比大经营为劣或更有利。"英国是大经营最占优势的国家,但小经营存留的也还不少,并没有没落。德国的农业经营,小经营反逐渐增加,而大经营略减少[②]。经济学者徐天胎认为,从理论上讲,小经营终必被大经营所淘汰而归于消灭。不过实际并不这样,即在许多现代的资本主义国家里,小经营仍然存在,未受大经营所吞并[③]。这一论据更加表明了小农经营的顽强延续。

　　不过,从上述质疑声也可看出,有的学者并不是真的反对大农经营,而是认为中国还没有实现大农经营的条件,在此情况下只能采用小农经营。可见,大农经营的理论、理想一旦落实到具体实践之中,受制于极为复杂的经济与社会现状的约束,就变得极为艰难了。

---

①社论:《小农制何以盛行于中国,大农制何以盛行于俄美?》,《农业周报》1933年第2卷第12期。
②叶非英:《中国农业经营论(上)》,《血路》1928年第1卷第8期。
③徐天胎:《福建小农经营之初步研究》,《协大农报》1941年第3卷第2期。

# 结　语

　　近代特别是清末以降，在数千年未有之变局的强烈刺激之下，中国一改古代历史上同化其他落后文化的惯性，对欧美发达国家的技术、经济乃至日常生活愈益表现出学习、模仿的热情，并试图借此改变本国由先进陷入落后的局面，从而将学习西方的意识和反帝的民族主义情绪结合在一起。相比而言，城市更快地进入现代化进程，而农村的变化则缓慢得多。尽管如此，这并不意味着农村受到较少的关注，中国毕竟是农业国家、农民国家，一切的变与不变，往往都与此有密切的联系。作为中国农村社会经济的一个重要组成部分，农业经营规模、农业经营方式同其他领域一样，在社会各界的讨论中，映现出中国与西方、传统与现代、先进与落后的关系。无论是从命名还是实际运作，始于西方的大农经营在人们的观念中都是最先进的经营方式，有传统小农经营不可替代的优势，因而应该推广和实施。但先进的大农经营方式，也并不是晚清民国时所有国人都认同的，有的甚至持反对态度，从而体现了思想认识的复杂性。根据中国农村经济的实际，学界多认为合作社、合作农场是实现大农经营的途径。不过，目标、理想、理论与具体实践之间有相当遥远的距离。在传统的社会经济结构没有改变的前提下，大农经营的成绩极为有限，小农经营的优势地位一直延续，大农经营更多处于提倡和对未来的憧憬之中。这一结果，使大农经营与小农经营孰优孰劣的判断更加困难。

　　民国结束，1949年新中国成立后的前几十年，在愈益集体化的趋势中，大农经营与小农经营的争论沉寂下来。二十世纪八十年代初,随着农业生产责任制的实行,特别是进入二十一世纪后,争论重启,迄今未息。因此,二者之争就不仅仅属于历史范畴,也是现实问题了。一些学者主张,小农经济是制约我国农业进一步发展和实现农业现代化的重要因素,应扩大农地规模,实行规模农业经营乃至机械化农场模式[①]。有的学者认为,应实行适度规模经营,而适度规模经营是指在一定自然环境和社会经济条件下,农业生产要素最优组合和有效运行而取得最佳规模经济[②]。此派与上一种看法其实是比较接近的。也有一些学者认为,企业式农场、集体农庄和人民公社都不适合农业生产活动,粮食生产几乎不存在显著的规模收益递增,应保留和继续实行小型家庭经营。家庭经营也不是规模经济的绝对障碍,而是能通过建立合作社方式,获得机械服务,扩大经营规模,获得规模效益[③]。还有个别学者认为,应因地制宜,实行家庭承包经营、雇佣型大农场和家庭农场并行的农业经营

①陈其广:《百年工农产品比价与农村经济》,社会科学文献出版社 2003 年版,第 256—257 页;衣保中:《论近代东北地区的大农规模经济》,《中国农史》2006 年第 2 期;张士云等:《美国和日本农业规模化经营进程分析及启示》,《农业经济问题》2014 年第 1 期;何秀荣:《关于我国农业经营规模的思考》,《农业经济问题》2016 年第 9 期。
②这一认识与中共中央的提法有直接联系,参见于传岗、秦致伟:《关于中国式适度规模经营农业界定标准探析》,《农业经济》2017 年第 2 期;周诚:《农业规模经营问题断想》,《中国农村经济》1989 年第 4 期。
③郑重:《略论农业规模经营问题》,《中国农村经济》1991 年第 12 期;周其仁:《家庭经营的再发现》,《中国社会科学》1985 年第 2 期;许庆等:《规模经济、规模报酬与农业适度规模经营——基于我国粮食生产的实证研究》,《经济研究》2011 年第 3 期;黄宗智:《"家庭农场"是中国农业的发展出路吗?》,《开放时代》2014 年第 2 期;姚洋:《重新认识小农经济》,《中国合作经济》2017 年第 8 期。

方式，最终实现家庭农场主导经营模式①。由此可见，近些年论争的激烈程度不比民国时期弱，而且更加复杂化。但也不得不说，当今学者的研究并没有建立在回溯清末民国论争的基础之上，从而降低了思想认识和建言资政的历史厚度。

在笔者看来，应充分吸收清末民国时期的认识，这一时期对于大农经营的主张并不是人们所想象的仅指雇佣劳动力的大型农场，而更多是指合作经营方式；对于小农经营，也不都是持否定态度。基于目前中国农村的实际，笔者比较倾向于以小型家庭经营为基础，通过发展合作社来达到大农经营的效果。在中国历史上，小型家庭经营方式延续最久且至今不衰，必然有其合理性，仅说其效率低下而予以否定是无法解释的。任何经营模式都有其前提约束，如果说美国等国家地多人少，实行大农场经营、提高劳动生产率有其理据，而中国人多地少、劳动力剩余的基本国情一直未变，也决定了小型家庭经营有其生存的空间。只有如此经营，才能最大限度地保证土地的高产出，充分地保持就业乃至社会稳定。在目前的中国，这比劳动生产率的提高更加重要②。在家庭经营的基础上，可再通过合作社、合作农场实现规模经营或大农经营的效应。即便如此，也不应一刀切，而是要根据不同地区的情况因地制宜，有的地方可以适当进行大规模农场经营，但总体来看小型家庭经营的基本模式还不能改变。至于未来如何，端在人地关系的基本国情，以及城乡之间的经济结构是否发生了重大变化。

---

①段禄峰、魏明：《我国农业土地规模经营模式研究——基于西方资本主义雇佣型大农场的衰落及启示》，《地域研究与开发》2017年第1期。
②从理论上讲，提高劳动生产率是加强竞争力的基础，也应该是追求的目标。

# 毁灭与重生的纠结：二十世纪三四十年代中国农村手工业前途之争

　　在传统中国社会，自然经济和简单商品经济相结合的"耕织"家庭经济，一直是最具中国特色的经济模式，"牛郎织女"即其典型称谓。如果说农业是农村经济的核心，家庭手工业则是仅次于农业的重要组成部分。近代以来，随着外国机器工业品的输入，中国家庭手工业逐渐遭到冲击乃至面临解体的厄运。中国民族工业的产生和发展，则进一步加剧了这一趋势。到二十世纪三十年代初，在天灾人祸频发和世界经济危机的旋涡之中，家庭手工业史是爆出了急剧衰退的现象，给农家经济和农民生产带来严重的影响。时代及其情状是滋生议论和思想的土壤，对家庭手工业解体这一经济现象和未来的前途命运，早在鸦片战争之后就开始引起社会各界的关注，但当时更多是描述手工业的悲惨命运，对手工业的前途并没有太多的讨论。到二十世纪三四十年代，讨论视角发生了变化，即从原来的单一悲惨论转为从传统与现代的关系，进一步说就是传统手工业与现代机器工业的关系的框架内进行讨论，而且讨论之热烈是空前的，反映了国家对中国经济复兴的企盼和学术界、思想界的自由言说气氛。这一时期的讨论内容非常丰富和系统，既涉及家庭手工业的解体或延续，也包括导致这些现象的复杂因素，更论及家庭手工业的前景。本文之主旨，侧重探讨这一时期中国学界对家庭手工业前途的论争，它不仅是中国近代经济思想史的一个重要内容，而且具有一定的理论意义和实践意义。此前，该题似未引起应有的注意，不能不说是中国近代经济思想史尤其是乡村建设思想史研究的一个缺憾。

## 一、手工业必然解体与必须发展机器工业

持此看法的学者，主要有严中平、陶孟和和张培刚等人。他们的主要观点是，中国农村家庭手工业是落后的生产方式，在机器工业的冲击下必然导致解体的局面，只有发展机器工业，才是中国经济的唯一出路。这一看法，主要是以现代化理论为标准，对中国手工业发展前途做出判断。

经济史家严中平是研究中国棉纺织业史的权威。他以棉纺织业为中心，全面分析了中国手工业和近代机器工业的演变历程、相互关系和发展趋势，并形成了对中国手工棉纺织业的基本判断：在机纱机布的冲击下，手工棉纺织业一方面在解体，一方面又在艰难地延续着，但最终的结局必归于消灭。

第一次鸦片战争之后，洋纱洋布在中国的销售曾受到中国古老的手工棉纺织业的顽强抵抗。第二次鸦片战争以后，在低率关税和子口税的保护之下，洋纱洋布逐步由通商口岸深入腹地，由城市深入农村，由少数市民偶用的消费品变为广大群众的生活必需品。这样一来，就如严中平所说，旧式手工棉纺织

业的衰退一天比一天显著，"经过了三十年外洋纱布狂潮的袭击，中国手工纺织业必归破灭的命运是最后地确定无疑了"[①]。

不过，中国手工纺织业并未完全消失，而是在整个近代一直延续。之所以如此，严中平认为有三个方面的原因：1.补充农业生产之不足。"离开了家庭手工业，这些农民不可能单靠农业维持他一家的生存……农工结合，恰恰就使他们组成一个生存力极端顽强坚韧的小生产单位。"2.以机器工业品为原料，反而促进了手工织布业的发展。机纱冲击的结果，虽然使不少从事手工纺纱的农民被剥夺了生计，但他们转而用机纱织布，机纱"为手织业开辟了新的活动领域，亦且在产量方面，解除了手织业的桎梏"。3.中国地域广阔，手工棉纺织业仍有较大的市场需求。即便是遭受冲击最大的手工纺纱业，也没有被机纱完全冲垮，因为机纱尚不能满足全国人民的消费。中国人口有4亿，需要纱机4000万枚达到棉纱自给，至少也需要2000万锭，但全国中外籍纱厂的纱机总数还不到553万锭，那么不足之数只能靠手纺纱弥补。土布业更是如此，中国棉布消费总量为5573百万码，其中机制棉布1596百万码，仅为总消费量的29%，其余71%的棉布消费需要依靠手工织布供应[②]。

尽管如此，严中平认为手工棉纺织业面临着巨大困难，终致无法与机纱机布竞争而落败。首先，向来中国土布的三大市场都遇到空前的危机。南洋是土布的第一大出口市场，当时却由于日货的倾销，一蹶不振，几近绝迹。东北地区是土布的第

---

①严中平：《中国棉纺织史稿》，科学出版社1955年版，第69页。

②严中平：《中国棉纺织史稿》，第51、314页；严中平：《手工棉纺织业问题》，《中山文化教育馆季刊》1937年第4卷第3期。

二大市场,南通、宝坻、高阳、潍县等地著名织布区的土布多以东北为尾闾,但在"九一八"以前,就已开始遭受日货的竞争而日趋萎缩,而此后已全在日人掌握之中,结果不言而喻。西北诸省是土布的第三大市场,晋察绥蒙等地一向为河北高阳、定县、行唐、正定等县土布的销场,但察绥蒙已成为日俄棉货的角逐场所。只有河南、陕西、甘肃诸省尚吸收不少土布,但中外纱厂的机制布匹随陇海路的西展而大量涌入,竞争结果是不难预卜的。其次,严中平更从经济理论上对手工棉纺织业与机器纺织业进行比较和分析,认为手工棉纺织业根本没有与机器纺织业竞争的能力。他以定县为例,对机器纺织业和手工纺织业的生产效率分别做了计算,认为土纱土布的生产有四大弱点:生产工具落后、工作效率低、生产成本高、产品质量差。相反,纺纱机的性能已到了极为复杂精确的程度,各道工序彼此相连,效率甚高,至于高支数细纱的抽纺更为手纺纱所不及。而动力织机的生产效率之高、生产成本之低,也是手织机无法相比的。在此基础上,严中平断言,手纺纱及手织业"两者受机制品之竞争,皆必归于消灭"[1]。

针对国内有些人提倡继续发展手工业,严中平批评"其志可嘉,其愚实不可及"。他说,中国正需要一个大刀阔斧的经济变革,民族危亡绝不是小缝小补所能挽救的。中国至少须有1000—2000万锭纱机、六七百万台布机才足自给,而手纺车与足踏机纵如何改良,亦不能当此大任。况且,资金缺乏为中国工业界的通病,尤为纺织厂之大患,纺织业正当以有限的资金

[1]严中平:《手工棉纺织业问题》,《中山文化教育馆季刊》1937年第4卷第3期。

力谋机器纺织业的改良扩充。而提倡手纺织，不独徒劳无功，其分散资金，贻误良机，当为罪不可恕。至于农民方面，副业衰落虽将增加其穷困，然农民穷困的根本解决，更非走农作机械化、科学化一途不可，岂救济手工业所能奏效？如果舍弃机纺织业，仅发展手工业，其结果不过是为在华日籍纺织厂留下广大的扩展地盘而已，手纺织业是不能长久存在的[1]。

　　要之，严中平坚信，资本主义世界商业的发展，必然改变一切落后的生产方式，中国小农经济既不能永久拒洋货势力于乡村之外，则中国民族工业资本主义化终必发生，乃是极自然的事情。中国小农经济之破坏乃是中国国民经济进一步发展的前导，经历尽管惨痛，实是不可避免的步骤[2]。

　　陶孟和是著名社会学家，他没有专门研究过手工业，但在给张世文的《定县农村工业调查》所作的序言中提出了自己的看法。陶孟和认为，当现代工业国家的制造品侵入中国市场的时候，中国手工制造品虽还没有完全绝迹，但大部分都被机械制造品所代替而渐归于消灭。如果外国的机械制造品占领了中国的全部市场，中国乡村手工业的末日就到了。同样，如果国内都市的机器生产完全代替了乡村生产，乡村手工业也无立足之地。近代工业之所以连续不已的打倒了手工业，一方面因为汽力、水力、电力供给了强过筋肉无数倍的动力，另一方面因为发明不已、改良不已、巧夺人工的机械。他进而指出，只有利用自然的动力、机械、科学研究与组织，乡村工业才能生存，科

①严中平：《手工棉纺织业问题》，《中山文化教育馆季刊》1937年第4卷第3期。
②严中平：《中国棉纺织史稿》，第3页。

学家、工业家、经济学家要担负起工业现代化的责任。当乡村工业充分现代化的时候,其乡村的名目或者还可以保存,但是其原来的形象则全失掉了①。可见,陶孟和虽然认为家庭手工业必然被机器工业所替代,但仍有在乡村发展现代工业的可能,这与严中平的看法有些不同。

经济学者张培刚的态度较为激烈。他不仅反对提倡农村手工业,而且认为在农村建立工业的观点也是反动的。其理由是,在帝国主义经济侵略之下,都市工业不容易建立,农村工业更难以培植。中国既然不能实行关门主义,帝国主义的货物倾销就可以伸张到农村来,以肉体与机器相竞争,结果只有失败。高阳、潍县比较有点根基的小工业,尚且不堪压迫而日趋衰落,其他更可想而知。还要看到,在许多乡村里,一般农人宁可购买洋布,而不穿用乡村工业的出产品土布了。所以,中国经济建设前途是走不通农村工业这条路的,产业革命的结果是使机器代替人工,使工厂制度代替手工业制度,使工厂生产代替了家庭生产,工业化是一种必然的趋势。在这个时候,提倡农村工业,尤其是把农村工业当作走上工业经济的过渡方法自然是倒行逆施②。

不难看出,以上几位学者的看法基本上延续了近代以来许多人宣扬现代化的主张。其经济发展的逻辑和目标没有问题,其改变中国落后面貌的立足点也不容置疑,但由于没有或很少虑及中国农家经济的现状和需求,在理论与实际之间存在相当

①陶孟和:《序》,张世文:《定县农村工业调查》,四川人民出版社1991年版,第6—7页。
②张培刚:《第三条路走得通吗?》,罗荣渠主编:《从"西化"到现代化——五四以来有关中国的文化趋向和发展道路论争文选》,第779—783页。

的距离。

## 二、手工业陷于崩溃之途与眼下仍有提倡之必要

　　持此看法的学者，主要有郭大力、杨庆堃、张世文、戴乐仁和千家驹等人。他们的核心观点是，在机器工业的冲击下，中国农村家庭手工业必然陷于崩溃之途，但考虑到人多地少和经济发展、农民生活的需要，仍要发展家庭手工业。这一见解，体现了现代经济趋势与农村社会经济基础之间的张力。

　　郭大力是著名的马克思主义经济学家。他认为，一个人兼做许多事情的结果，是降低了劳动的熟练和劳动生产力。工业发展的趋势，不是增加而是剥夺农村副业，这种副业的存在是工业发展的阻力。但从另一方面说，农村副业又是农村经济一个重要的支柱，在种种负担下农民的生活与生产仍能勉强维持下去，是因为有这种副业的存在。如果一个农民家庭耕作10亩刚好维持他们自己，但纳租付息后，就必须耕作20亩了，不过土地存量是有限的，农民不能随意扩大耕地面积，为维持生存就不能不注意于农业以外的工作。尤其是在大饥馑发生之时，农村之所以容易复苏，也就因为农民有副业这一个出路[①]。

　　社会学家杨庆堃，对农村家庭工业能否在现代经济系统中继续存在的问题也做了分析。他认为，手工艺和家庭工业本来是中世纪经济系统中的特色，然而工业革命一来，就被打破了。随着市场的扩大，大规模生产跃居统治地位，适于人口流动加

---

①郭大力：《生产建设论》，彭泽益编：《中国近代手工业史资料（1840—1949）》
　第3卷，中华书局1962年版，第745—746页。

速、分工精细、运输发达的社会,其压倒家庭工业乃属当然,因此要拿家庭工业去适应机械世纪的需要,完全是妄想。若要靠家庭工业去挽回农村经济的危机,也终会变成凄惨幻灭的空想,并将耽误新工业制度的来临。人们所要的是树立远大的将来,而绝不是因循已往。与其要立志去提倡某种家庭工业,不如先去研究几个可能性的家庭工业,也就是说,提倡某几种在技术和生产上具有特殊根据的家庭工业还是有点希望的[①]。可见,杨庆堃并不是要继续延续所有的家庭手工业,而是那些具有发展可能性的家庭工业,他与郭大力的认识有一定差别。

　　另一社会学家张世文,更以自己所主持的定县农村工业调查的经验提出了自己的看法。他指出,中国乡村家庭手工业前途的危机是不能否认的。其主要表现是:外国与本国大工厂廉价的出品渐渐地侵夺了内地乡村工业的市场;手工业品制造技艺不加改良,不求进步,固守旧法;从事加工手工业品制造的生产者毫无组织,有如一盘散沙。不过,张世文又认为,家庭工业至今仍有其存在的理由:家庭手工业所需的原料,多半可取之于本地与附近地方,甚至于家庭自产,既不用钱买,又不花运费;农家从事家庭手工业多在农闲,工作者又都是家庭分子,人工不要花钱;家庭手工业的出品普通多供本地与附近市场的需要,在运输与销售上都十分便利;从事家庭工业不但补助家庭进款,且能得到副产物的收入。张世文还从工业制度上进行分析,认为中国工业应为集中与分散并重,国防工业、交通工业、机器工业、矿产、动力等,可由国家集中

---

[①]杨庆堃:《农村家庭工业运动的基本问题(续)》,《大公报》(天津)1934年1月18日。

经营,而供给人民日常生活需要的种种工业,可尽量分散在各地乡村。散在民间去制造,有许多方面的利益,譬如:节省原料与制造品的运输费用,减少消费者负担;吸收大量便宜的剩余劳动力,防止乡村人口大量跑往城市,增加都市的许多问题;提高农村财富,促进农村的稳定建设;城市金融也能回流乡村,助长各种生产事业;在战争时,可免敌人轰炸,进而摧残整个的国家工业;尤其是在外有帝国主义经济侵略、内有农村经济破产的恐慌之下,大工业无从发展,而工业散在民间,利用当地与附近的廉价原料与劳动,再利用合作统制的组织,很可以与外国廉价的商品做最后的抵抗,解决民族生计问题,打破民族经济危机的生死关头[①]。

曾任燕京大学经济系教授的英国人戴乐仁也认为,中国自鸦片战争后,外国机制的商品深入了中国腹地,其货色均一,品质优良,成本既少,售价颇低,而中国的手工产品,既粗笨,又零星,费工既多,价格又贵,相形之下,自然见绌。结果,中国所有手工业不得不归于崩溃之一途,利权外溢不可以数计,以致农村濒于破产之境地。尽管如此,戴乐仁仍然指出,倡办农村工业实为中国农村破产的补救之道。1933 年是世界经济最恐慌最不景气的一年,中国农民至少有 5500 万以上的失业人口,而那时其他国家所有失业的人数才不过 3000 万人。这样的一个大问题,不是只兴办几个、几十个或几百个如城市中的大工厂所能解决的,除了普遍的倡办农村工业,利用其过剩的工力,以谋救济并提高其生活外,是没有第二条道路的。当时有人批评戴乐仁的主张是"开倒车",不识时务,但他坚持己见,说自己

---

① 张世文:《定县农村工业调查》,第 38—40 页。

既不是"开倒车",更不是走错路,而是想把农村原有的手工业施以科学化的整理与辅助,再逐渐创办新工业,抵制舶来商品,直接地力谋农民生活程度之提高,间接地增厚国家整个的经济力。农村工业并不是十八世纪那古董式的老套,而是要把现代化机器生产的方式与技术介绍到农村,重新造成一种现代化的农村新工业①。

　　千家驹是著名的马克思主义学者,他的看法也来自实证研究。全面抗日战争爆发以前,他原本认为中国的农村手工业,因受帝国主义的长期侵蚀,已经逐渐走向没落与崩溃之途,没有办法复兴农村手工业,也不必去复兴它,因为手工业被机器工业的代替是历史的必然发展过程。不过,他经过对广西农村手工业进行考察之后,改变了这种单一的崩溃观,而是一方面认为,自资本主义物美价廉的洋布侵入乡村后,广西手工纺织业随之破产,机杼之声不复可闻;但同时又认为,广西地处偏陲,交通阻梗,洋布侵入的势力较滞,且人民生活简朴,故土布仍能保持一部分市场,土布业在广西国民经济中仍占一重要地位。此种土布业存在的基础,并非由于该省经济的发展,而是基于经济发展的落后。如果该省的交通日渐开发,而土布业的生产方法又不加改良,则此种脆弱的手工业将随时代而日就削减。但是即便如此,他仍主张不能放弃手工业,而是认为如果政府能加以提倡,改良织机,供给资金,集中生产,组织原料供给及产品运销机关,则以乡村工业自身本有的种种优点,此种改良土布在将来或仍可占相当的地位。全面抗战爆发后,千家

①〔英〕戴乐仁:《中国农村工业之亟需及倡办》,《大公报》(天津)1935年6月16日。

驹根据已经变化了的局势，更加强调这一观点。他指出，由于
工业中心通商大埠沦陷，国际贸易被封锁，许多日用工业品的
来源异常缺乏，促使代用品及手工制品的需求增加，于是农村
手工业得到一个复苏的良机。在乡下，许多年已经听不到的布
机声，这时也唧唧地响起来了，许多过去被洋货排挤得奄奄一
息的农家副业，这时都得到空前繁荣的发展（如土纸、香烟、火
柴等）。不仅如此，在战时，可以利用战区的难民或技术工人从
事手工业，这不仅解决了他们的生活问题，也可以增加后方的
生产。正是由于农村手工业的复兴，既活泼了农村的经济，也
增强了后方抗战的经济能力[1]。

　　与前述第一种认为手工业必然解体和必须发展机器工业
的主张相比，以上学者的看法将"西学"现代化的标杆与中国
本土实际结合了起来。持此观点的虽然主要是马克思主义学
者，但在此问题上他们的观点并不偏激。

# 三、机器工业化不易完全实现与仍要发展农村手工业

　　持此看法者，主要有李景汉、顾毓琇、吴知、郑林庄、王达三
等学者。他们的主要观点是，机器工业的实现并非一蹴而就，
而是要有一个过程。在机器工业化完成以前，仍可以发展农村
手工业。这一主张，更多体现了传统经济向现代经济的递进与
二者的互补关系。

---

[1]千家驹等：《广西省经济概况》，商务印书馆 1936 年版，第5—7 页；千家
驹：《抗战中的农村经济问题》，《中国农村》1939 年第6 卷第2 期。

李景汉是著名社会学家,曾任平教会定县实验区社会调查部主任。他说,有人以为农村手工业根本没有维持的可能,机械工业迟早要打倒手工业;有人以为若要保存农村工业,非使现在的农村工业从速现代化不可;也有人主张轻便的小工业是应该分散于农村,不应该使工业都集中于都市,但无论如何,大规模的机械工业不能完全代替手工业,总有一部分手工业不是机械所能替代的。因此,应该调查和研究什么是机械不能替代的手工业,什么是不能与机械抗争的手工业,这样就可以对中国的农村手工业有适当的计划。以中国农民之众,农闲之多,与人力之贱,得到合宜有利的农村副业与农村经济大有关系,若任其自然变化,而不加以指导与统制,则中国农村工业的没落必更甚于今日,结果是不堪设想的[①]。

纺织机械制造专家、工业化学家顾毓瑔,从手工业生产所占的地位和解决农民失业角度对此问题进行分析。他指出,一般提倡工业的人,只看见"现代工业"是唯一的时代产物,手艺工业在优胜劣败的争斗中是必败无疑的,虽欲竭力提倡必致徒劳无益;若是认定了现代工业化的必然性,似乎就应同时宣告手艺工业的死刑。但事实上,中国还没有脱离农业生产社会,现代工业虽在不断的进展,但要算起工业生产的总账,手艺工业生产仍是十分重要的组成部分。他还认为,中国农村经济的衰落濒于崩溃,一方面是农业本身的问题,另一方面则不是农业本身,而是农村的失业问题。因为农业的季候性,农业人口不能全年利用生产能力,结果形成无形的失业,再继之以离村运动,农业生产更是锐减。要解决农村的失业问题,要增加农

---

①李景汉:《序》,张世文:《定县农村工业调查》,第4页。

民的生产能力,提倡农村副业是最自然最合理的途径。手艺工业与农村本有共存共荣的关系,大凡手艺工业发达的地域,农村经济都是较好的[①]。

经济学者吴知,以调查和研究高阳织布业而闻名。他从廉价劳动力和挽留乡村人口的角度,提出了自己的见解。他说,中国人以往尝自夸"地大物博,天富之国",但实际上,中国的天然富源如原料动力的供给,似乎不足发展大规模工业之用。中国别的不能和人家来比,最丰富而价廉的劳力乃是任何国家所不能比的,可以举出很多关于使用劳力比使用机器还便宜的例子。因此,中国应该充分利用这一优势来弥补我们在原料和动力方面不足的缺憾。研究中国工业问题,应竭力提倡并改进日用品的轻工业如纺织、面粉、火柴、造纸等以及固有而优良的乡村工业。中国农业是富于季节性的,农民的空闲时间如是之多,如不设法利用,时间上的浪费实在可惜,如能用本地的原料从事生产事业,可以增加农家收入,在同一面积的土地上比之没有乡村工业的可以容纳更多的人口。另外,城市愈发达,乡村人口愈往城里跑,结果城里人口拥挤得厉害,而乡村里竟缺少耕地的人,以致农业衰落,粮食和原料不能自给。要使乡下人不往城里跑,就要设法改善和提高乡下人的生活程度,假若乡下人也能得到舒适的生活,享受到与城市差不多高低的生活程度,他们自然就不会都往城里跑了。有效的办法就是使乡村工业化,在乡村提倡小工业。总之,应一方面不忘建设重工业及基本的化学工业,同时也不能藐视中国固有的乡村工业而任其消灭,要重新来估计乡村工业的价值,阐明乡村工业在国民

---

[①]顾毓琇:《手艺工业与农村复兴》,《东方杂志》1935年第32卷第7号。

经济中的地位,改造它们的阵营以适应近代的环境<sup>①</sup>。

郑林庄是农业经济学家。他说,都市的大规模工业须具备三个条件才能得到长足的发展,一是有自主的国民经济,二是有一片可做工业化生产过剩之销售尾闾的土地,三是有一群真实的科学家和有科学意识的民众。不过,中国尚不具备这三个条件,不易有建立一个都市工业的机会,但又不能因此而畏难退缩,而是要在农业上实现工业化,在农村里建设工业的基础。换句话说,因为受了客观的限制,已不能在农业之外另建立大规模的都市工业,但可以在农村里面培植小规模的农村工业。由于小规模的农村工业是分散的,多少可以免除帝国主义的束缚,也可以达到自供自给的状态,而不向外夺取市场,还可以不需要根本的"改造",而是就现况进行"改良"。如果将都市工业与农村工业相比,前者是百年大计,将来的目标,后者是救亡图存的方针,是应该努力的一份工作。中国经济危机的成因,是在失业和无业的问题上,都市工业虽也可以增加工作,但现代工业重在机械的利用,吸收人工究属有限。都市工业的建设需要大资本、大改造,也非中国一时所能办到。中国的危机已到燃眉燎原的地步了,但远水岂能救近火?农村工业却不然,它是在每个农家里或乡村工厂中,集家人或乡民来共同进行,是不需要大量资本的,而且注重利用过剩劳力,故此兴办较易,设立也较快。如此一来,在农村里面有了农业与工业相并进行,失业的问题就可以解决了,一个国家在改变制度期间国民所发生的彷徨心理也就可以解除了。更重要的是,都市工业也可由

---

①吴知:《〈乡村织布工业的一个研究〉引言》,商务印书馆1936年版,第3页;吴知:《工农立国下中国乡村工业的新评价》,《大公报》(天津)1935年7月24日。

此而萌芽,这不是过渡时期最简捷的办法吗[①]?

经济学者王达三也指出,由低级化封建型的农业经济阶段演进为高级化社会型的工业经济阶段,必为渐演的而非为突进的。中国工业化的过程,必肇端于农村手工业,而完成于制造工业现代化。农业、工业间的过渡阶段,必有一个复合的经济组织为桥梁,这种过渡桥梁,便是提倡农村工业。尤其是在中国"才""财"极端贫乏之际,贸然着手于大规模的工业建设,谈何容易?补救之道,唯发展乡村工业是赖!在中国民族工业尚未建立以前,农村工业却因外来经济势力之摧毁而崩溃,由此制造出大量的相对过剩人口,他们大多不能移往工业区域而为产业工人,于是被迫出售廉价的劳动力。那么解决这一问题最妥善最有效的办法,就只有图谋农村工业发展,使相对的过剩人口寻得维持生活方法的机会[②]。

以上看法,与上述第二种认为手工业陷于崩溃之途但仍有提倡之必要的看法有相似之处,所不同者,是他们将现代机器工业的建立视为一个渐进过程,正是在此意义上,才有继续发展农村手工业的必要。也就是说,这种主张比第二种更趋温和。

## 四、机器工业与农村手工业的多重纠葛与发展农村工业

与其他学者相比,著名社会学家费孝通对机器工业与农村

---

① 郑林庄:《我们可走第三条路》,罗荣渠主编:《从"西化"到现代化——五四以来有关中国的文化趋向和发展道路论争文选》,第 770—772 页。
② 王达三:《农村怎样可以自力更生——发展农村工业化》,《民间》1937 年第 3 卷第 19 期。

手工业的关系、对农村手工业的发展问题，做了较为全面的研究，并提出了独到的见解①。

首先，费孝通认为，中国农村手工业遭到机器工业的冲击，农家经济和农民生活都受到严重的影响。如在江南，农民以前能够从蚕丝和棉织品的出口中取得利润，以补偿农村的财富外流，但随着外国货的挤压，农村手工业急速衰退，城镇和农村之间的经济平衡被打破，从而导致农民的贫穷和破产②。换句话说，原本是城乡经济纽带的手工业遭到解体，农家收入的一个传统来源丧失了。

其次，农村手工业是无法和机器工业竞争的。传统手工业是没有组织的自营小手工业者，无论是生产工具、劳动力水平还是经营规模，都无法与西方机器工业相提并论。"无论他们如何技艺娴熟，他们是在与机器进行一场注定失败的战斗。"③这一认识并非自我泄气，而是残酷的现实。

再者，仍要坚持发展农村手工业。与戴乐仁一样，费孝通也被那些认为必须发展机器工业以代替手工业的学者讥为"开倒车"。然而，费孝通形象地将反对者比喻为企图根本解决问题的"心肠硬"，而自己是寻求过渡办法的"心肠软"④。为此，他

①参见李金铮：《"研究清楚才动手"：20世纪三四十年代费孝通的农村经济思想》，《近代史研究》2014年第4期。

②费孝通：《中国绅士》，第78—79页；费孝通：《江村经济——中国农民的生活》，第11—12、196页。

③费孝通：《中国绅士》，第78页；费孝通：《禄村农田》，《费孝通文集》第2卷，第422—423页；费孝通：《人性和机器——中国手工业的前途》，《费孝通文集》第3卷，第391页。

④费孝通：《小康经济——敬答吴景超先生对〈人性和机器〉的批评》，《费孝通文集》第5卷，第430页；费孝通：《乡土重建》，《费孝通文集》第4卷，第384页。

发表了四个方面的见解：

其一，只有发展农村手工业，才能增加农民收入，避免农民饥饿。费氏强调，"中国农业并不能单独养活乡村中的人口"。农作物与手工业在农家收入中最为重要，在农作物不改变的前提下，手工业最有可能增加农民的收入。对于佃户家庭，手工业尤其不可或缺，佃户交了地租后，所余并不够养活自己，但他们仍愿意承租土地，秘密就在于佃户不是全靠土地收获来维持生活，而是还从事各种手工业增加收入。然而，在面对手工业的衰落，而农民又没有新的职业可以替代的情况下，救急就成了首要的任务。小手工业者"必须坚持斗争，因为不然的话他们将无法生存。结果是中国最终将变成一个农业国，纯粹而又简单，而一个农业的中国将不可避免地是一个饥饿的中国"[1]。

其二，农村手工业仍有生存的空间。费孝通不同意将手工业和机器工业二元对立，乡土工业必然失败的说法。他认为，手工业虽不能与机器工业竞争，但这并不意味着手工业完全丧失了生存的余地。即便在高度机械化的制造工业里，手工还是有其重要的地位，在普通的轻工业中更占很大的部分。手工部分在乡土工业里尽可保留在家庭里，需要机器的部分则集中在小型工厂里，手工和机器不妨配合起来，二者是相互依存的[2]。

其三，城市工业不能完全解决农村剩余劳动力问题。近代中国城市工业在国民经济中的比例一直很小，吸引农村劳动力

---

[1] 费孝通：《中国乡村工业》，《费孝通文集》第3卷，第5页；费孝通：《乡土重建》，《费孝通文集》第4卷，第382—383、435页；费孝通：《江村经济——中国农民的生活》，第200页；费孝通：《中国绅士》，第78页；费孝通：《禄村农田》，《费孝通文集》第2卷，第423页。

[2] 费孝通：《乡土重建》，《费孝通文集》第4卷，第390页。

的数量有限,远不能解决大多数农民的问题。即使是已经被城市工业吸收的农村劳动力,也不比原来的境遇好多少。"农村姑娘被吸引到城市工厂去工作,挣微薄的工资,几乎不能养活自己。她们离开了自己的家,这种过程既损害了城市工人又破坏了农村的家庭。如果中国工业只能以牺牲穷苦农民为代价而发展的话,这个代价就未免太大了"[①]。

其四,发展工业的类型,不是效率优先,而是适合农民大众的需要。在生产效率与大众需求之间,需求是第一位的。费孝通强调,他并不反对在都市建立大规模工业的主张,但在中国农村,最重要的不是理想型的工业组织,而是一种适合农民大众的实际工业类型。如果按照最近几个世纪欧美的工业模式——集中于都市地区,并掌握在少数资本家手里而发展,它将冲击村庄里所有的庭院工业,减少农民的收入,加剧农村人口的悲惨境地。为了农民的利益,我们所寻求的是一开始就能避免这一不幸的道路。不仅如此,即便为了都市工业的发展,也不能忽视农村手工业的存在。因为农民大众如果不能分享工业的利润而只会身受其害,将使他们的生计更加艰难,从而中国工业的成长也将受到市场萎缩的阻碍。更要考虑中国人口压力和小农经济的现实,正是这一现实对单纯提高劳动效率的现代工业模式提出了挑战。谁不想一转眼中国就有美国那样多的工厂,但我们首先要承认"这样多人耕种得这样久的古老的土地。承认限制是自由的开始……让我再问:除了给农民

---

[①] 费孝通:《江村经济——中国农民的生活》,第149页。1957年,费孝通重访江村,对工业集中都市的危害又提出了一个新的看法,即社会上已经出现了许多不易解决的问题,即人口不必要的集中是有害无利的。参见费孝通:《江村经济——中国农民的生活》,第227页。

工业,有什么方法能有效地增加他们的收入"①？

　　那么,什么是切合中国农村实际的工业发展道路呢？费孝通将之界定为保留分散化的农村工业模式,并向机器生产迈进。从发达国家的历史来看,在工业发展第一阶段,通过机器设备和人口集中来完成,技术进步与城市中心带的发展基本上是同步的,这主要归功于蒸汽动力的使用。不过,当电力被引入后,制造业的分散就不是发展中的倒退而是现代工业的普遍趋势了,分散模式变得更为经济。中国作为现代工业世界中的后来者,分散化的工业模式更值得推荐,而其传统工业恰恰是分散了的工业——分散在无数的家院之内,在最近的将来,农村地区不大可能发生彻底的变动,所以应该保留这种分散的工业形式。为了消除一些学者对他所谓"开倒车"的误解,费孝通还特别强调两点:其一,乡村工业的分散不是绝对的,经由各个小型制造单元的协调可以形成一个大型组织,散布在各个村庄的制造中心可以承担机器生产的某一部分,然后把产品汇合在一个大的中心工厂进行组装,由此工业的分散与集中形成了统一;其二,乡村工业不单是指恢复手工业,其前景是建立现代工厂,进行机器生产,譬如可以设计一个能应用现代生产技术的小规模的工厂,用当地农村便宜的劳力和原料,生产与大工厂同等质量的生丝,这样就不必惧怕城里工厂的竞争。但不能不说,这一设计与农村经济的现实又是有矛盾的,以费孝通所调查的江村为例,过去有350名妇女从事手工缫丝工作,如果

--------

① 费孝通:《内地的农村》,《费孝通文集》第4卷,第185页;费孝通:《禄村农田》,《费孝通文集》第2卷,第427页;费孝通:《乡土重建》,《费孝通文集》第4卷,第383—384页。

用合作工厂代替家庭手工业,使用机械生产,那么同等量的工作,不到 70 人就能轻易完成。于是,这就意味着将近 300 名妇女失去了劳动机会,但在农田面积很小的情况下,失业的妇女又不可能转向农田[①],这一矛盾的结果,又等于回到了家庭手工业不可轻易放弃的原点上。

综上所述,二十世纪三四十年代关于中国近代农村家庭手工业前途的论争,主要有四种意见。虽说是四种,其实只有第一种意见主张手工业必然解体,必须发展机器工业,而其他三种都主张保留家庭手工业,只是这三种意见又各有侧重罢了。以上各家学者的学术背景、政治观点并不完全一致,甚至是相反的,但对家庭手工业的看法却与此并无必然的逻辑关系。马克思主义学者与非马克思主义学者既有不一致的地方,也存在着共识,那种以政治意识来划分阵线的做法,在此问题上并不能完全应验。不过,仍然可以看出,马克思主义者更多集中于第二种观点。第一种观点更多的是从理论上、从中国未来长远的现代化道路着眼,从而不满于传统家庭手工业的落后现状,主张必须向西方工业化看齐,建立现代机器工业。而后三种观点,其实也几乎都承认家庭手工业受到机器工业的强烈冲击,很难与机器工业相竞争,但考虑到农民眼下没有其他出路以及维持生活的需要,所以又主张继续保留和发展家庭手工业。甚至退一步说,机器工业其实在短时间内也很难全部占领工业阵地,这就为家庭手工业的延续提供了一定的生存空间。总之,

---

① 费孝通:《禄村农田》,《费孝通文集》第 2 卷,第 418、427—429 页;费孝通:《人性和机器——中国手工业的前途》,《费孝通文集》第 3 卷,第 393 页;费孝通:《江村经济——中国农民的生活》,第 155、163 页。

逻辑上成立的现代理论，不一定都有实践意义，是超前于农民的需求甚至是有害的。尽管手工业从经营形式上看是落后的，但只要适合于目前农民的需要，就仍有其价值。中国现代工业的发展前途与农村家庭手工业的实际需要存在着紧张和冲突，正是近代中国农村经济的结构性悖论。

也许还须要注意的是，事实上二十世纪三四十年代中国农村的手工业并未因为专家学者的讨论而受到太大影响，政府也没有因此而采取多少有效之策，而是农民依然按照自己的古老逻辑继续经营手工业，以补充农业生产之不足，继续在外国进口商品和本国机器工业品之间艰难地挣扎。这也是中国知识分子经常遇到的困境，言论再多，争论再激烈，如果社会环境不允许，如果政府不予理睬，也不会有什么成效。为此，费孝通曾发出感慨："当时的整个社会局面是处在战乱当中，并不具备从容着手改变工业结构的条件，哪怕是有道理的主张，当时也只能是纸上谈兵。"[1] 不过，历史的发展终究将验证或修正学者们的见解。新中国成立以后前几十年的历史证明，农村手工业所受的冷遇以及对农民产生的危害，不能不说是给了我们一个非常深刻的教训。而中国改革开放以来的事实证明，二十世纪三四十年代对手工业的争论已在中国农村的发展道路上产生了回响。

---

[1]费孝通：《中国农村工业化和城市化问题》，《费孝通全集》第14卷，第414页。

# 释"高利贷":基于中国近代乡村之考察

"金融业的不足以及短期高利率贷款是中国信贷历史的显著特征。"① 这是著名史家杨联陞先生对中国借贷关系历史的高度概括,不过他并没有对此进行价值判断。在我们的日常生活中,高利贷却几乎在所有层面都被视为一个极端负面的形象。在文学作品中、在影视剧中,放高利贷者是面目凶残的吸血鬼,导致了无数家庭卖儿鬻女、妻离子散、家破人亡。在国家权力之下,一直将高利贷视为欺压百姓、搅乱正常社会秩序的罪魁祸首,因此规定高利贷利率界限,对之采取打击和取缔的政策。在学术界,绝大多数的论著也都认同此说。在笔者看来,以上所说高利贷导致的恶果的确是存在的,但政府也好,社会和学界也罢,是否真正理解了高利贷的含义,或者说所界定的高利贷标准是否符合社会事实?有无扩大和泛化高利贷的现象?如果有这种现象,会对社会经济产生什么影响?诸此恐怕仍是未搞清楚而值得继续讨论的问题。与之相反,近些年有学者发

---

① 杨联陞:《中国货币与信贷简史》,刘梦溪主编:《中国现代学术经典:洪业·杨联陞卷》,河北教育出版社1996年版,第575页。

出另一种论调,认为高利贷不存在传统意义上的剥削,所以不仅不能打倒,反而需要保护和发展。面对这一观点,笔者同样怀疑他们夸大了高利贷的魅力。持此观点者恐怕同样没有弄清什么是真正的高利贷。本文就以中国近代乡村史为例,对高利贷的基本含义以及与此相关的问题做一论证。

# 一、众说纷纭的高利贷标准

从词源学角度看,"高利贷"一词并非中国的特产,而是译自英文 usury 一词。但 usury 一词又来自拉丁文 usura,意思是"享受"(enjoyment),后来把借钱取息的行为称为 usury。二十世纪二三十年代,大量外文论著引入中国,其中 usury 一词一般都译为"高利贷"。1926 年 12 月,湖南举行第一次农民代表大会,在《湖南第一次农民代表大会取缔高利贷决议案》中大概第一次明确使用了"高利贷"一词[①]。

按一般笼统的理解,高利贷之所以成为高利贷,顾名思义,高利率是最为关键的问题。但在历史上,从来就没有对何谓"高利贷利率"形成一个统一的、清晰的概念性表述。

先看国外的情况。许多国家和地区都曾制定过最高法定利率,也即超过这一界限就是高利贷。早在巴比伦时期(前 1900—前 732,今伊拉克境内),《汉谟拉比法典》就规定谷物借贷最高年利率为 33.33%,银子贷款最高年利率为 20%。在罗马共和国时期,公元前 443 年颁布《十二铜表法》,将借贷最高年利率限定在 8.333%。到罗马帝国时期,二世纪法定借贷利率

---

[①] 魏悦:《关于高利贷资本的界定》,《探求》2005 年第 4 期。

上限为 12%。在中世纪后期,十三世纪,米兰、西西里、维罗纳、热那亚的法定利率上限分别为 15%、10%、12.5%、15%;十四世纪,伦巴第的法定利率上限为 10%,荷兰、德意志是 43.333%。文艺复兴时期,十五世纪意大利的法定利率上限为 32.5%—43.5%。进入现代时期,到十八世纪,英国的法定利率上限为 5%—6%[①]。

　　有学者研究发现,古希腊哲学家柏拉图、亚里士多德认为,放贷收取利息与盗窃无异,既不合乎道德,也是非法的。古罗马哲学家加图更加严厉地指出,"收取利息就是谋杀!"至于教会,无论是基督教还是伊斯兰教,几乎都反对高利贷,甚至反对所有的借贷取息行为。325 年,第一次基督教世界大会通过一条教规,禁止神职人员从事高利贷活动。在中古时期,基督教会一直谴责高利贷行为,将所有要求得到报偿的借贷都视为高利贷和违法犯罪,不过禁令仅限于教士,未施行于俗人。十二世纪以后,随着商业活动的扩张与借贷现象的增加,教会禁令与之形成了巨大反差,教会内部出现了两派的争论。严禁派依然主张严格按照圣经及早期教父们的意见,禁止一切借贷取息行为。而弛禁派则认为,应把商业利润与"高利贷"区分开来,只有过高利息的放债行为才算高利贷。到十五世纪,尽管仍有人从传统道德出发主张对借贷取息行为加以禁止,但教会对高利贷的禁令已转变为对过高利息的限制。十八世纪后,由于资本主义的快速发展导致对货币的需求不断增加,而放款取利恰恰开拓了资本的使用渠道,于是获取利息不再遭受谴责,高利

---

[①]〔美〕悉尼·霍默、理查德·西勒著,肖新明、曹建海译:《利率史》,中信出版社 2010 年版,第 14、31、38—39、79、88、96、144 页。

贷被理解为"凡是借贷货币或物品而获得额外的,或不合理的利息的行为"[①]。

到了马克思那里,他在《资本论》中对高利贷做过专门讨论,认为中世纪各国的利率相差悬殊,高利贷利率是一个因时期不同、地区不同而有差别的概念。他自己的界定是,"可以把古老形式的生息资本叫做高利贷资本"[②]。如果与古代西欧教会所说的高利贷含义相比,这一看法与其并无实际区别,也即有偿借贷都是高利贷。但从马克思的其他论述来看,高利贷的含义又与上一界定有所不同,他指出只有重利剥削才是高利贷资本的本质特征,它侵占了债务人的全部剩余劳动乃至一部分必要劳动,使其精疲力竭,每况愈下[③]。

直到今天,欧美等国家所界定的高利贷标准仍是因地而异。在加拿大,年利率超过 60% 即构成高利贷罪。在德国,最高合法利率为 20%。即便在同一国家,不同地区也有不同的利率标准。如美国,最高法定利率在佛蒙特州为 12%,在佐治亚州为 16%;而在新泽西州,又有个人和企业之别,个人贷款利率不得超过 30%,企业贷款利率不得超过 50%[④]。

---

① 刘植荣:《中国应出台"反高利贷法"》,http://blog.sina.com.cn/s/blog_4690 4e310102ecer.html,2012 年 4 月 26 日;孙诗锦、龙秀清:《试论中世纪天主教会高利贷观念的嬗变》,《学术研究》2007 年第 6 期;魏悦:《关于高利贷资本的界定》,《探求》2005 年第 4 期。

② 〔德〕马克思著,中共中央马克思恩格斯列宁斯大林著作编译局编译:《资本论》第 3 卷,人民出版社 2018 年版,第 671、675 页。

③ 〔德〕马克思著,中共中央马克思恩格斯列宁斯大林著作编译局编译:《资本论》第 3 卷,第 677—678 页。

④ 刘植荣:《外国人如何管理高利贷》,http://www.21ccom.net/articles/dlpl/cjpl/2012/1125/71707.html,2012 年 11 月 25 日。

再看中国的情况。尽管高利贷的历史相当悠久，但迄民国以前始终没有出现 "高利贷" 一词，而是多用 "假贷""称贷""出责""举贷""举放""举债" 等称法[①]。从历代王朝对民间借贷所持的态度和采取的政策来看，基本上没有出现过反对为获取利息借贷的思想，只是对高利放贷予以反对。根据明确的记载，汉代以降都曾限制借贷利率，汉代规定年利率不得超过 10 分，唐代为月利率 6 分、4 分，金代至清代大体限定月利率不得超过 3 分[②]。也就是说，超过月利 3 分或年利率 36% 就是政府禁止的高利贷。

中华民国成立后，北京政府时期对民间借贷延续了清代的利率政策。南京国民政府时期，开始有所改变，对高利贷实行较为严厉的打击政策，规定民间借贷不得超过年利率 2 分（即 20%），这一政策比历代王朝所规定的借贷利率标准都要严格[③]。

在中共革命时期，对民间借贷采取了比国民政府更为激烈的策略。苏区土地革命时期，废除一切封建债务，对新债利率曾规定不得超过年利率 1—1.5 分。抗日战争时期，在统一战线原则之下，实行了比较温和的减租减息政策，但仍规定减

①彭信威：《中国货币史》，上海人民出版社 2007 年版，第 78、210、281、394 页。
②叶孝信主编：《中国民法史》，上海人民出版社 1993 年版，第 269—270、356、472—473、547 页；杨联陞：《中国货币与信贷简史》，刘梦溪主编：《中国现代学术经典：洪业·杨联陞卷》，第 666—667 页；熊正文：《中国历代利息问题考》，北京大学出版社 2012 年版，第 163 页。
③李谟：《民法债编总论》，上海大东书局 1931 年版，第 126—128 页；《中国商事法判解例初选本（四、借贷）》，南开大学商事业讲义，1935 年印，第 1、3 页。

息至年利率 1 分至 1.5 分[①]。在山东根据地工作的经济学家薛暮桥,从农业生产利润的角度来规定借贷利率,认为最高利率不能超过农业生产利润,农业生产利润一般不到 2 分,因此借贷利率应以 1.5 分为法定标准[②]。解放战争时期,太行区政府在 1948 年也提出,在新民主主义社会,自由借贷利息不得超过生产利润[③]。

新中国成立至今,政府也对高利贷标准作出规定。1991年,最高人民法院颁布《关于人民法院审理借贷案件的若干意见》,规定“民间借贷的利率可以适当高于银行的利率,但最高不得超过银行同类贷款利率的四倍”。2015 年 8 月,最高人民法院颁布《关于审理民间借贷案件适用法律若干问题的规定》,对民间借贷利率做了新的规定:“借贷双方约定的利率未超过年利率 24%,出借人请求借款人按照约定的利率支付利息的,人民法院应予支持。借贷双方约定的利率超过年利率 36%,超过部分的利息约定无效。借款人请求出借人返还已支付的超过年利率 36% 部分的利息的,人民法院应予支持。”这一规定颇有穿越时空之感,将年利率超过 36% 的借贷视为高利贷,和金代至北京政府时期官方规定的最高利率一样。

从中国学界来看,对高利贷也有各种不同的理解。民国时期,经济学者孙晓村认为,农村收益太低,年利率 5 厘、6 厘以

---

① 参见李金铮:《革命策略与传统制约:中共民间借贷政策新解》,《历史研究》2006 年第 3 期。

② 薛暮桥:《关于土地政策和减租减息工作》,《抗日战争时期和解放战争时期山东解放区的经济工作》,第 93 页。

③《新民主主义社会里自由借贷与封建高利贷有啥分别》,《新华日报(太行版)》1948 年 10 月 17 日。

上即为高利贷①。社会学家费孝通认为，职业放债者以很高利息借钱给农民，就是高利贷②。新中国成立以后迄今，不少学者依据马克思的定义，认为前资本主义社会的传统借贷都属于高利贷③。有的学者以清代为例，认为高利贷资本已成为独立的资本形式，贷放货币或实物获取高额利息是商业资本的收益，但它究竟属于高收益还是低收益，须与地主的土地收益相比较并以此为衡量标准。就清代的总体情况来看，借贷年利率超过15%就高于地租收益，可以界定为高利贷④。有的学者也从农业利润角度指出，近代中国农村几乎所有的借贷都属于高利贷，即便月息1分的较低利率借贷，由于超出了农业利润，也应属高利贷⑤。还有一些学者包括笔者本人，在研究民国时期借贷关系时，根据国民政府的规定，认为超过年利率20%的借贷就是高利贷⑥。对于当今中国的民间借贷，有的学者认为，借贷只要超过或者变相超过国家规定的利率就是高利贷。也有的学者认为，借贷利率可以适当高于国家银行的贷款利率，但不能超过法律规定的最高限度。只有极少数学者提出完全相反的意见，

①中国人民政协文史资料委员会编：《孙晓村纪念文集》，中国文史出版社1993年版，第350页。

②费孝通：《江村经济——中国农民的生活》，第194页。

③刘秋根：《试论宋代官营高利贷资本》，《河北学刊》1989年第2期。

④方行：《清代前期农村高利贷资本问题》，《清史研究》1994年第3期。

⑤徐畅：《二十世纪二三十年代华中地区农村金融研究》，齐鲁书社2005年版，第45页。

⑥李金铮：《借贷关系与乡村变动——民国时期华北乡村借贷之研究》，河北大学出版社2000年版，第52页；徐畅：《二十世纪二三十年代华中地区农村金融研究》，第180页。

认为所有的借贷包括高利贷都是合理的，都应该予以承认①。

　　由上可见，迄今对于高利贷的概念一直没有一个统一的界定，表明概念及标准的界定的确非常之难。对于以上看法，笔者有三点疑问：其一，有的学者将一切传统借贷等同于高利贷，是否扩大了高利贷的范围，这与历史事实是否完全相符？譬如，亲友之间的无息借贷和低利借贷基本上属于互利性质，能说是高利贷吗②？那些能偿还本利的生活借贷，尤其是带来利润的生产经营借贷，恐怕也不能说是高利贷。至于多人集资的钱会借贷，原本就是一种互助借贷组织，更不能算高利贷③。

---

① 茅于轼：《理性和全面地看待民间借贷》，《中国科技投资》2011 年第 8 期；朱海就：《高利贷合法性的理论依据》，http://www.21ccom.net/articles/dlpl/cjpl/2012/0424/58302.html，2012 年 4 月 24 日。

② 总体来说，无利息借贷的比例较小。据 1937 年国民政府全国土地改革委员会出版的调查资料（不包括东北）计算，无利率借贷者占农村负债总户的 0.21%。参见中国第二历史档案馆编：《中华民国史档案资料汇编》第 5 辑第 1 编《财经经济》（7），江苏古籍出版社 1994 年版，第 39 页。但在有些地区，无利息借贷所占比例较高。如在东北地区农村，据二十世纪三十年代的统计，在全部借款笔数中，无息借贷占 39.3%；在全部借贷资金中，无息借贷占 43.7%。参见李楠：《近代东北地区乡村社会的无息借贷》，《东方早报》2015 年 5 月 12 日。

③ 二十世纪三十年代中期，据对江西 47 个县的统计，靠钱会融通资金占农民借贷总额 10% 以下的有 10 个县，占 11%—20% 的有 15 个县，占 21%—50% 的有 17 个县，占 51%—80% 的有 5 个县，有 2 个县达到 70% 以上。对四川宜宾县 5 个区的调查也表明，钱会占农民借款来源的 19% 强，仅次于地主，居第二位。在湖北武昌、汉阳乡村，靠钱会融通资金的比例达到 20%，宜昌也在 10% 以上。参见孙兆乾：《江西农村金融与地权异动之关系》，《民国二十年代中国大陆土地问题资料》第 86 册，第 45343—45344 页；杨予英：《宜宾县农村之研究》，《民国二十年代中国大陆土地问题资料》第 42 册，第 21265—21266 页；程理锟：《湖北农业金融与地权异动之关系》，《民国二十年代中国大陆土地问题资料》第 86 册，第 45593 页。

其二,外国暂置不论,在中国历史上,无论是历代王朝还是国民政府、中共革命政权、新中国政府,所定借贷利率标准为什么是月利率3分,年利率3.6分、2分、1.5分、1分,为什么不得超过国家银行贷款利率的4倍,其理论依据和实际依据在哪里? 其三,有人从农业生产利润的角度来规定借贷利率标准,但传统借贷主要是用于生活消费尤其是救急而不是生产经营,所以只按生产利润来限制借贷利率不仅是不现实的,也不符合风险经济学原理。况且,薛暮桥、孙晓村和徐畅所说的农业利润,相互之间差距太大,不知是如何计算得来的[①]。既然有以上疑问,接下来就需要回答,什么是真正的高利贷?

## 二、超过民间社会认可的高利率借贷才是高利贷

经过多年的研究和思考,笔者大胆提出一个以往学者从未提出过的看法:所谓高利贷,是指超出社会广泛认可的高利率借贷。社会认可的利率是比较通行的借贷利率,是一个随着时代变迁而有所变化的动态利率,不同时代有其社会所认可的借贷利率,不可能划定一个超越时代和地区的统一利率。以二十世纪二三十年代而言,据1934年中央农业实验所对农村借贷的统计,借款平均年利率,以2—4分或者3分为最多;借粮平

---

[①]徐畅的说法接近历史事实。据1933年17省的统计,出租地主的农业投资收益率平均为8.7%（据国民政府主计处统计局:《中国租佃制度之统计分析》,正中书局1942年版,第83页资料计算）,即农业生产利润仅为8厘多。按照薛暮桥所说借贷利率必须低于生产利润的理论,最高利率必须限制在8厘以下,比他所说的1.5分还低。

均年利率,以6—7分最为普遍[①]。那么,这个利率就是社会比较认可的借贷利率,而社会认可的就不应该属于高利贷范畴。即便是典当业这样一个向来被称为穷人"后门"的高利贷行业,也不一定就是真正意义上的高利贷。经济学家马寅初在1936年就指出,典当利率一般为月息2%至3%,无论是学理还是事实上都有其根据,平民典质的直接目的虽然是为了维持日常生活,但对于生产也有间接之益,故"典当业就大体上观察,其为便民组织,似无可置疑"[②]。近年有的学者也发表了类似的意见,认为将典当业视为高利贷是非常片面的[③]。

　　然而,什么是超出社会认可的借贷利率? 在笔者看来,它其实指的是对债户非常苛刻的高利贷恶俗,由于大大超过了社会上通行的平均借贷利率,因而受到舆论的严厉谴责和债户的深恶痛绝,这或许是一个能够反映民间高利贷的真实生活世界。既然属于习俗,高利贷也应该在民俗学著述的视野之内,但从民俗学家乌丙安对中国民俗所划分的12个系统、48个系列来看[④],并未看到民间借贷或金融习俗的位置。何以如此,不得而知。从民国时期的调查来看,高利贷的民间俗称可谓五花八门,相当繁杂。在江西乡村,高利贷名目多达23种[⑤]。有一些为同名不同义或同义不同名,因此很难准确地对其分类。这里

①据《22省农民借贷来源调查》,《农情报告》1934年第2年第11期所载数据资料整理。
②马寅初:《序》,宓公干:《典当论》,商务印书馆1936年版,第10页。
③马俊亚:《典当业与江南近代农村社会经济关系辨析》,《中国农史》2002年第4期。
④乌丙安:《民俗学原理》,辽宁教育出版社2001年版,第29页。
⑤中国社会科学院经济研究所等编:《1949—1952年中华人民共和国经济档案资料选编(农村经济体制卷)》,社会科学文献出版社1992年版,第27页。

按照借贷方式与借贷利率的不同特点,大致将高利贷划分为以下六类:

1. 加大利。此类借贷的突出特征,是高利率直接体现在名称上。

就钱债而言,一般俗称"大加"利。如在太行山区,有的借贷称"加十五""大加二",期限 10 个月,利率高达 150%、200%;有的称"老一分""十利",期限也是 10 个月,月利 1 角,利率为 100%。在山西黄土坡村,称"大加一",月利率 10 分,合计年利率 120%。在江苏嘉定县,称"日拆利",利率更高,每元每日利息为 1.2 或 1.5 角,合月利率高达 500%、999%[①]。

钱债之外,粮债也有加大利之说。在河北赞皇县,称"加五利"或谷利,借 1 斗还 1 斗半,而且平斗借尖斗还。在山西兴县,称"冬五升夏三升",春借冬还,每斗利息 5 升,如届期不还,第二年夏季还,每斗加利 3 升,合利率 80%。在浙江丽水县,称"对合利",7 月借 9 月还,利为本的 1 倍。在安徽滁县,称"四撞十",春借稻 4 石,秋收还 10 石,利率为 150%。在江苏常熟县,称"粒半""粒六""粒七"和"粒八"等,利率分别指 5 分、6分、7 分和 8 分[②]。

①魏宏运主编:《抗日战争时期晋冀鲁豫边区财政经济史资料选编》第 2 辑,中国财政经济出版社 1990 年版,第 1361 页;宏流:《地主剥削式样》,《晋绥日报》1947 年 3 月 30 日;华东军政委员会土地改革委员会:《江苏省农村调查》,1952 年印,第 83 页。

②魏宏运主编:《抗日战争时期晋冀鲁豫边区财政经济史资料选编》第 2 辑,第 1326 页;司法行政部编:《民商事习惯调查报告录》,1930 年印,第 834页;华东军政委员会土地改革委员会:《浙江省农村调查》,1952 年印,第 30页;华东军政委员会土地改革委员会:《安徽省农村调查》,1952 年印,第 99页;华东军政委员会土地改革委员会:《江苏省农村调查》,第 217 页。

2. 利滚利、驴打滚与印子钱。在一些地区，此类借贷就是高利贷的代名词。

"利滚利"的含义，是届期不还，以利作本，重计利息，在利息学中称为"复利"。各地对其有不同的叫法，山西称"驹子生息""羊羔生利"，河北称"臭虫利"，都是形容其繁衍速度过快。在湖南临湘县，每元日利 1 角，到第 10 天就算复利，按此计算，借洋 1 元，1 个月所还本利达到 8 元。在安徽宣城县，称"放月利"，月利 3 分，利上滚利，一年之后可滚至原本的 5 倍。在江苏青浦县，称"母子债"，为粮食债，到秋季不能还利，须重写借据，将利作本，利上滚利，如借 1 石，次年不还，到第 3 年就还 4 石[①]。

"驴打滚"的含义，在少数地区指的是利息为本金的 1 倍，太行山区称"辘轳利""梯梯利"，借 1 元还 2 元；在更多地区是指届期不还，利息加倍，是一种比利滚利还苛刻的复利借贷。河北丰南县的驴打滚就是如此，借贷以一年为期，利息为 50%，到期不还，利息加倍。在河南新郑县，借贷期限一个月，利率 4—5 分，"如过期不还，则利率即按数学级数以增加，成为最厉害的复利！"在湖北随县，称"老呱呱"，借 10 元，到 1 个月还本利 12 元，超过 1 天再收 2 元，超过 2 天加倍，收 4 元。在湖南桃源县，称"孤老钱"，借洋 1 元，到 1 个月还 2 元，2 个月还 4

---

①刘大钧：《我国佃农经济状况》，上海太平洋书店 1929 年版，第 55 页；崔哲：《"相财主"杀刮农民的"奥妙"》，《晋绥日报》1946 年 7 月 26 日；宏流：《地主剥削式样》，《晋绥日报》1947 年 3 月 30 日；田文彬：《崩溃中的河北小农》，千家驹编：《中国农村经济论文集》，第 256 页；冯和法：《中国农村经济资料》，黎明书局 1933 年版，第 1125 页；华东军政委员会土地改革委员会：《安徽省农村调查》，第 150 页；华东军政委员会土地改革委员会：《江苏省农村调查》，第 20 页。

元。在安徽滁县,称"老驴滚",为粮食债,春季借稻1石,秋收还2石,届期不还,加倍算息,到第二年还4石①。

"印子钱"也称折子钱,其含义是借债人分期偿还本息,债主在折子上记录还款日期、每次应还本利的数额,偿还一次就在上面加盖一次印记。印子钱的特点是,数额极小,期限极短,利息极高。在河北地区,一般以2个月为期,有的短至1个月,超过百日者很少。借款额大多为一二元,很少有10元以上者。如借铜元500枚,日还本利20枚,一个月偿还本利达到600枚,月利率为20%。在天津郊区,月利率更高,农民借额最多不过5元,日还5分,120天偿还本利共6元,月利率高达60%。在安徽安庆县,借300铜元,日还15枚,到1个月本利合计450枚,月利率为50%。在江苏涟水县,借钱10000文,10日为期,每日偿还本利1200文,月利率也高至60%②。

3. 多算借贷日期。即通过增加借贷时间,提高借贷利率。

在山西兴县,有一种借贷称"捆月子",以半年为借期,如第

---

① 魏宏运主编:《抗日战争时期晋冀鲁豫边区财政经济史资料选编》第2辑,第1361页;丰南县地方志编纂委员会:《丰南县金融志(初稿)》,1989年印,第5页;卢锡川:《新郑县唐河农村的调查》,《河南大学农学院院刊》1930年第1卷第3期;湖北省随州市地方志编纂委员会编纂:《随州志》,中国城市经济社会出版社1988年版,第356页;冯和法:《中国农村经济资料》,第1124页;华东军政委员会土地改革委员会:《安徽省农村调查》,第99页。

② 中央银行经济研究处:《中国农业金融概要》,商务印书馆1936年版,第93页;实业部中国经济年鉴编纂委员会:《中国经济年鉴》上,商务印书馆1934年版,第E198页;汪洪法:《我国农民负债之特质》,《文化建设》1936年第2卷第6期;陆国香:《苏北五县之高利贷》,《农行月刊》1934年第1卷第1期。

4 个月提前还,也要出半年的利息;如到期还账,有"过三不过五"之说,超过期限 5 天,算 7 个月利息。在山东临沂县、郯城县,一种称"行利帐"的借贷,超过偿还时间一天加息半个月,超过半月以上加息一个月。在浙江义乌县,借贷按两头月计算利息,2 月 28 日借,3 月 1 日清偿,也要交两个月的利息。在江苏无锡县,与义乌大致类似,超过一日按一个月算,上月 29 日借,下月 1 日还,利息也要按 2 个月算;本月 5 日借,6 日还,也得交 1 个月利息。在江西兴国县,借谷时间无论是上年 11 月、12 月还是今年 1 月、2 月、3 月,到 7 月割稻偿还时,利息并无两样,都要交 50%[①]。

4. 贷放先扣,偿还本利。指债主放贷时先扣除一部分本金,但债户偿还的仍是所有本金和利息,由此大大提高了借贷利率。

在河北盐山县、湖南耒阳县、湖北部分地区,都有"九出十归外加三"之称的借贷,名义上借 9 元,按 10 元还本付息,月利 3 元,每个月偿还本利合计 13 元,月利率达到 44.4%。在河南开封县,有一种称"大加一"的借贷,它与前述山西黄土坡村的"大加一"不同,借 1000 文,先扣除 100 文,实际得 900 文,但仍按 1000 文偿还利息。在山西闻喜县,向商号借 100 元,实际拿到 94.5 元,但仍按百元还本付息;甚至有的付给 94.5 元,也先扣除百元的利息,实际拿到八九十元,偿还的却是本金百元。

①胡正:《斗垮地主白老婆——高家村诉苦清算大会速写》,《晋绥日报》1947 年 4 月 16 日;华东军政委员会土地改革委员会:《山东省华东各大中城市郊区农村调查》,1952 年印,第 70 页;吴辰仲:《浙江义乌县农村概况》,千家驹编:《中国农村经济论文集》,第 627 页;倪养如:《无锡梅村镇及其附近的农村》,《东方杂志》1935 年第 32 卷第 2 号;中共中央文献研究室编:《毛泽东农村调查文集》,人民出版社 1982 年版,第 203 页。

在安徽来安县,称"八撞十",借 8 元算 10 元,另付利息。在江苏盐城县,称"过头钱",债主按本金的七八折放贷,以两三天或 10 天、8 天为期限,另加利息 20%—30%[①]。

5. 粮钱借贷的互相折转。指债主根据粮价的季节变动,在粮、钱之间做有利于己的相互折算,简单说就是"听涨不听落",从而提高借贷利率。

最为常见的是,农民借粮之后的粮钱折转。在山西五寨县,称"籽折钱,钱折籽"。1926 年,农民保后子向地主借钱 40 元,当年粮价较低,地主把钱债折为莜麦 40 石。翌年,莜麦价格提高,地主又把 40 石莜麦折成钱 280 元。经此折转,年利率达到 300%。在河南方山县,称"放土债",春夏之际借莜麦 1 斗,时价 1000 文,以加五行息,到秋后偿还时,如果莜麦价格 1 斗增至 1000 文以上,就按加息半斗,归还莜麦;如果莜麦 1 斗降至 1000 文之下,则按借莜麦时的价格 1000 文加五行息还钱。如果债户想用莜麦偿还,就按借时的 1000 文折合成低价时的莜麦数量,再加息偿还。在湖南衡阳县,称为"标谷利",四五月间借谷 1 石,以当年稻谷最高价折成钱,到第二年七八月间,又以稻谷的最低价折谷归还,并加月利 6%—7%,总计利息达到 300%以上。在江苏萧县,按当年最高市价将借粮折成银元,到粮食收获时,再按较低的市价折成粮食偿还。如借麦 1 石,以当年麦价

① 张爱国主编:《盐山县志》,南开大学出版社 1991 年版,第 468—469 页;冯和法:《中国农村经济资料》,第 1124 页;南经庸:《湖北农村金融之建设与统治》,《中国经济评论》1934 年第 1 卷第 2 期;司法行政部编:《民商事习惯调查报告录》,第 776、811 页;安徽省财政厅、安徽省档案馆编:《安徽革命根据地财经史料选》第 1 册,安徽人民出版社 1983 年版,第 291 页;华东军政委员会土地改革委员会:《江苏省农村调查》,第 439 页。

最高每石 10 元折成钱,到收获时,麦价降至每石 5 元,再将 10 元折成 2 石小麦偿还。经此折转,利息高至 100%[1]。

还有借钱之后的还粮折转。如在安徽滁县,有一种"随市作价,听涨不听跌"的高利贷,债主以秋收新粮的估价,对半付钱放予债户,但折成粮食偿还。如稻谷上市时估价每石 8 元,出借却不是 8 元,而是 4 元或 4.5 元,但秋收还债时却是 1 石。歙县也与之类似,农民借相当于 30 石粮的钱,按时价 4000 元 1 石折成粮,到偿还时,粮价增至 20 000 元 1 石,结果借 1 石要偿还 5 石,借 30 石粮折成的钱还 150 石的粮[2]。

6. 粮食与粮食及其他实物之间的互相折转。指债主不仅将粮食与货币互相折转,还按季节变动将不同种类的粮食及其他实物进行折转,以获取暴利。

不同种类粮食的折转,主要指春天借米,麦收之后麦贱米贵,就以米折麦;稻收后,变为米贱麦贵,又以麦折米。在江苏省金坛、武进、太仓、常熟、盐城县,分别称为"折粮色""翻头利""利加利""捉麦账""种子钱",都是当年春季借米 1 石,夏季加利 2 斗,本利为 1.2 石,此时米贵麦贱,米价为麦价的 3 倍,就将 1.2 石米折成麦 3.6 石;到秋季,米贱麦贵,又将 3.6 石麦折成 3.6 石米;到第二年夏季,本利增至 4.32 石米,再折为 12.96 石麦,秋收时又折成 12.96 石米。经过两年的轮番折转,

---

[1] 宏流:《地主剥削式样》,《晋绥日报》1947 年 3 月 30 日;司法行政部编:《民商事习惯调查报告录》,第 824 页;冯和法:《中国农村经济资料》,第 1125 页;薛暮桥:《萧县长安村农村经济调查报告》,陈翰笙等编:《解放前的中国农村》第 3 辑,第 175 页。
[2] 华东军政委员会土地改革委员会编:《安徽省农村调查》,第 35、109 页。此时每石米价格高昂,是因为抗战胜利后的国共决战时期通货膨胀严重。

本利数额极大增加。武进县周某放米 2 石，通过连续的互折，5 年后本利竟达 70 石①。

关于粮食与其他实物的混合折转，武进县有一种豆、麦、纱、稻的相互折算，颇为典型。春季 2 月借豆 4.5 石，麦收时折麦 8.8 石，后折成 8 包纱，稻割后再折成 2.45 石稻②。不同种类的来回折转，已至令人眼花缭乱的地步。

以上高利贷恶俗，对借贷农民造成了巨大危害。他们有的丧失田房乃至卖儿鬻女，有的将妻儿抵为债主的用人，更有的陷入了破产的境地。因此，放高利贷者为社会所不满和痛恨，流行各地的民谣就反映了这一现象。山东胶东地区，有"使了财主的钱，好比上贼船，利上又滚利，典儿卖女也还不完"。河北清苑县，有"八斗九年三十石，十个骡子驮不完，二十五年整一万，升升合合还不算"。湖北宣恩县，有"背债是个无底洞，马打滚，利滚利，不知哪辈人还得清"。苏南地区，有"农民身上两把刀，租子重、利钱高；农民出路有三条，逃跑、上吊、坐监牢"，以及"驴打滚，印子钱，高利贷，利加利，一还三，年年翻，一年借，十年还，几辈子，还不完"③。正因为如此，社会各界人士尤其

---

① 中共苏南区委员会农村工作委员会：《苏南土地改革文献》，1952 年印，第 539—540 页；华东军政委员会土地改革委员会编：《江苏省农村调查》，第 47、61、140、216、439 页。

② 中共苏南区委员会农村工作委员会：《苏南土地改革文献》，第 540 页。

③ 朱玉湘：《中国近代农民问题与农村社会》，山东大学出版社 1997 年版，第 245 页；河北省统计局：《28 年来保定农村经济调查报告》，《中国农业合作史资料》1988 年增刊第 2 期；龚人汉：《解放前的民间借贷及高利贷剥削》，《宣恩文史资料》1989 年第 4 辑，第 146 页；中共苏南区委员会农村工作委员会：《苏南土地改革文献》，第 395 页；江苏省农村金融志编纂委员会：《江苏省农村金融志》，江苏人民出版社 1999 年版，第 241 页。

是学者一直没有停止对高利贷的谴责。经济学者吴辰仲就强烈指出:"如果繁重的租佃是农村中吮吸农民膏血的魔鬼,高利贷就是寄生在农民肠胃中的毒蛇。它的残酷和势力的无孔不入,是难以其他东西来比拟的。"① 土地研究专家萧铮等人在向国民党第五次全国代表大会提交的议案中也指出:"农民一经负债,即如投入万丈深渊而没由自拔,往往以小康之自耕农,寝假而流为佃农、雇农,甚至流离失所,铤而走险,以酿成今日哀鸿遍野,匪盗如毛之危状。"② 可见,无论是农民还是专家学者都对高利贷充满了愤激之情,政府采取打击高利贷的政策是有其深厚的社会经济基础的。

但仅仅对高利贷的恶果表示义愤是不够的,更应深究造成其长期延续的原因。简单地说,借贷供求关系的不平衡才是高利贷生存的真正根源。二十世纪三十年代初的调查显示,中国乡村有 60% 以上的农户是负债的,可见农民对借贷的需求是多么迫切③。在这种情况下,如果供给充足,贷方有能力满足农民的需要,借贷利率不可能太高。但事实如何呢? 在中国乡村,无论是借贷资金还是借贷实物都属于稀缺资源,以至于在借贷交易中,基本上为贷方市场,农民债户处于被操控的弱势状态,根本没有讨价还价的余地,由此"养成高利贷之风气"④。进一步

---

① 吴辰仲:《浙江义乌县农村概况》,千家驹编:《中国农村经济论文集》,第627 页。

② 中国第二历史档案馆编:《中华民国史档案资料汇编》第 5 辑第 1 编《财政经济》( 7 ),第 101 页。

③ 李金铮:《民国乡村借贷关系研究:以长江中下游地区为中心》,第 23—33 页;李金铮:《借贷关系与乡村变动——民国时期华北乡村借贷之研究》,第 16—17 页。

④ 郑槐:《我国目下之乡村借贷情形》,《农林新报》1936 年第 13 年第 16 期。

讲,民间资金的缺乏使得农民即便出高利也很难借到钱了。在山东霑化县,"贷款利息,常在 10 分以上,甚至有到 20 分左右者,然利率虽高,而取借仍复至难"。河北临城县也出现了这种困境,农民想用 50 元以上的钱,利息再高也无处借贷。山西寿阳县同样如此,"虽出百分利,跑遍全村,也借不到一元钱"[①]!而且,由于贫穷农户借债主要是用于渡过难关的生活消费,这更为高利贷提供了空间。社会学家潘光旦一语道破:"农民借债,是为了维持全家大小的生活,往往包括当天的夜饭在内。利息低固然要借,利息过高也不能不借。除了马上自杀,完全不做苟延生命的打算,农民在借债和不借债之间,是丝毫没有选择的自由和权利的。"[②]与此同时,也要考虑到,同样是因为贫穷债户太多,偿还风险随之增加,使得债主不得不提高利率,以进行规避。为此,费孝通先生以其惯常的辩证思维为高利贷的作用做了一定程度的解释,他说:"单纯地谴责土地所有者或即使是高利贷者为邪恶的人是不够的。当农村需要外界的钱来供给他们生产资金时,除非有一个较好的信贷系统可供农民借贷,否则不在地主和高利贷是自然会产生的。如果没有他们,情况可能更坏。"[③]在能借到债已属幸运的情况之下,竟出现了这样的现象,当债户对高利贷者表示不满的同时,又往往怀有感激之情。安徽六安县安乐乡的农民就觉得,放债者"有良

---

①凉农:《山西寿阳县燕竹村的枯竭景象》,《农村通讯》,中华书局 1935 年版,第 60 页;远:《河北省一个农村经济的调查》,《中国经济》1934 年第 2 卷第 8 期;《(民国)霑化县志》卷六,1935 年石印本。

②苏南人民行政公署土地改革委员会编:《我所见到的苏南土地改革运动》,1951 年印,第 17 页。

③费孝通:《江村经济——中国农民的生活》,第 201 页。

心"，高利贷是"救命钱"[①]，这反映了在高利贷盘剥下农民的生存经验和矛盾心态。

在此情况下，对民间借贷包括高利贷的政策如果太过激烈，就很可能会导致始料不及的结果，此为本文接下来所要揭示的问题。

## 三、扩大和泛化高利贷政策及其反应

与历代王朝和政权相比，南京国民政府和中共革命政权对民间借贷进行了较为强烈的干预，通过颁布借贷利率法令，打击和取缔高利贷。南京国民政府规定年利率不得超过20%，中共革命政权在抗战时期规定放贷不得超过年利率10%或15%，解放战争时期又过渡到废除封建债务。这些规定的利率，都明显低于当时民间社会所认可的30%左右的借款年利率，从而扩大了高利贷的范围。尽管中共政权也每每规定禁止高利贷恶俗，如"出门利（现扣利）、剥皮利、臭虫利、印子钱等高利贷，一律禁止"，"高利贷者应受刑事处分"等[②]，但在实际操作上，将年利率超过10%或15%的借贷视为高利贷。甚至，在革命性借贷政策的贯彻过程中，还发生过把一切借贷行为看作高利贷的现象。抗日战争时期，晋察冀根据地实行减租减息政策之后，农民反对地主高利贷者残酷剥削的阶级意识不断增强，

①安徽省财政厅、安徽省档案馆编：《安徽革命根据地财经史料选》第1册，第299页。

②《晋察冀边区减租减息单行条例》、《修正晋察冀边区减租减息单行条例》，魏宏运主编：《抗日战争时期晋察冀边区财政经济史资料选编·农业编》，南开大学出版社1984年版，第15、22页。

对地主阶级的仇恨大大上升,一些地区发生了只减租减息而拒绝交租交息的现象,甚至"不付息还本",把"清理旧债变成废除债务了"[1]。到解放战争时期,在土地改革和废除一切封建债务的过程中,农民对地主高利贷者的痛恨更进一步,有的人甚至认为私人借贷不能有利息,有利息就是剥削。在晋绥边区,《晋绥日报》1946 年 9 月 28 日发表的一篇文章就反映了这一现象:"把反封建剥削了解为'打富济贫',了解为凡剥削都要马上打倒……有些干部连借钱认利也不准了。"[2]1947 年冬,有的地方甚至把农民之间的借贷关系也看作地主富农的高利贷剥削,一并予以废除[3]。1949 年 2 月,西北财政经济委员会副主任贾拓夫在西北局财经会议上报告,农民中间有"借贷会不会成了高利贷"的担心[4]。

无论是国民政府还是中共革命政权,一旦泛化高利贷就可能导致两个结果:一是民间借贷包括原来社会所认可的普通借贷活动陷于停滞,二是或明或暗的高利贷仍在继续进行。

南京国民政府实行年利率不得超过 20% 的法令,对民间借贷活动产生了一定的抑制作用。中央银行经济研究处就认为,新利率法令使得"善意之放债人或反因此种立法遂致裹足不前"[5]。尤其是典当业,尽管一些地方政府制定有单项法规,允许

---

① 彭真:《关于晋察冀边区党的工作和具体政策报告》,中央党校出版社 1997年版,第 89 页。

② 群一:《必须活跃农村借贷关系》,《晋绥日报》1946 年 9 月 28 日。

③《发展农村借贷,保护正当债务关系》,《晋绥日报》1948 年 5 月 3 日。

④ 贾拓夫:《关于四八年财经工作的检讨及四九年财经工作的任务与方针问题》,晋绥边区财政经济史编写组、山西省档案馆编:《晋绥边区财政经济史资料选编·总论编》,山西人民出版社 1986 年版,第 815 页。

⑤ 中央银行经济研究处:《中国农业金融概要》,第 262 页。

年利率超过 20%，但毕竟有中央通令在前，"典业基础，无形中
因此发生动摇。有资力者自不能不有所顾虑矣"①。如江苏北部
各县，限制当铺年利不得超过 2 分，"这么一下子就使所有的当
铺关了门，我们经过几个最大的城镇，都曾去看过那些关了门的
当铺。他们告诉我们说，非 3 分钱以上，不能获丝毫利益的"②。
可见，新法令冲击了正常的民间借贷活动。不过，由于国民政
府缺乏民众动员的能力，所以很难有效地实施取缔高利贷的政
策，民间借贷包括高利贷习俗依然盛行。地主、富农、商人对借
贷新令采取了比较隐蔽的规避办法，中央银行经济研究处就发
现，"高利贷者，自有其种种方法（如令立据者减写利率等等）使
执法者无从绳之以法"。最常见的方法有两种：一种是契据上不
写利息，债主预先从贷款本金中扣除利息。如山东泗水县，"高
利贷在法律上是不容许的，然而有很多的方法可以不抵触法律。
借据上所表现的是很文明的，'借钱若干，如期归还'，即使借据
上的银数为四百元，那末借银人至多只得到二百元"③。另一种方
法是将归还的本利算在一起，写入借约，不标利率，或言明无利。
在山西离石县，债主"又想出新的方法了"，"他们把出贷的洋数
当归还时的本利总数算出，使揭洋人照此洋数向他们写下借约。
这样一来，虽然是五分六分的高利剥削，约据上却还是无利的白
白出借，得了高利又送了人情，贷主自然乐而为之了。假如发生
纠葛，要保证人随着贷主异口同声说借洋人当初确实是无利白

①宓公干：《典当论》，第 301 页。
②吴寿彭：《逗留于农村经济时代的徐海各属（续）》，《东方杂志》1930 年第
　27 卷第 7 号。
③中央银行经济研究处：《中国农业金融概要》，第 261—262 页；韩昭：《山
　东泗水县的四下涧》，《新中华》1934 年第 2 卷第 20 期。

借的,揭洋人反而显得忘恩负义,人财两伤,有冤也无处申诉"[1]。此外,还有一些债主对年利20%的规定不予理睬,仍然公开放高利贷。1934年中央农业实验所的农村借贷统计显示,借款年利率40%—50%者占总借款的11.2%,50%以上者占12.9%,二者合计占24.1%,这些都是超过社会认可的平均借贷利率以上的借贷[2]。这既反映了国民政府对借贷法令实行的无力、无奈,也表明乡村农民对借贷的需求依然强烈[3]。事实上,从整个国民政府时期来看,它一方面试图建立信用合作社、农业仓库、合作金库等现代金融网络,扶持农民贷款;另一方面,对民间借贷更多是听之任之,这种态度与历代王朝是基本一致的。

中共革命政权借贷政策实行后,由于社会动员能力较强,远比南京国民政府的实施力度大得多。通过减息废债,地主、富农、高利贷者的债权几乎消失殆尽,负债的农民由此获得了巨大的利益。但与此同时,由于借贷利率标准的降低乃至"左"倾的泛化高利贷的发生,地主、富户乃至一般农民不愿也不敢再出借钱粮,以避免被划为剥削阶级遭到斗争,因此农民借贷的停滞现象比国统区更为严重。瑞典中共革命史学者达格芬·嘉图指出:"一个太低的利息率,实际上会使那些有钱借出的人感到沮丧。后果之一是,对农民来说变得难办了。"[4] 抗战

---

① 李晓初:《山西离石县高利贷方式的演进》,千家驹编:《中国农村经济论文集》,第592页。

② 据《22省农民借贷来源调查》,《农情报告》1934年第2年第11期所载数据资料整理。

③ 参见李金铮:《高利贷与农家关系新解——以民国时期长江中下游乡村为中心》,《浙江学刊》2002年第6期。

④〔瑞典〕达格芬·嘉图著,杨建立等译:《走向革命——华北的战争、社会变革和中国共产党(1937—1945)》,中共党史资料出版社1987年版,第172页。

时期,在晋察冀边区,"农民借贷困难",不用说减息1分,"就是年利1分半,农民仍不容易获得借款";在晋冀鲁豫边区,"抗战以后,借贷关系基本上陷于停滞状态";在晋绥边区,"现在相当普遍的现象是农民借不到钱的困难";在山东根据地,借不到钱也是"今天广大农民群众最感痛苦的事,也是广大农民群众最切望的事"[①]。到解放战争时期,农民借贷比过去更加凝滞。晋察冀边区获鹿县东焦村一个新翻身的农民说:"以前碰了歉年,卖地借钱有个活路,如今分地翻身倒也好,但碰上这个时候(笔者:连着两年歉收),就很少有办法。"晋冀鲁豫边区黎城县南堡农会主席也说:"以前困难还能借当,现在出大利也闹不来,真把人憋死了。"晋绥边区岢岚县的农民甚至说:"农村借贷能活动了,比下一场好雨接救人还来得快。"山东解放区渤海区政府也反映,旧的高利贷剥削虽然已经垮台,但"今天大部分农村金融,还是陷于枯竭状态"[②]。可见,农民在减轻债务负担的同时,对借贷停滞的困难也产生了怨言,反映了农民的经济和生活离不开借贷活动。

---

[①]彭真:《关于晋察冀边区党的工作和具体政策报告》,第98页;齐武:《晋冀鲁豫边区史》,当代中国出版社1995年版,第323页;《晋西北群众工作总结》,晋绥边区财政经济史编写组、山西省档案馆编:《晋绥边区财政经济史资料选编·总论编》,第136页;《中共山东分局关于减租减息改善雇工待遇开展群众运动的决定》,《大众日报》1942年5月25日。

[②]丁昆:《农村合作经济的道路》,《人民日报》1949年1月14日;《黎城二区村干部集会讨论开展信用借贷》,《新华日报(太行版)》1947年4月25日;《岢岚农村借贷在发展》,《晋绥日报》1948年6月7日;《渤海区银行工作今后的方针与具体任务》,中国人民银行金融研究所、中国人民银行山东省分行金融研究所编:《中国革命根据地北海银行史料》第2册,山东人民出版社1987年版,第305页。

　　面对农民借不到债的困境，中共政权试图从两个方面进行解决。一方面，是建立银行、信用合作社并向农民贷款。但这种现代金融机构的建设并非一蹴而就，而是需要一个长期的过程；何况当时处于战争年代，其取得的成效是很有限的。另一方面，中共政权对民间借贷采取了比较缓和的态度。除了对旧债实行减息，对新的借贷关系采取了利率自由的措施。这一态度和措施，其实与限制利率乃至打击高利贷的政策有一定的冲突，不过在政府农贷力量微弱的情况下也只能如此。抗战时期，中共中央在 1942 年 1 月颁布统一的土地政策之前，就对减息政策提出过疑问，对传统借贷与农民经济、农民生活的关系有过思考。1940 年 12 月，毛泽东就指出，既要规定地主实行减租减息，但又不要减得太多，"利息，不要减到超过社会经济借贷关系所许可的程度。另一方面，要规定农民交租交息"[①]。1942 年 1 月，中共中央正式颁布土地政策之后，除了减租减息和交租交息之外，还规定新债利率自由议定，"抗战后的息额，应以当地社会经济关系，听任民间自行处理，政府不应规定过低利息额，致使借贷停滞，不利民生"[②]。这个政策，一直延续到抗战胜利后 1946 年 5 月颁布"五四指示"（《关于清算减租及土地问题的指示》）之前。即便"五四指示"标志着中共从减租减息向分田废债政策的过渡，但其对新债利率并无新的规定，表明此前的政策仍然有效。1947 年 9 月，中共中央颁布《中国

①毛泽东：《论政策》，中共中央文献编辑委员会：《毛泽东选集》第 2 卷，人民出版社 1991 年版，第 767 页。
②《中共中央关于抗日根据地土地政策的决定》及附件，《关于如何执行土地政策决定的指示》，中央档案馆编：《中共中央文件选集（1942—1944）》，中共中央党校出版社 1981 年版，第 11—22 页。

土地法大纲》,借贷政策进入到废除地主高利贷者债权的阶段。然而,对于新的借贷行为,《中国土地法大纲》仍无指示,表明原来的自由政策继续有效。1948 年 7 月,新华社社论《把解放区的农业生产提高一步》明确指出 :"保护在废除高利贷以后的私人自由借贷,利率在政府未统一规定前得由债主与债户自由议定。此项新的债权,不问其所属阶级如何,一律受到法律的承认。"①可见,从 1942 年以来,新债利率自由议定的政策一直在持续。这体现了中共革命政策的灵活性,一方面通过减息废债给农民恩惠,另一方面通过对新的借贷关系的承认,满足农民的借贷需求。归根结底,这是革命法令与社会经济基础相互矛盾和相互调和的结果,革命法令不能不顾及社会经济基础的内在要求。

　　当然,所谓新债利率自由议定,也不是毫无边际的。1942年中央颁布土地政策之后,地方根据地在所发行的执行条例中,几乎都同时严厉禁止现扣利、出门利、大加一、印子钱等高利贷恶俗。晋绥边区就指出 :"这又是限制了高利贷的盘剥。"太行边区也强调,尽管新债利率自由议定,"但亦不应过高,形成超经济的剥削"②。应该说,在新债利率自由议定的同时,强调禁止高利贷恶俗,是在真正明确高利贷含义基础之上打击高利贷的措施。换句话说,打击高利贷恶俗也就达到了取缔高利贷的目标。

---

①《把解放区的农业生产提高一步》,《中共中央文件选集( 1948—1949 )》,中共中央党校出版社 1987 年版,第 231 页。

②《晋西北减息交息条例》,《抗战日报》1942 年 10 月 10 日 ;《土地使用暂行条例太行区施行细则草案》,魏宏运主编 :《抗日战争时期晋冀鲁豫边区财政经济史资料选编》第 2 辑,第 583 页。

然而,在强烈的革命氛围之下,无论是减息政策还是废债政策,都使得新债利率自由议定的政策难以真正实现,打击高利贷很难控制在高利贷恶俗之内,而是经常扩大了高利贷范围。在晋察冀平北区的减租减息运动中,有的地方对1943年5月以后新的借贷一并实行了减息,有的地方还规定新债利率不得超过3分[①],这明显违背了新债利率自由议定的法令。山东根据地在这方面表现得更为明显,1944年12月,省战时行政委员会对于新的债务规定:借钱利率不许超过月利3分,粮食春借秋还加利不得超过50%,借钱偿还粮食或其他农产也不得超过50%[②]。经济学家薛暮桥甚至指出:"我们宁可让这高利贷秘密存在,不应承认它的合法地位。如果农民感到吃亏太大要求减息,政府可按上列标准处理,即按前定最高利率清偿债务。对于这种违法的高利贷我们还不可能严厉禁止,只能发动债务人自己起来要求减息。"[③]可见,新债利率自由议定政策是可以变通的,尽管月利3分很难说是高利贷,但为了解决当时农民中出现的新的债务负担,不能不加以限制。这就表明,农民债务负担、农民借贷需求和减息废债、自由议定之间,一直处于相互纠缠的矛盾之中。

---

① 《平北的减租斗争》,魏宏运主编:《抗日战争时期晋察冀边区财政经济史资料选编·农业编》,第74页。

② 《山东省战时行政委员会关于具体执行"八十训令"的决定》,山东财政科学研究所等编:《山东革命根据地财政史料选编》第2辑,1985年印,第87—88页。

③ 薛暮桥:《关于土地政策和减租减息工作》,《抗日战争时期和解放战争时期山东解放区的经济工作》,第93—94页。

# 结　语

　　由上所述,以往无论是西方还是中国,无论是政府还是社会、学界,对于高利贷标准的界定多有可商之处。笔者认为,借贷只有超过民间社会认可的借贷利率才可称之为高利贷,民间认可的一般都是浮动于平均水平上下的借贷利率。而超过社会认可的利率的借贷,就是为民间所痛恨的高利贷恶俗。据此衡量,那种认为一切收取利息的借贷都是高利贷的看法显然是泛化高利贷了,而那种将平均水平以下的借贷利率认定为高利贷同样是扩大了高利贷的范围。这种取向和策略,不管是出于倾向弱势群体的道德约束,还是为了防止社会秩序、经济秩序的失衡,都可能导致借贷凝滞进而影响社会整体利益的后果。只有打击和取缔平均利率以上的借贷尤其是高利贷恶俗,才是建立在真正高利贷含义之上的态度和措施。与此对照,中共革命期间,1942年以后实行新债利率自由议定,同时又严禁高利贷恶俗的政策,是符合这一认识的。

　　时至今日,经济界、金融界发表了许多谈论高利贷的文章,有的表示要对高利贷坚决取缔,甚至建议出台高利贷罪;有的则持相反态度,认为高利贷完全合理,不存在剥削。但是,这些文章仍没有给出一个具有说服力的高利贷概念,至多只是以国家所规定的不能超过银行借贷利率的4倍,以及最新的年利率36%作为标准,结果就导致了对待同一件事情却意见相左的现象。在笔者看来,只有将经济理性与道义经济结合起来,才符合人类社会和谐发展的要求。按照本文所提出的概念,对真正意义的高利贷当然要坚决取缔,不能绝对地认为存在的就是合理的,否则"就会把'什么是公正'

等同于现存的一切"①。与此同时,又不能将那些不属于高利
贷的正常借贷视作高利贷而进行打压。国家正规金融应该
和民间认可的正常借贷形成并非相互对立的关系,而是可以
取长补短,协调发展。历史已经给了我们诸多教训,值得认
真反思和汲取。

---

① 〔美〕詹姆斯·C.斯科特著,程立显等译:《农民的道义经济学》,译林出版
社 2001 年版,第 208 页。

下　篇

# 求利抑或谋生：国际视域下中国近代农民经济行为的论争

　　一般说来，人的行为都是有动机、有目的的，所有政治、经济、社会和文化演进的历史，都是无数人集合行为的结果。就社会经济而言，社会学家费孝通早在二十世纪四十年代末就指出："必须记住生产和消费是人的行为，人的行为是有动机的。"[1] 如果用现代经济的理论来表述，经济行为是指在一定的社会经济环境中，为了实现自身的经济利益而对外部经济信号做出的反应[2]。笔者以为，研究人类社会经济的历史，一个基本的问题就是分析和解释人的经济意图及其行为。本文所关心的，是中国历史上尤其是中国近代农民的经济行为及其性质这一问题。不过，这并非是一项实证研究，而是对这一问题的学术史的梳理，目的是为以后的具体研究奠定"问题意识"的基础。还要说明的是，农民的经济行为是一个具有重大理论意义的国际学术课题，对中国农民经济行为的讨论大多是这一背景

---

①费孝通：《乡土重建》，《费孝通文集》第 4 卷，第 415 页。
②宋洪远：《经济体制与农户行为》，《经济研究》1994 年第 8 期。

下展开的,所以回顾这一问题的学术史不能脱离国际视野。

## 一、中国农民是理性小农,追求利益最大化

此为以往相关研究所表达的第一种看法。有的学者认为,司马迁曾提出人的自利动机和自由市场问题,甚至说英国经济学家亚当·斯密《国富论》中的核心思想来自司马迁[①]。不过,最先自觉地从理论上阐述这一思想的,当属亚当·斯密。十九世纪七十年代末斯密提出,市场竞争与个人追逐利润相结合会导致劳动分工及专业化,并反过来导致资本主义的发展,市场刺激是农村转变的主要动力[②]。

翻检新中国成立以前的社会经济论著,我国学者对农民的经济理性并无理论阐述。在二十世纪二三十年代,只有个别社会学家、经济学家在对中国乡村社会经济的调查研究中对此稍有提及。尽管如此,他们的研究也大致显示了农民理性的观点,即农民并不像以往所认为的那样保守,他们是趋于求利的群体。

曾任平教会定县平民教育实验区社会调查部主任的李景汉认为:"中国的老百姓压根儿就不是守旧的,至少不是如我们一般人所想象他们的那样守旧。农民是富于人生基本的常识的。他们若是看清楚了一件与他们真有利益的事,无论多新,

---

①赵凌云:《中国古代经济理论的辉煌与衰落》,《寻根》1999 年第 1 期。

②张家炎:《环境、市场与农民选择——清代及民国时期江汉平原的生态关系》,〔美〕黄宗智主编:《中国乡村研究》第 3 辑,社会科学文献出版社2005 年版,第 2 页。不过,张维迎认为,完全理性在亚当·斯密那里是没有的,斯密只认为人干事是有目的的,他没有假定人有很高的计算能力。张维迎:《反思经济学》,《经济观察报》2014 年 4 月 29 日。

他们是能接受的。"① 经济学者吴知在对山东农作物种植情况进行研究后认为，农民善于比较作物损益，追求经济利益，"植棉收益，常居各种作物之首位，其中又以美棉之收益较中棉为稍优，至其他作物，除大豆外，如小麦高粱黍等，反略有亏损，故农民多改种棉花者"；"年来粮价大贱，农产收入，不敷支出，惟棉花尚能得相当之利益，加以政府之提倡，故当地农民变更计划，纷改种棉花，棉田日益扩张"②。张世文对河北定县的调查也发现，农民植棉经历了由观望到行动的过程，显属趋利行为。1900 年左右，定县本地农家种棉花的极少，懂得种棉花的也不多。地亩多的家庭，用半亩或一亩地种棉花，做一种试验；地亩少的家庭却不敢尝试，恐怕种不好，耽误了种别的庄稼。后来本地农家对于种棉花有了相当的经验，并且收获棉花后能立即得到现款，比种别的庄稼得利较厚，因此都相继种植棉花。尤其是美棉品种，适宜当地土壤，获利较厚，因此农家种植美棉者也日渐增加，棉花产量因此大增③。

　　也有日本学者在中国抗日战争胜利前后出版过关于中国农村社会的专著，认为中国农民的经济行为是理性的。如戒能孝通在战争结束前写成的《北支农村惯行概说》中涉及搭套问题，认为搭套成立的条件是农家双方经济状况的均等而非相互间的亲密程度，有着同样规模土地的农家之间才能形成搭套关系。福武直在战后出版的《中国农村社会的结构》也涉及搭

①李景汉：《华北农村人口之结构与问题》，《社会学界》1934 年第 8 卷。
②吴知：《山东省棉花之生产与运销》，《政治经济学报》1936 年第 5 卷第
　 1 期。
③张世文：《定县农村工业调查》，第 361 页。

套,认为村民的农耕协同中,看不到日本村落中所见到的那种非合理的、非打算的协力关系。同戒能孝通一样,他从搭套习惯中也发现了中国农民社会结合关系中合理的、打算的侧面[①]。

以上中日学者所揭示的现象,虽然还达不到理论阐发的程度,但可称对中国近代农民经济理性的先驱性论述。

二十世纪五十至七十年代,美国学者塔克斯、舒尔茨、波普金系统阐述了理性小农的主张。1953 年,人类学家塔克斯出版《便士资本主义:危地马拉印第安人经济》一书,该书运用田野调查资料证明危地马拉的蒙西皮奥和帕那哈切尔等部族的印第安人是有"经济理性"的,他们对价格信息的反应与现代市场没有什么不同,他们的心理与资本家是一样的,尽管其"资本"小得也许只有几便士[②]。1964 年,经济学家舒尔茨出版了《改造传统农业》,舒氏认为,传统的小农经济并非如一些人所认为的那样懒惰、愚昧,不讲效率,或没有理性。相反,农民是有进取精神并对资源能做适度运用的人,像其他人一样有理性,对价格和其他市场刺激有灵敏的"正常"反应,很好地考虑到了边际成本的收益,毫不逊色于任何资本主义企业家。把农民看作"宁愿选择闲暇而不愿做额外工作以增加生产的游手好闲者",不愿为增加投资而储蓄的"挥霍者",无效率地使用其所支配之资源的落后与保守分子,都是对农民的"诽谤"。传统农业的停滞不是来自小农缺乏进取心和努力,或缺少自由的、竞争的市场经济,而是来自传统投资边际收入的递减,小农生

---

①张思:《近代华北村落共同体的变迁——农耕结合习惯的历史人类学考察》,商务印书馆 2005 年版,第 40—42 页。
②秦晖:《传统与当代农民对市场信号的心理反应——也谈所谓"农民理性"问题》,《战略与管理》1996 年第 2 期。

产者只是在投资收益下降的情况下才停止投资。一旦现代技术要素能在保证利润的价格水平上得到，小农生产者会毫不犹豫地接受，他们与资本主义企业家一样，是最大利润的追求者，传统农业中农民的反应和现代农业中农民所表现出来的反应相类似[①]。另外一位经济学家波普金在1979年出版了《理性小农》，他成为这一学派最具影响力的集大成者。波普金指出，小农农场最宜于用资本主义的公司来比拟描述，小农是一个在权衡长短期利益之后为追求最大利益而做出合理生产抉择的人，是使其个人福利或家庭福利最大化的理性人。他们主要出于家庭福利的考虑而不是被群体利益或道义价值观所驱使，能够做出自认为最大化其预期效用的选择。集体行动的问题虽然对小农的生活至关重要，但传统农村明显不能保证集体行动为了共同利益而进行，甚至当村民认识到真实的共同利益之时，由于存在着"搭便车"、偷窃集体资源以及相互怀疑这些问题，传统农村不能创造出有效的生存保障[②]。

　　不过，由于新中国成立后一度存在的中外关系隔膜，以上理论并未在中国学界产生反响。直到二十世纪九十年代末，中国社会经济学者才开始有人响应农民理性说。如罗必良认为，中国农民的选择充满着经济理性，要理解农民的选择意愿，要以农民乐意接受的方式来诱导其行为，扩大农民的选择空间，

①〔美〕舒尔茨著，梁小民译：《改造传统农业》，商务印书馆1999年版，第4、25—26、80页；〔美〕黄宗智：《长江三角洲小农家庭与乡村发展》，第7—8页。
②〔美〕黄宗智：《华北的小农经济与社会变迁》，第2页；〔美〕李丹著，张天虹等译：《理解农民中国：社会科学哲学的案例研究》，江苏人民出版社2008年版，第35—36页。

改善农民的生存质量①。胡伯龙也指出,农民的经济行为受经济理性的支配,能够选择令其效用得到最大满足的方案。在不同历史时期,农民的经济理性是不同的,传统小农经济行为以及过渡时期农民的经济行为是以理性为导向,但他们受自身条件和外部条件太多的束缚,其经济理性基本上是以被动适应为主要特征的,而现代农民的经济理性无论是在生产还是在消费方面都表现出高度的主动性②。

　　至于中国近代农民经济行为,1949年新中国成立后,较早对此进行研究的也是国外学者。其中,有的学者就持农民经济理性说。如美国学者马若孟对近代河北、山东农家经济的研究认为,中国农村市场经济是高度竞争的,农民的行为是有理性的。他们清楚,做出好的决策,能够获得更多的收入并积累土地,做出坏的决策则必然越来越穷。他们精于计算地利用其有限的资源,对于周围外部环境的变化极为敏感,以最大的能力运用手头的资源和几代人积累起来的农业知识,尽力使其收入最大化。尤其在土地利用方面,农户在决定粮食和经济作物之间如何分配土地问题上,取决于市场状况和适合于某种作物组合的耕作条件③。日本学者深尾叶子以山东烟草种植为例指出,农民每年都要考虑当年和去年的行市来决定耕种作物和播种面积,每年对播种面积的选择与客观计算的收益规模一致。如果前一年烟叶收购价格太低,农民经营不合算,或跟其他作物的比较下相对不利,第二年其生产就明显下降。这说明,农

①罗必良:《提倡向农民学习——基于农民经济理性的经济学解释》,《农村经济》2004年第8期。
②胡伯龙:《论农民经济行为》,《经济管理学报》1997年第5期。
③〔美〕马若孟著,史建云译:《中国农民经济》,第208—209、240—241页。

民在播种什么作物上，是相当精明的。英美烟公司没有强制烟叶栽培的力量，它总要考虑其他作物的行市和农民的反应。农民种植烟草，更多选择正确而迅速的收购，不选择有讨价还价余地的收购，因为后者给农民不可靠的印象；而且，只有英美烟公司能全部收购农民所提供的产品，而其他公司只买自己所需要的烟叶。这对农民的选择来说，是十分重要的因素①。

在国外学者关于小农理论、中国近代农民经济行为的研究，以及中国社会经济学者研究的交互影响下，中国历史学者也于二十世纪九十年代末开始通过实证研究，做出回应。

一是研究华北农村经济的学者。慈鸿飞认为，中国农民是理性的小农，追求高效率和利润，参与市场的农民都是享有完全独立自主产权和经营权的生产者（包括租佃者，他们大都享有永租或永佃权）。当时的农民，没有任何人去管理他们，他们完全是依据市场需求和自身的消费需要，自主决策，自己决定种什么庄稼，做什么副业。二十世纪前半期华北农村的经历为舒尔茨的理论提供了历史证明②。史建云也指出，中国农民确实是理性的小农，他们完全知道自己的利益所在，会尽一切努力为自己争取最大利益。如果给他们以充分的自由选择的空间，他们会做出对自己最有利的选择。但另一方面，传统社会中的中国农民是一家一户的个体农民，每一个个体为自己的最大利益做出的理性的选择，合在一起时却有可能不符合集体的最大

---

①〔日〕深尾叶子：《山东省胶济铁路沿线种植烟草的地区研究——英美烟公司与山东农民》，叶显恩主编：《清代区域社会经济研究》上，中华书局1992年版，第92—98页。

②慈鸿飞：《二十世纪前期华北地区的农村商品市场与资本市场》，《中国社会科学》1998年第1期。

利益①。郑起东认为,恰亚诺夫所谓小农经济不能以研究资本主义的学说来理解,资本主义的利润计算法不适用于小农的家庭式农场,小农的家庭农场的生产主要是为了满足其家庭的消费需要,而不是为了追求最大利润,这一理论不适用于中国小农经济。近代中国的小农经济已不属于传统的小农经济的范畴,而是属于资本主义商品经济的范畴。近代,尤其是二十世纪以来,华北的农业经济已被纳入到世界资本主义市场经济的范畴,小农经济是能够用研究资本主义的学说来理解,用资本主义的利润计算方法来衡量的②。

二是研究南方农村经济的学者。游海华以江西寻乌县为例认为,农民有经营与理财理念,善于进行市场投机(投资),尽可能实现成本的最小化或收益的最大化。部分富裕农民在市场的长期陶练中,逐渐掌握了市场变化规律,逐利观念越来越强烈。面对不同的市场环境和生产条件,农民能够灵活地运用土地租佃制度,实现家庭资源的优化配置,也能够熟练地掌握价值规律,尽可能地实现收益的最大化。从长时段和整体行为反应来看,传统农民与近代商品经济乃至大生产方式并非"格格不入",而是在面对市场求生存的过程中被动或主动地选择和适应。他们并非注定是中国现代化的"绊脚石",相反倒很可能成长为市场经济的"搏击者"和现代化的"适应者"③。张丽通过对无锡蚕丝户的研究认为,中国近代农民种植新的经济作物

①史建云:《对施坚雅市场理论的若干思考》,《近代史研究》2004年第4期。
②郑起东:《转型期的华北农村社会》,上海书店出版社2004年版,第446—447页。
③游海华:《农民经济观念的变迁与小农理论的反思——以清末至民国时期江西省寻乌县为例》,《史学月刊》2008年第7期。

和从事新的副业生产主要是为了追求利润，但是这种对利润的追求在很大程度上受着人口压力的影响。二十世纪二十年代，在劳动投入保持不变的情况下，无锡蚕茧生产单位工作日净收入开始从以前时常高于稻麦种植的状况转变为濒于低于稻麦种植的状况。1929—1949 年，面对茧价下跌，农民如果继续像以前那样投入劳动以追求每亩蚕茧的最高产量，蚕茧生产的单位工作日净收入就会低于稻麦种植。事实上，农民们没有不顾蚕茧生产边际收益的下降而一味地追求最高产量，面对蚕桑业收入的下降，他们减少了劳动投入，从而在大部分时间，使蚕茧生产的单位工作日净收入仍高于稻麦种植。从经济理性上讲，农民们不会在蚕茧生产刚刚变得比稻麦种植无利可图时就做出砍掉桑树、改桑地为稻田的决定。他们很可能静观其变，观察几年，看看情形是否会好转。很多农民一方面减少对桑园管理的劳动投入，一方面在桑园的垄间种上其他作物如芋头和蚕豆等，以弥补桑园收入的下降[1]。

值得注意的是，以上持农民经济理性说的学者，几乎都对中国近代农村经济和农民生活水平持乐观态度，否定传统的衰退和贫困说。

## 二、中国农民主要是追求谋生和效用最大化，但也属合理的经济行为

与上一理论相反，这种观点否认农民追求经济利益的最

---

[1]张丽：《关于中国近代农村经济的探讨》，《中国农史》1999 年第 2 期；张丽：《非平衡化与不平衡——从无锡近代农村经济发展看中国近代农村经济的转型》，中华书局 2010 年版，第 207—209 页。

大化。

较早提出这一观点的,是德国经济学家马克斯·韦伯。早在二十世纪初,他曾提到一件事,十九世纪的一些德国农场主在农忙时为了加快收获,不误农时,采取提高计件工资的办法试图刺激工人增加工作量。然而,他们常常遇到一个奇特的困难,而且发生频率之高往往令人惊讶:"农工对工价提高的反应不是增多,而是减少其工作量。"因为对他们来说,"挣钱更多并不比干的更少来得诱人"。他们并不问:如果我尽力干活,将能挣到多少钱? 而是问:我要干多少活,才能挣到我已习惯得到的钱来满足习惯的生活要求? 韦伯把这种心态称为"传统主义",其特点是:并不追求得到最多,只追求为得到够用而付出最少,或者用经济学家的话说,不追求利益最大化,只追求代价最小化。他认为这是"前资本主义劳动"的主要特征,并说这是阻碍产生资本主义的最大心理因素[1]。

最先将农民的谋生特征理论化的,是苏联农学家恰亚诺夫。二十世纪二十年代初,他提出,小农经济不能以研究资本主义的学说来理解,资本主义的利润计算法不适用于小农的家庭式农场。因为这种农场不是依赖于雇佣劳动,其家庭全年所投入的劳动很难计算为个体劳动单位的成本,农场一年所生产的农产品是全年劳动的成果,也不易于像现金收入一样按单位来计算。更加重要的是,小农的家庭式农场生产,主要是为了满足其家庭的消费需要,而不是为了追求最大利润。即便在利

---

[1]〔德〕马克斯·韦伯著,于晓、陈维纲等译:《新教伦理与资本主义精神》,生活·读书·新知三联书店1987年版,第42页;秦晖:《传统与当代农民对市场信号的心理反应——也谈所谓"农民理性"问题》,《战略与管理》1996年第2期。

润预期极低甚至无利润的情况下，农民仍要进行生产投入，因此对处于生计边缘的人来说，边际收入的增长因素对农民投资行为的激励作用并不显著[①]。1944年，匈牙利经济学家卡尔·波拉尼从另一角度批评了用资本主义经济学来研究小农经济的方法，认为资本主义经济学的概念和分析方法都是根据供求规律而定出价格的市场的存在为前提，将这种经济学应用到尚无此类市场的经济体系上，等于强把"功利的理性主义"世界化，把世界上所有的人都等同于一个追求经济合理化的"功利的原子"。他提倡用"实体经济学"取代"形式经济学"，以实体经济学分析资本主义市场尚未出现之前的经济。在资本主义市场出现之前的社会中，经济行为"植根"于社会关系，如古代的"互惠"关系，而非取决于市场和追求至高利润的动机[②]。

令人兴奋的是，在民国时期，拜中西学术交流和中国农村实际调查之赐，二十世纪四十年代初，竟有中国学者对韦伯等人的理论进行了回应。曾在伦敦政治经济学院获得博士学位的社会学家费孝通指出，如果以快乐主义者的假定为基本原则，人类社会的经济形式有三种。第一种经济形式是西洋资本

----

[①]〔美〕黄宗智：《华北的小农经济与社会变迁》，第3页；〔俄〕恰亚诺夫著，萧正洪译：《农民经济组织》，中央编译出版社1996年版，第232页。

[②]〔美〕黄宗智：《华北的小农经济与社会变迁》，第3页。反对理性经济人的学者，还有法国年鉴学派第一代代表人物马克·布洛赫，他在二战期间所写的《历史学家的技艺》中写道："有一种过时的经济理论，其中有一个错误时常遭到人们的抨击，在此，且以夸张的形式重提一次：所谓'经济人'，是一个空洞的幻影，因为在设想中他一心只顾自己的利益，更荒唐的是，他被想象成能够形成关于自我利益的清晰概念。"参见〔法〕马克·布洛赫著，张和声、程郁译：《历史学家的技艺》，上海社会科学院出版社1992年版，第142页。

主义经济。这种经济在韦伯等人看来,是把利润作为经济机构的枢纽,作为企业的目的,作为人生的意义,本身充满着宗教色彩,忘却了人本。靠了这种宗教的信仰,他们在尘世之外,另设天堂,今生是苦,来世是乐。于是今生只需要从事生产、再生产,消费不是目的,它只是对生产有刺激作用。第二种经济形式,是以消费为中心的计划经济。它依旧以快乐主义的人生态度为基础,奉行多生产、多消费、多享受的三多主义;依旧认为要得到人生的意味,只有拼命生产,只是生产之后要求得到消费的兑现。第三种经济形式为消遣经济,即欲望的满足不一定被看作快感的源泉,如果说这种行为不是快感的创造,而是痛苦的避免,也一样可以言之成理。若欲望本身是可以伸缩的,则人们可以从减少欲望入手,减轻很多为免除欲望不满足而发生的种种辛苦劳动。这种在节流方面作经济考虑以避免开源时所得忍受的痛苦,是在传统经济中常见的态度。费孝通从对云南禄村的实地调查中找到了证据。村子的宦六爷要掼谷子,和他30多岁的儿子说:"明天你不要上街,帮着掼一天谷子罢。"他儿子却回答:"掼一天谷子不过3毛钱,我一天不抽香烟,不就省出来了么?"为什么儿子会是这种态度,因为当地农民觉得以减少消费来作为避免劳动的理由很能成立。不抽烟是一种痛苦,劳动也是一种痛苦,他们若考虑结果,就认为宁可生活程度低一些,免得在烈日暴雨中受罪,这就是宁愿少得、不愿劳动的基本精神。这个事例与前面韦伯所描述的例子非常类似。在此基础上,费孝通提出,农民牺牲一些享受来避免劳作,为什么不能说是合理的经济打算呢[1]?也就是说,农民以减

---

[1]费孝通:《禄村农田》,《费孝通文集》第2卷,第317—322页。

少劳动换取闲暇的做法也是合理的，但这不是第一种主张所谓追求经济利益最大化的理性。

　　在二十世纪二三十年代，其他中国学者在自己的论著中也偶有提及农民的谋生特性，与恰亚诺夫的看法相近。如著名学者陈翰笙认为，中国农民不同于当代欧洲的农业人，或讲英语国家的"农夫"，他们与其他前资本主义国家农民的处境相似。他们耕作是为了生存，而不是为了利润[①]。杜修昌也认为："我国农家，其经营形态，大都属于家族经济之范畴，不以营利为目的，而以运用自家劳力为本位，冀获得最大之劳动报酬，供经营者及其家族生活之必需。"[②]

　　二十世纪五十至七十年代，仍有西方学者继续争论这一问题，坚持农民并非追求经济利益最大化，而是以满足自给或谋生第一的主张。1953年，荷兰学派的代表人物波耶克对荷属爪哇农村所做的研究指出，在市民社会中存在着"正常的"供应曲线，价格刺激增长，工资刺激劳动供给，但"农民社会"却不然，由于人们缺乏求利欲望与积累动机，只以"够用"为满足，因而在农民生活达到某一水平后，就会出现反常的即"转向后方"的供应曲线，农产品价格上涨反而导致生产萎缩。例如，在农民认为出售一吨稻米已经可以满足他们所习惯的生活需求时，倘若米价上涨一倍，他便会认为只生产半吨就够了。这一看法与韦伯是一致的[③]。1976年，美国人类学家、经济学家斯科

①陈翰笙著，冯峰译：《解放前的地主与农民——华南农村危机研究》，第4页。
②杜修昌：《农家经济分析：1936年我国四个地区177农家记帐研究报告》，国家统计局1985年印，第1页。
③秦晖：《传统与当代农民对市场信号的心理反应——也谈所谓"农民理性"问题》，《战略与管理》1996年第2期。

特继承了恰亚诺夫和波拉尼的思想,提出农民的"道义经济学"概念。这一概念与后来波普金提出的"理性小农"相对应,演变成为斯科特—波普金论题之争。斯科特认为,小农经济行为的主导动机,是"避免风险""安全第一",在同一共同体中,尊重人人都有维持生计的基本权利的道德观念,以及"主客"间的"互惠"关系。生存经济观点产生于大多数农民家庭的经济困境,对那些处在普遍的生存困境中的耕作者尤其是贫困的农民和佃户很适用。由于接近生存线的边缘,受制于气候的变幻莫测和他人的盘剥,农家对于传统的新古典主义经济学的收益最大化,几乎没有进行计算的机会,使得安全、可靠性优先于长远的利益。农民力图避免的是可能毁灭自己的歉收,而不是想通过冒险而获得最大的成功、发横财。而对于那些收益较高、土地充足、人口较少、农作物产量可靠又有其他工作机会的农民,以及经常雇人劳动又有充裕的土地和存款的富裕农民,安全第一的行为模式大概就不适用了。安全第一的关键,是为了生存的常规活动产生着令人满意的结果,否则如果继续进行常规活动总是带来失败,安全第一的基本原理就垮掉了,从而使得再次冒险变得有利于生存,这就可能意味着要改种用于销售的农作物,甚至意味着要沦为盗匪[①]。

　　二十世纪八十年代末后,在中国学术界,先是有一些社会经济学者开始响应斯科特等人的主张,这比主张农民理性说的学者提早了十年,其原因与长期以来认为农村、农民极其保守的传统认识有关。不过,与斯科特的道义经济学并不完全相

---

[①]〔美〕斯科特著,程立显、刘建译:《农民的道义经济学》,第5—6、32、253—255页。

同，他们认为，中国农民虽非追求经济利益最大化，但追求效用最大化，这种行为同样充满着理性，甚至可以说是经济理性的一种表现形式。如经济学家林毅夫指出，中国农民的经济理性是效用最大化，而非物质利益最大化，许多被用来证明小农行为不是理性的典型事例，通常都是具有城市偏向的人在对小农所处的环境缺乏全面了解的情况下作出的判断。如果能设身处地地从小农的角度考虑问题，则可以发现这些被认为是不理性的行为却恰恰是外部条件限制下的理性表现[①]。马小勇也持类似的看法，他认为农民不采用"显而易见"的措施来增加自己的收入，似乎是非理性行为，但实际并非如此，其目标是效用最大化，而不是利润最大化。农民放弃利润而追求安全，是因为利润的边际效用小于安全的边际效用。中国农民与世界其他国家的农民，同所有其他经济主体一样，是追求利益（效用）最大化的理性经济人。所谓"非理性"，或者是将利润最大化混同为效用最大化，或者是具有城市偏向的人在对农民的成本收益以及约束条件缺乏足够了解的情况下作出的主观论断[②]。

国内外有一些历史学者以中国近代农民为例，对此问题进行了讨论，发表了与以上观点相类似的看法。

有的学者通过对近代华北乡村的研究来表明这一观点。如美国学者裴宜理以淮北地区为例认为，由于个体生存农业的制约，尽管土地可能适合种植具有更大利润的作物，但农民最大的希望莫过于生产出足够的粮食以保证全家人的生活，所以

---

①林毅夫：《小农与经济理性》，《农村经济与社会》1988 年第 3 期。

②马小勇：《理性农民所面临的制度约束及其改革》，《中国软科学》2003 年第 3 期。

很少有人专门从事经济作物的种植,除非市场稳定并有良好的发展,而且预期收入大大超过温饱水平[1]。叶汉明通过对山东潍县土布业的研究认为,为生存而生产的贫农型手工生产远较为赚钱而生产的方式普遍。在家庭生产制下,农村织户为增产而拼命工作,对他们来说,产量即使是有些微增加,也极为重要。因为对生存压力影响下的农户而言,重要的是家庭总生产量的极大化,而非边际生产力的提高[2]。日本学者内山雅生对华北农村"搭套"的研究,得出了与前辈戒能孝通、福武直不同的结论。他认为,保持搭套关系的农家之间在经营规模上存在着很大的差距,生活、居住在村落这一同一生活空间中的村民之间存在着一种贫民救济机能,即为了维持作为生活空间的"共同体"集团本身,需要有一种支撑村落成员生活的传统温情主义的机能[3]。夏明方也指出,近代华北农村的商品化过程,是中下层农民推动起来的,主导这一行动的是极强烈的求生图存的意向,而不是谋利动机。贫困小农虽然也有追求更高经济效益的动机,只要有更好的机会,他们会抓住机会以图增加收入,但在很多场合,这只是贫穷小农在极度生存需要的压力下为寻求活命而采取的一种类似赌博的冒险行为。借高利贷也不是追

---

[1]〔美〕裴宜理著,池子华、刘平译:《华北的叛乱者与革命者:1845—1945》,商务印书馆 2007 年版,第 47 页。

[2]叶汉明:《成长与滞化:抗战前山东潍县纱、布商的例子》,严昌洪主编:《经济发展与社会变迁国际学术研讨会论文集》,华中师范大学出版社 2002 年版,第 465 页。

[3]〔日〕内山雅生著,李恩民、邢丽荃译:《二十世纪华北农村社会经济研究》,中国社会科学出版社 2001 年版,第 126—140 页;张思:《近代华北村落共同体的变迁——农耕结合习惯的历史人类学考察》,第 43—44 页。

求利润最大化，而是为了应付急需和活命，是一种效益最大化行为[①]。

　　有的学者通过对近代南方乡村的研究来阐释这一观点。美国学者夏明德通过对无锡的研究认为，农民经常从事并不能给他们带来最高报酬的工作，从最严格的决策合理性来看，家庭成员不是利益最大化的取得者。但考虑到他们所面临的物质和社会环境的限制，以及满足家庭消费需求的必要性，农民的行为是完全合理的。具体地说，由于天气和市场两方面都无把握，无锡蚕丝业风险较大，但农民仍然投身于蚕丝业。与恰亚诺夫观察到的苏联农村情况极其相像，尽管每亩农地植桑养蚕的收入比种植稻麦收入稍多一些，但单位劳动收入又比稻麦种植低，农民从事植桑养蚕只是为了得到低于劳动力最佳收入的报酬。然而，不能因此说农民的行为是不合理的，无锡农民通过从事蚕丝业使农民家庭的妇女劳动力得到充分利用的机会，这样也就改善了农民家庭作为整体的长期生存能力。家庭劳动力的边际产品虽然减少了，每个家庭成员的平均收入下降了，然而家庭的总收入达到了最高水平[②]。张家炎对湖北江汉平原的分析也认为，舒尔茨忽略了生态环境和人口压力对传统农业的影响，逐利只是农民中的部分特性，多数农民是力图适应当地环境而生存的劳动者。清至民国时期，江汉地区由于多水的特性，当地人民特别是近湖居民，在长期的与水争斗的过程中发展出了一系列适应这一多水环境的农作方式，特别是在不

①夏明方：《近代华北农村市场发育性质初探》，〔美〕黄宗智主编：《中国乡村研究》第3辑，第74、86页。

②〔美〕夏明德：《试论农民决策行为之合理性：无锡小农经济与蚕丝业》，叶显恩主编：《清代区域社会经济研究》上，第281—292页。

同情况下选择不同的作物。无论是为应对季节性洪水而常规种植的避水、耐水作物或品种,还是水退后或水灾之年所补种的杂粮及救灾作物,农民最先的选择是那些虽然收成低但能确保收成的粮食作物,而不是高商品性或高收成的作物。可见,江汉平原农业生产的主要目的是为了生存而非追逐利润,这一安全优先的原则有悖舒尔茨市场优先的逻辑。按照舒尔茨的逻辑,作为既产米又产棉布的地区,江汉平原应对这一不断扩大的市场有更积极的反应,即提高产量出口更多的稻米与棉布,但实际上,这一地区在清前期以后就很少出口米粮,它所生产的棉布也主要是用于本地消费,特别是农家自身消费。尽管农民也会卷入市场,但进出市场与市场驱动没有必然联系,他们的首要目的是为挣钱换取食物[①]。

有意思的是,与农民经济理性说的学者相反,以上学者基本上都对中国近代农村经济和农民生活持悲观态度。似乎两派暗含着这样的认识:经济理性、追求物质利益最大化与经济发展、农民生活上升是有密切联系的,而谋生第一、追求效用最大化则意味着农村经济落后和农民生活的下降。

## 三、农民谋生、谋利的双重或多重逻辑

这种认识是在二十世纪七十年代斯科特—波普金论争之后产生的。

美国学者李丹认为,斯科特和波普金的理论各有道理,是

---

①张家炎:《环境、市场与农民选择——清代及民国时期江汉平原的生态关系》,〔美〕黄宗智主编:《中国乡村研究》第3辑,第5—32页。

互补而非矛盾的，每个主张都有其支撑，每个理论在现实世界的小农共同体中都可以得到相当正面的评估。小农是精打细算的，证实了波普金的观点，但他们也服从广泛的其他动机，包括道义观念，这又证实了斯科特的观点。两种立场的主要差异是，斯科特认为道义规范和公正感比个体利益的计算更为重要，而波普金则予以否认。因此，无法在两个理论之间做一种决定[①]。

在斯科特—波普金经典论争之下，中国学界中有的社会经济学者也对此发表了与李丹类似的意见。文军认为，所谓经济理性，应该是追求代价最小化与追求利益最大化，在各项利益的比较中选择自我的最大利益，以最小的牺牲满足自己的最大需要。绝不能仅凭"追求代价最小化"而判定传统农民是非理性的，也不能仅因"追求利益最大化"而判定农民的行为是理性的。在现实生活中，人们的理性行为表现是非常复杂的，其不仅要追求经济利益的最大化，也要追求社会及其他效益的最大化。具体说，人的理性行为可以分为三个层次，即生存理性、经济理性和社会理性，而生存理性是最基础的层次，只有在生存理性得到充分表现和发挥的基础上，才能进一步产生和做出经济理性和社会理性的选择[②]。郭于华认为，"道义经济"与"理性小农"的概括都不难在农民的生活世界中找到根据，这两种特性取向可以在同一个选择过程中呈现。农民的行动选择与企业经济行为所依据的并不是非理性与理性之别，或道德

---

① 〔美〕李丹著，张天虹等译：《理解农民中国：社会科学哲学的案例研究》，第73、327—334页。

② 文军：《从生存理性选择到社会理性选择：当代中国农民外出就业动因的社会学分析》，《社会学研究》2001年第6期。

判断与理性计算之别,而只是生存理性与经济理性之别。农民基于生存状况所做的选择常常是谋生的最合理方式,是生存的智慧。他们的选择在很大程度上受制于其生存境遇和制度性安排。处于生存危机边缘的农民并不是不想去进行计算,而是没有可能去追求利益最大化,这当然也就导致他们无从进行计算。如果一个企业家或经营者在市场经济条件下有时无法做出最优的选择,那么他至少可以选择仅次于最优的;而农民常常不得不做出没有选择的选择——不是最糟的选择而已[①]。

　　对中国近代农民的经济行为,也有历史学者做了和社会经济学者相类似的分析。黄宗智是这一观点的突出代表。他通过对近代华北乡村和长江三角洲区域的研究指出,坚持某一方面的特征,而排斥其他方面,是没有意义的,中国农民是舒尔茨与恰亚诺夫两个学派的混合体,含有两套逻辑。小农既是一个追求利润者,又是维持生计的生产者,更是受剥削的耕作者,各自反映了统一体的一个侧面。这些特性的混合成分和侧重点,随不同阶层的小农而有所区别。一个经济地位上升的、雇佣长工以及生产有相当剩余的富农或经营式农场主,要比一个经济地位下降的、在饥饿边缘挣扎、付出高额地租和领取低报酬的佃、雇农,较为符合形式主义分析模式的形象,而后者则更符合马克思主义的分析模式。一个主要为自家消费而生产的自耕农,则接近于实体主义所描绘的小农。农业商品化的动力,同时来源于为生计而耕种的贫穷家庭式农场和为利润而耕种的家庭式农场。以小农对种棉花的态度为例,在富裕的农场上,利润的考虑占较大的比重,而在贫穷的农场,则较多地考虑生

---

① 郭于华:《"道义经济"还是"理性小农"》,《读书》2002 年第 5 期。

计与生产的关系,但在生产不足以维持其家庭的食用时,也被
迫冒险以反常的比例面积来种棉花,因为植棉可以较充分地使
用剩余劳力,而棉花的较高收益也使他们有可能赖以维持生
计。这样的小农,可以说是在生活需要的压力下,为了获得短
期间较高的收益而被迫"赌博"。总之,家庭式农场这样一个单
位的生产决策,是同时由家庭自身的消费需要及为市场而生产
的收益核算而形成的[①]。日本学者岸本美绪对清代中国农民经
济的研究也认为,斯科特与波普金的分歧在于作为农民行动基
准的利润追求与风险回避何者更受重视。中国早就存在自由
竞争的经济制度,但自由主义思想体系并没有得到发展。因为
对经济不稳定的危机感,传统知识分子认为放任自由经济和追
求功利主义利益将导致经济崩溃的无规范状态,所以往往将伦
理摆在优先位置,力图对经济的自然动向加以控制。其实,中
国农民的行为在带有安全指向的同时,也具有冒险性和投机性
的一面,这两个侧面相互补充,相互纠缠,构成了具有"商业性
律动"的中国经济图像[②]。

　　中国历史学者也表达了相近的意见。有的学者从农民经
济的总体视角进行论证,如方行指出,中国封建社会以至近代
中国的小农,与恰亚诺夫、舒尔茨所提出的理论模式不同,它表
现为一种自然经济与商品经济相结合的小农经济模式,也就是
自给性生产与商品性生产相结合以追求温饱的生产模式,是一
种具有中国特色的小农经济。如果说在早期主要是一种自给

---

①〔美〕黄宗智:《华北的小农经济与社会变迁》,第5—6、199页;〔美〕黄宗
　智:《长江三角洲小农家庭与乡村发展》,第8页。

②〔日〕岸本美绪著,刘迪瑞译:《清代中国的物价与经济波动》,社会科学文
　献出版社2010年版,第63—72页。

性的多种经营,农民主要按照使用价值即自己的消费需求来选
择农作物和手工业生产,那么随着社会经济的发展,农民的生
产则发展为自给性生产与商品性生产相结合的多种经营,农民
按照使用价值尤其是按照交换价值的比较利益,在不同产品中
作出选择的行为就日益突出了。农民大多既种植粮食,又种植
经济作物。他们的粮食种植,是作为自给性生产,以保证家庭
的口粮供给。而经济作物的种植则是商品性生产,是为了取得
货币,以支付家庭的各种开支,包括自给性口粮以外的家庭全
部生活资料的费用,补偿用于这部分生产的生产资料的费用,
甚至靠它支付口粮生产的费用。他们从事商品性生产,都只是
为了追求温饱,而不为了追求赢利以发财致富,二者在本质上
是不相同的[1]。凌鹏也认为,在华北,小农经营模式不能简单地
套用"实体主义小农"和"理性小农"的假设,将所有农户都理
解为仅为了生计保障或是仅追求最大利益的单一行为主体,而
应该更加具体地讨论农村各个阶层农户的不同行为模式。一
般说来,中上层农户更倾向于是追求最大利润的"资本主义企
业家",而中下层农户则更倾向于是追求生计保障和抵御市场
风险的"实体主义小农"[2]。萧正洪通过对陕南的研究也认为,自
给性农业经营中作物品种的选择与生产规模不取决于市场,其
生产活动的基本目标是风险最小化,寻求经济安全。而商业性
农业,则是有计划地为市场而生产,生产者首先关心的是利润
最大化。农民往往是从追求效用最大化的经济合理性出发,在

①方行:《中国封建经济论稿》,第 125、153—158 页。
②凌鹏:《近代华北农村经济商品化与地权分散——以河北保定清苑农村为
　例》,《社会学研究》2007 年第 5 期。

追求市场利益的同时竭力避免风险，尤其是处于向商业性农业转变过程中的传统农业，往往具有追求市场利润与逃避风险两个因素的重要性在生产者决策中此消彼长的过渡性特点[1]。

有的学者从农村经济的某一方面进行论证。王露璐通过对苏南乡村的研究认为，这一地区的地权关系体现了理性意识和生存伦理原则。譬如"一田两主"制，对地主来说，田底权更多地表现为一种投资选择，一旦有更好的投资机会，他就会将田底权出售，地主对"一田两主"制的认可是基于一个理性经济人对自身利益的计算而做出的选择。而对佃农来说，田面权更多是一种基于生存伦理意识的安全保障，这基本符合斯科特对"安全第一"原则所作出的适用性判断[2]。张思对近代华北农民的搭套关系，与日本学者戒能通孝和福武直进行了商榷。他认为，这些农民并非按照学者们所"规定"的那样，要么极端"道义地、感情地"用事，要么极端"合理地、计较地"与他人交往，而是在一定的道义的与合理的容许范围内行动。农民在搭套时，确实有得失计算的意识，双方必须具备大致对等的经营规模和土地才能搭套，而在有相当差距的农家之间就难以进行。当然，农民无论是在搭套的农耕结合，还是日常生活的交往中，都不可能追求绝对的对等，由于经营规模上的差距而出现劳动力、畜力付出的不均是在所难免的[3]。朱洪启对华北农村的水

---

① 萧正洪：《清代陕南的土地占有关系与农业经营》，《中国经济史研究》1994年第1期。

② 王露璐：《"生存伦理"与"理性意识"的共生与紧张——二十世纪20—40年代苏南乡村地权关系的经济伦理解读》，《江苏社会科学》2007年第6期。

③ 张思：《近代华北村落共同体的变迁——农耕结合习惯的历史人类学考察》，第171—177页。

井和农具进行了研究,认为二者分别代表了生存伦理和经济理性。水井多为富人所造,他人可以使用,可视为富人对贫农的一种福利性保障,富人也借此获得了一定的社会威望,即用有形财产换取了无形财产,这一现象可用斯科特的生存伦理来解释。使用什么农具是农民在适应当地生态环境和社会经济环境的基础上,做出的一系列理性选择的结果。大农户与小农户在农具及役畜上投资的差异可归因于农户的富裕程度及其经营规模的差异,他们在做决定时都是有理性的,精打细算的,都是求其收益最大化[1]。李怀印对华北获鹿县的赋税征收等乡村治理问题做了深入研究,认为过去西方所谓小农理性和生存伦理的两种解释都有一定的道理,但其中任何一种都不足以解释农民行为的复杂性。事实上,农民的行为可以看作他们对自身利益的追求与对社群的规范和惯例的道义遵从的结合。正是这两方面因素的相互作用,使村民们形成一系列不言自明的"行为倾向",或隐或显地制约每个村民的行动选择。譬如,乡地一职有为其乡亲代垫税银的义务,村规将充任乡地和个人土地数量、赋税数额联系起来,拥有的土地数量越多,担任乡地的年数就越多。拥有土地数量低于担任一年乡地所需最低标准土地的花户,则可免除这种责任,这就是所谓"生存伦理"。不过,村民并不总是遵从村规,他们也有自私自利、精于算计的一面,当充任乡地有利可图时,村民们会争先恐后地获得它;当提供这种服务变得难以承受时,他们会试图用各种借口加以规避[2]。

---

[1] 朱洪启:《二十世纪华北农具、水井的社会经济透视》,南京农业大学博士学位论文,2004年,第44、48、81页。

[2] 〔美〕李怀印著,岁有生、王士皓译:《华北村治——晚清和民国时期的国家与乡村》,中华书局2008年版,中文版序第5页,正文第17—19页。

　　以上学者对农民经济行为的双重或多重逻辑的分析会有所偏重，有时偏向生存伦理，有时偏向经济理性。与此相关，他们对中国农村经济和农民生活水平的判断也较为多样，一般呈现为发展与不发展的复杂状态，由此显示了与前两种判断的区别。

　　综上所述，关于中国近代农民经济行为的涉猎或研究，始于二十世纪二三十年代，但更多的讨论则是在二十世纪八九十年代以后，并成为热门的话题。必须承认，这一讨论主要是在国外农民经济行为理论的影响下开展的，总体上没有脱离经济理性和生存伦理的基本框架。但在此基础上，也有发展，一是无论赞成哪一派别，基本上都认为农民是理性的，其行为是合理的；二是有的学者已突破两个派别的对垒，多维透视农民经济行为的复杂性。而所有这些观点，都与学者对中国农村经济和农民生活的研究和判断相关。那么，是否对此问题的探讨已经完结了呢？笔者以为，向前推进的难度的确较大，但也不能说没有余地：一是专门就此问题进行研究的个案仍然不多，尤其缺乏对不同时期、不同区域、不同层次、不同经济类型的农民的个案研究，但只有对此进行深入挖掘，才能扩大视野，提升理论的说服力；二是在进入西方话语的同时，尝试结合中国农村社会经济的实际，突破已有的经济理性和生存伦理概念，提炼适用性更强的新理论和新概念，为农民经济学作出实质性的贡献。显然，这是更高的学术追求。

# 洋学者与中国的相遇：卜凯农村
# 调研的西学意识与比较意识

二十世纪前期，无论是对中国乡村经济学术史还是中西农业交流史，美籍学者卜凯（John Lossing Buck，1890—1975）都是一个绕不开的关键人物。卜凯在中国从事教学、调查和研究数十年的经历，早已为以上相关领域的学者所熟悉。他于美国康奈尔大学农学院毕业后，在 1915 年底以传教士身份来到中国，开始在安徽宿州地区传教并进行农业推广工作。1920 年，卜凯转至南京，任教于金陵大学农业经济系。在任教期间，他于 1921—1925 年主持了中国 7 省 17 处 2866 个田场的农家经济调查，1929—1934 年又主持了 22 省 154 县 168 地区 16 786 个田场的土地利用调查。在这两项大规模调查和研究的基础上，他相继出版《中国农家经济》《中国土地利用》《中国农场管理学》（与 William M. Curtis 合作，民国时通常译为刻蒂斯），并发表系列论文[①]。以上三部著作皆为民国时期中国农村经济

<hr/>

①本文所引用的数据资料，主要来自卜凯的《中国农家经济》《中国土地利用》，两书的英文版分别于 1930 年、1938 年由芝加哥大学出版社（转下页）

学的里程碑式成果，受到当时不少相关学者的高度关注。学者们依据自己的立场和学识对有关著作给予了不同的评价，有的持完全肯定的态度[①]；有的肯定和否定兼而有之；有的肯定居多，否定其次[②]；有的则否定为主，肯定较少[③]。

　　一个在中国的洋学者能受到如此之多的关注，乃至被称为中国农村经济研究的"技术派"，竟然与中国马克思主义学者的"分配派"相并列，可谓中国近代史上颇为鲜见的异数。那么，争论何以如此激烈？其实，这恰恰就与卜凯的洋人身份有关，与他对中国农村进行调查研究时所持的立场、方法、认识以及中西之间的交流、碰撞有关。如果用一句话来概括，也可以说是由他的西学意识和比较方法所导致的。本文之主旨，就是按照这一事实和逻辑，从方法论角度对卜凯关于中国农村

　　（接上页）出版。《中国农家经济》的中文版于 1936 年由上海商务印书馆出版（张履鸾译），《中国土地利用》的中文版于 1941 年由成都金陵大学农学院农业经济系出版（乔启明等译）。

①冯静远：《中国农家经济》，《华年·读书副刊》1936 年第 5 卷第 43 期；费孝通：《〈云南三村〉英文版的"导言"与"结论"》，《费孝通文集》第 2 卷，第 393 页。

②沈宗瀚：《中国的土地利用》，《新经济·书评》1939 年第 1 卷第 7 期；沈文辅：《卜凯、刻替斯合著：中国农场管理学》，《中农月刊》1943 年第 4 卷第 1 期；张峪嵋：《卜凯主编：中国土地利用》，《中农月刊》1942 年第 3 卷第 10 期；梁方仲：《卜凯〈中国土地的利用〉评介》，《梁方仲经济史论文集集遗》，广东人民出版社 1990 年版，第 346—350 页。

③隐农：《介绍一个学农业经济的地方》，《大公报》（天津）1931 年 7 月 28 日；曹茂良：《中国农业经济学之建立》，《大学月刊》1942 年第 1 卷第 11 期；陈翰笙：《中国农村经济研究之发轫》，汪熙、杨小佛编：《陈翰笙文集》，第 34 页；冯和法：《庸俗农业经济学批判》，《中国农村》1937 年第 3 卷第 2 期；钱俊瑞：《评卜凯教授所著〈中国农场经济〉》，薛暮桥、冯和法编：《〈中国农村〉论文选》下，人民出版社 1983 年版，第 896—925 页。

的调查研究进行专门分析,并通过辨析民国学者的批评意见,尽可能对有关问题做一合理的解释。可以肯定地说,这一视角和问题意识是在以往对卜凯及其中国农村经济的研究中较为缺乏的[①]。

## 一、中国农村经济调查和研究的西学观

近代以来,来华的西方人无论是军政官员还是传教士、商人、学者,大多留下过一些游记或其他著述。在这些作品里面,虽也有个别作者因受到中国传统文化的熏染,或多或少采取了中国的立场和视角,但绝大多数是站在本国的立场和视角,描述对中国的印象和看法。卜凯也是如此,他对中国农村经济的调查和研究,首先是站在西方尤其是美国的立场和视角,持有浓厚的西学意识。这从他的三部代表作中都可得到充分的印证。

先来看《中国农家经济》。就调查目的而言,该著所想达到的两个目标,都反映了和西方的联系。其一,通过实地调查所得来的材料,有利于中西双方了解中国的实际。卜凯说:"不但

---

① 近些年的研究成就主要体现在两个方面:一个是对卜凯的人生经历尤其是对中国农村经济的调查研究经历梳理得比较清楚了;另一个是利用卜凯调查研究的资料,对中国近代特别是民国时期的农村经济进行了具体的实证研究。代表性成果有,盛邦跃:《卜凯视野中的中国近代农业》,社会科学文献出版社2008年版;杨学新、任会来:《卜凯问题研究述评》,《中国农史》2009年第2期;杨学新:《卜凯与20世纪中国农业变革》,人民出版社2018年版;赵晓阳:《解决农村经济问题的路径差异与思想根源——陈翰笙和卜凯经济思想比较研究》,《经济学动态》2014年第1期。

能使西方人知道中国的真况,而中国人自己因此对于其本国的
情形,也可以更为了解。中国是一个缺乏可靠统计的国家,搜
集统计材料,不但使其在世界统计里面,可以因此而有地位;就
是自己明了自己,对于自动的改进方面,也极有帮助。"[1] 这种让
西方了解中国的想法,显然有着为西方服务的立场[2]。其二,在
了解的基础上,可以促进国家之间的和平与友爱。以往中国对
西方是比较了解的,"中国对于西方的一切,毫不迟疑的加以研
究与欣羡,有许多西方的法则,如思想上,教育上,尤其是科学
方面,只要了解之后,无不立即仿效"。但西方对中国却比较陌
生,"西方对于东方,并没有如此的关切,一部分由于他们自己的
事,已经够他们忙个不清,对于东方事,当然无暇过问,同时这种
研究实在也是困难多端,很不容易"。这种情况导致了国际间的
不理解,基于此,卜凯认为:"在我们今日的时代,国际间的关系
确是一个极重要的问题。假令我们想使世界各国彼此和爱而无
战争,则必须根据于互相的谅解与合作。……不过要使国际间
有真正的了解,除非大家都能明了彼此的处境方才可以。"那么,
对中国农村进行资料搜集与分析事实的研究工作,就能够促进
相互了解,"可说是对于国际间的福利,也是很有贡献"[3]。

　　就调查研究方法而言,卜凯直接继承了现代西方经济学尤
其是美国农业经济学。他非常自信地说:"中国方面应用调查
方法从事农场管理之研究,创自金陵大学卜凯教授。"[4] 使用调

---

①〔美〕卜凯著,张履鸾译:《中国农家经济》,第565页。
②〔美〕卜凯著,张履鸾译:《中国农家经济》,第566页。
③〔美〕卜凯著,张履鸾译:《中国农家经济》,第565—566页。
④〔美〕卜凯、〔美〕刘蒂斯著,戈福鼎、汪荫元译:《中国农场管理学》,商务印
　书馆1947年版,第2页。

查方法"来研究中国的田场经营,已经若干之试验证明,很为适用"①。其中最为适用者,当推农场管理调查表,通过对所调查农民一年间经营工作的记载,得到胜利或失败的农人以及"胜利经营"所需之各种原则②。而这些调查方法,来源于卜凯1910—1914年在美国康奈尔大学农学院的学习经历,彼时农场管理系开设了农场管理、农业区域与体系、成功农场管理、成本核算等课程③。在这里面,卜凯尤其强调其调查方法可参看农业经济学家华伦(G. F. Warren)的《农业调查》及史壁门(Spillman)的《调查研究方法的有效性》两部著作④。而华伦正是卜凯读大学时的老师,农场管理系最著名的教授,后来卜凯还请华伦来金陵大学讲过学。当然来此讲学的不止华伦一人,还有康奈尔大学以及英、德等国的其他农业经济学教授。也就是说,卜凯及其学生的调查方法都是来自西方尤其是美国的农业经济学。

卜凯的金陵大学学生崔毓俊的康奈尔大学留学经历,也可为卜凯调查方法的来源提供佐证。崔毓俊曾参与卜凯主持的第一次农家经济调查,负责调查他的家乡河北盐山县的农家。1941年7月,他到康奈尔大学农学院读研究生,导师为斯坦甲·华伦(Stanley W. Warren)。当时华伦的一个研究生正在纽约州索达斯县进行农家调查,华伦建议崔毓俊到那里给予协助,以便熟悉美国的农业经营情况。崔毓俊与该研究生每天

①〔美〕卜凯著,张履鸾译:《中国农家经济》,第2页。
②〔美〕卜凯著,徐澄译:《芜湖附近一百零二农家之经济的及社会的调查》,《金陵大学农林科农林丛刊》1928年第42号,第2—4页。
③Bernard F. Stanton, *Agricultural Economics at Cornell, A History, 1900-1990*. Ithaca, New York :Cornell University,2001. pp.25,36.
④〔美〕卜凯著,张履鸾译:《中国农家经济》,第2页。

早饭后就到农家进行调查,崔说:"每家用一份表格填写去年一年农业经营状况。那份调查表同在金大用的调查表基本一样,对我来说并无什么困难。"[1] 此时距离卜凯在中国主持的第一次调查已经过去十七八年,但所用的调查方法,即便在美国也未发生变化。对照《中国农家经济》附录四的调查表,调查项目包括农家周年调查表举例、资本总计表、牲畜调查、作物调查、杂人调查、牲畜副产调查、他项进款调查、田场费用调查(场主的)、田场费用调查(地主的)、总计田场收入、田场支出、一般的农事调查、场主的历史、场主家庭费用调查、同居并在外之亲属调查等,如卜凯所说,以上构成了"每个田场内全年经营各项细目的记录"[2]。

此外,《中国农家经济》对一些名称、概念也基本采用了西方的释义。譬如在将中国划分为北部、南部和中东部等区域并作较为详细的分析时,借助了美国地理学家克力塞(George B. Cressey)所著《中国地理》里面的自然区域名称。其他如年龄,除特别注明外,皆按西法计算;家庭大小以成年男子单位来衡量,不同年龄段的男女按照当时国际通行的爱特华特尔氏标准数(Atwater's Scale)来折合计算;生活改进费,采用了美国农业部农业经济局吉伯渠(E. L. Kirkpatrick)所创用的概念;食物中所含矿物质,根据美国对于同类食物所得的化学成分进行估计推测;等等[3]。诸如此类也都表明,卜凯调查研究的方法论来自西方特别是美国。

---

① 崔毓俊:《忆往》,未刊稿,1986 年印,第 42 页。
② 〔美〕卜凯著,张履鸾译:《中国农家经济》,第 2、602—612 页。
③ 〔美〕卜凯著,张履鸾译:《中国农家经济》,第 8、18、502、512 页。

与《中国农家经济》类似,《中国土地利用》一书也反映了西方尤其是美国的方法。在调查目的上,除了训练学生谙习土地利用的调查方法和搜集中国农业知识作为改良农业之借鉴外,也有让世界了解中国的企图,"俾世界各国关怀中国福利之人士,得知中国土地利用,食粮,及人口之概况"①。

在调查方法上,该调查也侧重于农场经营,尤其是土地利用方式。卜凯从中西对比的视角出发,认为"中国农业与欧西农业之不同,几如中国文化与欧西文化之互异。……惟农业科学之发展程度,则有差别。东西农业之差异,乃在土地利用之方式,及土地使用之成功"②。为此,卜凯指出这次调查"仅限于评述中国土地利用之特质,尤为目前耕种之农田,凡影响土地使用方式与成功之基本或自然因素,决定土地利用方式之因素以及直接影响土地使用成功程度之一般因素,皆当列论"。他还特别强调,"本调查对于农民与其他社会阶级间之政治,经济及社会关系,即所谓农民状况,不冀详细评述"③。也就是说,调查时不考虑社会因素和阶级关系。

与《中国农家经济》有所不同的是,"中国土地利用"这一项目并非自定,而是源自美国农业部农业经济科培克耳博士(Dr. O. E. Baker)的提议,并受到太平洋国际学会和洛氏基金的支持。因此,其调查研究的立场和方法更受到西方尤其是美国的影响④。为了获得土地利用的调查研究方法,卜凯还专门去美国访问土地利用专家,费了一年的时间才作出决定,"列

---

① 〔美〕卜凯著,乔启明等译:《中国土地利用·序言》,第1页。
② 〔美〕卜凯著,乔启明等译:《中国土地利用》,第1页。
③ 〔美〕卜凯著,乔启明等译:《中国土地利用》,第1页。
④ 〔美〕卜凯著,乔启明等译:《中国土地利用》,"序言",第1页。

出若干问题,制成表格,训练人才,分赴各省调查。调查完竣,又请许多中外专家分析调查所得的材料,费七年的工夫,最后由九位专家写成这部大作"[①]。在调查、研究和编纂的过程中,得到过西方及中国许多著名机构、学者的帮助,卜凯表示特别感谢的学者主要有:太平洋国际学会研究干事康德利夫(J. B. Condliffe)、霍兰(W. L. Holland)的"时予鼓励与顾问";拉斯刻(Bruno Lasker)经太平洋国际学会秘书处同意来华数周,"对于本书编辑之建议,既合时宜,又多助益";葛雷塞博士(Dr. G. B. Cressey)慨许参用其《中国地理基础》一书;康奈尔大学畜牧组美涅德博士(Dr. Leonard A. Maynard)在金陵大学讲学营养问题半年,襄助研究本书食物消费部分,共同撰写《食物营养》一章;上海李士德医学研究所卜莱特博士(Dr. B. S. Platt),校阅《食物营养》一章初稿,并予指正;《气候》一章的气候材料,多系贾普萌(B. Burgoyne Chapman)整理和修正;地图材料的汇集绘编,多出自罗伯安(H. Brian Low)之手;罗汉松(J. Hanson Lowe)由伦敦中国大学委员会资派来华研究,撰写《地势》一章;美国菲列宾农科大学盆德尔吞博士(Dr. Robert L. Pendleton)与中国地质调查所,共同训练并督查各区调查主任,盆氏返菲后,由梭颇(Mr. James Thorp)继续合作,撰《土壤》一章;美国密尔班克纪念基金委员会薛登史特立克(Edgar Sydenstricker),曾任农业经济系人口调查顾问并举办统计问题讲座,《人口》一章原拟由薛氏参与编撰,因薛氏中途病殁,改由诺斯坦(Frank A. Notestein)写定,他督导大量材料表格的编制;加利福尼亚大学农业经济学教授魏凯思博士(Dr. David

---

① 沈宗瀚:《中国的土地利用》,《新经济·书评》1939 年第 1 卷第 7 期。

Weeks），前来担任调查顾问及农业经济系师生参与调查工作者的讲师①。以上学者的参与，使卜凯主持的关于中国土地利用的调查更具强烈的西方色彩。

至于《中国农场管理学》，资料主要来自前两项调查，其基本立场和方法与上述两书是一脉相承的，但学理性更强。卜凯撰写该著的一个重要目的，就是利用中国农村经济的调查资料，来阐述农场管理学的原理，显示农场管理学应用的普遍性②。在书中，卜凯特别提及美国农场管理学的先驱学者洪特（T. F. Hunt）、华伦（G. F. Warren）与史壁门（W. S. Spillman），认为三氏皆精详农场管理学的研究工作。华伦更是美国农场管理学的"嚆矢"，"华伦博士有云：'农场管理学者乃研究增加农民收益原理之科学也'。……农场管理学系以农场为一单位，研讨增进农民生产效率及经济利润之方法"，"其目的在寻求若干农场经营成功之原因，斯类研究均系采用调查方法所作，因此以后调查方法在农场管理研究上之应用较他种方法为多"③。

与卜凯一样，此书合作者刻蒂斯也是华伦在康奈尔大学的学生。他们对于农场管理学的理解，与华伦颇为相似，对过去一般人士认为经营农场不需要企业原理的知识即可成功予以否定，但"至今日，农民苟欲成功，必须引用企业原理从事经营，已为公认之事实。农场管理学即研究农业上企业原理之学问，

---

① 〔美〕卜凯著，乔启明等译：《中国土地利用·序言》，第9—12页。
② 〔美〕卜凯、〔美〕刻蒂斯著，戈福鼎、汪荫元译：《中国农场管理学》，"原序"，第1页；正文，第4页。
③ 〔美〕卜凯、〔美〕刻蒂斯著，戈福鼎、汪荫元译：《中国农场管理学》，第1—2页。

农场管理学乃研究农场之组织工作以求经营效率及最大且持久利润之科学也。农业之经营为一种企业,如经营商店或银行者然,农民必须具有企业上之知识"[1]。可见卜凯对中国农场管理学的研究,其思想和方法主要来自华伦。华伦所著《农场管理学》一书的具体内容,更可为之佐证。其主要内容包括:农业种类,兼营农与专营农,集约农与粗放农,维持地力,注重于牲畜问题之农场管理,农场大小,美国各地各级农场与其他的因子,资本,租地的方法,农场劳动者,农场设备,农场布置,轮作制度,农产物的销售,农场报告及计算,估价之核计,地域之选择,农场之选择及购买[2]。以上内容与卜凯《中国农场管理学》的主要方面是基本一致的。

卜凯的西学立场和方法,受到同一时代我国一些学者的否定性评价。譬如署名隐农的作者认为,卜凯氏主持完成的农村调查报告不少,不过他到底是外国人,对于中国情形和语言文字毕竟有些隔阂,总脱不掉外国人的脑筋和方法[3]。曹茂良认为,金陵大学农经系的调查统计,"或竟替洋人做宣传,是其缺点"。他主张必须改变抄袭美国人著作的状况,建立中国化的农业经济学,"不但在形式上要中国化,并且精神上思想上要中国化,甚至作者也要是中国人"[4]。马克思主义学者的批判更加

---

①〔美〕卜凯、〔美〕刻蒂斯著,戈福鼎、汪荫元译:《中国农场管理学》,第1页。

②G. F. Warren, *Farm Management*, New York : The Macmillan Company, 1914.

③隐农:《介绍一个学农业经济的地方》,《大公报》(天津)1931 年 7 月 28 日。

④曹茂良:《中国农业经济学之建立》,《大学月刊》1942 年第 1 卷第 11 期。

全面，如冯和法认为，美国有所谓实用经济学，但凡是不能（或不愿）彻底解决中国农村经济问题的，都是"庸俗的农业经济学"，唯有对农业生产关系的研究方能正确地求得农村问题的核心①。陈翰笙指出："金陵大学美国教授主持之农村调查，所用表格大都不适于当地情形。"②钱俊瑞说，卜凯的办法代表着国外和国内一般农业经济学家的见解，非但是偏而不全，而且没有找到问题的中心。农村经济的中心问题，是探讨某一特定的社会发展阶段中农村社会的生产关系，人口问题、农场大小问题、农业劳动问题、耕畜和肥料问题等，只有在这里才能得到一个综合的合理的说明。卜凯的观察和统计方法也多成问题，他毕竟是一个来自典型的资本主义国家的"客卿"，中国的一切事物一经他的目光便充分的"资本主义化"了，譬如中国的农场差不多都是在家长督促之下的家庭劳动的经营，由整个家庭共同负责，但一到卜凯手里，便把家主和其他家庭分子硬生生地对立起来。在具体的计算方法上，也有"平均数多数是'平均数的平均数'"的错误③。以上观点，被美国学者史澜导（Randall Stross）1986年出版的《僵硬的大地：美国农学家在中国的土壤上，1898—1937》基本上继承。他也认为，卜凯以美国的课堂知识、农业概念和调查技巧所建立起的分析架构来理解中国的农业经济，无视中国严重的租佃关系问题，没有看到在中国历

①冯和法：《庸俗农业经济学批判》，《中国农村》1937年第3卷第2期。
②陈翰笙：《中国农村经济研究之发轫》，汪熙、杨小佛编：《陈翰笙文集》，第34页。
③钱俊瑞：《评卜凯教授所著〈中国农场经济〉》，薛暮桥、冯和法编：《〈中国农村〉论文选》下，第897—905、909—918页。

史条件下"政治、社会、经济的变革都是必需的"①。

那么，对以上否定性的批判应该如何看待呢？笔者以为，卜凯以西学立场和方法进行调查和研究一定有和中国农村实际相脱节的地方，这的确是事实；用平均数的平均数来计算平均数，也确为不可原谅的错误，但超出这一层面的批判，则似有苛责之嫌了。其一，有的观点似乎暗含着外国人对中国社会隔膜太深，不能或者说没有资格对中国农村经济进行研究，否则即便进行研究也是隔靴搔痒，价值不大的意思。事实上这种现象当然会存在，但这是否就成为外国学者不能研究中国问题的理由，则应另当别论了。尤其是当我国学者所掌握的调查研究方法还不够，研究成果也不够多的时候，为什么不允许外国学者进行研究呢？卜凯的弟子乔启明说："关于农村问题可说一点都莫有研究与供献，可是我们中国人尽管可不去研究，但同时就不能不让其他外国人在那里研究了。"②虽有不满之情绪，但确有一定的道理。

其二，当外国学者考察和研究中国社会时，无法也不可能脱离本国的立场和视角。即便他们希望站在中国的立场和角度，也几乎是不可能的。毕竟他们是外国人，有其本国的社会背景、教育背景，对他们而言中国是陌生的国度，他们只能在这个前提上考察中国、认识中国。正如中国人考察和研究外国一样，也不可能完全脱离本国的立场和视角。这点只要换位思考，其实是不难理解的。有的学者说卜凯的调查和研究是替洋

①陈意新：《史澜导〈僵硬的大地：美国农学家在中国的土壤上，1898—1937〉》，《中国学术》第2辑，商务印书馆2000年版，第329页。
②乔启明：《卜凯的中国农村经济》，《社会学刊》1931年第2卷第4期。

人做宣传，这就有些言过其实了，倒不如说卜凯"是热忱中国农业经济问题的有心人，是传播美国农经学术及其治学方法到国土上求应用的有力使者"①。卜凯来中国数十年，从推广农业改良到从事农业经济学教育、进行农村经济调查和研究，似不存在仅仅替洋人宣传的动机和行为。如前所说，增强中国以及外国对中国的了解，改进中国农业经济状况，才是其主要目的。

　　其三，在卜凯调查研究中国农村经济时，西方尤其是美国不仅经济发达程度远高于中国，现代各个学科领域的研究水平也远高于中国，他不可能不用西方尤其是美国先进的农业经济学、农场管理学的方法和原理来考察和研究中国。正如冯静远所说的："用这样方法，来研究农家经济，本是美国最流行的农业经济理论的一脉相承。"② 其实，无论中外，尽管农村经济的具体实际有所不同，但基本的学科方法和学科原理是一致的，用此方法、原理和框架来考察和研究任何地区的农村经济都是合适的。也只有如此，才能看到相互之间的区别，这应该是科学研究的基本常识。我们所反对的，是以理论代替实际，以西方经济学原理取代中国研究而得到的结论。退一步说，即便是当时中国学者考察和研究中国的农村经济，同样也要参用西方先进的学科方法和原理，而不可能再用中国传统的农书之类的方法。传统农书最著名者如北魏贾思勰的《齐名要术》、明代徐光启的《农政全书》，更多是描述农业作物、生产工具和生产技术的现象，尚未达到系统的理论方法层次，更没有成为一门现代

---

① 沈文辅：《卜凯、刻替斯合著：中国农场管理学》，《中农月刊》1943 年第 4 卷第 1 期。
② 冯静远：《中国农家经济》，《华年·读书副刊》1936 年第 5 卷第 43 期。

意义的学科。曹茂良强调"农业经济学既要中国化,则其内容,无疑的必以中国事实为题材,然后站在中国人的立场,用科学方法,把它连串起来"[①]。问题是,所谓科学方法,实际上无法脱离与西方农业经济学的关联,从曹氏所拟定的中国化农业经济学的纲目来看,其核心内容农业生产、农业经营形态与卜凯的《中国农家经济》和《中国农场管理学》并无太大差别。这就更加表明,近代以来所谓农业经济学的中国化其实就是西学指导下的中国化,与中国传统农书没多少继承关系。陈翰笙、钱俊瑞和冯和法也是如此,他们同样是运用现代西方社会经济的方法和原理对中国农村经济进行调查和研究,而不是坚持中国农书的传统,这点与卜凯并无截然不同。即便调查中平均数计算方法存在着不少问题,但这一技术错误同样不能作为否定现代西方统计方法的理由。

其四,以上几位马克思主义学者对卜凯的批评,关键是指卜凯从农场管理学的角度调查和研究中国农村经济,没有找到中国农村经济问题的中心——生产关系。应该说,这个判断是完全正确的。然而,如果仅从学术角度衡量,即便存在着差别,也不是非此即彼的关系。马克思主义学者当然是为了服务于革命的目的,依据革命的理论来设计中国农村调查和研究的中心内容,而与此逻辑一致,卜凯不过是从农场管理学的理论和方法来设计中国农村经济调查和研究的中心内容。事实上,如前所述他的确强调不将社会因素和阶级关系作为主要的研究对象,尤其是对于一个外国学者,要求其按照革命的理论进行调查和研究,就等于将他变成一个革命者了。其实,即便革命

---

① 曹茂良:《中国农业经济学之建立》,《大学月刊》1942 年第 1 卷第 11 期。

是根本的目标,但从农场管理学角度进行研究,进而提高生产效率,也是有必要的。

　　不仅如此,还应看到,卜凯并不完全以西方尤其是美国的立场和方法来调查研究中国农村经济,他对中国传统社会关系所起的作用也很重视,譬如他比较注重传统亲友关系的利用。1921—1925年调查时,除了半数表格由金陵大学高年级学生调查填写之外,其余半数由新聘的调查员进行,这些调查员为当地人,选择标准"亦纯以其对于农民和农业状况的认识程度以为定。就著者调查中国农村状况的经验而言,首要条件,即为找得一个当地土著而且同时系与农民熟习的调查员"[1]。由此表明,卜凯的调查方法根据中国社会的具体实际做了一定程度的变通。不过,这一方法也受到钱俊瑞的批评。钱氏认为调查员都是金陵大学的学生和聘请来的助手,而他们的家庭境况远在一般水平之上,他们在熟悉的环境中从事调查的时候,最容易和他们发生关系的是那些经济地位和自己相仿或是带些亲谊的人们,因此造成十分偏颇的主观[2]。这一看法不无道理,然而利用传统社会关系乃至借助官方力量进行调查,是当时许多农村调查都采取的方法,或者说是没有办法的办法;而认定调查员家庭经济状况较好就一定调查相类的农家,也不存在这个必然性。

## 二、中西农业经济之比较

　　上述所谓西学观,可以说是卜凯调查研究中国农村经济的

---

①〔美〕卜凯著,张履鸾译:《中国农家经济》,第2—4页。
②钱俊瑞:《评卜凯教授所著〈中国农场经济〉》,薛暮桥、冯和法编:《〈中国农村〉论文选》下,第905—909页。

宏观指导思想,已经具有中西之间的比较意识。不过,在此思想指导之下进行实际调查以及发表的成果,才真正反映了卜凯的比较方法。

所谓比较,主要是比较中西、中美之间农村经济形态特别是农业经营方式的差别。卜凯说,农场管理学以及农场经营成功的基本原则对于世界各国都是一样的,但"对于各种要素所需程度之多少及高低各有不同,犹如他种农业科学之各种原则,在各地之应用方法,亦大有不同"①。而这些差别,正是卜凯所要比较的内容。从《中国农家经济》《中国土地利用》以及《中国农场管理学》来看,卜凯对农业经营方式的主要方面都进行了比较,并由此显现出中西农业经营方式的优劣。

第一,田场面积的差别。

田场面积,即农家耕种的田亩数额。其数量大小影响着农业经营的各个方面,特别是经营结果,如卜凯所说:"农场企业大小之不同,乃农场间利润差异最主要原因之一。"这一原则不仅对于中国,对于世界各国都是适用的②。

卜凯先是在《中国农家经济》中对田场面积进行了中西对比。中国农家田场作物面积为 2.13 公顷,而美国为 24.69 公顷、丹麦为 13.25 公顷,分别为中国的 11.6 倍、6.2 倍,中国与欧美国家的差距是非常明显的③。在《中国土地利用》中,卜凯对中国田场面积做了更加详细的分类统计:田场面积平均为 1.69

①〔美〕卜凯著,徐澄译:《芜湖附近一百零二农家之经济的及社会的调查》,第 69—70 页。
②〔美〕卜凯、〔美〕刻蒂斯著,戈福鼎、汪荫元译:《中国农场管理学》,第 22 页。
③〔美〕卜凯著,张履鸾译:《中国农家经济》,第 55 页。

公顷，中数为 1.34 公顷；作物面积平均数为 1.51 公顷，中数为
0.96 公顷。以田场平均面积来对比，美国平均为 63.47 公顷，荷
兰为 5.78 公顷，德国为 8.74 公顷，丹麦为 16.08 公顷，英格兰和
威尔士为 25.57 公顷，分别为中国的 37.6 倍、3.4 倍、5.2 倍、9.5
倍、15.1 倍[①]。在上述两书中，美国数据差别较大，前一书中的数
据根据 1928 年美国商部的统计，后一书中的数据根据 1934—
1935 年的国际农业统计资料，无从详考。但即便如此，并不影
响欧美国家的农场面积远大于中国农场面积的结论。

　　哪些因素导致了中西农场面积有如此大的差别呢？从卜
凯所述，主要是中国人口密度较高。他认为，尽管耕作集约的
程度、所种作物种类以及畜牧事业的范围都能影响田场的大
小，但所有这些"都受人口密度的支配"[②]。据对中国 2640 个农
家的统计，每平方公里耕地的人口密度为 282 人。与之相比，
丹麦每平方公里耕地的人口为 30 人，美国为 19 人，分别仅为
中国的 10.6%、6.7%。而人口密度之所以有如此差别，卜凯认
为主要是中国"每单位土地的生产量较低之故。丹麦与美国
人口甚疏，由于食品中多用牲畜产品，所以所需之土地面积，亦
不得不较广。丹麦土地虽不及美国之丰，但该国人民，不愿多
繁殖，以减低生活程度，所以人口亦不密"[③]。此外，卜凯还认为
这种情况与中西人口状态有关，即中国人口"颇幼稚"的高出
生率和高死亡率。在中国，男子初次结婚年龄 20 岁以下者超
过男子结婚者的半数，女子初次结婚年龄 20 岁以下者占女子

---

① 〔美〕卜凯著，乔启明等译：《中国土地利用》，第 351 页。
② 〔美〕卜凯著，张履鸾译：《中国农家经济》，第 55 页。
③ 〔美〕卜凯著，张履鸾译：《中国农家经济》，第 471 页。

结婚者的 81%。而美国纽约州(纽约市除外),20 岁以下结婚者,男子仅占 3%,不到中国的 54%;女子占 30%,不到中国的 81%,由此中国人口生育率明显高于西方国家[①]。由于西方国家人口的死亡率比中国低,美国、英格兰及威尔士不及中国之半,部分抵消了中国的高生育率[②]。不过,两相合计,中国人口仍处于增加状态。用瑞典人口学家孙达堡(Sundbarg)的标准数进行计算,结果也可为之佐证。该标准将人口总数按百分率分作 0—14 岁、15—49 岁、50 岁以上三组来计算,中国农村人口处于增加的趋势[③]。

人口密度之外,卜凯还认为有三个原因导致中国田场面积过小:第一,工商业不发达,"农之子仍不得不为农。农夫过剩,所以耕种的面积不得不小";第二,每代人口增加,"田场分而又分,子孙所耕种的土地,不得不较他们的祖先日渐减少"[④];第三,非生产用途面积所占土地的比例较大,如农舍面积占 3.4%,道路、坟墓、池塘及其他水面面积占 4.2%,共占 7.6%,而美国田场的非生产用途面积仅占 4.5%,没有坟地一项[⑤]。进一步言之,以上几点有的是中国传统的分家制度和坟地所致,有的是现代工商业落后所致,也即是传统与现代因素相互结合的结果。

第二,田区分布的差别。

田区俗称田块,田区分布指的是农家田地的坐落形态。卜凯说:"无论任何国家,田区制度,对于其农业发展都有绝大关

①〔美〕卜凯著,乔启明等译:《中国土地利用》,第 527、533、540—541、544 页。
②〔美〕卜凯著,乔启明等译:《中国土地利用》,第 547、553 页。
③〔美〕卜凯著,张履鸾译:《中国农家经济》,第 457 页。
④〔美〕卜凯著,张履鸾译:《中国农家经济》,第 192 页。
⑤〔美〕卜凯著,乔启明等译:《中国土地利用》,第 207 页。

系。"关于中国农家田场的分布,从 1921—1925 年对 7 省 15
个地区 2540 田场的统计来看,每一田场平均有 8.5 个田区,每
一田区平均 0.39 公顷①。对此现象,卜凯称之为散漫田区的"旷
田制","每一田区常包括一丘或一丘以上之田地"②。农家田地
"颇多分散,东一块,西一片"③。

旷田制并非中国独有的现象。据卜凯对西方历史的了解,
英国等欧洲国家也曾和中国一样有这种旷田制,此种"家家耕
种既无藩篱,而又东零西落之旷田制,却正与昔日的英国以及
欧洲其他诸国所通行之条田制无大差异"。不过,后来经过圈
地运动,旷田制在英国等欧洲诸国渐渐绝迹,变为有围篱的农
场,当时虽仍有一些地区还存在,但也在缩减之中。譬如爱尔
兰自由联邦,由于政府努力合并,各小田地极速消减。德国西
部及南部,旷田制也很普遍,田地分布于七八十处是平常的事,
但"近亦努力于调整之工作"④。

在旷田制和整块田地之间,卜凯比较倾向于后者。他认
为,旷田制"利固很多,而弊亦不少"。其优点如中国农人所言,
"可以免除好田、坏田,或只宜于某种作物的田地,萃于一人之
弊端"。不过,如果将旷田制改为整块农田,以上两种优点仍可
保存。"因一块田场,亦可以包括两种田地。不然一个田场分
为两区,亦未尝不可。改正田区制度的时候,灌溉亦系应当加

---

①〔美〕卜凯著,张履鸾译:《中国农家经济》,第 27 页。
②〔美〕卜凯著,张履鸾译:《中国农家经济》,第 27 页。
③〔美〕卜凯博士讲,唐希贤追记:《欧洲农业概观》,《农林新报》1933 年第
　10 年第 32 期。
④〔美〕卜凯著,张履鸾译:《中国农家经济》,第 27 页;〔美〕卜凯博士讲,唐
　希贤追记:《欧洲农业概观》,《农林新报》1933 年第 10 年第 32 期。

以考虑的一个问题。江苏武进和丹阳两县境内的农民,常互相约定,将彼此接邻农田所种之作物,完全一致。例如约定种小麦与稻者,大家即都种小麦与稻。约定种大麦与黄豆者,大家即都种大麦与黄豆。如是,田地虽不属于一人,而彼此接连成一片,对于灌溉方面,便利实多。不过此种优点,在改正田区制度时,亦不难保存,只要大家能够继续这种合作的精神和办法。……田区制度改正以后,农人却有田地连成一片的种种利益。"①

在此基础上,卜凯总结了整块农田的五个好处:其一,阡陌的数目和广袤减少,可以增加耕地面积与减除争端;其二,田块面积既大,耕种的时候,时间比较经济;其三,田地成一整块,栅栏、篱笆、沟渠等屏障物即可应用,防护严密,可免除因行人、窃贼与拾柴人等而有的种种损失;其四,对于灌溉和排水更易节制,因散漫田亩时,为一小区的田地掘一水井,以资灌溉,殊不经济,而几个农夫合作共用一井也异常困难;其五,对于防止病虫害和野兽的损害也比较有利。总体看来,"整块的田区,比较利多而害少"②。卜凯又以英国等欧洲诸国的历史进行对比、佐证,认为旷田制变为有围篱的农场之后,"农业方有显著之进步"③。

第三,土地用途的结构性差别。

土地用途,指田场土地的使用形态。卜凯在四个方面做了中西比较:

---

① 〔美〕卜凯著,张履鸾译:《中国农家经济》,第33—34页。
② 〔美〕卜凯著,张履鸾译:《中国农家经济》,第34页。
③ 〔美〕卜凯著,张履鸾译:《中国农家经济》,第27、34页。

其一，作物收获与休闲面积的比例。在中国，栽种作物及实际收获的面积占作物总面积的 97.9%，无收获面积只占 0.9%，休闲作物面积为 1.2%。而在美国，1930 年作物面积中，有收获者占 86.9%，无收获者 3.1%，休闲者 10%[①]。中国农家作物的复种也证明，"平均有半数的作物面积，都实行复种制；所有第二季的作物，差不多都种于冬季作物收获之后"[②]。可见，美国的休闲面积比例大大高于中国，中国的土地使用远较美国为集约。

其二，不种植作物面积的比例。对 1921—1925 年 7 省 15 处 2638 田场的统计显示，不种植作物的农地占总面积的 4.9%。在美国纽约州，不种植作物的农地占农地总面积的 6.24%，中美两地相差无多。不过，由于中国田场中有一些农舍道路与其他种种所占去的土地，"不栽培作物之农地，占田场总面积之比数，亦甚可观"[③]。

其三，作物与牧场、森林面积的比例。作物占土地面积的比例，在中国达到 90%，而美国为 42%，远不及中国。牧场占土地面积的比例，在中国占 4.6%，而英国占 56.8%，美国占 35.1%，意大利占 20.1%，德国占 17.4%，欧美远高于中国。森林占土地面积的比例，也是中国较低，仅占 8.7%，而美国占 31.9%，德国占 27.2%，意大利占 16.0%，欧美也远高于中国。卜凯认为，此为"东西两方之主要区别，即基于此，以致其农业方式、人口密度、食物消费性质及土地使用效率，大不相侔"[④]。

---

① 〔美〕卜凯著，乔启明等译：《中国土地利用》，第 214—215 页。

② 〔美〕卜凯著，张履鸾译：《中国农家经济》，第 222 页。

③ 〔美〕卜凯著，张履鸾译：《中国农家经济》，第 37—38 页。

④ 〔美〕卜凯著，乔启明等译：《中国土地利用》，第 204—205、207 页。

其四，不同作物面积的比例。在中国，所种的主要作物通常限于果实、纤维与茎叶等能供人类直接享用的作物，而畜牧事业可以说是绝无仅有，"除蒙古、西藏以外只有几处交通便利的通都大邑，近年来才渐有乳牛事业的萌芽"。在德、意、英、美诸国，种植秣草达到作物面积的 20% 至 50%，先用农作物饲育牲畜，然后再利用牲畜和畜产品，与中国农业"完全异趣"。就美国而言，土地的 15% 用于耕植小麦、糖与其他食料，所产生的食物能力占 59%；22% 的土地用以饲养乳牛，所产生的食物能力占 17%；63% 的土地供肉类的生产，所产生的食物能力占 24%[①]。以上作物的种植比例，直接影响了家庭收入结构。中国农家收入中，各种农产物占 80.5%，畜产连蚕业在内占 6.6%，蔬菜与根茎作物占 3.4%，畜产占收入 10% 以上的地方没有一处。而美国许多地方，畜产至少占总收入的 1/3 时利润才最大，动物生产和植物生产兼顾减低了失败的危险[②]。

第四，农业产量的差别。

农业产量，包括平均每田场产量和单位面积产量。关于田场谷物产量，1929—1934 年的调查结果显示，中国平均每田场产量为 3492 公斤，而美国已经达到 48 888 公斤，为中国的 14 倍。这与上述中国田场面积比美国及西方多数国家较小有直接关系[③]。

关于单位面积产量，1921—1925 年的调查显示，每公顷小麦的产量，中国为 9.7 公担，相比之下，丹麦每公顷小麦的产

---

① 〔美〕卜凯著，张履鸾译：《中国农家经济》，第 222、486—487 页；〔美〕卜凯著，乔启明等译：《中国土地利用》，第 253 页。

② 〔美〕卜凯著，张履鸾译：《中国农家经济》，第 84、92 页。

③ 〔美〕卜凯著，乔启明等译：《中国土地利用》，第 12 页。

量为 33.1 公担,比利时为 25.3 公担,英国为 21.2 公担,法国为
13.1 公担,美国为 9.9 公担。美国和中国相差不大,但也高于中
国,其他欧洲国家都明显高于中国。每公顷玉蜀黍的产量,中国
为 7.5 公担,美国为 16.3 公担,意大利为 15.8 公担,罗马尼亚为
13.1 公担,中国也明显低于欧美国家。每公顷棉花产量,中国
为 1.8 公担,美国为 2.0 公担,和中国差别不大,但也高于中国。
水稻和山薯两种作物,中国均高于美国,每公顷水稻产量,中国
为 25.6 公担,美国为 16.8 公担。"一部分系由于耕种方法的较
为集约。中国稻作在生长季里面必须中耕几次,而对于增加有
机质肥料的一层,也要化费不少的劳力和资本。"每公顷山薯产
量,中国为 68.5 公担,美国为 24.6 公担。"一部分由于中国所花
于翻藤的人工很多,因此藤上不易生根。而中美土壤或者不同
也是原因之一。"[1]1929—1934 年的调查结果,与上一调查类似,
除了水稻之外,其他作物的单位面积产量,中国都低于德、意、
英、美诸国。如每公顷大麦产量,中国为 10 公担,德国、英国为
20 公担,美国为 12 公担;每公顷玉蜀黍产量,中国为 13 公担,
意大利为 18 公担,美国为 16 公担;每公顷小麦产量,中国为 11
公担,英国为 21 公担、德国为 20 公担,意大利为 14 公担;每公
顷棉花产量,中国为 2 公担,意大利为 5 公担,美国为 4 公担[2]。

从以上农业单位面积产量的差别,卜凯得出结论:"田场面
积过小,不合经济原理,而利润太小。这是人口过剩的一个确
切证明。"[3]

---

[1]〔美〕卜凯著,张履鸾译:《中国农家经济》,第 289—293 页。
[2]〔美〕卜凯著,乔启明等译:《中国土地利用》,第 279、284 页。
[3]〔美〕卜凯著,张履鸾译:《中国农家经济》,第 192 页。

第五,劳动效率的差别。

如果说不同作物单位面积产量在中西之间差别不是特别大,而在农民个人生产能力、劳动效率上中西则全面显示出巨大的差距。

其一,农民每年的谷物产量。按每一人工等数(农民一周年的工作)计算每一农民的谷物产量,中国仅 1400 公斤,美国则达到 20 000 公斤,美国为中国的 14.3 倍。但是,"美国农民占全国人口四分之一,中国人口则四分之三皆为农民,而美国农民每人反能供给较多之农产品者"[1]。

其二,每一人工钟点的谷物产量。玉蜀黍在中国为 1.1 公斤,美国为 45.5 公斤,美国为中国的 41.4 倍;小麦,中国为 1.6 公斤,美国为 39.4 公斤,美国为中国的 24.6 倍;水稻,中国为 2.2 公斤,美国为 18.7 公斤,美国为中国的 8.5 倍;大豆,中国为 1.3 公斤,美国为 8.2 公斤,美国为中国的 6.3 倍[2]。

其三,单位面积生产所需人工量。中国一公顷小麦所需人工等数为 64 日,美国仅需 3 日,中国为美国的 21.3 倍;中国一公顷棉花需 131 日,美国需 34.6 日,中国为美国的 3.8 倍;中国一公顷玉蜀黍需 57 日,美国需 6.2 日,中国为美国的 9.2 倍[3]。人工效率之所以有如此大的差别,卜凯认为美国"由于多花资本以节省高贵的劳力。在中国除土地外,人工为农业生产的主要原素,而美国则以投于新式农具与机器的资本为主。中国所

---

① 〔美〕卜凯、〔美〕刻蒂斯著,戈福鼎、汪荫元译:《中国农场管理学》,第 3 页;〔美〕卜凯著,乔启明等译:《中国土地利用》,第 373 页。

② 〔美〕卜凯著,张履鸾译:《中国农家经济》,第 426 页。

③ 〔美〕卜凯著,乔启明等译:《中国土地利用》,第 14 页。

投者人工,美国所投者资本,此为两国农业根本上不同之点"①。
从平均每个田场投资结构看,在中国,土地为 1374 元(包括树
木),占资本总额的 77.7% ;其次为房屋,为 250 元,占资本总
额 14.1%。以上两项合占资本总额的 91.8%。而用于生产的牲
畜、农具和杂项投资各为 66 元、46 元和 33 元,合计仅占资本总
额的 8.2%。这"与西洋各国比较,更是相差甚远",主要原因在
于中国"人口过密,地价甚高,同时也由于缺乏畜牧事业和新式
农具"②。每一工人等数应摊役畜单位的数量,中国为 0.48,而美
国则为 3.82,是中国的 7.96 倍③。不仅如此,中国的役畜较诸多
数国家,体格较小,饲养较差,行动较缓。中国耕作多用水牛,
而英、美等国耕作皆用骡马,速度较快④。农具上与美国相比,更
有明显差距。以一种农具或机器所做的工作量(称"工率",指
农具一英尺宽度或抽水机或碾磨机每匹马力所做的工作量)来
衡量,美国大多数机器每种工作均超过 1 英尺的宽度,平均工
率为每天 1.4 英亩或 8.4 市亩。而中国除耙之外,大多数农具
每种工作均不足 1 英尺的宽度,而且构造不良,所用拉牵力较
少⑤,"类皆不能节省大量劳力,而每一农具,复不能多配役畜以
省人工"⑥。

---

① 〔美〕卜凯著,张履鸾译:《中国农家经济》,第 424 页。
② 〔美〕卜凯著,张履鸾译:《中国农家经济》,第 78 页。本文的货币单位
　"元"指银元。
③ 〔美〕卜凯著,张履鸾译:《中国农家经济》,第 331 页。
④ 〔美〕卜凯著,乔启明等译:《中国土地利用》,第 416 页。
⑤ 〔美〕卜凯、〔美〕刻蒂斯著,戈福鼎、汪荫元译:《中国农场管理学》,第
　128 页。
⑥ 〔美〕卜凯著,乔启明等译:《中国土地利用》,第 416 页。

第六,租佃经营的差别。

租佃经营是与地权分配相关的一种经营方式。首先是佃农比例。在中国,自耕农占农民总户数的一半以上,半自耕农不及三分之一,佃农仅占 17%[①]。而在其他国家,大多数租佃比例较大,如英国有 75% 的农民是佃农,美国占 42%,德国占 25%,日本占 27%[②]。

其次,租佃期限和纳租方法。过半数的中国佃农一直耕种一块农地,而美国的钱租制期限为 3.8 年,分租制期限为 2.6 年。中国佃期之所以较长,主要有三个方面的原因:1. 人口太密的地方,没有余地出卖;2. 佃农耕种小农场,没有剩余资本买地;3. 缺乏充分信用,而在美国一个农民可以先做雇农,积蓄了相当资金就租地当佃农,再经过相当时间自己买地变成自耕农。但不论佃期长短,两国佃农对于土地的态度是一样的,他们不知道什么时候会被地主解佃,因此对土地改良常不发生兴趣。至于纳租方法,中国纳租同其他各国一样,各地互不相同,每一地方都有主要的纳租方法[③]。

再者,佃农经营效果。在卜凯看来,中国佃农的经营效果与其他各国并无多大差异。佃农经营农场固然比自耕农好,但因为佃农进款主要靠劳力与管理,自耕农除劳力与管理外还有投资土地的报酬,所以实际进款比佃农多,生活程度也高于佃

①〔美〕卜凯著,乔启明等译:《中国土地利用》,第 236 页。
②〔美〕卜凯著,翁绍耳译:《中国租佃问题》,《财政评论》1945 年第 13 卷第 3 期。
③〔美〕卜凯著,翁绍耳译:《中国租佃问题》,《财政评论》1945 年第 13 卷第 3 期。

农[①]。卜凯还强调，在中国，如果将同在一处的佃农与自耕农的每个成年男子单位家庭赚款进行比较，尽管佃农不及自耕农有利，但并非由于佃农才干卑劣，而是因为遗产太少。在1921—1925年调查的2866个田场中，有2370个田场，也即90%以上的土地系由遗产得来。如果说在别的容易获取土地的地方或国家，也许会有佃农才干卑劣，比自耕农获利较低的情形，但在中国，到处可见佃农是比自耕农勤苦耐劳的[②]。

第七，家庭消费的差别。

家庭消费为农民生活水平的标志，也是对农场经营结果的检验。首先，是对平均每户消费额度的比较。在中国，每户平均为5.94人，全年平均消费银元228.32元，平均每人38.4元。在美国，每户平均为4.8人，全年平均消费美金1598元，合银元2988元，平均每人622.5元。按平均每人费用计算，美国为中国的16.2倍。当然，如卜凯所指出的，真正的生活程度不一定有如此巨大的差异，"双方生活程度的差别，一部分乃系由于中国农人之主要食物为种实、块茎及块根，较之美国人之主要食物之肉类，大为廉贱。……不过从各方面观察，中国农家生活程度较美、日、丹各国为低，乃确系毫无疑义之事实，生活程度之低，似犹在最低标准之下"[③]。

其次，是对家庭消费结构的比较。食物消费占总费用的比例，即恩格尔系数，是衡量生活水平的一个重要标准，食物比例越大表明生活水平越低。中国农家，食物消费占总费用

---

①〔美〕卜凯著，翁绍耳译：《中国租佃问题》，《财政评论》1945年第13卷第3期。

②〔美〕卜凯著，张履鸾译：《中国农家经济》，第206—207页。

③〔美〕卜凯著，张履鸾译：《中国农家经济》，第519—521页。

的58.9%,而美国为41.2%、丹麦为33.0%,这一点又"足以证明中国之生活程度较外国为低"①。衣着费用,中国农家的消费比例也较低,占总费用的7.3%,而美国占总费用的14.7%②。住房价值,中国平均每个农家为580元,而美国为美金2169元,合银元4056元,为中国的7倍③。还有一类生活改进费用,指宗教、敬神、娱乐、社交以及教育等费用,在中国农家此项费用占总消费的8.9%,而美国为6.6%。二者差别不大,"颇足令人诧异。或者一部分系由于在美国将用于教育方面之地税,未列入于生活改进费项下,而在中国则将新年费与社交费全数列入于生活改进费所致。……美国汽车费系列于工作费项下,其中至少有一部分,可以列入于生活改进费项下"④。其实,在娱乐费用上,中国农家平均全年仅1.92元,而美国农家平均为美金22.50元,合银元42.1元,为中国的21.9倍⑤。

再者,是对食物消费结构的比较。与耕地用途相关,中国食物热量来自谷物者高达90%,而美国只占40%弱。美国农民食物热量取自动物产品高于中国农民39倍,取自糖类高50倍,取自水果高30倍。美国有一个关于食物热量分配最合于经济卫生原则的建议:食物热量出自谷类者应占30%—40%,乳类应占20%—25%,蔬菜与水果占12%—15%,脂肪与植物油占10%—12%,糖类占10%—12%,而肉类、鸡卵、干酪等占5%—10%。而中国没有一处能从脂肪与植物油、糖类与肉类以

---

① 〔美〕卜凯著,张履鸾译:《中国农家经济》,第514、520、527页。
② 〔美〕卜凯著,张履鸾译:《中国农家经济》,第527页。
③ 〔美〕卜凯著,乔启明等译:《中国土地利用》,第18页。
④ 〔美〕卜凯著,张履鸾译:《中国农家经济》,第536页。
⑤ 〔美〕卜凯著,张履鸾译:《中国农家经济》,第547页。

及鸡卵与鱼类等食物中,获得充分的热量①。与此结构相关,中国农民饭食"多系种子类之略经舂碾者,而美国则以白粉及其他精细之谷物制造品与糖类居多。……饭食之体积,显然远过于西洋混合饭食。后者动物产品消费较大,故脂肪较多。脂肪质每单位重量所供给之能力,抵碳水化合物或蛋白质二又四分之一倍。所有蔬菜几皆含有粗纤维质,匪独不易消化,势且阻碍其他滋养料,尤为蛋白质之消化性"②。

对于以上卜凯所使用的中西比较方法,中国农村经济学者的看法不一。有的基本上给予了肯定,如冯静远就认为,《中国农家经济》"全书分析农场经营各条件,常与欧美各国的情形相比较,尤其是与美国的情形相较,以反映出中国农场生产的缺陷及落后"③。有的对比较中的某些问题提出了质疑,如沈文辅认为,移植外国资料来引据,未免隔靴搔痒,不切实用;而且大多限于美国各州农业试验场与其他各国较近期的研究报告,比如以纽约州的乳牛业来比较牧场经营,不甚切合中国国情④。梁方仲认为,在单位面积土地种植各种作物所需劳动日的问题上,把中国与美国那样的国家进行比较,如果不同时考虑技术方面的问题(即两国农具在质量和数量上的差异),是没有多少意义的。影响生产效率的,更主要的是机械方面的差异,而不是劳动力的差异⑤。钱俊瑞虽然没有专门对卜凯的比较方法提

---

① 〔美〕卜凯著,张履鸾译:《中国农家经济》,第486—487页。
② 〔美〕卜凯著,乔启明等译:《中国土地利用》,第588页。
③ 冯静远:《中国农家经济》,《华年·读书副刊》1936年第5卷第43期。
④ 沈文辅:《卜凯、刻替斯合著:中国农场管理学》,《中农月刊》1943年第4卷第1期。
⑤ 梁方仲:《卜凯〈中国土地的利用〉评介》,《梁方仲经济史论文集集遗》,第349页。

出批评,但如前所述他把卜凯说成是将中国所有事物都"资本主义化",就包含了批评卜凯以西方裁量中国的意思。

那么,如何看待用外国数据和中国农家经济进行比较呢?

首先,尽管卜凯调查研究的对象是中国农家经济,但其来自西方特别是美国的身份和方法论资源,都决定了他具有中西比较的视野。在此视野之下,使用外国资料作为参照恰恰更能凸显中国农家经济的特点。此为不同国家或区域比较的应有之义,中西国情不同并不影响在研究中使用比较的方法。

其次,卜凯以发达的欧美国家为标准来比较,必然得出中国农家经济落后的结论。这一结论当然显示了他的自我优越感,但也是其现代化意识的一个反映,关键是这一结论是否符合中国的实际情况。答案基本上是肯定的。

第三,有的批评比如梁方仲认为中美两国的生产效率比较没有考虑两国农具的差异,如上所述,这一批评与卜凯的实际描述是不符的。

更要强调的是,无论政治背景如何,无论是否赞同卜凯的西方立场和视角,大多数进行中国农家经济研究的学者在实际调查和研究中也都采用了中西比较方法,并得出了中国农村经济落后的结论。在中国教学和研究的西方学者自不必说[1],中国学者也多如此[2]。即便是马克思主义学者,在从事相关研究

---

①如〔英〕托尼著,陶振誉译:《中国的土地和劳动》,正中书局 1937 年版;
〔美〕戴乐仁等著,李锡周编译:《中国农村经济实况》,北平农民运动研究会 1928 年版。

②如符致逵:《从中国农产商品化谈到中国农民应有之觉悟》,《大公报》(天津)1937 年 5 月 5 日;杨蔚:《采用农业机械的合理化》,《大公报》(天津)1934 年 4 月 18 日;董时进:《农业国家何以要闹粮荒》,《大公报》(上海)1946 年 5 月 17 日;过探先:《中国之农业问题(三)》,《农林新报》1929 年第 160 期。

时也不是没有与西方进行比较,如薛暮桥在研究中国农业经营时,就与美国南北部各州、东北部各州以及德国巴登农场进行比较,认为中国农业雇佣劳动尚处于低级水平[①]。不过相比而言,卜凯所涉及的中西比较是最全面的,这应该是他对中国农村经济调查研究的一个贡献。进一步言之,中外比较的方法及其应用,在他的美国老师华伦的著作中也很少出现,卜凯来到中国后对其老师有一定程度的超越。

## 三、中西比较下中国农村传统的改进与继承

绝大多数调查研究,不是限于简单的现象描述,而是为了达到一定的目的而进行的。对中国农村经济的调查研究也是如此,在描述事实的基础上,也应提出改进和发展的目标。卜凯在西学意识和中西比较之下,就对中国农村经济提出了改进意见。卜凯不仅发表论著,还参与了国民政府主导下的农业经济改良活动。据统计,他曾向国民政府提出过108条改进农业经济的建议[②]。梁漱溟曾说:“外国人也有很多是想着来救济中

---

①薛暮桥:《中国现阶段的农业经营》,《中国农村》1936年第2卷第6期。

②Randall Stross, *The Stubborn Earth : American Agriculturalists on Chinese Soil, 1898-1937*, Berkeley :University of California Press, 1986, pp.162-165,181-183. 抗战期间,卜凯担任过国民政府农产促进委员会委员,以专家名义出席全国生产会议;抗战胜利后,担任中美农业技术合作团农业经济组美方团员。参见《促进农业生产,设立农业促进委员会》,《大公报》(汉口)1938年7月1日;《全国生产会议开会纪详》,《大公报》(香港)1939年5月15日;《中美农业团分组即出发全国各地视察》,《大公报》(上海)1946年7月13日。

国乡村的。"① 这一论断用在卜凯身上是合适的。

第一,以调查统计和农场管理学原理为基础确定国家农业政策。

国家农业政策关系到农业生产的发展。在卜凯看来,首先要重视调查统计,以农业统计为创制农业政策的基本参考材料。例如爱尔兰政府,曾认定乳酪业为最重要的事业,于是制订计划,不惜使用大宗经费,以谋乳酪业的改进;后来完成国内农业统计后才发现,家禽业较乳酪业所占的地位更为重要。因此卜凯强调,任何国家对于其国内的农业富源都应有一个详细登记,每年都应有农情报告,以明了各年实况,并须用抽样方法举办农业清查,以观察农业的变迁②。

农业管理学原理对国家农业政策的制定也应发挥其应有的作用。卜凯认为,当政府确定国家农业政策之际,农场管理学原理乃一重要"南针",其应用对于整个国家的助益和影响个别农场利润是一样的。一个国家就像一个大的企业机构,其盛衰取决于其工作效率,而此种工作效率与其官员应用企业原理的程度有密切的关系。所以,具有农场管理学训练的人士应成为确定国家农业政策最优良的官员③。

第二,借鉴和推广欧美先进农业经验。

欧美各国的农业是世界上最先进的,其方法和材料可供

① 梁漱溟:《乡村建设大意》,中国文化书院学术委员会编:《梁漱溟全集》第1卷,第621页。
② 〔美〕卜凯著,孙文郁译:《中国目前应有之几种农业政策(续)》,《农林新报》1934年第11年第6期。
③ 〔美〕卜凯、〔美〕刻蒂斯著,戈福鼎、汪荫元译:《中国农场管理学》,第2—3页。

选择、推广。卜凯认为，要想补救和解决中国农业问题，可将欧美各种现用的有效方法，通过农业推广传授给农民。推广工作应由地方政府、省政府、中央政府、农业学校及其他学校、教会、农民团体等担任 ①。推广方法同样可参考美国已经采用的，即大多数县份都有县农业推广员，有州农业推广专家与州立农业大学与之联络。推广并不是由农业部独自举办，而是准许地方组织自定步骤及聘用农业专家，如此效果比政府直接向农民推广要好得多。卜凯还列举美国联邦政府合作推广办事处调查10 000 户农家所采用的改良实例进行说明。具体方法是，开始时从一个较为开通的农民着手，向他说明实施新农业的利益，如果农民试验成功，临近的农民也会效法一试，这样就能普及到临近各村；若要迅速推广，推广专家须亲到示范成绩最好的农家，召集全乡或数乡的农民前来参观，并将成功经验刊登在日报及农民杂志。不过，卜凯认为，中国大多数农民不识字，示范推广比报纸推广更加重要 ②。

　　在推广过程中，卜凯还强调，一切改进工作都应当鼓励农民自助。尽管农民不识字，但与其他人民一样，讲实际，很能干，愿意管理自己的事，其聪明往往胜过一个没有经验的大学毕业生，故须平等看待农人，才能共谋农业的改进。美国农业推广工作证明，推广员应该走到农人跟前，攀谈他们的各种问题，慢慢引导农人自行取决一种改进方案，再由推广员从旁加以协助。农人觉得改进方案是他们自己的，于是会踊跃参

①〔美〕卜凯著，叶有琪译：《农业改良之意义》，《农业周报》1931 年第 1 卷第 14 期。
②〔美〕卜凯著，刘润涛译：《农业推广方法》，《农林新报》1935 年第 12 年第 26 期。

加,热心合作。卜凯认为,这种方法对于任何国家或民族都是适用的①。

第三,推动农业改良。

卜凯根据调查研究,认为中国农业改良有16个方面:1.河道管理计划,防止或减少水患;2.垦荒计划,包括未垦优良地的灌溉,可垦地的排水;3.土壤保护计划,防止良好土壤的冲刷;4.造林计划,保护及扩充现有森林并防止冲刷;5.土地计划,保护或交还耕者土地,重划土地,办理土地清丈及登记;6.创立特别设计区,以各区为改良单位,综合各种专门知识,拟具整个改良方案;7.在各主要农业区域,集中人才,设立农业实验场及农业教育机关;8.改良农业技术,如植物育种,防治动植物病虫害,注意作物施肥、中耕、修剪、动物饲养及改良农具;9.确立补助地方政府或特设农业推广机关的农业推广制;10.创立农业贷款制度;11.创设农产品标准等级检定委员会;12.制定农法,包括粮食掺杂取缔法;13.提倡农村合作制度,增进农民个人为生产者及消费者的能力;14.举办各农业区及各政治区如省县农情报告制度;15.兴筑公路与铁路;16.田场管理计划,利用生产要素最良组合,以谋利益最大的农艺方式。通过执行以上方案,"则改良农业,提高农民生活程度,及增进全国幸福之功,可以立睹"②。

第四,改革田场过小的弊端。

卜凯认为有三个方面:1.政府维持乡村的安宁和秩序,各

①〔美〕卜凯著,刘润涛译:《农业推广方法》,《农林新报》1935年第12年第26期;原颂周译:《卜凯教授论农人及推广》,《现代农民》1944年第7卷第6期。
②〔美〕卜凯著,乔启明等译:《中国土地利用》,第21—22页。

种改进方法始能循序渐进。2. 通过移民殖边、取缔坟墓、改用火葬、开垦荒地、部分农人转入工商等方法，增加耕地面积。如能迁墓，实行火葬，则中国八大农区的作物面积将增加 1.1%，有 1 032 743 公顷，能供养农民 40 万家以上。或将不可垦地辟为公墓，也可使农田中的坟墓面积为之大减。但永久的方法，仍在限制人口的自然增加，"惟有调整资源与人口两者之关系，其他诸国亦莫不然"。3. 集约耕种，多用劳力与资本，流通金融，改良运输与贩卖，使田场范围增大。但集约耕种须结合农业改良，如土壤充分耕耙，多加肥料，多灌溉与排水，防除病虫害，改良种子，改良畜类，多栽集约作物，用经济的方法管理田场等[①]。

第五，规定公平地租。

卜凯不认为租佃制度本身有多大问题，而是应在此前提下予以改善，譬如规定公平地租。其基本主张是，将地主与佃农所分配的田场总收入，按两方总支出的多寡成正比例进行分配。对中国 9 个地方 501 个佃户的调查显示，平均每亩的收入与支出，佃农平均少得 6.4%，最低的地方少得 19.3%；不过，也有最高的地方，佃户反而多得 7.8%。如以平均少得 6.4% 来考虑公允地租，应当用此乘以田场每亩收入 15.24 元，得数为 0.98 元，此即佃户每亩应再多得的数目。而地主每亩所得的租额，最低者为 1.73 元，最高者为 12.50 元，每亩平均为 4.43 元，如以此减去 0.98 元，应得 3.45 元。这个数目是按收入与支出成正比例的理由而来，即佃农的支出百分率应与其收入的百分率相等方为平允。由此，地主应减去上年租额的 22.1%，以代替中国国民政

---

①〔美〕卜凯著，张履鸾译：《中国农家经济》，第 193—194、563 页；〔美〕卜凯著，乔启明等译：《中国土地利用》，第 212、565 页。

府所规定的减租25%。"假使再能将佃农管理田场的才干,作为费用,恐怕减租的百分率,还许大些。"卜凯指出,此种调节整理可以提高佃农的生活程度,阻止财富分配的不均,避免集中于少数地主手中。不过,各处实行减租不能完全按照总平均的标准来进行,应依据各地的实在情形,譬如浙江镇海县应该少交37.4%,而江苏江宁县不但不能减,反而应增加39.8%[1]。

此外,对地块分布、农民的营养结构、住宅的卫生与清洁等问题,卜凯也提出过改良建议,但均属简略,不赘。

如果说改进意见主要是从中国农业经济的不足来阐述的,那么卜凯还以同情理解的态度,认为传统农业经济也有其合理的一面,应该继续延续。他认为中国农民积数千年之经验,已获得无数经营良法[2]。譬如北方的混合栽种制,有的地方种植的作物多达12至15种,可以减低荒歉危险,充分利用植物的营养成分,保持地力,并使全年的劳力与收入得以平均支配。"假使能将中国轮种制特别研究一下,一定可以发现出许多极有价值的轮种制度可以为中外各地在同样气候与土壤环境之下的田地所采用。……研究世界上某种气候与土壤环境之下的轮种制,与从事各国农部极为努力的一件引种工作,一样的来得重要而有意义"[3]。

不过,卜凯讨论更多的是田场大小和租佃经营问题。

关于田场大小及其对农业经济的影响,卜凯认为田场较小是导致中国农家经营利润低下的重要原因,但他没有转向越大越好的另一极端,而是"就农业经营学的眼光来看,和家庭大小

<hr />

[1]〔美〕卜凯著,张履鸾译:《中国农家经济》,第215、217—221页。
[2]〔美〕卜凯著,乔启明等译:《中国土地利用》,第311—312页。
[3]〔美〕卜凯著,张履鸾译:《中国农家经济》,第244—245页。

正成比例的田场,当然最为适宜"①。大农场(美国公司式、苏联集体式等)虽有优点,也有不少弊端。公司农场的优势体现在,可以大量购买或出售,较为合算;可以雇用有技巧之专才,协助经营而极合算;可以筹集资金。但这些优点也可由家庭农场经营者利用合作方式取得。而大农场的弊端,一是工作者缺乏兴趣,雇工为他人工作较之为自己农场工作缺乏兴趣,效率降低;二是工作时间缺乏弹性,农事工作有季节性,但在公司农场,欲求工作时间具有弹性颇为不易;三是监督费用大,监督工作通常由不担任农事的工作者为之,如想监督费用不致虚掷,势须若干人员从事监督工作,公司农场能办到者实不多见;四是管理及会计费用大,此类工作系由专才担任,费用负担常导致公司农场亏损②。对于苏联集体式国营农场,卜凯同意德国农场管理专家姚诺尔的意见。姚诺尔经过实地考察认为,每个生产单位的面积过大,一切事务都不容易料理;由于过度专门化,农场组织上发生很多困难,农民对于农场的公用物不肯爱惜,工作效率不特没有提高,反而减低到一种不可想象的程度。反之,"农家私人农场的经营,在世界上已有几千年的历史,其间虽经过种种困苦和艰难,而仍能保持其存在,并具有永久继续其生命的特质,实有其本身优点"③。卜凯认为姚若尔"其第一手之观

---

① 〔美〕卜凯著,张履鸾译:《中国农家经济》,第191页。
② 〔美〕卜凯、〔美〕刻蒂斯著,戈福鼎、汪荫元译:《中国农场管理学》,第51—52页。
③ 〔德〕姚诺尔:《苏联的国营农场与集体农场(一)》,《农业推广通讯》1942年第4卷第2期;〔德〕姚诺尔:《苏联的国营农场与集体农场(二)》,《农业推广通讯》1942年第4卷第3期;〔德〕姚诺尔:《苏联的国营农场与集体农场(续完)》,《农业推广通讯》1942年第4卷第4期。

察,皆极切实际","所述种种观察,对于中国一般注意最适当农场大小问题者,至为重要","家庭农场虽不无若干不利之处,然究视大规模农事经营之不利为合算"①。

不仅如此,在人口稠密还不能解决、劳动力仍然富裕的中国,卜凯强调,农人每年只有一小部分的时间有工作可做,因此应该对于生产多花一些劳力,用"集约农制来扩大田场企业的种种方法,对于充分利用田场的劳力方面,定能有相当的帮助"②。他还提出,"人口甚密之国家能否采用甚多农业机器如人口稀少之国家同样有利,尚属疑问","若干人士每以为中国农业如运用大机器,可立即有甚大之改进,此种观念实属错误"③。卜凯指出,外国机器在当时不一定全部适用于中国,因为中国田场太小,田地又东零西落,机器价值又太高,一般农人无力购买。用机器生产的成本比传统耕畜成本还高,以拖拉机和机器犁头耕地为例,平均每一公顷需要花费10.43元,而用水牛耕地只用4元即可④。可见,卜凯基本上肯定了中国小农场仍有其现实的合理性。

关于租佃制度,如前所述,卜凯并不认为西方比中国优越,这是他在中西比较之中极为少见的结论。他进一步指出,中国的租佃制度虽有妨碍土地利用者对于耕作的兴趣的弊端,但在私有财产制度下,"我们不能说租佃制度是罪恶,同时在大多数

---

① 〔美〕卜凯:《序》,〔德〕姚诺尔:《苏联的国营农场与集体农场(一)》,《农业推广通讯》1942年第4卷第2期。
② 〔美〕卜凯著,张履鸾译:《中国农家经济》,第429页。
③ 〔美〕卜凯、〔美〕刻蒂斯著,戈福鼎、汪荫元译:《中国农场管理学》,第133—134页。
④ 〔美〕卜凯著,张履鸾译:《中国农家经济》,第427—428页。

的国家里，都是非常盛行的"。之所以如此，租佃制度是一种组合企业，在地主方面是以不同方式供给资本，如土地、农具、牲畜、肥料等，甚至一部分管理能力；在佃农方面是供给劳力、经营费用和农场的管理[1]。如果租佃制度像一般所想得那样坏，就很难解释"往往于最好之农业区，佃农之数量亦最高。反之，在极瘠之农业区内，自耕农之百分率较高"[2]。他指出，从具体经营来看，也能得出佃农较占优势的结论。譬如每人所能耕种的作物亩数，佃农的工作效能较大，每一作物亩纯利，8 个地方有7 处佃农比自耕农为高，11 个地方有7 处半自耕农比自耕农为高。"我们不得不承认这是由于佃农的善于管理所致。"在田场工作赚款上，佃农和半自耕农也都多于自耕农，假使"佃农现在能获得所耕种的土地所有权，而耕作的方法，仍能如现在一样的精密，同时工作上，也无须地主监视，则其经济上状况，定能胜于自耕农"；假使"一个自耕农，与佃农同样的纳租，支付财产上投资的利息，恐其收入，将反不及佃农之高"[3]。

卜凯还认为，地主在租佃关系中所得的收入并不高。地主的利润是由其收入减去费用，然后再除以其资本总数，结果地主租给佃农与半自耕农的回场可得到年利 8.5 厘的利润，若和农人借贷的利率每月二三分或更高来比较，地主的收入就不算高了。当然，地主对土地的投资比较安全，在社会上也比较体面，所以对于投资的报酬还是接受的。但是如前所述，如用公

---

① 〔美〕卜凯著，翁绍耳译：《中国租佃问题》，《财政评论》1945 年第 13 卷第 3 期。

② 〔美〕卜凯、〔美〕刻蒂斯著，戈福鼎、汪荫元译：《中国农场管理学》，第 106 页。

③ 〔美〕卜凯著，张履鸾译：《中国农家经济》，第 205—210 页。

允纳租率来比较，佃农的纳租额似乎还太高，应当减租才好①。

尽管卜凯声称"作者立场是讨论实际情形，不愿意鼓吹政治的或社会的理论"②，但他对租佃制度、土地分配等问题仍然提出了自己的看法，认为"土地私有制度，亦不应绝对废除"，"按人口平均分配土地，结果于土地问题，毫无补益也"，因为"农场之经营面积，势难一律，各农人所有之土地，应适合其需用，夫然后能充分利用其资本劳力与农具，否则效率减低，生产之成本增高，殊不合经济原则"。另外，如果"将佃农擢升自耕农，事实上于农场之大小，不发生影响，质言之，即改变地权，并不能增加田地之面积"，要想改善租佃制度，可以考虑佃农通过逐年偿还方法向地主购取所耕种的土地，或者实行累进地税制度，当地主拥有的土地超过适当大小的农场面积时，即课以递增的重税③。显然，以上意见仍是承认现存制度的主张，与中共开展土地革命的做法是对立的。

对于以上卜凯所提出的改良建议，评者也是见仁见智。有的学者给予了肯定④，有的则表示怀疑，如隐农就认为卜凯的"调查研究和主张，对于中国农业和农村，究能有多大的真正利益，目前还不能臆断"⑤。有的学者则表示否定，如陈翰笙认为

①〔美〕卜凯著，张履鸾译：《中国农家经济》，第210—212页。
②〔美〕卜凯著，翁绍耳译：《中国租佃问题》，《财政评论》1945年第13卷第3期。
③〔美〕卜凯著，孙文郁译：《中国目前应有之几种农业政策（未完）》，《农林新报》1934年第11年第5期。
④冯静远：《中国农家经济》，《华年·读书副刊》1936年第5卷第43期。
⑤隐农：《介绍一个学农业经济的地方》，《大公报》（天津）1931年7月28日。

卜凯"对于中国农村经济之尚无深刻认识，以视农商部亦仅为五十步与百步之差"[1]。众所周知，北京政府农商部所做农业经济调查的质量是非常低劣的，陈翰笙将卜凯调查与之相提并论，可以想见评价之差。钱俊瑞对卜凯的建议做了最为全面的批判，认为卜凯"由各项统计所引伸出来的结论，从中国农业经济彻底改造的观点看来，那末非但是颇见薄弱，而且是异常有害的"[2]。其根源在于如前所述，由于卜凯没有以农村生产关系为研究对象，也即"没有把握得住中国农村社会的本质，换句话说，他既是时常对于这中国这样的病人'按错了脉'，那末我们自然不能苛求他做成一个对症发药的良医了"。譬如关于田场过小或细小农业的解决办法，不应该是卜凯所认为的限制人口，而是排除外资的统治和土地所有的支配。关于田租的建议，卜凯所提公允地租是根据资本主义的田租法则而忽视了中国的地权还保持着"社会的特权"的性质[3]。这一评价，实际上仍体现了马克思主义者与改良主义者的对立。

如果不是完全以意识形态和革命目的为标准，而是仅从中国农业经济、农业经营本身而言，卜凯所提出的各个方面的改良建议还是有一定的参考价值。尤其是他不仅仅站在西方的视角，还从中国本土出发，换位思考，在国人否定中国传统愈来愈盛时提出这些建议，更是难能可贵的。其实，卜凯所提主张并不

---

① 陈翰笙：《中国农村经济研究之发轫》，汪熙、杨小佛编：《陈翰笙文集》，第34页。
② 钱俊瑞：《评卜凯教授所著〈中国农场经济〉》，薛暮桥、冯和法编：《〈中国农村〉论文选》下，第918页。
③ 钱俊瑞：《评卜凯教授所著〈中国农场经济〉》，薛暮桥、冯和法编：《〈中国农村〉论文选》下，第918—924页。

是中国农村经济研究的孤例,而是和不少学者的研究相通的。
譬如关于小农经营,费孝通认为:"我个人也是主张减少人口的,
但是我认为在事实上中国能维持现在这数目不再增加已经不是
件易事。所以在我们为中国经济前途打算时,最好承认这庞大
人口的事实,那也就是说,中国农场扩大的可能很小;至少还有
很长的时间,我们不易脱离小农经济的基础。"① 关于租佃经营,
陈正谟指出:"佃户对于田地的出产虽然所得很少,地主所得,
并非太多,何以呢? 地主虽得了百分之四五十的出产,但是折合
成购买田地,出佃于人的利息,并不甚大。……田地的利息(钱
租率)固然有四分之一在一分三厘以上,也有四分之一在六厘
以下,平均起来,不过一分一厘,这种利息比起通都大邑银行的
长期存款的利息大不了什么。"② 董时进也认为:"佃农制并不是
像一般人所说的那样坏,也并不是像大家所想的那样容易消灭。
在城市的文坛上充满了佃农制如何如何减少生产的文章,然而
下乡去却找不出事实的根据。……至少有一点可以确说:即是
佃农耕种的田地通常并不比自耕农耕种的田地生产低。"③

# 结　语

近代以来,随着西方列强叩开中国之门,中西关系就成为

①费孝通:《乡土重建》,《费孝通文集》第4卷,第383—384页。即便是马
　克思主义学者,比如薛暮桥,也认为过分强调大规模的集体经营,距离农
　民的现实状况太远,反而会降低农民生产的积极性。参见薛暮桥:《中国
　农业发展的新方向》《农业生产建设问题》,《抗日战争时期和解放战争时
　期山东解放区的经济工作》,第118—119、121、129页。
②陈正谟:《中国各省的地租》,商务印书馆1936年版,第32—33页。
③董时进:《土地改革与集体农场》,《经济评论》1947年第1卷第5期。

一个非常复杂的问题。由于牵涉到侵略与被侵略、传统与现代、革命与不革命、西学与国学等不同的立场和视角，使得原本复杂的关系更加复杂化。在异常复杂的关系中，一般都会关联到一个共性的问题——中西之间是如何相互认识的，也即中国人如何看待西方，西方人如何看待中国，在西方的中国人如何看待西方和中国，在中国的西方人如何看待中国和西方。而这些认识，最终都影响着中国的前途和命运。应该说，无论是在政治、经济还是社会、文化等各个领域，与此相关的历史现象、历史事件和历史人物都是很多的，都值得我们认真研究。本文所述二十世纪二十至四十年代美籍学者卜凯对中国农村经济的调查和研究，就是这一历史进程和历史议题的一个典型案例，更是在中国的洋学者如何看待中国的一个典型案例。

　　时值民国北洋政府和国民政府统治时期，在内忧外患之中，复兴和发展农村经济不仅是政府的一个举措，也是一个颇为流行的社会思潮。须在这样一个时代背景下，并从中外关系的视角，才能更好地理解卜凯所主持的工作。概括地说，卜凯所做的工作处于以往和同时代外国在华学者乃至中国学者的调查研究的较高水平[①]，集中反映了在中国的西方人是如何看待中国农村经济和西方农村经济的。卜凯作为一个洋学者，其思想资源来自西方特别是美国，这就决定了他调查和研究的立场、视角、方法也是西方的、美国的，一定程度上具有欧美中心论的痕迹。进而，他以现代化的标准来裁量中国农业经济的状况，发现中国农业经济的问题，提出改良中国农业经济的建议，

_____

[①] 国外学者的调查，参见李金铮、邓红：《另一种视野：民国时期国外学者与中国农村调查》，《文史哲》2009 年第 3 期。

形成所谓中国农村经济研究的"技术派"。

但也要说,那个时代的一些学者包括马克思主义学者对卜凯提出批评,在一些关于农业经营具体问题的认识上,双方并没有太多的冲突,甚至基本上是一致的,都比较倾向于现代化的立场,不同之处在于是解决局部的具体问题还是彻底改变经济制度。对一个洋学者而言,恐怕是很难要求他像马克思主义者那样成为一个改变经济制度的革命者的。而某些中国学者力图建立本土化的中国农村经济学,其初衷值得肯定,但他们想看到的是中国学者实现的本土化,而对于一个洋学者所做出的成绩则是难以接受的。其实,无论学者是什么身份,只要是将现代农业科学的视野、方法、技术引入到中国,都是对学术中国化的贡献。卜凯不过是以洋学者的身份,以更加原汁原味的学术训练和理论方法参与了中国农村经济学本土化的过程。不过,也必须要说,卜凯调查研究的成果并没有理论和方法的创新,他不过是将现代西方学术与中国农村实际进行结合而已。在这一点上,其他受过现代学术训练的中国社会经济学者也是如此做的。

# "研究清楚才动手"：二十世纪三四十年代费孝通的农村经济思想

　　中国农村经济的研究源远流长，但以现代学科的理论和方法进行研究，则发轫于戊戌维新时期及二十世纪初年。到二十世纪二十至四十年代，伴随着农村经济危机的出现、农村复兴的热议以及中共革命的兴起，农村经济研究蔚成高潮。大量的调查资料、研究论著纷纷问世，一批卓有成就的学者提出了至今看来仍发人深省的见解，诸此都成为我们今天研究中国近代社会经济、社会经济思想的重要资料。梁启超曾说："每一时代中须寻出代表的人物……在政治上有大影响的人如此，在学术界开新发明的人亦然。先于各种学术中求出代表的人物，然后以人为中心，把这个学问的过去未来及当时工作都归纳到本人身上。"[①] 在代表性学术人物中，费孝通（1910—2005）是非常突出的一位。1930—1938年，他先后毕业于燕京大学社会学系、清华大学社会学与人类学系、伦敦大学政治经济学院，1938—

---

① 梁启超：《中国历史研究法》，东方出版中心1996年版，第184页。

1949 年,在云南大学、西南联大、清华大学从事社会学的教学与研究。在求学与治学的生涯中,他一向认为"要认识中国,认识中国人,不认识农民生活,不认识农村经济是不行的"[1]。他的确将其主要精力投入到中国农村社会的调查和研究,不仅出版了为其带来巨大声誉的《江村经济》,还发表《乡土中国》《乡土重建》《内地的农村》《禄村农田》等颇具影响的名作,成为引领学术风气、广受学界公认的社会学家、人类学家。不过,笔者以为,以往仅仅将其定位为社会学家、人类学家是不够的,他还是社会经济学家、思想家。对于这样一位在中国社会经济思想史上具有重要地位的学者,各个相关学科的学者应做全面深入的研究,但不无遗憾的是,既往论著多是社会学、人类学者对费孝通学术生涯的描述以及对费氏社会学、人类学理论方法、当代小城镇建设思想的梳理,历史学者、经济学者的关注很少。个别论著虽然涉及费孝通经济思想的某些方面[2],学术贡献值得

---

[1] 费孝通:《学术自述与反思:费孝通学术文集》,生活·读书·新知三联书店 1998 年版,第 31 页。

[2] 相关研究成果主要有,刘豪兴等:《旷世忧思——费孝通的经济社会学思想》,上海人民出版社 2010 年版;殷一兵、汪和建:《论费孝通经济社会学的理论和方法——对〈江村经济〉的意义及理论、方法的再省察》,《江海学刊》1994 年第 1 期;彭南生、金东:《论费孝通的乡村工业思想》,《史学月刊》2010 年第 11 期;李学桃:《20 世纪 30、40 年代费孝通地权思想浅析》,《中央民族大学学报(哲学社会科学版)》2012 年第 2 期。刘豪兴一书,对费孝通一生的经济社会学思想进行了系统研究,但该著更多侧重新中国成立尤其是改革开放以后;对二十世纪三四十年代费孝通的经济思想,除了人地关系、乡村工业化以外,其他方面都阐述较少。本文所论的费孝通关于租佃关系、农业经营方式、商品市场与资金市场的研究,该著基本没有涉及。即便是关于对费孝通人地关系、乡村工业问题的研究,本文关注更多的是有关人地比例的判断、地权是否集中以及解决之道、手工业解体与发展之间的关系等方面的内容。

肯定,但从研究视角、论题内容、内在联系、历史判断和比较分析等方面看均有欠缺和继续探讨的空间。对二十世纪三四十年代费氏农村经济思想的全面研究,迄今尚付阙如,当然更谈不上提炼和把握其基本特征了。有鉴于此,本文拟对费孝通的农村经济思想做一整体探讨,期冀为费孝通研究和中国近代经济思想史研究增添新的内容。应该说,面对同样的文本,不同学者的解读也各有差异。笔者长期致力于中国近代农村经济史研究,对农村经济的实际以及当时学者的看法有较多的了解,相信相关研究有助于对此问题的整体把握和深入解析。

# 一、人口对土地的压力

中国是一个农民大国、农业大国,土地和人口是最基本的要素,二者关系是否协调,农民是否拥有足够的土地,是关系农村经济和农民生活能否正常运行的重要前提。那么,如何判断农民占有的土地是否够用呢? 这主要取决于两个因素:一是现有土地总量能否满足农民的需求,这关涉人地关系是否平衡;二是土地分配制度的影响,这关涉社会关系是否公平。本文先从前一个方面谈费孝通对人地关系的认识。这一关系又可从两个角度来理解:一是维持生活的角度,一是劳力耕作的角度。

中国古代史上,人口众多原本标志着国强民富。到了宋代,东南地区开始显现人口对耕地的压力,苏轼、叶适曾提出适度人口的主张。但人口压力成为一个沉重的话题,始于清初,康乾以来,由于人口急速增加,人口对耕地形成巨大压力的议论愈益高涨。晚清以来,尤其是民国之后的二十世纪二三十年代,受马尔萨斯人口论影响,不少学者更是力持此说。他们认为中国人口压力巨大,现有耕地已不能维持农民最低限度的生活,须用节制生育、促进工业化、垦拓荒地、改良农法以及移民边疆等办法来解决[1]。与此同时,也有少数学者和政治领袖否认中国人满为患,反对节制生育和减少人口,认为人口再增加几倍也没有问题[2]。那么,费孝通对此是何看法呢? 他不仅认同清康乾以来尤其是二十世纪二三十年代社会各界的主流认识,而且这一认识成为他分析中国农村经济问题的基点。

从理论上来说,人地比例是否协调,通常用维持一个人最低限度生活所需的地亩数来衡量,超过地亩数界线,人地关系就是适度的,低于这一界线,则产生人口压力。在二十世纪二三十年代,各种量化标准纷纷出现,人均2亩、4亩、5亩、6亩、9亩、10亩等不一而足,并成为学者们衡量人地关系的前提。标准尽管多样,但最终判断却是基本一致的,即中国农民以现有的耕地"在最低生活程度之下"过日子。费孝通对"最低限度生活"的概念和农民生活水平低下的判断并不否认,但对"在最低生活程度之下"的表述表示质疑,认为在事实中绝不会有比"最低生活程度"更低者,既然有比某程度更低的,某程度就不能成为最低的程度了[3]。也就是说,一般学者在这一问题的论述逻辑上是有缺陷的。

不仅如此,对于最低限度的生活水准,费孝通认为应该是

①陈长蘅:《中国近百八十余年来人口增加之徐速及今后之调剂方法》,《东方杂志》1927年第24卷第18号;翁文灏:《中国人口分布与土地利用》,《独立评论》1932年第1卷第3号。
②如包世臣、梁启超、孙中山、廖仲恺等,参见行龙:《人口问题与近代社会》,第217、227、231—233、238页。
③费孝通:《内地的农村》,《费孝通文集》第4卷,第232页。

"衣食足"，而非一般学者所理解的仅仅维持温饱。"衣食足"又有三个标准。一是客观的最低生活水准。常识不允许把"死"作为"活"的限度，最低生活程度应指获得健全生活所必需的享受，是一个机体维持常态活动时所需要的营养。二是正当生活标准。除了营养学家的标准之外，还要回到各个人的主观境界里去寻求，这就是当地农民公认为正当的生活标准。三是反抗线。如果社会上有一部分人对于通行的正当标准发生了怀疑，以前认为"已足"的生活程度变为"不足"了，社会就会发生反抗，反抗线的划定并不在绝对的生活程度而是在相对的生活程度①。在以上认识的基础上，费孝通提出，在一个常态的、平时的、长期的现实里，生存和康健是一个社会应做到的最低水准，换句话说，"不饥不寒是民生的最低水准，如果人有生存的权利，也就应当承认争取这水准是公道而且合理的"②。与当时流行的"最低限度生活"概念相比，费孝通所理解的标准显然要高，不过他并没有计算出一个较为严格的人均最低亩数界线。

其他学者根据各自所定较低的生活标准，已经认定中国人口压力很重，费孝通以较高的生活标准来衡量，当然更甚了。他断言："中国农民好像是患着永远不会吃饱的土地饥饿症"，"中国农民的贫穷，基本原因是有耕地太少"。土地之所以匮乏，主要是受地理的限制，北方有戈壁沙漠，西方有高山，东方和南方是海洋，而在中华腹地，人口年复一年地滋长，可耕之地都已耕作，平均每人可耕地不到10亩，平均每户约30亩。因此，中国经济是一种人多地少的匮乏经济，"一般人民的生活，

①费孝通：《内地的农村》，《费孝通文集》第4卷，第232—236页。
②费孝通：《乡土重建》，《费孝通文集》第4卷，第370、408页。

只能说是'还没有死'。生和死在这里真的只差一口气"①。也是由于土地不足,中国农民对土地的情感已经到了宗教般依赖的程度。以费孝通调查的江村为例,村民表示,只有土地才是最安全的,"地就在那里摆着。你可以天天见到它。强盗不能把它抢走。窃贼不能把它偷走。人死了地还在"②。这种对土地占有的强烈渴望,恰恰表明他们常常面临土地不足的忧虑。

在维持生活之外,大多数学者又从劳动耕地能力的角度,计算出每一劳动力耕作土地的数量标准,并由此得出中国农村耕地太少、劳动力大量剩余的结论③。只有个别学者认为农村劳动力并不富裕,不仅天灾人祸导致劳动力数量的减少,劳动技术和知识的过低又导致劳动力质量的不足④。

对此问题,费孝通与大多数学者的看法是一致的。他认为,所谓人口过多,一是指当地资源不能给人民足够的生活,再就是当地经济活动不能给人民足够的工作。在小农经营方式之下,生产技术没有改变,土地所需的劳力总量也不变,因此劳动力大量过剩和浪费,农民至少有一半时间旷费在不生产的活动之中。由于劳动力价格便宜,反过来又限制了技术的进步⑤。不过,劳动力过剩又不是绝对的,在农忙季节劳动力甚至会出

---

①费孝通:《患土地饥饿症者》,《费孝通文集》第2卷,第439页;费孝通:《内地的农村》,《费孝通文集》第4卷,第225、264、302页。
②费孝通:《江村经济——中国农民的生活》,第129页。
③参见冯和法:《农村社会学大纲》,第140—144页;王世颖:《农村经济及合作》,第165页。
④钱实甫:《中国农业的"劳动不足"》,《独立评论》1932年第1卷第16号。
⑤费孝通:《江村经济——中国农民的生活》,第28页;费孝通:《乡土重建》,《费孝通文集》第4卷,第303页;费孝通:《〈昆厂劳工〉书后》,《费孝通文集》第3卷,第183页。

现不足,正因如此,"劳力得老是养着以备急需时候之用。紧急的时候一过就闲了"①。

　　少数学者认为中国不存在人满为患,反对减少人口和劳动力,这一论调在抗战时期的大后方曾引发热议。战争期间,由于兵役、运输、工业、建筑等需要大量劳工,而内地农村却不能满足此需求,人力缺乏遂成为大后方的一个问题。基于此,有些学者指出中国人口不是太多,而是太少了,应该提倡奖励生育,增加人口。此看法还影响到国民党的政策,1941年3月国民党五届八中全会通过的重要议案中就有"奖励生育,提倡优生,发扬民族,以固国本"一案。此前,费孝通尚未对反对人口压力很重的主张做过回应,但此时因涉及国策,他对这一观点明确提出了质疑:一是奖励生育不能解决目前战争状态下人力缺乏的问题,靠此时生育的人充实人力,至少要等待十至二十年。二是未来是否必然爆发战争也不明朗,如果今后二十年内世界大战没有发生,则现在积极生育的结果,对于国计民生将产生严重的影响。二十年过后,中国就有五六万万人口,而耕地面积并未扩大,平均每人耕地比美国差40倍。换句话说,到那时我们的生活程度比当今美国降低40倍。除此之外,费孝通还进一步论证,所谓人力缺乏,不一定是因为人少,人多也会产生,其根本在于劳动效率太低。同样数目的劳工,做同样的事业,效率减低就会发生人力缺乏的现象,故需要解决的是人手问题,不是人口问题②。这种将人口数量与劳动效率结合起来

①费孝通:《乡土重建》,《费孝通文集》第4卷,第367页;费孝通:《中国乡村工业》,《费孝通文集》第3卷,第7页
②费孝通:《内地的农村》,《费孝通文集》第4卷,第219—227页。

的解释,增加了认识人口压力的新维度。

如何解决人口压力和劳动力过剩的困境呢? 与大多数学者一样,费孝通认为应该控制农业人口的继续扩大,增加农业之外的就业机会,具体地说就是消极地节制生育和积极地发展工业两条路[1]。不过,与其他学者不同的是,在人口限制和发展工业之间,费孝通更强调后者的重要性。因世界各国限制人口的政策,效果并不显著,随着公共卫生的改进,人口不可能很快下降,故剩下的替代办法就是把农村人口转移到其他职业尤其是工业中去。但在中国,不能像美国那样通过在中心城市发展工业来减少乡村人口,即使能够如美国在近三十年里所获得的工业发展速度,也只能减少30%的农村人口,每个农场面积的扩大不超过半英亩,因而必须以农村分散的工业作为农业之补充[2]。这一论证表明,美国城市工业的发展模式不一定完全适用于中国,中国必须发展农村工业来降低农业人口。

由上可见,无论是从维持生活还是从耕作能力的角度,费孝通都从所了解的事实出发,逻辑地得出中国人口压力巨大的结论,提出了侧重发展农村工业的解决思路,至今对中国农村经济的发展仍不无启发。当然,整个中国的人口压力是否如当时学者所说的那么严重,仍值得继续探讨[3]。直到今天,人口和劳动力的数量与结构仍是中国各界争执不休的话题。

---

[1] 费孝通:《内地的农村》,《费孝通文集》第4卷,第185页。

[2] 费孝通:《乡土中国·生育制度》,第228、248—249页;费孝通:《〈云南三村〉英文版的"导言"与"结论"》,《费孝通文集》第2卷,第426页。

[3] 如李金铮认为人口对耕地的压力并不像以往所说的那样严重。参见李金铮:《也论近代人口压力:冀中定县人地比例关系考》,《近代史研究》2008年第4期。

## 二、土地分配关系的分散与不均

与人地比例关系相比，土地分配关系更受社会各界的重视，不仅讨论特别激烈，还被赋予强烈的政治取向与革命色彩。费孝通虽然以学者的身份参与讨论，但也不可避免地带有个人的政治关怀。

土地分配不合理，向为最具影响力的观点，这在历代统治者的治国方策和学者的言说中都有所反映。二十世纪二三十年代，在中国农村破败、复兴、改革和革命的声浪中，绝大多数学者更是认为土地分配不均且呈集中之势[1]。国民党农民部土地委员会估计，全国75%以上的无地或少地的贫雇农仅占有6%的土地，81%的土地集中到14%的地主富农手中[2]。这一论断，在政府和学界都产生了广泛影响，甚至为中共革命理论所借鉴。当然，也有少数学者提出，土地分配不均虽是事实，但地主富农的占地比例并非如此惊人，地权分配是相对分散的[3]。

费孝通与绝大多数学者的意见基本一致，认为土地分配集中。以江村为例，占有土地不到10亩的人口约占全村的90%，由于没有足够的土地耕种，他们成了租种地主土地的佃户。不过，费孝通对土地高度集中的观点又有所保留。仍是以江村为例，他认为"土地的拥有量趋向平均化"，即便是佃户，也与其他

①李景汉：《中国农村问题》，第37页；李宏略：《数字中底农家生活》，《东方杂志》1934年第31卷第7号。
②中国社会科学院经济研究所中国现代经济史组编：《第一、二次国内革命战争时期土地斗争史料选编》，人民出版社1981年版，第142页。
③李文海主编：《民国时期社会调查丛编二编·乡村经济卷》下，第341—344页。

地方纯粹的佃户有别,他们一般都有田面权,既可以雇工耕种,也能转租他人,多少带有土地所有权的性质,意味着"可以使用、享有和处理某物"①。在云南禄村,他进一步发现,地权集中的现象并不多见,大多数的农民是雇工自营的小地主,没有明显的豪强兼并情形②。由此看来,费孝通虽然认同土地分配不均的看法,但又与其他学者不尽一样,即指出在通常认为地权非常集中的南方地区也有相对分散的现象。

　　关于土地分配集中的原因,学界的探讨非常之多,而对于地权为什么分散,却少有学者关注,费孝通从传统与现代两个角度做了比较全面的分析。就传统力量而言,首先分家析产的传统阻碍了地产集中。中国农家既有一股结合在一起的力量,又有一股分散的力量,分散的力量来自家产的诸子均分习俗。在一个以农业为主的社区中,农业之外少有谋生之道,平等继承就成为最合人情的办法。但诸子均分对保有土地是一个永久的威胁,经过几代人的分割,中国就遍地都是小农了③。其次,农民惜卖土地限制了土地交易频率和规模。土地转让远不是单纯商品交易那么简单,而是代表了一种为生存的斗争,农民非到万不得已、急需现金时,不会出卖土地,他们宁愿以苛刻的利率借钱。结果,土地集中在少数人之手的速度就放慢了④。再者,有钱人也未必急于购地。土地吸引人的不过是它的经济价值,但这一价值又是有限的,农田的利润比放债利息低,买田还

---

① 费孝通:《江村经济——中国农民的生活》,第 26、41、126、130、135 页。

② 费孝通:《内地的农村》,《费孝通文集》第 4 卷,第 183—184 页。

③ 费孝通:《禄村农田》,《费孝通文集》第 2 卷,第 367、418 页;费孝通:《内地的农村》,《费孝通文集》第 4 卷,第 202 页。

④ 费孝通:《禄村农田》,《费孝通文集》第 2 卷,第 369、418、423 页。

不如有钱放债，它常是无可奈何的末计①。就现代因素来说，近代都市资本原应成为土地购买的重要力量，但同样是因为买田出租之利不如借贷利息，拥有资本者希望放债获取高利而不愿买田。买田也是一条末路，只有当债户没有偿还能力时，债主为了避免本利双失，才去收买抵押的农田②。

　　不过，二十世纪二三十年代，在一些商品经济比较发达的地区，农民流失土地的速度加快了，其原因与家庭手工业的衰败有关。这一现象，是费孝通在江村发现的。农民出产的生丝在输出品中曾享有极高声誉，但在西洋商品的竞争下，土丝价格一落千丈，农家入不敷出，生计匮乏。为了获得市镇资金的接济，农民只有用土地所有权抵押借贷，遂从有田人变成了佃户。这种现象，一定程度上反映了家庭手工业、国际市场与农村地权变动之间的相互关系，费孝通颇为自信地称："用手工业崩溃和现代工商业势力的侵入来解释江村土地制度的现象，是我个人的一种见解。"③

　　对此现象，曾对中国农村做过深入研究的英国经济学家托尼（R.H.Tawney）认为，都市资本流入农村是因为农田上有利用资本来增加生产的机会，靠近都市的农田生产力高就容易吸引都市资本。而费孝通则认为事实恰恰相反，江苏江村比云南禄村的农田生产力要低，但吸引都市资本的力量反而较大，主要还是由于江村有发达的手工业，抵挡不住现代工业的竞争，

_____

①费孝通：《患土地饥饿症者》，《费孝通文集》第 2 卷，第 439 页；费孝通：《内地的农村》，《费孝通文集》第 4 卷，第 194 页。

②费孝通：《内地的农村》，《费孝通文集》第 4 卷，第 194 页。

③费孝通：《禄村农田》，《费孝通文集》第 2 卷，第 222 页。

容易发生金融竭蹶现象。也就是说，地权外流不是靠近都市的农村必遭的命运，若是一个原来就不靠手工业来维持的农村，它遭到都市的威胁绝不会那样严重[①]。

那么，在中国农村既有的土地分配状态下，土地制度应该朝哪个方向发展呢？

一般都认为土地关系必须改革，以实现耕者有其田，只是对改革路径的主张有别，其中，有两种主张最有影响：一种是和平解决土地问题，比如采用赎买政策，这一部分人包括孙中山、国民政府官方人士以及反对土地革命者；另一种是进行土地革命，平均分配土地，这一部分人主要是中共革命政权和马克思主义理论家[②]。对于土地制度改革的主张，费孝通是积极拥护的。他指出："土地问题事实上已经成为一个更加生死攸关的问题。只有通过合理有效的土地改革，解除农民的痛苦，我们与外国侵略者斗争的胜利才能有保证。"他对国民党政府仅在纸上写下了种种诺言表示不满，谴责道："它把绝大部分收入都耗费于反共运动，所以它不可能采取任何实际行动和措施来进行改革。"[③]但究竟如何改革，费孝通并未倒向保守或激进的某一个极端，而是介于二者之间。

首先，平均地权的办法是必要的，也是紧迫的。"因为它是解除农民痛苦的不可缺少的步骤。它将给农民以喘息的机会，

---

①费孝通：《内地的农村》，《费孝通文集》第 4 卷，第 192—193 页；费孝通：《禄村农田》，《费孝通文集》第 2 卷，第 386 页。

②吴景超：《关于佃户的负担答客问》，《独立评论》1935 年第 7 卷第 168 号；冯和法：《论"如何实现耕者有其田"》，《中国农村》1937 年第 3 卷第 4 期。

③费孝通：《江村经济——中国农民的生活》，第 201、203 页。

排除了引起'反叛'的原因。"[1]对于一些学者否定土地平分提高农民福利的看法,他以江村为例提出异议,认为农民靠自身的生产,平均每户的农业和手工业收入,如果不交付租息,农民能够"不受饥挨冻",除去米食和其他必需品消费,还有部分剩余可用于农业再投资[2]。其次,土地赎买政策不利于改善农民的生活。贫农付一笔钱才能得到土地权,这笔钱不论来自哪里,总得从土地经营所得利益中支付。假定向国家贷款,期限为30年,则每年得支付田价的3%,若加上利息1分,每年得付出田价的15%,但农业利息没有超过1.3分的,普通只有七八厘左右,以这种付息能力来担负1.5分的利息是绝难胜任的。所以,得到贷款购取土地之后,无法改善他们的生活[3]。再者,实行土地平分不能彻底解决中国的土地问题。即使把所有土地重新分配给农民,也不会增加很多平均耕作面积,农场规模仍在5英亩之内,这还包括不能耕种的土地,比如云南,如果不包括山区,农场最大规模仅为1英亩。即使进行作物改良,其产出也只能维持一个并不比目前平均水平更好的生活标准。也即,这一政策只能产生一个更公平的分配,而不可能对普通村民的经济地位有多大改善[4]。不仅如此,基于对人口压力的认识,费孝通认为农民的贫困主要还是由于耕地太少,有无耕地权是次要问题,不论是生产的增加还是生计的提高,最基本的仍是农业

①费孝通:《江村经济——中国农民的生活》,第202页。
②费孝通:《中国绅士》,第75页。
③费孝通:《内地的农村》,《费孝通文集》第4卷,第260页。
④费孝通:《江村经济——中国农民的生活》,第202页;费孝通:《〈云南三村〉英文版的"导言"与"结论"》,《费孝通文集》第2卷,第425页;费孝通:《内地的农村》,《费孝通文集》第4卷,第264页。

人口的减少和农场面积的扩大[1]；甚至不一定全在土地，而是要发展工业，吸收农业劳动力，增加农民收入。同时，一旦农民离开了农村，靠出租土地和雇工经营的地主也不得不下田耕种，于是"耕者有其田"的目的一样达到了[2]。可见，实现中国工业化是地权改革的重要前提。

最后，在实行土地改革的同时，须给地主找到新的出路，这是其他学者未曾提出的一个看法。按一般人的认识，地主是寄生在农民身上的剥削者，他们已经被供养了几千年，现在该被清算了；把田拿走了，如果他们自己没法找到生存的机会，那是活该。费孝通却指出，从道德立场上讨论这一问题是没有意义的，如果地主找不到新的经济出路，他们不会轻易放弃土地，如果要实现耕者有其田，就不免要采取暴力的手段了。我们要用和平的方式解决这一问题，譬如他们在城市里得到了谋生的职业或是投资的机会，即使没有强迫他们出卖土地，他们也不会留恋于已经不一定收得到租的土地。因之，"我觉得现在的关键已不是在地主们愿意不愿意放弃土地，而是怎样转变为生产者的问题"[3]。可见，费孝通是反对暴力土改的。

对于土地分配和土地改革，费孝通的看法是辩证的，土地

---

[1] 费孝通：《内地的农村》，《费孝通文集》第 4 卷，第 264 页；费孝通：《乡土重建》，《费孝通文集》第 4 卷，第 366 页。从费孝通二十世纪八九十年代发表的文章看，他强调导致农民贫困的首要原因是土地制度不合理，其次是人口的不断增长。参见费孝通：《三访江村》，《江村经济——中国农民的生活》，第 252 页；费孝通：《中国城乡发展的道路和我的研究工作》，《学术自述与反思：费孝通学术文集》，第 185 页。

[2] 费孝通：《内地的农村》，《费孝通文集》第 4 卷，第 264—265 页。

[3] 费孝通：《乡土重建》，《费孝通文集》第 4 卷，第 372—374 页。

分配既集中又相对分散,地权应该平均分配,但又不能根本解决问题,出路仍在于减少农业人口、发展工商业、增加农民就业机会,同时应给地主以出路,这与其解决人口压力的思路是一致的。

## 三、租佃关系的紧张与缓和

　　与土地分配相关而形成的经济关系,主要由自营经济、租佃经济和雇佣经济构成,其中后两者所牵扯的关系较为复杂,因而备受社会各界的关注。相较而言,租佃经济在中国农村占有更为重要的地位,在二十世纪二三十年代,全国至少有佃农、半佃农2432万户,涉及人数1.5亿人以上,而雇农约有0.3亿人[①]。关于租佃经济的研究,争论最多的是租佃关系,即地主和佃农之间的关系。

　　地租是租佃关系的核心。在二十世纪二三十年代,最具影响力的观点是地租率不仅高昂,且有增加之势。持此看法者,既有激进的马克思主义学者,也有其他具有租佃改革倾向的学者[②]。但是,有少数学者发表了不同看法,认为如果将投入产出进行比较,就可以发现佃户所得虽少,地主所得也并非太多,地

---

①吴黎平:《中国土地问题》,高军主编:《中国社会性质问题论战(资料选辑)》,第236页;许涤新:《农村破产中底农民生计问题》,《东方杂志》1935年第32卷第1号。
②华岗:《农民的贫困及其与封建地主的矛盾》,陈翰笙主编:《解放前的中国农村》第1辑,中国展望出版社1985年版,第400、402页;谢劲键:《中国佃种制度之研究及其改革之对策》,《中国经济》1933年第1卷第4—5期。

租率并不算高；如果考虑到副产物不交租和歉年减租、免租等因素，名义上的地租率就更低了①。

对地租率的变化趋势，费孝通没有做过考察，但他对地租的基本看法与主流意见相差不多。他认为，在人口众多、土地有限的环境中，不愁没有一大批无田无地的穷人愿意接受苛刻的条件，租地当佃户。任何人根据常识就能想象得到，在以佃户为主的农村中，每年都要输出大宗农产到地主集中的市镇中去，结果使农民借以为生的资产大为减少，人民的生活程度因之降低②。江村调查验证了这一观点。该村平均每户农家经营1.29英亩土地，产米总量51.6蒲式耳，每家平均食米20.3蒲式耳，尚可剩余31.3蒲式耳。但如果农田是租来的，租额为正产量的一半，合25.8蒲式耳，交出地租后就只剩下5.5蒲式耳了。如将农场上其他作物产量10蒲式耳算入，可有15.5蒲式耳用于食米之外的消费及农业投资。而事实上，食米之外的其他消费和农业投资需要28.4蒲式耳，即每年短缺12.9蒲式耳③。此例说明，佃农交纳地租后，将入不敷出。

与地租率相关，大多数学者认为佃户生计艰难，主佃关系十分紧张；只有少数学者认为地主对待佃农尚称公允，过分苛刻及借势欺凌之事较属少见④。有意思的是，费孝通虽然认为地

①陈正谟：《中国各省的地租》，第13—33页。
②费孝通：《〈昆厂劳工〉书后》，《费孝通文集》第3卷，第184页；费孝通：《内地的农村》，《费孝通文集》第4卷，第206—207页。
③费孝通：《乡土重建》，《费孝通文集》第4卷，第364—365页。
④应廉耕：《四川省租佃制度》，1941年编印，第33页；乔启明：《江苏昆山南通安徽宿县农佃制度之比较以及改良农佃问题之建议》，李文海主编：《民国时期社会调查丛编二编·乡村经济卷》下，第608页。

租对农民比较苛刻，但对于主佃关系，他的看法又与后者趋近。对此，他从主佃双方的角度做了阐述。从佃户一方来看，佃户的心态及其行为有助于租佃制度的维系。佃户认为交租是一种道义上的责任，正如有些老人所说的："地是地主的，我们种他的地，我们只有田面。没有田底，就不会有田面……我们是好人，我们从不拒绝交租。我们就是穷，也不会去偷东西，我们怎么会拒绝交租呢？"佃户交租并不仅完全是出于被监禁的恐惧心理，习惯规定的约束也适于维护这个制度[①]。另外，土地和经济匮乏养成了农民知足常乐、各安其位、不反抗的心态，佃户也是如此。费孝通说，物质生活的享受是人生的一种引诱，但在资源有限的匮乏经济中，一人的物质享受必然是其他人生活的痛苦。中国历史上固然不缺乏刘邦、朱元璋之类的人物，但他们毕竟是亿万人中的幸运儿，不足为训，没有机会的匮乏经济是担当不起这一种英雄气概的。这一史实凝成一种态度，知足安分的人得到了生存和平安，知足安分的观念也就发生了，这种观念使得佃户对地主的反抗力大大削弱，租佃制度、租佃关系得以维系[②]。

从地主一方来看，地主的心态及其行为也在一定程度上有利于维护租佃关系。传统的儒家思想反对地主在享受上无餍求得，强调勤俭，强调中庸，正是"主观欲望上的约制使租佃关系中紧张程度得以减轻"，"使他们不致尽量地向农民榨取。这有限的土地生产力和农民已经很低的生产水准是经不起地主阶层们的挥霍的。把一般中小地主描写成养尊处优、穷奢极侈的人

①费孝通：《江村经济——中国农民的生活》，第133页。
②费孝通：《乡土重建》，《费孝通文集》第4卷，第303—304、375页。

物,我觉得是不太切当的。'一粥一饭'式的家训即使不能算是
实况的描写,地主阶层平均所占的土地面积也可以告诉我们,他
们所能维持的也不能太过于小康的水准"①。费孝通对地主的这
一了解,最先来源于他老家吴江县的几家亲戚,他们都占田数量
较多,有二三百亩左右,但他们的生活还不及一个有几十亩田的
自耕农。幼年时,他常听祖母讲,有些下乡收租的地主,非但没
有收到租反而放了一批赈。尤其是属于老的文人阶层的地主,
有时会受到人道主义教育的影响,不愿勒索佃农,这就是"传统
道德与寄生虫生活之间的冲突,有时使这些地主绅士们的乡下
之行只能得到精神上的满足,而得不到足够的钱来纳税"②。

　　主佃关系的缓和,还表现在地主不能因为佃户欠租而轻
易撤佃。在江村,费孝通发现,佃户交不起租,只要有正当的理
由,地主往往对他们的拖欠给予宽容③。在云南禄村,更是如此。
佃户积欠很久,成了习惯,地主要他足额纳租时,反遭到恶言相
对,地主"无奈","无法"。租佃纠纷案子的调解,官府也不是完
全站在地主一边。由此,"禄村的租佃关系中的佃户有相当的
保障……租佃关系比较上不太紧张"。除此之外,费孝通还发
现,禄村的地主多数是团体地主或族田地主,管理农田经租的
人是团体分子公推的管事,这也有利于租佃关系的维持。承租
人大部分是本族中生活较苦的农民,虽名义上有交租的义务,
但若拖欠,管事也没奈何。管事是公推的,不敢与人结怨,于是
佃户撤换不易发生,租佃具有永佃权的性质④。

---

①费孝通:《乡土重建》,《费孝通文集》第4卷,第375—376页。
②费孝通:《江村经济——中国农民的生活》,第132页。
③费孝通:《江村经济——中国农民的生活》,第131页。
④费孝通:《禄村农田》,《费孝通文集》第2卷,第307—308、310页。

应当说，费孝通以上言论在当时究属少数，甚至有为地主辩护之嫌。为了避免社会的误解，费孝通特别强调："我提到这事实，并非说中国地主阶层怎样慈善……但是我要借此指出的，在传统的礼教中确有鼓励不走极端的力量，在消弭租佃之间的冲突。有人不妨说这是猫哭老鼠的假慈悲，这是地主剥削农民裹着的糖衣。我并不反对这种说法，我只要说明，此假哭，此糖衣，确曾减少过农民反抗的可能。"①不过，费孝通也发现，在二十世纪三十年代，由于乡村经济萧条，地租负担沉重，农民对孙中山"耕者有其田"和共产党的土地革命主张开始接受，甚至认为不交租是正当的，"结果是佃户与地主间的冲突加剧"，甚至爆发了农民起义②。以往缓和的主佃关系发生了震荡，难以维持下去了。

那么，未来租佃制度的发展方向是什么呢？

与多数学者一样，费孝通认为应该以减轻地租的办法对租佃制度进行和平改革，而不赞成用革命手段从肉体上消灭地主。但他所提的理由更为充分，认为减租可以带来三个方面的好处：一是对佃农减轻负担和增加农业投资有利；二是使地主不能依赖租金生活，或放弃土地离村，或下田自耕，将佃户和雇工挤出农业，使他们吸收到工业或成为边疆的人力；三是促使地主转投工业资本，有利于发展中国工业③。应该说，前两个好处比较容易理解，后一看法则相对费解。概而言之，就是讲农业生产本来有剩余，但被地主用于生活消费和购买土地了，其实这一部分是

---

①费孝通：《乡土重建》，《费孝通文集》第4卷，第376页。
②费孝通：《江村经济——中国农民的生活》，第133—134页。
③费孝通：《战后经济问题讨论》，《费孝通文集》第3卷，第89—90页。

可以转化为工业投资的。关键是如何实现这一转化。费孝通指出,新兴工业所需要的资本,虽则一部分可以从国外和都市中积聚,但是最后仍出自广大农民,取给于土地。过去很多人认为农业本身已感资本不足,怎能再希望从农业里获得工业资本呢?事实上并不如此,农业资本不足并非农村里没有资金,农田收益除了支付劳力、肥料、工具等费用,是有赢余的。只是这部分赢余,一半以上用来供养地主的生活,添置田产,而没有成为农业生产资本。就农民而言,卖田者大都是出于生计所迫,卖田所得不是用来养生送死、结婚医病,就是维持日常消费或嗜好,土地买卖的结果不过是由买者把一笔钱用于救济卖者的生活罢了。但实行了减租政策以后就不同了,它可以使有钱人不值得买田和保守土地,反而促使他们将土地低价卖给农民,然后跑出农村,把这笔游资用于工业生产。也正因为如此,减租政策比政府重价购买地主土地分给农民更为有效[①]。

由上可见,费孝通对租佃关系的态度同样是辩证的,既有对地主剥削的否定,又有对传统租佃关系合理性的肯定,从而他对租佃制度的改革也持温和的态度,这与他对土地分配和土地改革的看法是相互联系、一脉相承的。在今天,农村土地尽管不允许买卖,但转租经营的现象越来越多,如何理顺租赁关系是一个新的难题。

## 四、小农经营方式的落后与无奈

从经济结构来讲,农业生产是农村经济的支柱,其中最根

---

[①]费孝通:《战后经济问题讨论》,《费孝通文集》第3卷,第87—88页。

本、学界争论较多的，是中国最传统也最普遍的农业经营方式，准确地说是小农经营方式。据1934年国民政府土地委员会的调查，经营30亩以下的农户占总农户的80%，经营100亩以上者仅占7%[①]，一般认为100亩以下的经营为小农场。在讨论小农经营时，不可避免地要与大农场经营进行比较，结果就变成了小农场和大农场的生产效率之争，或者说是经营规模与生产效率之关系。大多数学者持现代化立场，认为小农场经营的效率远比大农场经营低下，由此大大阻碍了农业生产力的发展，只有大农场经营才是中国农业生产的必然出路[②]。只有少数学者认为，在人地关系紧张、劳动力过剩的条件下，实行小农场经营仍有其必要性，如果采用机械生产，反使劳动力更加过剩[③]。

　　费孝通大致综合了以上两种意见，一方面认为小农经营是落后的，另一方面认为实行小农经营又有不得已之苦衷。不过，小农经营仍需要改革，也可以改革，这是他与一般学者认识的不同之处。费孝通从以下三个角度对小农经营的弊端做了分析：

　　第一，农田的分散性阻碍了农业技术的发展和利用。人多地少是导致中国农田分散的基本原因，而分家析产传统在农田

---

①国民政府土地委员会：《全国土地调查报告纲要》，1937年编印，第26—27页。

②言心哲：《农村社会学概论》，第359页；通讯讨论组：《关于大小经营的利弊》，《中国农村》1936年第2卷第6期；王世颖：《农村经济及合作》，第110页。

③刘光华：《农业政策》，南京书局1932年版，第50页；吴觉农：《中国农业的现代化》，罗荣渠主编：《从"西化"到现代化——五四以来有关中国的文化趋向和发展道路论争文选》，第284页。

分散中又扮演了重要角色。在云南禄村,全村土地仅相当于美国一个普通农户的土地,平均每家农田只有 5.7 亩,农场"小到成了中国农业改良的一个大障碍。不要说这样小的农场机器用不进,连最简单的技术改良,都无法着手"①。不仅如此,地块也很分散,"遗产的相继划分,结果使个人占有土地的界线变得非常复杂。农田被分为许多窄长的地带,宽度为几米。在中国广大地区都可见到农田的分散性。狭窄的地带和分散的地块妨碍了畜力的使用,也妨碍了采用其它集体耕作方式。这是中国农业技术落后的首要原因"②。可见,诸子均分之中家庭关系的合理与农业经营的低效是一对矛盾。

　　第二,劳动力富裕和牲畜成本高昂,牲畜不能多养多用。在小农经营和当时的农业技术下,劳动力不值钱,能够应用力畜来代替人工的机会并不多。饲养力畜的成本较高,无论牛马,总得养到两岁以上,才能胜任重工。力畜平常又是闲着的,农忙用过之后不能宰掉,否则再到农忙时,就措手不及。而平时养着它,既耗费食料,还要牧童来侍候。这样一来,能不用力畜的地方就不用,"现在养着的牛马已经是少至无可再少的了"③。可见,在小农经营中,牲畜缺乏与劳动力过剩是相辅相成的。

　　第三,知足常乐、安分守己的心态和劳动力剩余排斥节省

①费孝通指出,人口增长不一定导致农田分散,英国自十九世纪以来,人口增加了几倍,农场不仅没有分散,反而更加集中。参见费孝通:《禄村农田》,《费孝通文集》第 2 卷,第 367 页。

②费孝通:《江村经济——中国农民的生活》,第 137 页。

③费孝通:《说养猪与吃肉》,《费孝通文集》第 3 卷,第 23—24 页;费孝通:《战后经济问题讨论》,《费孝通文集》第 3 卷,第 89 页。

劳力的技术。"不知道在传统社会中的中国人是否快乐，但是知足的态度却使他并不能欣赏进步的价值，尤其是一种不说明目的地的'进步'。孔子对于生产技术是不发生兴趣的，他是一个在农业社会里不懂农事的人。他的门徒中比较更极端一些的像孟子，劳力的被视作小人了。当时和儒家不太合的庄子，在限制欲望、知足这一点上是表示赞同的，以'有限'去追求'无限'，怎么会不是件无聊而且危险的事呢？……这也可以说明在一个劳力充斥的农业处境中去讲节省劳力的技术，是件劳而无功的事。我所想的是指出知足、安分、克己这一套价值观念是和传统的匮乏经济相配合的，共同维持着这个技术停顿、社会静止的局面"[①]。费孝通的这一论述，将小农经营的弊端产生的原因上升到文化根性层面了。

总之，小农制是中国农业技术缺乏改良的一个主要原因，而低下的生产技术又维护了小农经营。在云南农村，最忙的农期中，一夫一妻只能耕种 3 亩土地，表明如果技术和劳力组织不改进，一个农家所能经营的农田面积不可能超过当时所有农家经营的平均数[②]。

那么，为什么明知小农经营落后，费孝通又认为不得不如此呢？

其根本原因，仍是由中国人多地少的事实所决定的。费孝通认为："我个人也是主张减少人口的，但是我认为在事实上中国能维持现在这个数目不再增加已经不是件易事。所以在我

①费孝通：《乡土重建》，《费孝通文集》第 4 卷，第 305 页。

②费孝通：《江村经济——中国农民的生活》，第 121 页；费孝通：《乡土重建》，《费孝通文集》第 4 卷，第 365 页。

们为中国经济前途打算时,最好承认这庞大人口的事实,那也就是说,中国农场扩大的可能很小;至少还有很长的时间,我们不易脱离小农经济的基础。"[1]在人口和劳力众多的条件下,如果贸然应用新式机械还会引起负面的后果。在太湖流域,天热雨少时,由人工踏水车灌田,三四个人不息地工作,也不能灌多少田。1932年,政府注意农村事业,预备了电力打水机,低价租给农民。经济学家认为,以电力代替人力,又便宜又省力,一定能增加农民的幸福。事实却不然,苏州附近有一个赌镇,当年暑期因应用打水机,农妇来哭诉她们的丈夫或儿子,因为有了机器,可以不必工作,上赌场把家产都荡尽了,弄得农村六神不安。这一件事"告诉我们机械引用到农村中去,并不是一件简单而容易的事。社会绝不是一个各部分不相联结的集合体。反之,一切制度、风俗以及生产方法等等都是密切相关的,这种关系在中国因为经过了数千年悠久的历史,更是配合得微妙紧凑。要为中国社会任何一方面着手改变的时候,一定要兼顾到相关各部门和可能引起的结果,不然,徒然增加社会问题和人民的痛苦罢了"[2]。也就是说,从理论上讲生产现代化是好事,但现实中必须符合原有的社会经济基础,否则就可能带来相反的结果。

小农经营方式已是不得已的现实,难道就任其自然,不作变革了吗？费孝通的思考并未止步于此,而是提出了改变小农经营的设想：

---

① 费孝通:《乡土重建》,《费孝通文集》第4卷,第383—384页。
② 费孝通:《我们在农村建设事业中的经验》,《费孝通文集》第1卷,第
  103—105页。

　　首先,减少农业人口。在中国农村,扩大农场的机会很小,这不是一个土地分配的问题,而是农业人口和可耕地比例的问题。中国土地分配的集中是事实,但并未产生大规模经营的农场,因为握有较多土地的地主通常不是自己经营农田,而是出租给佃户,每个佃户经营的农田分裂成不少的小农场。也即,租佃制度使土地分配集中变为土地分散经营。所以,从经营着眼,如果要扩大农场,决不能在农田所有权的集中上谋出路,最基本的还是怎样减少农业人口①。换句话说,人口众多既然是小农经营方式存在的基础,降低人口数量自然是改变小农经营方式的重要前提,胶着于土地分配或所有权集中是没有用的。至于如何减少人口,前面已述,不赘。

　　其次,分散土地所有权与集合经营方式并存。如果说土地分配集中不能造成大规模经营的农场,那么以实现"耕者有其田"为目标的土地改革就可以导致大农场经营吗? 同样不能。因为实行土改之后,"经营农田的人必须是该田的所有者",则农场的大小必然限于自有劳力所能耕种的面积,农场经营的分散更甚。就此而言,"也许可以使我们对普通所谓'耕者有其田'的理想发生怀疑"。问题是,土地改革又是改变土地分配集中、解决农民土地问题的重要方策,不能因为无法扩大农场就不搞土地改革了②。可见,从大规模农场的建立而言,土地改革没有必要;但从民生改善的角度而言,土地改革又势在必行,这就形成了二者之间的矛盾。难道就没有希望进行大农场经营

———————————

①费孝通:《内地的农村》,《费孝通文集》第4卷,第209页;费孝通:《乡土重建》,《费孝通文集》第4卷,第366页。

②费孝通:《江村经济——中国农民的生活》,第137页;费孝通:《乡土重建》,《费孝通文集》第4卷,第366页。

了吗？出乎其他学者的想象，费孝通提出地权分散与集合经营并行以实现大农经营的设想。这个灵感来自于禄村和江村，费孝通在禄村所常见的"换工"制就是超越所有权界限集合劳作的方式，而江村的灌溉工作过程集合经营的性质更是清楚。这说明，在原有的农田经营之中已有某些工作段落，因实际的需要，采取了集合的方式，亦即农田所有的分散并不一定意味着经营分散，分散所有和集合经营是可以并行推进的。基于此，费孝通指出，实行"耕者有其田"的土地改革之后，"我们在需要大农场时，就不宜以所有来限制经营，使所有和经营合一，我们的理想是要使土地所有权能平均的分配于每一个人，而经营上则可以有宜于用最新技术的农场，这就是农田所有的分散和农田经营的集合并行发展。这一个原则应当在土地政策中特别加以注意"[①]。这一主张果能实现，也就意味着将土改所引起的所有权分散与大农场经营之间的矛盾解决了。

由上可见，费孝通对小农经营方式的弊端多有批判，但仍承认其继续存在的必要性；而且，土地所有权的分散可以通过集合方式，达到大规模农场经营的目的。但历史发展到今天，如何建立一套有效的农业经营方式仍是一个悬而未决的问题。

## 五、农村手工业的危机与发展的必要性

在中国农村经济中，手工业的地位仅次于农业。但在费孝通的农村经济论述中，他对手工业给予了更大程度的关注。

近代以后，在机器工业的冲击下，中国手工业尤其是家庭

---

①费孝通：《内地的农村》，《费孝通文集》第4卷，第209—210页。

手工业开始解体,一些手工业处于消亡之境。如何看待手工业的变化和前途,就成为社会各界关注的一个焦点。在晚清时期,一般都强调洋货对中国手工业的破坏,主张发展现代工商业。到二十世纪二十至四十年代,学界分成四种意见:1.农村手工业是落后的生产方式,在机器工业的冲击下必然解体,只有发展机器工业才是中国经济的唯一出路;2.手工业虽然在机器工业的冲击下陷于崩溃,但考虑到人多地少和农民生活的需要,仍有发展家庭手工业的必要;3.机器工业的实现并非一蹴而就,而是要有一个过程,在机器工业化完成以前,仍可以发展手工业;4.手工业受到机器工业的冲击,无法和机器工业竞争,但仍要延续手工业,以维持农民的生存,不仅如此,还要在农村建立和发展现代工业[①]。四种观点中只有第一种主张手工业必然解体,发展机器工业为唯一出路,而其余三种都主张保留手工业,只是各有侧重罢了。最后一种观点是费孝通的看法,与其他学者相比,他对机器工业与农村手工业的关系、对农村工业发展道路的研究更加全面,见解也更加独到[②]。

首先,农村手工业遭到机器工业的冲击,严重影响了农家经济和农民生活。以手工纺织业为例,以前农民能够从蚕丝和

---

[①]严中平:《手工棉纺织业问题》,《中山文化教育馆季刊》1937年第4卷第3期;张培刚:《第三条路走得通吗?》,罗荣渠主编:《从"西化"到现代化——五四以来有关中国的文化趋向和发展道路论争文选》,第779—783页;吴知:《工农立国下中国乡村工业的新评价》,《大公报》(天津)1935年7月24日。

[②]费孝通认为以往把工业的范围看得太狭,似乎只有现代机器工业才是工业的全部,事实上工业是由都市工业与乡村工业一起构成的,都市工业为现代机器工业,是从原有的乡村工业蜕变而来。参见费孝通:《中国乡村工业》,《费孝通文集》第3卷,第4页。

棉织品的出口中取得利润，以补偿农村的财富外流，但随着手工业市场被外国货夺去，手工业迅速衰退，打乱了城乡之间的联系纽带和经济平衡，导致农民的贫穷和破产，甚至连维持最低的生活标准都做不到了①。其次，农村手工业是无法和机器工业竞争的。传统手工业是缺乏组织的自营小手工业，散布在一个个村庄里，无论是生产工具、劳动力水平还是经营规模，都无法与西方工业相提并论。西方的大规模生产能够降低成本和改进产品质量，而中国"地方产品"成了劣等物的同义词，"这种家制商品怎么能和外国货相竞争呢？""这是一场没有希望的战争。无论他们如何技艺娴熟，他们是在与机器进行一场注定失败的战斗"②。这一认识并非自惭形秽，而是由残酷的事实所决定的。第三，仍要坚持发展农村手工业。既然手工业不是机器工业的对手，事实上也难逃被解体的命运，但为什么还要继续发展，这岂不是自相矛盾吗？那些认为必须发展机器工业以代替手工业的学者，正是以此对费孝通提出质疑，认为他是"开倒车"。但费孝通形象地说他们是企图根本解决的"心肠硬"，而自己是寻求过渡办法的"心肠软"，"乡村工业这个名字，我知道是不够漂亮，不够生动的，但是在这乡土中国，漂亮和生动常等于奢侈；让我冒着'落伍'的指责，再回到乡土工业上来说说"③。费孝通

---

① 费孝通：《中国绅士》，第 78—79 页；费孝通：《江村经济——中国农民的生活》，第 11—12、196 页。

② 费孝通：《中国绅士》，第 78 页；费孝通：《禄村农田》，《费孝通文集》第 2 卷，第 422—423 页；费孝通：《人性和机器——中国手工业的前途》，《费孝通文集》第 3 卷，第 391 页。

③ 费孝通：《小康经济——敬答吴景超先生对〈人性和机器〉的批评》，《费孝通文集》第 5 卷，第 430 页；费孝通：《乡土重建》，《费孝通文集》第 4 卷，第 384 页。

对如何解决这个矛盾进行了缜密的思考,主要包括五个方面:

第一,只有发展农村手工业,才能增加农民收入,避免农民饥饿。"中国农业并不能单独养活乡村中的人口。"[①]从农家收入的数量来说,在农作物不改变的前提下,手工业最有可能增加收入。对于佃户家庭,手工业尤其不可或缺。佃户本来是没有理由租地耕种的,因为将收获的一半交租后,所余不够养活自己,但为什么还是有人愿意租种呢,其中的秘密就是他们并不完全靠土地收获来维持生活,而是从事各种手工业。租田收入和手工业收入合在一起,就可以维持生存了。"从这个乡土经济上说,那是手工业津贴了土地制度。"[②]这一论证,将手工业的重要性提升到了维持传统租佃制度、土地制度的高度。近代以来,手工业的衰落导致农村经济的萧条和农民生活的下降,从衰败的手工业中解除出来的劳动力,如果有其他出路可以替代,情况还不至如此严重。然而,彼时尚无新的职业代替旧职业,劳动力的浪费将意味着家庭收入减少。因此费孝通强调,首要的任务是救急,手工业必须和农业相结合才能使多余的劳动力有用武之地,小手工业者"必须坚持斗争,因为不然的话他们将无法生存。结果是中国最终将变成一个农业国,纯粹而又简单,而一个农业的中国将不可避免地是一个饥饿的中国"[③]。

第二,农村手工业仍有生存的空间。提倡手工业是一回事,农村是否有其发展的空间是另一回事。针对一些学者把手工业和机器工业二元对立,认为乡土工业必然失败之说,费孝

---

①费孝通:《中国乡村工业》,《费孝通文集》第3卷,第5页。

②费孝通:《乡土重建》,《费孝通文集》第4卷,第382—383、435页。

③费孝通:《江村经济——中国农民的生活》,第200页;费孝通:《中国绅士》,第78页;费孝通:《禄村农田》,《费孝通文集》第2卷,第423页。

通指出手工业虽然无力与机器工业竞争,但并不意味着它完全丧失了生存的余地。其实,即便在高度机械化的制造工业里,手工业还是有重要地位的,在普通的轻工业中,手工业更占很大的部分。在乡土工业中,手工和机器不妨配合起来,手工部分尽可能保留在家庭,需要机器的部分集中在小型工厂里。他借用韩德章的研究进一步说,若干手工业与新式工业是相互依存的,则手工业是先行农产加工,再供给新式工业原料之用,反过来,新式工业所生产的半成品也往往作为农村手工业的原料[1]。

　　第三,城市工业不能完全解决农村剩余劳动力,已经被吸收的劳动力也没有生活保障。近代中国城市工业有了明显发展,但在外货输入的压力下发展并不顺利,在国民经济中的比例一直很小。正因为如此,城市工业尽管吸引了部分农村劳动力,但仍不能解决大多数农民的问题。"如果我们意识到这一事实,摆在我们面前的道路就和许多世纪以来被广泛采用的道路相类似——也就是以分散的工业作为农业的补充。"[2] 即使已经被城市工业吸收的农村劳动力,也不比原来的生活境遇好多少,"农村姑娘被吸引到城市工厂去工作,挣微薄的工资,几乎不能养活自己。她们离开了自己的家,这种过程既损害了城市工人又破坏了农村的家庭。如果中国工业只能以牺牲穷苦农民为代价而发展的话,这个代价就未免太大了"[3]。

---

①费孝通:《乡土重建》,《费孝通文集》第4卷,第390页。

②费孝通:《禄村农田》,《费孝通文集》第2卷,第426页。

③费孝通:《江村经济——中国农民的生活》,第149页。1957年费孝通重访江村时,对工业集中于都市的危害又提出,社会上已经出现了许多不易解决的问题,即人口不必要的集中是有害无利的。参见费孝通:《江村经济——中国农民的生活》,第227页。

　　第四，发展工业的类型，不是效率优先，而是适合农民大众的需要。在生产效率与大众需求之间，需求是第一位的。费孝通并不反对在都市建立大工业，钢铁工业一定要建在都市，但他更关心的是，在中国农村，不是追求工业的理想型或者最有效的工业组织，而是一种适合农民大众、适合逐渐恶化的情况的实际工业类型。中国未来新的工业化，如果按照最近几个世纪欧美的工业模式——集中于都市地区，并掌握在少数资本家手里——而发展，它将冲击村庄的庭院工业，减少农民的收入，加剧农村人口的悲惨境地。以这种方式进行的工业化，将意味着工业所集中的财富落入中外工业家的手里，而不能改变中国农民的经济情况。为了农民的利益，所寻求的是一开始就能避免这一不幸的道路[1]。进一步溯源，中国人口压力和小农经济的现实对单纯提高劳动效率的现代工业模式提出了挑战。"如果这是落后，落后的不是我的选择（谁不想一转眼中国就有美国那样多的工厂），而是我们这个古老的国家，这片这样多人耕种得这样久的古老的土地。承认限制是自由的开始，我们还得靠这片土地一步步求解放我们经济的束缚的方法，第一步就是在小农经济的基础上谋农民收入的增加……让我再问：除了给农民工业，有什么方法能有效地增加他们的收入？"[2]

　　第五，即便为了都市工业的发展，也不能忽视农村手工业的存在。如果农民不能分享工业的利润而只会身受其害，将使他们的生计更加艰难，中国工业的成长也将受到市场萎缩

①费孝通：《内地的农村》，《费孝通文集》第4卷，第185页；费孝通：《禄村农田》，《费孝通文集》第2卷，第426—427页。

②费孝通：《乡土重建》，《费孝通文集》第4卷，第383—384页。

的阻碍。一个工业的全面计划，不仅要考虑到能够生产多少、获利多少，还应该考虑到能够销售多少，但现在仅凭借赤贫的大众已经弱小到无力购买工业品这一点，就足以阻塞这条道路了。所以，必须提高农民的生活水准来找到一条解决这些问题的办法，中国工业的组织形式必须做到农民可以分享工业利润，工业中的一部分必须分散建立在村庄或村庄附近的集镇 ①。

基于以上理由，费孝通断言，乡村工业仍是中国工业化进程的主干，"我觉得这问题在理论上作争论，不如让农民自己去选择好。中国将来工业化的过程，若是在民主方式中去决定，我相信乡村工业的发展很可能成为一个主流" ②。在此基础上，费孝通提出了中国农村工业发展的道路，即保留分散化的农村工业模式，并向机器生产迈进。

问题是，为什么中国乡村工业的分散化是可能的，这不是与工业革命的历程相矛盾吗？的确，从历史上看，工业革命是通过机器设备和人口集中而完成的，技术进步与城市中心带的发展在很大程度上是同步的。然而，这主要归功于工业发展第一阶段蒸汽动力的使用。当电力被引入以后，工业集中的趋势就改变了，制造业的分散已不是发展中的倒退而是现代工业的普遍趋势，分散模式是更为经济的。中国作为现代工业的后来者，从传统背景和现代技术两方面来看，分散化的工业模式更值得推荐，中国的传统工业恰恰是分散了的家庭工业，而在最近的将来，农村地区的情况也不大可能发生彻底的变动，所以

①费孝通：《禄村农田》，《费孝通文集》第 2 卷，第 427 页。
②费孝通：《内地农村》，《费孝通文集》第 4 卷，第 186 页。

应该保留分散的工业形式[①]。

为了消除一些学者对所谓他"开倒车"的误解,费孝通还强调两点。其一,乡村工业的分散不是绝对的,散布在各个村庄的制造中心承担机器生产的某一部分,然后把产品汇合在一个大的中心工厂进行组装。由此,在人口无须向城市集中的同时,大规模生产的优越性保存了下来,工业的分散与集中达成统一。其二,乡村工业不单是指恢复手工业,其前景是建立现代工厂。"把机器逐渐吸收到传统工业的社会机构中去,一方面使农村经济得到新的活力,另一方面使农村工业因机器及动力的应用而逐渐变质。"譬如可以设计一个能应用现代生产技术的小规模工厂,用当地农村便宜的劳力和原料,生产与大工厂同等质量的生丝,就不必惧怕城里工厂的竞争。不过,现代机器工业的发展与眼下的农村经济又是有矛盾的。譬如合作工厂可以代替家庭手工业,江村过去有350名妇女从事缫丝工作,使用机械以后,同等量的工作不到70人就能轻易完成,这一改进意味着将近300名妇女失去了劳动机会,在农田面积很小的情况下,失业的妇女又不可能转向农田[②]。这一矛盾,又等于回到了家庭手工业不可轻易放弃的原点上。

总之,逻辑上成立的现代理论,不一定都有实践意义,且超前于农民当下需求的现代理论甚至是有害的。手工业从经营形式上看是落后的,但适合于目前农民的需要,就仍有其价值。新中国成立以后,农村手工业一度受到的冷遇以及由此对农民

①费孝通:《禄村农田》,《费孝通文集》第2卷,第418、428页。
②费孝通:《禄村农田》,《费孝通文集》第2卷,第427、429页;费孝通:《人性和机器——中国手工业的前途》,《费孝通文集》第3卷,第393;费孝通:《江村经济——中国农民的生活》,第155、163页。

生活造成的危害，是一个非常深刻的教训。

## 六、商品市场与资金市场的动力及其影响

商品市场、资金市场既是农民与市场发生关系的媒介，也是农村经济和农民生活运转的重要渠道。传统的中国农村经济，以自给自足为其主要特征，但农民与商品市场也有或多或少的联系。近代以后，商品化程度明显提高，农民与市场的关系日渐密切。对此，学界关注最多的，是农产品商品化的动力是什么，亦即哪些因素促进了商品化程度的增长，商品化给中国农民的生活和经济带来了什么。二十世纪二十至四十年代，学界主要有三种意见：一是国外市场操纵了中国农产品的商品化；二是农民贫困化提高了商品程度；三是农民负担沉重导致农产品的商品化。三种意见的基调是一致的，即农产品商品化都不是经济正常发展的结果。正因为如此，关于商品化的社会经济影响，学者们几乎一致认为，商品化加速了农民的贫困化①。

对于中国近代农村商品化的程度，费孝通认为并不像一些学者所说的那么高。他认为，中国农村经济仍基本上是自给自足，商品作物只占很小的部分，大多数农民是为了自家的消费而生产。当然，农民并不是样样东西都靠自己，他们也买些香烟、耳环之类，布匹也大多是购买的，甚至西方的货物已经到达

---

① 参见陈岱孙：《我们的经济运命》，《陈岱孙文集》，北京大学出版社 1988 年版，第 259 页；张培刚：《清苑的农家经济（中）》，《社会科学杂志》1936 年第 7 卷第 2 期；陈翰笙：《帝国主义工业资本与中国农民》，复旦大学出版社 1984 年版，第 71—75 页。

非常边远的村庄，中国人民已经进入世界的共同体中[①]。

农民出售农产品的动力，主要是为了购买必需品以及其他被动支付。费孝通以稻谷为例，指出在农民手上它绝不是一件普通的商品，而是农民的食粮，不会轻易送上市场，只是在急迫需要支付时，才忍痛出卖一些。"农民的米颇像母牛的乳，不挤则不出。什么力量在挤呢？地租、捐税、高利贷、鸦片、洋货、将要娶媳妇的儿子、等待开吊的死人——一言以蔽之，是农民生活中不能自给的需求。"[②]可见，推动农产品商品化的主要是来自传统剥削、消费洋货和婚丧习俗的合力。

由于农家消费的自给性以及农产品出售的传统动力，商品消费比例的增加不一定意味着生活水平的提高。费孝通以禄村的甲、乙、丙、丁、戊五家的消费支出为例，甲、乙两家是雇工自营的地主，商品化程度分别是 65%、55.7%，主要是因为雇工费用较高；丙家是佃户，经营面积和甲家相若，商品化程度却只有 33%，主要是尽量利用家有劳力，雇工负担较轻；丁、戊两家是没有田的雇工，商品化程度分为为 74.2%、81.3%，他们完全靠工资度日，所需的食料、衣着、住房都得花钱去买去租[③]。可见，经济地位最低的雇工反而商品化程度最高，佃户的经济地位比雇工高，但商品化程度却低很多。总之，"现金交易量的增加与生活下降有关而不是与生活改善有关"[④]。这与现代商品经济迥然不同。

---

①费孝通：《乡土重建》，《费孝通文集》第 4 卷，第 328 页；费孝通：《江村经济——中国农民的生活》，第 6 页。

②费孝通：《农村里的囤米》，《费孝通文集》第 2 卷，第 434 页。

③费孝通：《内地的农村》，《费孝通文集》第 4 卷，第 244—245 页。

④费孝通：《江村经济——中国农民的生活》，第 95 页。

城乡关系,是农村商品化程度的重要反映。从理论上说,乡村和都市是相辅相成的一体,乡村供给都市所需要的粮食和工业原料,都市用工业制造品换取乡村的粮食和工业原料,乡市之间的商业愈繁荣,双方居民的生活程度也愈高。但在中国,费孝通却发现了城乡相克的现象,近代中国都市的发达并没有促进乡村的繁荣,相反,都市兴起和乡村衰落像是一件事的两面,都市夺去了农民作为收入来源的手工业,并用高利贷去骗出他们的土地。有趣的是,当抗日战争开始后,乡村与都市出现了隔绝的局面,乡村离开都市反可以避免农产品的大量外流,使乡下老百姓在粮食上不致匮乏和饥荒。但也要看到,乡村离开都市,它们必然向自给自足的标准走,生活程度更无提高的可能[1]。可见,城乡关系无论是紧密还是疏离,对农民来说都不是福音。

资金市场或者说借贷关系,是中国农村市场的另一种表现形式。借贷关系比租佃关系、雇佣关系所涉及的农户还要广泛,据统计,当时中国受高利贷盘剥的农民有 2.286 亿人[2]。学界对此关注较多的是利率的高低,具体说就是高利贷,包括何谓高利贷、借贷利率为什么高昂、高利贷产生了哪些社会经济影响等问题。

高利贷的概念颇难界定。从古代到民国之初,官方基本上都规定月利率不得超过 3%,也即年利率不超过 36%。到南京国民政府时期,又规定年利率不得超过 20%。抗战时期,中共政权规定年利率不准超过 10%—15%。这意味着超过官方

①费孝通:《乡土重建》,《费孝通文集》第 4 卷,第 313—314、317—319 页。
②张镜予:《中国农民经济的困难和补救》,《东方杂志》1929 年第 26 卷第 9 号。

标准，就是高利贷了，但制定这些标准并无严密的论证。学者对高利贷现象的讨论较多，但对高利贷的概念也未曾深究。费孝通对高利贷的理解，结合了民间习惯和现行法律两个方面，他首先指出，"职业放债者以很高的利息借钱给农民。这种传统制度，我们可称之为高利贷"；然后又说"高利贷是非法的制度，根据法律，约定年利率超过 20% 者，债权人对于超过部分之利息无请求权"[1]。但如何界定高利贷的概念，仍未解决。

哪些因素导致了高利贷呢？一般认为，借者太多，主要是因借贷来源太少；借者太多是农民贫困化的结果，农民贫困化又是天灾人祸、各种剥削所造成的，结果是家庭越贫困，借贷利率就越高[2]。费孝通的观点与此类似，他认为，"国内工业的衰落、高额地租的负担使村民面临着空前的经济不景气。村民难以取得贷款，或成为高利贷者的牺牲品"，"生计的穷困，入不敷出，才不能不'饮鸩止渴'的借起债来"[3]。除此，他还从两个方面做了深刻分析。一是农民借贷主要用于生活消费，必然导致高利贷。高利贷在生产经营中很难流行，只有消费借贷"才能容许高利贷的活动"，其利息高低是以农民的急需程度来决定的。债主面临偿还无从保证的风险，就"只有提高利率，收押田契，甚至用暴力来保障他的利益了"[4]。对此，费孝通对高利贷现

---

① 费孝通：《江村经济——中国农民的生活》，第 194—195 页。

② 参见余椿寿：《高利贷产生之原因及其影响》，《农林新报》1936 年第 13 年第 14 期。

③ 费孝通：《江村经济——中国农民的生活》，第 84 页；费孝通：《禄村农田》，《费孝通文集》第 2 卷，第 387、389 页。

④ 费孝通：《患土地饥饿症者》，《费孝通文集》第 2 卷，第 440 页；费孝通：《农贷方式的检讨》，《费孝通文集》第 2 卷，第 464—465 页。

象给予了"理解之同情"。二是城镇之间缺乏有效的金融组织。农民借贷除了来自传统的互助会和普通私人贷款之外，还求助于城镇地主的高利贷。地主将收取的地租进行高利贷、典当、米行等金融性质的活动，来增加对乡村的吸血[①]。这些活动，对农民借贷具有垄断性质。

至于高利贷与社会经济之关系，一般都强调高利贷的负面性，只有个别学者作了一定程度的辩护[②]。费孝通的看法较为全面和客观：首先，高利贷对农民的剥削是残酷的。当债户不能偿还高利贷时，田底所有权就转移到不在地主手中，有的高利贷者还使用暴力拿走或损坏债户的东西，甚至抢走债户的子女。高利贷造成农民的贫困，"全国农户负债总额约在 20 万万元以上……每年农民至少要白白地输出价值 8 万万元以上的农产来偿付这笔借款的利息，这数目竟等于全国田赋租税的1/2，农民安得不穷"[③]！其次，没有高利贷，农民的状况也许更糟。高利贷者是农民借款的重要来源，"需求又很迫切。入狱或者失去全部蚕丝收益的后果更加势不可挡。向高利贷者借款至少到一定的时候，还可能有一线偿还的希望"。正是在此意义上，费孝通强调："单纯地谴责土地所有者或即使是高利贷者为邪恶的人是不够的。当农村需要外界的钱来供给他们生产资金时，除非有一个较好的信贷系统可供农民借贷，否则不

---

① 费孝通：《江村经济——中国农民的生活》，第 193、196 页；费孝通：《乡土重建》，《费孝通文集》第 4 卷，第 315、323—324 页。

② 潘鸿声：《中国农民资金之检讨》，《农林新报》1936 年第 13 年第 16 期；王文钧：《中国农村金融之现状（四）》，《大公报》（天津）1934 年 6 月 20 日。

③ 费孝通：《江村经济——中国农民的生活》，第 131 页；费孝通：《内地的农村》，《费孝通文集》第 4 卷，第 257 页。

在地主和高利贷是自然会产生的。如果没有他们,情况可能更坏"①。看来,不管高利贷对农民多么无情,仍有其存在的理由。

那么,如何解决高利贷呢?在二十世纪二十至四十年代,国民政府曾采取建立信用合作社发放农贷的办法,以缓解高利贷的压迫。这一现代金融举措起到了一些作用,但也出现了地主富农将合作社低利贷款转借农民变为高利贷的现象。对农贷的作用,费孝通虽不否定,但也充满了疑虑,他说自己没有见过这种转借谋利的中间人,但认为"这是很可能发生的,因为现行的农贷条例偏重于向有田的人放款,贫农极难得到借款的机会"。与其如此,费孝通建议,还不如以农贷直接清理农民债务,即"在若干年内,把农家所欠高利贷的账目转到国家银行的账上;使每年农民要在利息中输出8万万元的巨额,减低到2万万元,余下的6万万元不是等于国家向着农民所放的直接贷款么?若是农业里所需求的肥料、工具、牲口,在市场上有增加时,农民自己就有余力来增加他们的资本了。农贷所有促进农业生产的目的,也不是一样可以达到了么"②?从逻辑和实用角度上讲,这一意见不无道理,但合作社农贷与普通借贷的最大不同,在于其贷款严格用于生产,以确保提高农民的还贷率,所以二者之间是有冲突的。

事实上,即便合作社有如此严格的规定,还贷效果也还是不能保证。在江村,"这个'合作社'借出了数千元钱。但由于借债人到期后无能力偿还债务,信贷者又不能用高利贷者所用的手段迫使借债人还债,借款利息又很小,不足以维持行政管

---

①费孝通:《江村经济——中国农民的生活》,第 195—196、201 页。
②费孝通:《内地的农村》,《费孝通文集》第 4 卷,第 259 页。

理上的开支。当这笔为数不大的拨款用完后，信贷合作社也就停止发生作用，留下的只是一张写得满满的债单。"由这个失败的例子，费孝通提出要重视传统信贷形式，"如果政府能利用现有的航船、互助会等系统来资助人民，效果可能要好一些……在当地的信贷系统中，对到期不还者有现成的约束办法"[①]。也就是说，现代正规金融并不能解决所有问题，传统金融组织仍有其功能所在。迄今，如何对待民间金融仍是一个难以破解的谜题。

# 结　论

　　学者或思想家通常不曾对自己的思想做过细致的总结，这一工作主要由历史学者完成。但历史学者的研究，要想对其做出全面而精确的理解并不容易。本文所述二十世纪三四十年代费孝通对中国农村经济的认识，可作如是观。不过，即便如此，也足以反映费孝通思想的深刻洞见了。如果没有中西兼容的深厚学养，没有脚踏实地的农村调查，没有冷静的认真思考，没有持续勤奋的写作，甚至还可以说没有过人的天赋，费孝通是不可能取得如此卓越的成就的。更重要的是，费孝通虽然经受了新学尤其是西方的学术训练，具备了先进的理论与方法，但只有经过实地调查才实现了学术研究的本土化，并成为其思

---

[①]费孝通：《江村经济——中国农民的生活》，第196—197页。一个农贷放款员甚至说："乡下人真可恶，高利贷出了款，倒收得回，我们低利放的款，反而收不回。"根本原因在于农贷机关不能像高利贷者那样使用一切非法手段收债，结果农贷变成了农赈。参见费孝通：《农贷方式的检讨》，《费孝通文集》第2卷，第465页。

想认识的直接源泉。应当说，近代农村社会的变迁为学者提供了同样的研究舞台，但并不是所有学者都有深刻的体认，并到达历史与现实的深处。可以说，在中国近代农村社会经济领域，费孝通是头脑颇具智慧、思路颇为清晰、研究颇有影响力，也是迄今中国农村研究难以逾越的学者之一，这绝非夸张和溢美之词。

中国农村社会经济本身是非常复杂的，限于学力和精力，一般学者甚至一些著名学者的研究多限于其中一两个方面，而费孝通的研究却是多方面的，几乎涉猎了农村经济的各个主要部分，包括人地关系、土地分配、租佃关系、农业经营方式、手工业生产、商品市场和资本市场等。他对这些问题的研究又不是一般的浅层表述，而是颇为深入的分析。不仅如此，他所研究的每一个问题都非孤立论证，也不是单从经济论经济，而是从相互联系的角度多侧面开掘。这一方面反映了农村经济社会构造的互相牵扯，但也与费孝通微观而全面的社区调查以及宽阔的视野有着极大关系。譬如，人口对土地的压力巨大，是费孝通的一个带有基础性的观点，然而这一看法并非局限于此，而是几乎渗透到了以上所述的各个方面。可以肯定，没有全面贯通的研究作为基础，费孝通是不可能提出如此深刻识见的。

只有将费孝通置于同时代更大的学术脉络，才能彰显其思想之坐标。与那个时代的学者相比，费孝通对中国农村经济的关键性问题都提出了更加全面、更加独到的见解，充分地反映了这一时期中国农村经济变化的动力、矛盾以及破解之道，从而形成了带有费氏特色的农村经济整体观。概括言之，当时中国农村经济的现状是：人口对耕地压力巨大，农村劳动力大量过剩，土地分配相对集中，租佃关系较为缓和，小农经营方式的落后与生存，农场手工业的衰败与延续，城乡市场关系失衡，高利贷的残酷与需要。中国农村经济问题解决之道为：减少人口，平均地权，实行减租，建立集合经营农场，分散发展农村工业，平衡城乡关系，传统与现代金融并行不悖。其中，关于发展农村工业的主张居于核心地位，对学术界和中国社会经济的影响最为深远。

从以上费孝通对农村经济的阐释和解决方案中，明显可以觉察到在其背后有深刻的辩证思维。譬如，对既存的社会经济制度和社会经济现状，一方面持批判态度，揭露其对农村经济和农民生活产生了不利影响，另一方面又认为过去的一切并不都是过失，它在一定程度上仍有其合理性和生命力。在传统社会经济与现代社会经济之间，不是将之视为二元对立，而是"强调传统力量与新的动力具有同等重要性"[①]，可以相互补充和融合。这些处于"激进与保守"之间的温和看法恰恰反映了中国农村社会经济的内在矛盾和复杂性。或许，传统儒家的"致中和"、社会学的功能学派以及现代辩证思维的综合作用，才使他形成这种认识论。这一认识论无论对于中国农村经济研究还是其他社会问题研究，都无疑有着重要的方法论价值。

真正的思想一定是既反映又高于社会实际的。学术大师的主张有的在当下就取得了实效，但更可能俟之于将来。事实证明，费孝通对中国农村经济的认识既有当下意义，更具前瞻性，或者在后来中国的社会经济发展中得到验证，或者仍属今天有待解决的重要问题。时过境迁仍可资借鉴，这正是一个思想家的魅力。作为后来者，我们并无自负的理由，只有谦虚地

---

① 费孝通：《江村经济——中国农民的生活》，第1页。

继承先贤的智慧，才能更好地继续前行。

当然，再智慧的学者也不可能看透一切问题，更不可能达到一个今人理想的高度。如果对费孝通的农村经济观还有什么更高要求的话，那就是他没有像在社会学领域提出"差序格局"、"社会继替"那样高度概括性的概念，这是令人遗憾的。也许正因为如此，在世界小农经济学派中，可以看到俄国恰亚诺夫，美国刘易斯、舒尔茨等人的身影，但没有中国学者甚至像费孝通这样著名学者的位置。不过，中国毕竟是一个最具代表性的小农经济大国，费孝通等社会经济学家对中国农村经济的解释，不能不说为世界农业经济学作出了独特贡献。

最后，以费孝通在《花蓝瑶社会组织》编后记的一段话作为本文的结束语："谁也不能否认现在中国人生活太苦，病那么重，谁都有些手忙脚乱。其实这痛苦的由来是在整个文化的处境变迁，并不是任何一个部分都有意作怪。你激动了感情，那一部分应该打倒，那一部分应该拆毁，但是愈是一部分一部分的打倒，一部分一部分的拆毁，这整个的机械却愈来愈是周转不灵，生活也愈是不可终日。在我们看来，上述的一个观点似乎是很需要的了。在这观点下，谩骂要变成体恤，感情要变成理智，盲动要变成计划。我们亦明白要等研究清楚才动手，似乎太慢太迂，但是有病求艾，若是中国文化有再度调适的一天，这一个观念是不能不有的。"[1] 费孝通说这段话距今已经八十多年了，但谁能说它对于我们理解历史和现实就过时了呢？

---

[1]费孝通：《花蓝瑶社会组织·编后记》，《费孝通文集》第 1 卷，第 478 页。

# "相成相克":二十世纪三四十年代费孝通的城乡关系论

城市和乡村是在一定区域内共同存在的两个实体。城市与乡村的关系或城乡关系,包括经济关系、政治关系、社会关系等诸多方面。城乡关系是生产力发展和社会大分工的历史产物,在原始社会末期和奴隶社会早期,随着城市的出现而产生。在中国近代,城乡关系问题直到二十世纪三四十年代才受到社会各界的关注和讨论。这一讨论,与中国政治、经济和思想的变动有极为密切的关系。二十世纪二三十年代,在乡村危机与复兴乡村的交叠声中,各种乡村改造的思想、方案纷纷出笼①。在此过程中,关于城乡关系的讨论只是其中的一部分,不仅出现的时间稍晚,声音也比较微弱,那时各界所关注的核心不是城乡关系,而是乡村和城市各自的命运。就费孝通而言,他关注最多的虽然是乡村而非城乡关系,对城乡关系的论述在其成

———————————

① 参见郑大华:《民国乡村建设运动》,社会科学文献出版社2000年版,第66—136页;王先明:《走近乡村——20世纪以来中国乡村发展论争的历史追索》,山西人民出版社2012年版,第37—259页。

果中仅占较小的部分，但他并未忽视这一问题的重要性，而是从乡村视角对城乡关系进行了分析和研究。

　　费孝通是著名的社会学家、人类学家，二十世纪三四十年代先后于燕京大学、清华大学、伦敦大学、云南大学、西南联大和清华大学求学和任教，对江南、云南等地乡村进行了一系列实地调查和深入研究，发表了不少享誉海内外的经典之作。这些作品对中国乡村社会经济的危机与出路进行了多方面的探讨，提出了诸多发人深省的见解①。其中关于城乡关系（更多是经济关系）的研究，既有专门文章，也有相关著述。1933 年 10 月发表的《我们在农村建设中的经验》，是费孝通第一篇对城乡关系有所涉及的论文；同年 11 月的《社会变迁中都市和乡村》，是费氏第一篇专门探讨城乡关系的论文。此后费孝通对城乡关系反映较多的作品有《复兴丝业的先声》《江村经济》《中国乡村工业》《禄村农田》《内地的农村》《乡土重建》《关于"乡村工业"和"绅权"》；专门研究城乡关系的著述有《乡村、市镇、都会》《论城、市、镇》《损蚀冲洗下的乡土》《关于"城""乡"问题》《城乡联系的又一面》等②。费孝通坦率地承认："我曾想逐渐踏进更复杂的市镇社区，可是因为种种限制，我并没有如愿以偿……至于比市镇更复杂的都会，我还不敢作任何具体的研究计划。"正因为如此，其"知识偏重在乡村方面，所以我看

①参见李金铮：《"研究清楚才动手"：二十世纪三四十年代费孝通的农村经济思想》，《近代史研究》2014 年第 4 期。
②《我们在农村建设中的经验》《复兴丝业的先声》两文，均由费孝通执笔，以其姐费达生（在江苏吴江农村推广科学养蚕，办小工业）的名义发表。费孝通关于江南丝业乃至整个乡村工业的认识，受到姐姐较大影响，详见后述。在本文，两文作者都表述为费孝通。

一个问题时也不免从这方面入手"①。也就是说，他主要是从乡村视角来分析城乡关系的。不过，费孝通毕竟是在县城出生、成长，并在大城市求学、任教，对城市经济和城市生活不乏丰富的感性认识，这对他思考城乡关系是有益的。

一切思想、学说的产生，都与前人和同时代学者有或多或少的关联，费孝通对中国乡村以及城乡关系的见解也是如此。据笔者对其1949年以前发表论著的全面检索，发现费孝通引用或评论约计82位学者的观点，其中国内20人，国外62人。国内学者包括吴文藻、潘光旦、陈翰笙、顾颉刚、冀朝鼎、严复等。相比而言，国外学者对费氏的影响较大，包括马林诺夫斯基、史禄国、派克、布朗、托尼、戴乐仁等。从以上学者的论著中，费孝通主要是受到社会学、人类学理论和方法的启发。就城乡关系而言，马林诺夫斯基、托尼、戴乐仁和费达生对他有过直接影响。

与同时期其他学者不同的是，费孝通将新学训练与调查研究结合起来，对中国城乡关系提出了具有高度概括意义的"相成相克"概念，并以此为中心，对历史上和现实中城乡关系的一些具体问题展开了分析。也正因为如此，费孝通成为同时代中对城乡关系研究最具影响力的学者。但不无遗憾的是，对于这一颇具思想史价值的学术贡献，无论是历史学界还是社会学界，迄今都未曾给予应有的重视。如果说学界对费孝通所提出的"差序格局"概念比较熟悉，那么对"相成相克"则是比较陌

---

① 费孝通：《对于各家批评的总答复》，《乡土重建》，上海观察社1948年版，第152页。

生的,更缺乏具有学术意义的专门研究[①]。因此,笔者试图通过解读费孝通比较零散的文本,并将之置于近代尤其是民国以来的社会实际,以及与同一时代相关学者观点的比较中进行考察和评判。

时至今日,距离费孝通当年的调查、研究和阐释已经过去七八十年了,但中国城乡关系的问题并没有消逝,"相成相克"的内在张力依然延续。如何处理好城乡关系,如何实现城乡的融合发展和乡村振兴,依然是中国社会经济建设所面临的巨大挑战。为此,我们既要关注现实,也要追溯历史,建立现实与历史的连续性,尤其要挖掘历史上曾经产生的思想智慧,将其和现实思考紧密联系起来。在此意义上,加强对费孝通的"相成相克"说的研究和阐释,对今天的城乡建设一定会有所启迪。

## 一、城乡关系"相成相克"概念的提出

城乡关系"相成相克"的概念,是费孝通在 1947 年 4 月正式提出的。他发表的《乡村、市镇、都会》一文,第一个小标题

---

①迄今尚无一篇全面深入探讨二十世纪三四十年代费孝通对城乡关系论述的文章。冯川的《费孝通城乡关系理论再审视》(《中国图书评论》2010年第 7 期)、吴宏岐的《费孝通城乡社会研究的历史地理学视野》[《陕西师范大学学报(哲学社会科学版)》2010 年第 4 期],虽皆有其论域所限之价值,但都较少将费孝通的研究置于同一时代中国社会经济思想史,尤其是城乡关系说的整体脉络中进行考察,也较少结合中国近代社会经济乃至世界社会经济发展的历史实际,对费孝通的看法做出解释。李金铮《"研究清楚才动手":二十世纪三四十年代费孝通的农村经济思想》一文,也仅在"商品市场与资本市场"一节中对费孝通的城乡关系看法有所提及。

就是"相成相克的两种看法"。在正文中，费氏指出："对于中国乡村和都市的关系有相成和相克的两种看法。"① 在1948年3月发表的《关于"乡土工业"和"绅权"》一文中，费氏又指出："我认为城乡在经济上及政治上都有相成相克的两方面，在历史的演变中，双方的分量常有轻重的变化。"② 这一表述，已不限于"相成相克"，还提出双方的分量在历史演变中常发生轻重的变化。那么，何谓"相成"，何谓"相克"，又何谓"双方的分量常有轻重变化"呢？

　　"相成"是理解这一问题的关键。在费孝通看来，"相成"是城乡关系的一种理想化状态，带有"应当"的意味。费氏关于城乡关系中的"相成"的一段表述，在其城乡关系论中具有纲领性的作用，实际的城乡关系是以此为标准上下浮动的。他认为："从理论上说，乡村和都市本是相关的一体。乡村是农产品的生产基地，它所生产的并不能全部自消，剩余下来的若堆积在已没有需要的乡下也就失去了经济价值。都市和乡村不同，住在都市里的人并不从事农业，所以他们所需要的粮食必须靠乡村的供给，因之，都市成了粮食的大市场。市场愈大，粮食的价值也愈高，乡村里人得利也愈多。都市是工业的中心，工业需要原料，工业原料有一部分是农产品，大豆、桐油、棉花、烟草，就是很好的例子。这些工业原料比了粮食有时经济利益较大，所以被称作经济作物。都市里工业发达，可以使乡村能因地制宜，发展这类经济作物。另一方面说，都市里的工业制品除了供给市民外，很大的一部分是输入乡村的。都市就用

---

① 费孝通：《乡村、市镇、都会》，《大公报》（香港）1947年4月27日。
② 费孝通：《关于"乡土工业"和"绅权"》，《观察》1948年第4卷第4期。

工业制造品去换取乡村里的粮食和工业原料。乡市之间的商业愈繁荣，双方居民的生活程度也愈高。这种看法没有人能否认。如果想提高中国人民生活程度，这个乡市相成论是十分重要的。"[1] 这一阐释表明，所谓"相成"就是城乡经济相互需要、相互补充的一种理想状态。

所谓"相克"，显然是离开了"相成"的标准。费孝通指出："从过去历史看，中国都市的发达似乎并没有促进乡村的繁荣。相反的，都市兴起和乡村衰落在近百年来像是一件事的两面。"[2] 也就是说，城市与乡村之间是对立的，反相成的。

而所谓"双方的分量常有轻重变化"，则是"相成"和"相克"二者的比重互有变动，相互之间的张力形成城乡关系的不同面相，或相成相克并重，或偏向相成，或偏向相克。

在费孝通之后，另一社会学者袁方于 1948 年 6 月也发表文章谈到了城乡关系的"相成相克"问题。他指出，城乡关系大体上说来有相成相克的两方面，"城市离不开乡村，乡村也离不开城市，彼此互相依倚，构成一体，这是相成；城市剥削乡村，榨取乡里人的血汗，或是乡里人围困城市，革城里人的命，彼此对立冲突，这是相克。从相成方面看，城乡是朋友，从相克方面看，城乡是仇敌……城乡关系，虽因时因地有不同的表现，可是这种表现不在它是朋友，或是仇敌，而是在'敌乎？友乎？'的格局如何相成相克的凑合"[3]。这一表述与费孝通的上述看法是基本一致的，但没有像费氏那样对"相成"作出深入的解释。

①费孝通：《乡村、市镇、都会》，《大公报》（香港）1947 年 4 月 27 日。
②费孝通：《乡村、市镇、都会》，《大公报》（香港）1947 年 4 月 27 日。
③袁方：《城乡关系：敌乎？友乎？》，《新路周刊》1948 年第 1 卷第 6 期。

袁方时任清华大学社会学系教师，与费孝通为同事。抗战期间二人曾为师生关系，费孝通的《人性和机器——中国手工业的前途》一文，袁方参与过讨论和写作。抗战胜利后，袁方也是费孝通主持的"皇权与绅权"讨论班的核心成员之一。

　　费孝通提出"相成相克"的概念并不是偶然的灵机一现。追溯他此前发表的论著，其实早就有迹可循了。1933 年，费孝通在《我们在农村建设事业中的经验》一文中指出，在讨论中国乡村和城市的问题时，中国的都市有两种不同的性质。第一种是旧式的"城市"，如苏州等。这种城市的出现，不是由于工商的发达，而是在于一辈脱离土地工作、依收租为生的地主们安全的要求。从经济上论，这是一种消费的集团。第二种是新兴的都会，如上海等。它们是西洋文明东渡的产物，是现代的，最重要的是工业和商业，所以是生产的集团。"论中国都乡关系的，往往不分此种差异，熟悉前者的，常认为两者在经济上是冲突的。消费者的增加，资本的耗费，自然对于农村有极坏的影响。熟悉后者的，则认为两者是相成的，因工业和农业本来互相赖以发达的"①。在这里，费孝通对城乡关系已有"冲突"与"相成"的概括。1934 年的《从"社会进化"到"社会平衡"》，虽然讨论的是人类生活与处境之间的关系，但费孝通的"相成相克"的概念在该文中已初具雏形。他认为，因为人要求生，所以他得处处和环境周旋。处境不同，处境有变，文化跟着也要有变。"人们的处境实可以分为相成相克的两方面。相成的就是供给生活的资源，相克的就是和自己竞争获得此种资源的一切势力"，"若土地有限，人愈多则自然资源

①费孝通：《我们在农村建设事业中的经验》，《独立评论》1933 年第 73 号。

愈难得,除非想别的办法——就是分工,就是把社会组织复杂化,使个人的工作效率增加以维持生活。这是相成一方面的。在相克一方面,即竞争的增加……在人类的处境中,相成相克的双方都有一种潜在的趋势"①。1937 年的《从社会变迁到人口研究》,同样不是讨论城乡关系的论文,但费孝通在文中也提出了"相消相成""相成相克"的说法。他根据马林诺夫斯基的结构功能理论指出,可通过"接触情境"来明了现实社区的变迁过程,即新环境、新势力与传统势力、传统环境"两种势力相消相成的场合所造下的一切状态"。由此他进一步提出,如果将这一理论应用于研究中国社会变迁,则为新的"动变势力"与传统的"抗变势力"所导致的"变迁事实","是相成还是相克"② ? 1946 年,在《人性和机器——中国手工业的前途》一文中,费孝通又谈到"相辅相助"、"对立"与"相成"。他指出,从理论上来说,农业和工业是相辅相助的。都市的兴起,人口集中在都市里,增加农产品的需要,促进工业原料品的生产,都市的繁荣也就是农村的繁荣。人和物不是对立的,不像现代文明中,人和机器一般地隐藏着恶感;人和物是相成的,人在物里完成他的生活 ③。这一阐述与他在 1947 年提出的城乡关系的"相克相成"已经非常接近了。

①费孝通:《从"社会进化"到"社会平衡"》,《费孝通文集》第 1 卷,第 225—226 页。
②费孝通:《从社会变迁到人口研究》,《费孝通文集》第 1 卷,第 519—520 页。
③费孝通等:《人性和机器——中国手工业的前途》,生活书店 1946 年版,第 9、22 页。

## 二、传统城乡关系的"平衡"与相成

中国城乡关系的历史演进，核心问题是传统、近代及其关系。传统与近代既有连续性，又可能呈现为断裂状态。费孝通的研究对中国传统城乡关系与近代城乡关系都有所涉猎，从成果发表时间来看，后者甚至早于前者，他对近代城乡关系的关注在二十世纪三十年代初就已开始，而对传统城乡关系的研究则是在二十世纪四十年代以后了[①]。费孝通对传统城乡关系研究的介入途径主要有两个：一是在研究现实的社会经济问题时，凭借着对历史文献的一些了解，对传统城乡关系有所追溯；二是从位置较为偏僻、经济落后地区的调研中，找到传统城乡关系的蛛丝马迹。研究的最终目的仍是为了说明近代以来，尤其是费氏所处时代城乡关系的变动。

对传统城乡关系的研究，鲜有具体研究成果。马克思、恩格斯对人类城乡关系史及其特征做过宏观的描述和概括，认为从原始社会、奴隶社会到封建社会、资本主义社会，人类社会城乡关系一般经历了城乡一体、城乡分离和城乡对立加剧的过程，并预测共产主义社会将达到城乡关系的融合。其中，自从有阶级的社会产生以来，城乡关系基本上处于分离和对立之中[②]。在中国学界，1947年，社会教育家童润之和经济学家姜庆

---

① 涉及的文章仅有《亲迎婚俗之研究》，《社会学界》1934年第8期；《周族社会制度及社会组织一考》，《费孝通文集》第1卷；《科举与社会流动》，《社会科学》（北平）1947年第4卷第1期；《皇权与绅权》，《费孝通文集》第5卷。

② 参见中共中央马克思、恩格斯、列宁、斯大林著作编译局：《马克思恩格斯选集》第1卷，人民出版社2012年版，第236—275页；《马克思恩格斯选集》第2卷，第724—825页；《马克思恩格斯选集》第3卷，第191—276页；《马克思恩格斯选集》第4卷，第29—35、174—195页。

湘结合国内外历史,对中国传统城乡关系也做过简略的总结。童润之时任江苏省立教育学院教授,他认为:"一部社会演进史,大体可说是都市对乡村的压榨史。……在昔奴隶与封建时代,特权阶级大抵留居乡村或城堡里,对一般农民作面对面的直接剥削。"①姜庆湘时任上海《经济日报》主笔,他认为一切阶级的社会都是都市与农村对立的社会,不过它们相互之间对立的程度、范围与方式,却因各个个别国家民族的社会发展条件不同而有很大的差别。对中国历史而言,"经历了奴隶、封建以及当前这个畸形的过渡阶段,但就我们的都市对农村的关系而言,却无论是在这当中的任一社会阶段,仿佛都是都市在农村扮演着剥削与支配的角色"②。上述观点,与马克思和恩格斯的解释有类似之处,都特别强调城乡关系的对立、城市对乡村的压榨。

五四新文化运动之后,否定中国传统社会已成为潮流。然而,费孝通对中国传统城乡关系史的解释却没有绝对化,不仅没有完全否定传统社会,反而认为传统社会的城乡关系主要是相成的。从理论上说,这一观念应该受到他的导师马林诺夫斯基功能论的影响,即"一种传统制度总有它的作用"③。

在对中国传统城乡关系的理解中,首先是如何界定关系的一方——"都市"。在费孝通看来,其主要是指"市镇",有时也指作为政治统治中心的都市,甚至二者经常是合一的。但无论

①童润之:《都市与乡村》,《世界农村月刊》1947年第1卷第2期。
②姜庆湘:《当前中国都市与农村的对立关系》,《中国建设》1947年第5卷第3期。
③〔英〕马凌诺斯基著,费孝通译:《文化论》,华夏出版社2002年版,第15—20页。"马凌诺斯基"为马林诺夫斯基在民国时期的译名。

是市镇还是都市,都和现代城市不是一个概念,它们不是工业中心,而是官僚、地主的居住地和农村货物的交易场所。基于此,费孝通所理解的传统市镇、城市和乡村之间的关系,就不是近代以后主要表现为工业和农业差别的城乡关系[1],而是更多地表现为贸易关系。所谓"相成",指的就是贸易关系。

农民与都市进行贸易主要发生在市镇,而非县城以及更大规模的都市。譬如云南昆明,它虽然是商业发达的大城市,却不是农民所依赖的市场,在这里进行交易的是昆明居民以及各县城来采办的商贩。在昆明附近的六七个很大的市集,俗称街子,那里才是农民的商业交易场所。甚至有的县城不设集市,如呈贡县,市集设在离县城约 15 分钟路程的龙街。费孝通认为,县城与街子是两种不同性质的社区,县城选址首先要考虑治安问题,一般选择在易守难攻的地方;而街子以商业为目的,地点在交通要道,四周农民容易到达。他肯定地认为,此类在乡村贸易发展中逐渐形成的小市镇在中国各处都有,在当时经济相对发达的太湖流域尤为普遍。以费孝通的老家江苏吴江县为例,那里也是他最先进行乡村调查的地方,县城在商业上远不及该县的震泽镇、同里镇[2]。这就是说,在传统社会中,政治中心不一定是经济中心,恰恰是这些市镇为城乡贸易提供了空间的便利。

农民与市镇的贸易联系,主要体现在农产品、手工业品在市镇的交易。费孝通认为,乡村是中国经济的重心,不仅是农

---

[1]费孝通:《禄村农田》,商务印书馆 1943 年版,第 189 页;费孝通:《乡村、市镇、都会》,《大公报》(香港)1947 年 4 月 27 日。

[2]费孝通:《乡村、市镇、都会》,《大公报》(香港)1947 年 4 月 27 日;《论城、市、镇》,《中国建设》1948 年第 6 卷第 2 期。

业生产的中心,也是手工业生产的中心,正是这种农工一体的经营模式形成中国传统经济自给自足的根本特色。不过,农民的农业生产和生活不可能做到所有物品都能自给自足,仍需要进行买卖交易,到市镇换取乡村不能生产的物品。在民国时期,有的地方甚至还保留了以货易货的方式,"带着货物上街的人,还是带了其他货物回家的"①。更有一些农民尤其是佃农,通过出卖手工业品,使得些微资金回流到乡村。这就是费孝通所说的,"它在租税的项目下输出相当资金,而借家庭手工业重复吸收回来一部分。乡镇之间,似乎有一个交流的平衡"。"交流平衡"是传统城乡贸易最为显著的特征,正是由于"平衡保持得住,土地权不会大量外流"②。

与农民所提供的产品相比,城镇里生产的大多数物品对农民来说不是不可或缺的③。抗战时期,费孝通在云南禄村调查时发现,当地都市供给农村的物品,就不是农民生活中长期需要的,这些物品的缺乏更不会影响到农业生产。因为农业生产的工具不但简单,而且都可以长久使用,所以"我虽不说中国农家全是自给,但是我却认为他们在相当长的时间内是自给的"④。云南乡村是相对落后的地区,"还不能脱离传统的农村社区"⑤,其城乡关系带有传统特点是不奇怪的。

在城乡贸易的"平衡"中,费孝通高度肯定了手工业所起

---

①费孝通:《乡村、市镇、都会》,《大公报》(香港)1947年4月27日;费孝通:《内地的农村》,生活书店1946年版,第75页。
②费孝通:《禄村农田》,第188页。
③费孝通:《乡村、市镇、都会》,《大公报》(香港)1947年4月27日。
④费孝通:《不是崩溃而是瘫痪》,《时论》(长沙)1947年第1卷第2期。
⑤胡庆钧:《费孝通及其研究工作》,《观察》1948年第4卷第23—24期。

的显著作用。他认为乡村工业帮助了农业,进而维持中国这样
庞大的乡村人口,手工业甚至巩固了土地制度、租佃制度,维
持了佃农生活。因为在租佃制下,经营小农场上的佃户不能单
靠土地维持"不饥不寒"的生活水准,乡村工业作为一道"防
线"挡住了佃户和地主之间的严重冲突,"那是手工业津贴了
土地制度"。在这种情况下,即使地主拿走农民所属土地收入
的一半,农民还是能通过经营手工业,休养生息而维持基本生
活。从经济学的角度来看,农业技术、劳动需求、人口范围、农
场面积、乡村手工业、地租数量和地主权利是一种真正的"有机
调整"。只要这种"调整"给予农民一种"不饥不寒"的生活,传
统中国社会就可以继续维持,一切经济制度如果不能保证这样
一种最低限度的生活都是不能持久的①。这里所提出的"有机调
整",是费孝通在"交流平衡"之外所做的又一重要概括。这一
评价也为他阐论近代中国乡村手工业的衰落以及对城乡关系
分裂的影响埋下了伏笔。

正是由于城乡之间交易的平衡和有机调整,费孝通才对传
统城乡关系给予了相成的肯定:"那种我称作镇的社区,因为是
偏重于乡间的商业中心,在经济上是有助于乡村的"②。从当代
学者的研究来看,这一状况类似于欧洲古典时代的城乡关系。
欧洲古代社会分古典时期和中世纪时期,两个阶段的城乡关系
并不完全一致,古典时期的城乡分化还不明显,农村在经济上

①费孝通:《中国乡村工业》,《费孝通文集》第3卷,第6页;费孝通:《黎民
不饥不寒的小康水准》,《大公报》(上海)1948年1月11日;费孝通:《对
于各家批评的总答复》,《乡土重建》,第164页;Hsiao-tung Fei, *China's
Gentry*, Chicago:University of Chicago Press,1953, p.116.
②费孝通:《乡村、市镇、都会》,《大公报》(香港)1947年4月27日。

是独立的,是整个社会财富的主要来源;城市在政治上统治农村,但在经济上对农村具有依赖性,城乡经济基本处于一种统一状态①。

此外,中国传统城乡关系的"相成"还表现在政治与社会结构上,主要体现在士绅在乡村所发挥的作用方面。中国有叶落归根的传统,在科举时代,乡下人在城镇游学,到都市考试,只是短期的,并不放弃祖居,这就是费孝通所说的,"考了秀才,中了举人,点了翰林,他可能始终是一个乡下人"。之所以如此,因为在传统社会中,都市并未表现出比乡村更明显的优势和吸引力,即便为官在城,终究也要告老还乡。这一传统为乡村社会保留了士绅和地方人才。这些人物不但不损蚀本乡的元力,"对于地方事业的负责可以说比任何其他国家的中间阶级为甚。即使我们说这些人服务地方为的是保障他们自身的地主利益,是养鸡取蛋的作用,我们也得承认这和杀鸡取卵是大大不同了"。尽管传统士绅主要是地主,"他们可能在土地制度之内剥削农民,但是乡间财富并不大规模的外流。以整个社会说,有如叉麻将,叉来叉去,最后不会有太大的输赢"②。总之,城乡之间的人才渠道是畅通的,对乡村是有益的。

费孝通对传统城乡关系偏于肯定的解释,受到一些学者的非议,甚至一些学者认为他是在为地主阶级唱赞歌。如前文提到的姜庆湘就认为,在费孝通的眼中,传统社会的城乡经济

①刘维奇、韩媛媛:《中国城乡资源流动与城乡互动关系研究——以比较经济史为视角》,《现代经济探讨》2013年第10期。
②潘光旦、费孝通:《科举与社会流动》,《社会科学》(北平)1947年第4卷第1期;费孝通:《损蚀冲洗下的乡土》,《大公报》(上海)1947年11月30日。

对立始终未曾存在过,而且抹杀了地主对农民剥削的历史[1]。这一评论有所偏颇,其实费孝通在对传统城乡关系予以肯定的同时,也未否认地主对农民的剥削,他指出城镇对乡村的剥削关系,主要是指城镇地主对农民的租佃剥削、利息剥削以及国家对农民的赋税剥削。中国土地分配集中,缺乏土地的农民租种占地较多的地主的土地,由此形成租佃经营者和租佃农民之间的剥削关系。在费孝通看来,地主出租了土地,"自己就离乡住入较为安全的城里去。在乡间做个小小富翁并不是件太安心的事,那是我们中国人的普通经验,用不着我来举例作证的。那些地主们在他们住宅周围筑个围墙,可以保卫。他们有资本可以开典当铺,可以在谷贱时收谷,谷贵时卖谷,可以放高利贷,可以等乡间的自耕农来押田借谷,过一个时候贱价收买"[2]。至于国家对农民的赋税剥削,费孝通认为,这一剥削主要表现为都市尤其是作为政治中心的都市(以官僚地主为基础)对乡村的统治和剥削[3]。不过,他对于这一层关系的论述较少。

如果用费孝通所界定的城乡"相成"的理想标准来衡量,中国传统城乡经济的确不能说是完全"相成"的,因为二者并没有形成相互需求、相互补充的状态。乡村经济基本上可以不依赖城镇而生存,而城镇却离不开乡村,城镇通过对乡村的剥削而生存,一定程度上对乡村是"相克"的。也正因为如此,费孝通也曾表达过,这种城乡关系是一种"片面关系"[4]。不过,如果仅从经济关系而言,城镇对乡村的确不存在明显的"相克",

①姜庆湘:《再论城乡对立的经济关系》,《中国建设》1948年第5卷第5期。

②费孝通:《乡村、市镇、都会》,《大公报》(香港)1947年4月27日。

③费孝通:《论城、市、镇》,《中国建设》1948年第6卷第2期。

④费孝通:《关于"乡土工业"和"绅权"》,《观察》1948年第4卷第4期。

因为乡村产品几乎单向进入城镇,而城镇少有回流的产品进入乡村,这就等于出多入少的"顺差",或者导致了费孝通所说的"交流平衡"。也就是说,农民能够从产品进入城镇的获利之中,一定程度地抵御了缴纳地租、赋税和利息的"相克",对乡村是利大于弊的。

与费孝通相比,当代学者在对传统城乡关系的研究中,也看到了城乡贸易的单向流动,城市并不比农村有更明显的优越性和吸引力。但有所不同的是,多数学者是依据马克思所说的"无差别统一"或城乡一体化、同一性来概括的,而未吸收费氏"交流平衡"与"有机调整"的"相成"概念①。

## 三、近代城乡关系的相克与分裂

如果说中国传统城乡关系处于一种"交流平衡"和"有机调整"的状态,相成远大于相克,那么到了近代尤其是民国时期则发生了相反的变化,城乡关系之所以成为人们关注的社会问题,原因即在于此。1947年,费孝通指出:"我们的历史不幸走上了使两者(城市和乡村)相克的道路,最后竟至表现了分裂。这是历史的悲剧。"但所谓"相克",并不是你克我和我克你的互克,而"只是依一方面而说,就是都市克乡村。乡村则在供奉都市"②。费孝通还用"瘫痪"而不是"崩溃"来形容乡村衰落,"在乡土经济中崩溃却似乎不容易发生,会发生是瘫痪的现象。

①参见张利民:《城市史视域中的城乡关系》,《学术月刊》2009年第10期;赵泉民:《从"无差别的统一"到"对抗性"形成——基于新式教育兴起看二十世纪初期中国城乡关系演变》,《江苏社会科学》2007年第3期。
②费孝通:《乡村、市镇、都会》,《大公报》(香港)1947年4月27日。

所谓崩溃是好像一部机器因为零件脱落而陷于停顿,是一种有类于机械性的现象;瘫痪是构成一个有机体的各个不太相关的细胞的破坏,它所给全体的影响并不是致命的,而是逐渐的,亏耗性的,有一点相类于生物性的现象"①。瘫痪比崩溃还要糟糕,因为现代工业国家的经济危机并不是每一部门的败坏,而常是某一部门受到阻碍或是活动周转不灵,只要把"零件修好"或是阻碍活动的因素矫正了,又可以重上轨道、照常运行,危机之后可以接着复兴甚至繁荣;但瘫痪却是"每个细胞的逐渐在瘫痪,病害得重得多,是沉疴不是险症"②。

　　对此现象,同一时代也有其他学者提出过类似的意见,在时间上比费孝通还早。譬如,1933 年,四川大学农学院教授蓝梦九发表文章指出:"都市譬如湖海,农村犹如湖海周围的河流,河流中间的水,日夜不停地集注于湖海,而湖海具莫大的吸水力,使河流干涸。……都市使其生活的奢侈增高,实掠夺农村之生活而致者,都市酒肉臭,农村饥寒迫,奢侈淫靡的都市造成社会的万恶。"③1937 年,张腾发也指出,都市愈发展,农村愈破产,都市的繁荣与农村的凋敝是资本主义世界的普遍现象。与此相比,在殖民地化过程中迈进着的中国,城乡矛盾更加尖锐,更加复杂④。进入二十世纪四十年代中后期,关注城乡对立的学者明显增加,譬如姜庆湘、童润之以及万典武、王亚南等。不过,与费孝通相比,他们没有给出"相克"这样的高度概括性的结论。

————————

①费孝通:《对于各家批评的总答复》,《乡土重建》,第 156 页。

②费孝通:《不是崩溃而是瘫痪》,《时论》(长沙)1947 年第 1 卷第 2 期。

③蓝梦九:《都市与农村的根本关系》,《中国经济》1933 年第 1 卷第 2 期。

④张腾发:《中国的都市与农村》,《农声月刊》1937 年第 210—211 期。

那么,城乡对立与分裂的具体表现有哪些,何以导致这种结局呢? 费孝通主要从三个方面做了阐述:

第一,近代以来都市对农村的索取比传统时代严重得多,都市更加离不开农村的供奉。近代以来所谓"都市",主要是指新兴的通商口岸,也包括其他以推销和生产现代商品为主的通都大邑。从通商口岸发展起来的城市,既不同于传统城镇(市场镇和驻军镇),也明显区别于西方的大都市。费孝通认为,纽约和伦敦那样的西方都市可以看作一个广大经济区域的神经中枢,中枢的发展就代表了核心区域的发展,它们是联系在一起的。通过这种关系,促进了不同区域的劳动分工和经济分工,是一个城乡相成的都会形式。但中国的上海等通商口岸却有所不同。首先,它不是普通的现代都会,不是一个经济独立的区域中心,而是一个被外国列强政治条约所打开的通商口岸。它不是一个像纽约或伦敦那样从它们自己的核心区域经济发展中成长起来的城市,而是西方掠夺对中国经济冲击的结果。通商口岸的繁荣并不意味着内地的繁荣,它们代表的不是互相发展,而是一种超经济的力量统治不发达地区的方式,在很长一个时期它们是和中国整体经济的发展相偏离的。它们作为外国商品进入的门户,在经济上只是一个缺口,一种漏厄,不断地流出中国的财富。有的学者对此提出不同意见,认为商业是互利的,外国商品的输入必然由其他商品的输出而平衡,否则的话贸易会停止。费孝通却认为,这只适用于纽约、伦敦,却不适用于上海,上海输出的是中国的原材料,或者说从农村得到的工业原料,而且当货物的输出不能保持贸易平衡时也输出金银,输出商品并没有得到相等价值的进口商品。其次,上海等通商口岸与传统市镇又有类似之处,即它们都主要是消费者而非生产者的社区。不同的是，二者的消费来源有别，传统市镇的消费品是当地或者是附近所生产的，而通商口岸消费的商品大多却是从外国进口的。外国商品的主要市场之所以在通商口岸（或国际租界），是因为这些地方吸收了所有那些不能待在内地的人，这些人大多数是带了钱到租界里来花的。这些钱不是来自于通商口岸本身，而是周围的农村，各种吸管把从中国农村吸出来的财富输入这些口岸。所以，费孝通认为，即便是仅次于纽约和伦敦的上海，也是一个工业不发达的都市，它是被供养着的，是用了从乡村里剥削出来的财富换取外国工业品来消费的，都市只是一个消费者和寄生虫的社区，而不是一个高度发达的现代类型的城市，这是城乡相克的形式①。当然，对所谓"从乡村里剥削出来的财富"，费孝通并没有明确所指，但显然是前述传统城市对农村的租赋剥削，并且由于近代都市增加了洋货的消费，向农村的索取则更加严重了。

　　与费孝通相比，其他学者也多强调近代都市对农村的剥削关系，但分析角度有一定的差别。譬如农业经济学者杜修昌，当时任职于国民政府中央农业实验所，他主要从农民与工人之间生产与消费关系的角度，研究都市对农村榨取的问题。他认为，从纵的方面说，农村的金钱概为都市所吸收；从横的方面说，农民是生产者，都市工人是消费者，都市工人所消费的生

①费孝通：《对于各家批评的总答复》，《乡土重建》，第153—155页。Hsiao-tung Fei, *China's Gentry*, pp.104-107. 费孝通所认为的西方发达国家城乡的相成关系，在当代不少实证研究中得到印证。参见易文彬：《城乡关系演变的历史与理论阐释》，《河南大学学报（社会科学版）》2010年第3期；薛晴、任左菲：《美国城乡一体化发展经验及借鉴》，《世界农业》2014年第1期。

活资料是农民的生产物,这是都市榨取农村的一种形态。反过来,因交换经济的发达,农村已失去自给自足的经济状态,农民的消费品大都由都市而来,物品价格随着都市工人生产费用的增加而增加。由于农民不得不消费高价的商品,这种贱卖贵买的关系又构成都市榨取农村的一种形态了[①]。这一说法有一定道理,但不如费孝通所论更加全面和深刻。

第二,都市工业的发展,导致乡村手工业的衰落以及农民生活的贫困化。这是费孝通所论都市克乡村的核心。如前所述,费氏所谓传统城乡关系的"交流平衡"和"有机调整",主要是因为家庭手工业在农家经济中扮演了重要角色,但近代以来这一情况却发生了相反的转向,"交流平衡"和"有机调整"开始崩溃。费孝通指出:"一个重要的齿轮——乡村手工业脱落了。……随着乡村工业的衰落,对农民而言,维持一种最低限度生活的传统调整机制失去了效力。"[②]

农村手工业之所以衰落,根源在其与都市工业的市场竞争中完全处于劣势。都市工业品,即机器制造品,无论是成本还是出品质地都比手工业产品具有压倒的优势。费孝通指出,机器所用的是无生能力,富有累积性和正确性。手工业用的是有生能力,限于一个人的或若干人能加得起来的体力,这种能力不但不易累积,而且不易正确。因此,机器生产超越了手艺生产。人工要和机器去竞争,有如挑夫对飞机火车一般望尘莫及,若单就抽象的手工业和机器工业来讲,手工业确是处在不利到无法抬头的地位。江南缫丝工业击败了传统蚕丝手工业,

---

① 杜修昌:《农村与都市之关系》,《中华农学会报》1932年第101—102期。
② Hsiao-tung Fei, *China's Gentry*, pp.116-117.

就是一个典型的例证。传统的手艺敌不过现代的机器，土丝的价格因市场的日缩，一落千丈，竟至不能支付生产的成本。结果，国内蚕丝市场随之缩小。市场缩小的结果带来了农村地区传统家庭蚕丝手工业的破产。在机器制造品里面，洋货的输入是更为致命的。费孝通指出，中国手工业的"地方产品"成了劣等物的同义词，"费了较高成本，又不适用的土货，怎能在既便宜又漂亮的洋货旁争得购买者呢？……引起了乡村里无数靠着制造土货的工人们的失业"①。在传统社会，乡村手工业还可以脱开城市而发展；而在近代大机器工业面前，依靠手工的农民是没有抵抗力的。

　　一般来说，现代机器工业取代手工业是历史的进步。然而，进步并不是对所有人都有利，对于中国农民而言就产生了痛苦的结果。费孝通指出，"我们中国的经济已犯了一种绝症"，以往用来帮助农业来养活庞大农村人口的手工业，因机器的发明而沦于不可救药的地位。手工业没有了希望，也就等于说中国农村经济没有了希望②。他以江村蚕丝业的衰落对农民的影响为例，做了两个方面的阐释。首先是入不敷出。当蚕丝业兴旺时，佃户尽管要缴纳租米，大量财富从乡村流入城镇，但他们仍能从手工业品的销售中获得利润得以补偿，并维持足够的生活水平，用于应付经常发生的灾难和昂贵的礼节性开支。但蚕丝业萧条之后，村里的平均收入减少了1/3，而消费和社会

①费孝通等：《人性和机器——中国手工业的前途》，第10页；费孝通：《禄村农田》，第2页；费孝通：《江村经济——中国农民的生活》，第12页；Hsiao-tung Fei, *China's Gentry*, p.117；费孝通：《黎民不饥不寒的小康水准》，《大公报》(上海)1948年1月11日。
②费孝通等：《人性和机器——中国手工业的前途》，第10—11页。

义务方面的开支仍然像过去一样,结果自然是亏空。其次,乡村地权外流和佃户数量增加。土地问题虽然早已存在,但在手工业兴盛的时代,问题不是很严重。手工业衰退后,农民入不敷出,不得不向城镇富裕的地主或高利贷者借债。借贷仅靠个人信用是不可能的,抵押地权成了唯一的出路。当不能按时偿还债务时,地权就不得不转移出去,有田的农民也就降为佃户了。在江村调查时,费孝通发现全村已有 70% 的人家成了没有田的佃户 [①]。

在研究农民土地向城市流失的问题时,费孝通受到英国经济学家托尼的启发,但有较大的修正。费氏认为,托尼的《中国的土地与劳动》是研究中国农村经济生活最好的一本书。托尼指出,在中国农村的某些地域,"又出现了另一种地主阶级,即在外地主阶级。在外地主并不居住在土地所在地的乡村,他们和农业的关系纯粹是金融关系"。他认为靠近都市的农业生产力高,有吸收都市资本的倾向,因此都市资本较多流入农业中。譬如,在广州和上海邻近地带,农民中的佃户分别高达 85% 和 95%。而在陕西、山西、河北、山东及河南等传统农业区,据说有 2/3 的农民是土地所有者 [②]。费孝通在《江村经济》中不仅引用了托尼的观点,还认为该观点在太湖流域的江村得到证实。不过,费孝通在调查云南禄村之后,发现这里的土地状况是托尼的观点无法解释的。禄村的单位面积产量比江村多,但事实上这里

----

① 费孝通:《江村经济——中国农民的生活》,第 187—188、195—196 页;费孝通:《关于"城""乡"问题——答姜庆湘先生》,《中国建设》1948 年第 5 卷第 6 期;费孝通:《禄村农田》,第 2 页。
② 〔英〕理查德·H. 托尼,安佳译:《中国的土地和劳动》,商务印书馆 2014 年版,第 31、68 页。

的地权却很少流失流到市镇。费孝通认为，其中的奥秘仍在于手工业，"若是要解释江村佃户充斥的现象，我们决不能忽略了该地手工业崩溃的事实。用手工业崩溃和现代工商业势力的侵入来解释江村土地制度的现象"。他进一步指出："若是一个原来就不靠手工业来维持的农村，它遭遇到都市的威胁，决不会那样严重。"所以，费氏非常自信地说，"这是我个人的一种见解"[①]。

为了进一步说明都市工业对乡村工业的破坏及其影响，费孝通还进行了逆向论证。他发现，抗日战争时期的大后方农村一旦与都市隔绝，经济发展和农民生活反而得到了改善。这一见解，呼应了他对传统城乡关系所说的"相成"论。以日常生活用品为例，抗日战争爆发后，其很难依靠都市企业来满足。因为沿海都市工业遭到破坏，政府又限制日用品的进口，外国日用品不能大量地输入；而在敌机轰炸之下，后方都市也不易建立起大规模的工厂企业，在国防需要之下，政府尽力维持的工业也大都偏于军需性质。如此一来，日用品的供给不得不自谋解决，只能留给乡村工业了。此时，乡村工业脱离了洋货和机器产品的竞争，竟走上了繁荣之路，到处可以听到各种手工机器的声音。在都市附近的乡村，经营这些手工业的农民谋得了利益，生活水平普遍提高，比以前吃得好了，衣服穿得整齐了，新建筑比以前加增了。由此导致"乡村没有了都市是件幸事……老百姓所求之不得的"[②]。这一现象可谓中国近代史上极

①费孝通：《禄村农田》，第2、188页；〔英〕理查德·H.托尼，安佳译：《中国的土地和劳动》，第31、68页。
②费孝通：《中国乡村工业》，《费孝通文集》第3卷，第13—14页；费孝通：《内地的农村》，第84页；费孝通：《乡村、市镇、都会》，《大公报》（香港）1947年4月27日。

具讽刺意义的一幕！

费孝通还发现，乡村手工业的衰败不仅影响了乡村，也影响了都市。因为都市并不能孤立地发展现代工业，"困难的是如果乡村不能繁荣，农民收入不能增加，都市工业尽管现代化得和西洋比美，工厂里出产的货品试问向哪里去销售？工厂不是展览会，不是博物馆，没有市场就得关门"[①]。这一点其实与传统社会有一脉相承之处，城市终究不能离开乡村而顺利发展。

不仅如此，手工业的衰落还导致了更大的社会问题，那就是租佃冲突乃至社会动荡。费孝通指出，当地主下乡收租时，会发现他们的佃户并不像以往一般驯服了。地主也许不明白为什么佃户变了，他还是收取和以往同样的租额，这并不是过分的要求，但佃户们眼里的收租者变成了来要他最后一粒谷的催命鬼，"看不见的是没有声音的西洋工业势力，它打碎了传统有机配合中的一个齿轮，那一个地主本来不关心而其实是保证他们特权的齿轮，乡土工业"。在此基础上，费孝通预言，乡村工业的崩溃既然打击了地租的基础，也就决定了地主阶层的命运，而失去手工业的农民也会引起社会扰动，"这些问题，决不是杞人忧天之类，若不及早预防，迟早会逼到我们头上来的"[②]。费孝通的提醒，已经在中国革命的浪潮中得到了验证。

第三，精英离村进城及其对乡村社会的负面影响。与传统

---

① 费孝通：《现代工业技术下乡》，《乡土重建》，第 103 页。

② 费孝通：《江村经济——中国农民的生活》，第 133—134 页；费孝通：《黎民不饥不寒的小康水准》，《大公报》（上海）1948 年 1 月 11 日；费孝通：《复兴丝业的先声》，《纺织周刊》1934 年第 4 卷第 20 期。

社会中的叶落归根传统相比①，近代尤其是民国以来，"以官为家"以及乡村精英脱离乡村的现象成为常态。费孝通感叹道："以前保留在地方上的人才被吸走了；原来应当回到地方上去发生领导作用的人，离乡背井，不回来了。……乡土培植出来的人已不复为乡土所用，这是目前很清楚的现象。"②

之所以出现这一现象，与清末科举停废和新式教育的兴起有关。费孝通发现，来自乡村但已受到新式教育的毕业生，不是不愿回到乡村，而是与乡村格格不入，不能回乡村了。譬如大学生，几年的离乡生活已把他们和乡土的联系割断了，生活方式、价值观念的变化足够使他们觉得自己已异于乡下人，而无法再和充满着土气的人为伍了。"他向哪里去找可以应用他在大学里所学得的那一套知识的职业呢？说是英雄无用武之地可以，大才无法小用也可以。"不只大学，中等教育与乡村也是不合拍的。费孝通在云南禄村做研究，靠近村子不远有个农业学校，乡下朋友常指着学校的农场说笑话，说老师们种菜像是种花，赔本的。学生们出来，没有那么多"校农场"给他们"实习"和"实验"；回家去，家里也没有这么多本钱来赔。最终，有些学生当了小学教员，有些学生转入军校，还有些学生在家里赋闲，整天无所事事地鬼混。无论是大学生还是中等教育学生，都是不曾利用新知识去改良社会的一批寄生性"团阀"阶层，既不能从事生产去获取生活，只有用权势去获取财富了，

---

① 唐宋时出现了"以官为家"的新现象，但这样一种"家"与"乡"的疏离，并未成为长期的普遍现象，为官者"落叶归根"的现象更为常见。参见罗志田：《地方的近世史："郡县空虚"时代的礼下庶人与乡里社会》，《近代史研究》2015 年第 5 期。
② 费孝通：《损蚀冲洗下的乡土》，《大公报》（上海）1947 年 11 月 30 日。

转而阻碍了城乡生产事业的发展。有鉴于此,费孝通断言,现在这种教育不但没有促进中国现代化,反而发生了副作用,成了吸收乡间人才的机构,有一点像"采矿",损蚀了乡土社会[①]。现代教育原本是进步的事业,但对于中国乡村却导致了人才外流,城乡相克由此可见一斑。

　　当然,科举废除之后也不是所有的乡村精英全部流失,而是关心和从事乡村事业的人越来越少了。费孝通以故乡吴江县自己的家庭现身说法,证明父辈和他们兄弟一辈与乡村的关系有了重要的区别。费氏的父亲是在最后一次科举考试中取得生员资格的,科举废除后,由清政府选派赴日留学。留学归国后,费氏的父亲关心本乡的教育、政治和经济,创办中学,组织县议会,主持开拓耕地,疏通水利。但三十多年为地方服务的实践,结果却令其"失望而老了。他期望于他的下一代,而他的下一代呢?"费孝通说,除了姊姊还继续着本乡丝业的改良,兄弟四个全飞出了家乡,不再回去了。吴江这个小县城,在抗日战争前考取公费留学欧美的,至少有七个,但是没有一个回到本乡的,"都不回去了,而且也没有人想回去了"。造成的结果是,在费孝通调查的江村,要想选择一个有文化有抱负的村长都很难,中学毕业生认为村长工作枯燥无味,缺乏前途[②]。乡村已经越来越远离人才精英了。

　　正是由于传统领袖的缺乏,为那些利用权势构成的种种法外的"团阀"鱼肉乡里提供了机会。"地方上现在已没有任何挡

---

①费孝通:《损蚀冲洗下的乡土》,《大公报》(上海)1947年11月30日。
②费孝通:《漫谈桑梓情谊》,《中国建设》1948年第5卷第4期;费孝通:《江村经济——中国农民的生活》,第77页。

得住那种借权势和暴力来敲诈劫掠的力量了。贡爷老爷已经不存在，洋秀才都挤在城里，农民除了束手待毙，只有自己出来抵抗，而整个机构也就难免于瘫痪了。整个中国，不论上层下层，大小规模，多少正在演着性质相似的悲剧，但在生活已经极贫困的乡间，这悲剧也就演出得更不加掩饰，更认真，更没有退步。日积月累，灾难终于降临，大有横决难收之势了。"①乡村社会完全劣化了，土豪劣绅之说是有社会基础的。

　　除此以外，费孝通对普通农村劳力离村进城也给予了关注。他指出，农民守不住耕地，向都市集中，在农村，是经济的破产；在都市，是劳动后备队的陡增，影响到都市劳动者的生机②。与其相比，有的学者把此问题看得更为严重，如《东方杂志》主编钱智修认为："都市集中之危害最烈者，尤在将全国之资本劳力，吸收于少数之大都会或大事业，使田野荒芜，食粮匮乏，而农村之自治与教育，皆无人过问。"③

　　应当说，近代城乡对立、都市克乡村已成为大多数学者的共识，只是对这一问题程度轻重的认识不同罢了。但也有少数学者对城乡关系提出了不同意见，认为都市的发展有益于乡村。费孝通读清华大学研究院时的老师、社会学家吴景超就指出："社会上还有许多人，误认都市为农村的仇敌。他们以为都市对于农村，不但没有贡献，反可使农村的破产加深。这种误解，是应当矫正的。……都市与乡村的关系，不是敌对的，而是互助的。"④社会经济学家、历史学家陈序经也强调，都市是帮助

① 费孝通：《损蚀冲洗下的乡土》，《大公报》（上海）1947 年 11 月 30 日。
② 费孝通：《复兴丝业的先声》，《纺织周刊》1934 年第 4 卷第 20 期。
③ 坚瓠：《都市集中与农村改造》，《东方杂志》1921 年第 18 卷第 17 号。
④ 吴景超：《发展都市以救济乡村》，《大公报》（天津）1934 年 9 月 9 日。

乡村的好友,乡村并不因都市的发展而零落;反之,乡村的人口也差不多增加了一倍。虽说乡村发展和都市发展有了分别,但事实上,所谓都市的发展,差不多也就是乡村的发展[①]。显然,以上观点是费孝通不能同意的,由此还形成他与老师吴景超的争论,其具体表现主要为后述乡村工业与都市工业的发展道路之争。

　　其实,从当今学界对中国近代城乡关系的实证研究来看,费孝通当时由于对城乡对立、都市克乡村的问题深表忧虑,他给予城乡关系一些方面的评价的确有些过低了。譬如从上海与周围农村关系的研究中可以发现,一个外向开放型的城市对周围农村经济的影响和作用也有积极的一面,乡村也为城市经济的进一步发展提供了有利的社会环境和物质基础,城乡双方都从中获利。在面临洋货倾销时,农村传统手工业也能够调整生产内容或另辟谋生途径。农村商品经济的进一步发展,给近代工业产品打开了销路,为城市经济的繁荣和民族工业的兴起提供了一些市场。当然,受中国近代半殖民地半封建社会性质的制约,近代上海的城乡关系也存在很多局限和弊端。其他如福州、厦门、宁波等地,城乡关系也多如此[②]。以上近代城乡关系的实例,大致反映了相成与相克之间的张力,而非绝对的都市克乡村。不过,费孝通对近代城乡关系的描述和判断基本上是正确的。

———————

①陈序经:《乡村文化与都市文化》,《独立评论》1934 年第 126 号。

②参见戴鞍钢:《近代上海与周围农村》,《史学月刊》1994 年第 2 期;林星:《近代东南沿海通商口岸城市城乡关系的透视——以福州和厦门为个案》,《中国社会经济史研究》2007 年第 2 期;孔伟:《近代宁波的城市化水平与城乡关系》,《宁波经济》2012 年第 12 期。

# 四、重建城乡之间的有机循环

　　十八世纪以来，西方学界对城乡关系如何才能实现良性发展，提出过一些不同的看法。亚当·斯密认为，农业是工业原料的来源，都市财富的增长要按照乡村耕作及改良事业发展比例而增长①。杜能认为，以工农产品互换为基础，城乡间产业要合理分工布局②。马克思认为，要消灭城乡差别，必须统筹城乡产业，将大工业在全国尽可能平衡地分布是消灭城市和乡村分离的条件③。以上学说反映了欧洲地区的情况。二十世纪三四十年代的中国学界，主要是根据中国城乡关系的历史和现实提出看法，与上述西方学界所提出的学说并无明显的借鉴关系。

　　基于对中国近代城乡对立的认识，费孝通等大多数学者都是以此角度来提出解决之道的。费孝通呼吁："我们决不能让这悲剧再演下去。这是一切经济建设首先要解决的前提"；"我们必须从速恢复城乡之间的循环关系"，"最后的目标是重建城乡的有机循环体，互相有利的配合。"④换句话说，就是要达到城乡关系的"相成"。

---

①参见〔英〕亚当·斯密著，郭大力、王亚南译：《国民财富的性质及其原因的研究》上卷，商务印书馆1974年版，第347—366页。

②参见〔德〕约翰·冯·杜能，吴衡康译：《孤立国同农业和国民经济的关系》，商务印书馆1997年版，第255—264、344—345页。

③参见中共中央马克思、恩格斯、列宁、斯大林著作编译局：《马克思恩格斯选集》第3卷，第677—685页。

④费孝通：《乡村、市镇、都会》，《大公报》（香港）1947年4月27日；费孝通：《损蚀冲洗下的乡土》，《大公报》（上海）1947年11月30日；费孝通：《关于"乡土工业"和"绅权"》，《观察》1948年第4卷第4期。

　　在都市与乡村之间,费孝通强调二者"至少是有同样的重要"。他还提出"城乡互补"论,认为工业品和原材料、粮食之间不断地交换的城乡贸易类型,将会提高双方的生活水平。因此,要提高中国人的生活标准,加强城乡经济联系具有头等的重要性[①]。与费孝通一样,也有其他学者强调都市与乡村并重。如袁方认为,城乡的关系不仅是利益的结合,还是一个共同不可分割的整体——互助共存。都市的繁荣要建筑在农村的繁荣之上。发展都市呢? 还是繁荣农村呢? 不是孰轻孰重的问题,而是都市与农村如何并行不悖地重建的问题[②]。童润之也指出,城乡社会相依为命,脉络贯通,其关系犹心脏之与全身血管。拿农工的关系来说,其间不是孰轻孰重的问题,而是如何密切联系,以达到整个经济繁荣的目的。整个社会建设的关键,正好落在城乡的联系与平衡发展这一点之上[③]。

　　费孝通还强调过要从都市入手进行研究,认为乡村社会的变迁常策源于都市,要明了乡村社会的变迁,不能不从变迁的源头——都市入手。若把天津、上海、汉口、广州等都市撇开不论,要明了中国乡村变迁的原因和趋势是无从说起的,只有从都市入手研究中国社会变迁,才能起讫分明,才能解释乡村中所发生的现象,而且可以推测将来所会发生的结果[④]。不过,费孝通从城市角度所提的改革意见是很少的。他的主要建议,是把都市变成一个生产基地,改变都市对农村的索取和

①费孝通:《社会变迁中都市和乡村》,《费孝通文集》第 1 卷,第 111 页 ;
　　Hsiao-tung Fei, *China's Gentry*, p.109.
②袁方:《城乡关系:敌乎? 友乎?》,《新路周刊》1948 年第 1 卷第 6 期。
③童润之:《都市与乡村》,《世界农村月刊》1947 年第 1 卷 2 期。
④费孝通:《社会变迁中都市和乡村》,《费孝通文集》第 1 卷,第 115—116 页。

不断地吸血的状况。"最急的也许是怎样把传统的市镇变质，从消费集团成为生产社区，使市镇的居民能在地租和利息之外找到更合理，更稳定的收入。这样才容易使他们放弃那些传统的收入。"为此，他建议地主进城，地主掌握着农业生产的赢余，可以把这笔游资用于工业生产。只要他们在城市里得到了谋生的职业或是投资的机会，即使没有"重重困难"迫使他们出卖土地，他们也不会留恋于已不一定收得到租的土地。现在的关键不是地主们愿意不愿意放弃土地，而是他们怎样转变为生产者的问题了。但残酷的现实尚无提供实现这一途径的条件，因为中国民族工业的萧条使得地主不易在土地之外找到一个稳定的经济基础，"结果他们的收入还是直接间接的取之于农民"①。可见，实现都市工业化、将都市变为生产基地是非常困难的。

相比之下，费孝通主要是站在乡村立场，对乡村经济的发展道路提出自己的意见。乡村经济的主体是农业和手工业，费孝通正是从这两个领域进行阐论的。农业发展有多种途径，最重要的是土地和产量。不过，在费孝通看来，这两个方面目前或短时期还没有解决的可能，也就是说他基本否定了从农业上想办法的思路。

首先，土地问题难以解决。以往对土地问题的解决有三种方案，但费孝通对之均不持肯定态度。其一，进行土地分配关系的改革。倾向马克思主义的学者认为，土地改革是解决中国

①费孝通：《乡村、市镇、都会》，《大公报》（香港）1947年4月27日；费孝通：《战后经济问题讨论》，《费孝通文集》第3卷，第88页；费孝通：《地主阶级面临考验》，《大公报》（上海）1948年2月14日。

乡村乃至整个经济问题的核心[①]，这也是中共领导的革命所进行着的实践。费孝通曾被批评为保守，反对土地改革。其实，他并不反对土地改革，也认为土地平均分配是合理的，因为如果农民拥有自己的土地，不需要交付租息，将使他们提高福利，保持最低的"不饥不寒"的水准，只是费孝通认为土地改革不能解决根本问题，因为中国人口众多，土地改革之后农民的平均耕作面积不能增加，不会减轻人口对农业资源的压力。从经营着眼，必须扩大农场规模，但要想扩大农场规模，重要的不是土地分配，而是人口和耕地的比例，是农业人口怎样能减少的问题，分配远没有技术及组织重要[②]。其二，扩张耕地面积。有的学者认为中国尚有大量荒地没有开垦，仍有增大耕地面积的空间。费孝通对此没有太多论证，但他认为东北和西北地区的开发仍不确定，前景并不乐观。其三，发展都市工业，吸收农村人口。如前所述，吴景超是著名的都市发展论者，他认为，中国乡村的人口太多，而都市的人口太少，中国农村的发展只有从发展都市工业上努力。因为如果都市工业发展了，那么不仅一部分的农民迁入都市可以有立足之地，就是那些留在乡下的农民，生活也可略为舒适一点了[③]。费孝通对此是赞成的，认为兴办都市工业确有必要，英国、美国都通过都市工业的发展成功

---

① 万典武：《从"城""乡"对立论中国经济的症结及其出路》，《中国建设》1948 年第 6 卷第 1 期；金向明：《论城乡经济与乡土工业——请教费孝通、姜庆湘两先生》，《创世》1948 年第 17 期。

② Hsiao-tung Fei, *China's Gentry*, pp.112-113. 费孝通：《黎民不饥不寒的小康水准》，《大公报》(上海)1948 年 1 月 11 日。

③ 吴景超：《近代都市化的背景》，《清华学报》1933 年第 8 卷第 2 期；吴景超：《发展都市以救济乡村》，《大公报》(天津)1934 年 9 月 9 日。

地减少了农村人口。但与吴氏不同的是，费孝通仅是从理论上赞成都市工业化，实际上却认为都市工业化在当下中国是一条很难走得通的路，由于在经济和政治处于次殖民地的地位，中国还没有实现大规模工业化的条件。更为重要的是，费孝通认为近代以来中国都市的发展是克乡村的，城市工业引发了乡村手工业的衰败并导致了农民生活的贫困。正是在此基础上，他说"我并不反对都市化，但是如果都市化会引起乡土的贫乏，不论是物质的或人才的，我总觉得并不是一个健全的趋势"①。这一看法表明，与其说费孝通较少从城市角度考虑城乡相克的解决之道，还不如说他本来就认为从都市出发的角度就是有问题的，城乡相克的解决必须从乡村经济的发展入手。

其次，提高农业产量也无太大空间。费孝通曾向农业专家请教，如果利用一切科学所给予的知识，像选种、除虫、加肥等等，土地生产能增加多少？有的专家认为不过20%，最高的估计为可能达到100%。但即使做到加倍的程度，可以增加的限度还是很低。这就意味着，"我们不能再期望单靠农业就能拯救中国，并使人民的生活水准大大提高"②。其中的道理并不难理解，农业受土壤、工具和技术的限制很大，要想跨越式提高产量是非常困难的。

① 费孝通：《内地的农村》，第20页；费孝通：《损蚀冲洗下的乡土》，《大公报》（上海）1947年11月30日；费孝通：《小康经济——敬答吴景超先生对〈人性和机器〉的批评》，《观察》1947年第3卷第11期；费孝通：《〈云南三村〉英文版的"导言"与"结论"》，《费孝通文集》第2卷，第426页；费孝通：《漫谈桑梓情谊》，《中国建设》1948年第5卷第4期。
② 费孝通：《现代工业技术下乡》，《乡土重建》，第100页；费孝通：《〈云南三村〉英文版的"导言"与"结论"》，《费孝通文集》第2卷，第426页。

　　在以上认识的基础上,费孝通认为只有从乡村工业着手才能解决城乡相克的问题,最终"不在于紧缩农民的开支而应该增加农民的收入。因此,让我再重申一遍,恢复农村企业是根本的措施"[1]。这与前述费孝通认为手工业衰退为城乡相克论的核心的理论是互为呼应的,他从传统经营方式中看到复兴的希望。

　　费孝通复兴乡村工业的主张,曾受到英国人、燕京大学经济系教授戴乐仁的启发。他在 1933 年发表的《我们在农村建设事业中的经验》里说道:"我记得几年前燕大教授泰娄氏就在中国评论报上发声提倡农村小规模的副业。从副业入手,非但是增加农场收入的良法,亦是采用机械的平坦大道。"[2] 同一时期杨庆堃、张世文、吴知、方显廷、郑林庄等学者也大致持类似观点[3]。但费孝通的主张也受到都市发展、都市工业论学者的反

————————

[1] 费孝通:《江村经济——中国农民的生活》,第 202 页。费孝通也提出过其他改进乡村经济的办法,如以减租为主,辅以农贷和土地债券,扩大经济作物种植,供给城市工业原料等。参见费孝通:《战后经济问题讨论》,《费孝通文集》第 3 卷,第 88、90 页;费孝通:《内地的农村》,第 108 页。但从城乡关系角度而言,发展乡村工业仍是其核心主张。与费孝通相比,梁漱溟也特别强调乡村建设的重要性,不过他认为一定要从农业入手,农业生产增加,农民购买力增加,工业才可兴起。然而,梁氏又说,中国工业只有以我们自己的原料、劳力来进行生产,满足我们自己的需要,成为一种乡村工业,才能立足。这与费孝通又是相通的。参见梁漱溟:《往都市去还是到乡村来?——中国工业化问题》,中国文化书院学术委员会编:《梁漱溟全集》第 5 卷,第 637—642 页。

[2] 费孝通:《我们在农村建设事业中的经验》,《独立评论》1933 年第 73 号。戴乐仁 1934 年在中央农业实验所乡村工业系做过演讲,发表《中国今日亟需兴办农村工业》,该文刊于《农报》1934 年第 1 卷第 24 期。

[3] 参见李金铮:《毁灭与重生的纠结:二十世纪三四十年代中国农村手工业前途之争》,《江海学刊》2015 年第 1 期。

对,有的学者说费孝通以恢复旧式的农村副业来为中国经济找出路,是"开倒车",是"留恋"于过去,是退回到闭关时代的经济形态,是"梦呓",是"幻想"①。他们强调,中国乡村手工业是落后的生产方式,在机器工业的冲击下必然导致解体,是没有前途的,不值得惋惜。只有发展机器工业,才是中国经济的唯一出路。产业革命的结果是使机器代替人工,使工厂制度代替手工业制度,使工厂生产代替家庭生产,工业化是一种必然的趋势②。但如前所述,费孝通并非反对都市工业化,而是认为眼下条件下难以实现,所以他形象地说都市工业化论者看得远,自己看得近,他们是企图根本解决问题的"心肠硬",而自己是寻求过渡办法的"心肠软"。乡村工业这个名字是不够漂亮,不够生动的,但是在这乡土中国,漂亮和生动常等于奢侈;"让我冒着'落伍'的指责,再回到乡土工业上来说说"③。他主要从三个方面为乡村工业进行了辩护：

第一,不否认手工业比机器工业存在着巨大弱势,但现实

①汤德明：《小商品生产的梦呓——评费孝通等著〈人性和机器〉》,《理论与现实》1946年第3卷3期；费孝通：《关于"城""乡"问题——答姜庆湘先生》,《中国建设》1948年第5卷第6期；费孝通：《现代工业技术下乡》,《乡土重建》,第101页；费孝通：《对于各家批评的总答复》,《乡土重建》,第166页。

②吴景超：《中国手工业的前途》,《经济评论》1947年第1卷第20期；姜庆湘：《再论城乡对立的经济关系》,《中国建设》1948年第5卷第5期；张培刚：《第三条路走得通吗?》,罗荣渠主编：《从"西化"到现代化——五四以来有关中国的文化趋向和发展道路论争文选》,第783页。

③费孝通：《小康经济——敬答吴景超先生对〈人性和机器〉的批评》,《观察》1947年第3卷第11期；费孝通：《现代工业技术下乡》,《乡土重建》,第103页。

却不容许放弃手工业。费孝通认为，残酷的现实使我们最关心的，不是两三代或更长时间才能兑现的大规模机器工业的诺言，不是都市工业效率高还是乡土工业效率高，不是工业的理想型或者最有效的工业组织，而是过去几十年来和现在还在继续发生的手工业崩溃所引起的失业现象，以及由此导致农民生活的贫困。不能为了追求工业的充分现代化而让80%的农民收入减少，而是如何迁就现实并用最可能实行的有效方式谋求农民收入的增加，提高农民的生活水平。因此，在过渡时期仍要发展乡村工业，"中国的经济条件拉着我，插不起翅膀飞向'前进'，如果这是落后，落后的不是我的选择（谁不想一转眼中国就有美国那样多的工厂），而是我们这个古老的国家，这片这样多人耕种得这样久的古老的土地"①。显然，这是颇为无奈的选择。

　　第二，工业尤其是轻工业不一定要集中于都市，也可以分散于乡村。费孝通从更深层次的区位角度，对都市工业化论者进行驳斥。譬如，在原料出产地就可以建立小型轻工业工厂。以丝绸业而论，小型工厂也能制出品质很高的生丝。而且，这种小型工厂还是促进农村技术改革的动力，工农业在技术改进上都可以联系得起来②。尤其是在电力和内燃机成为工业的动力后，用电力来推动单位较小的制造机就不必挤在一个工场里面，从而造成了工业由集中而分散的新趋势。在此基础上，就

---

① 费孝通：《小康经济——敬答吴景超先生对〈人性和机器〉的批评》，《观察》1947年第3卷第11期；费孝通：《〈云南三村〉英文版的"导言"与"结论"》，《费孝通文集》第2卷，第426页；费孝通：《现代工业技术下乡》，《乡土重建》，第103页。
② 费孝通：《重访江村》，《江村经济——中国农民的生活》，第227页。

可以在农村兴办小工业,只有在农村里容不下的工业才在都市中发展。进一步言之,在一件工业品的制造过程中,有些部分可以由手工来做,有些部分用机器来做。把那些不一定要机器做的保留在农家,而把需机器做的集中到小型工厂里去,则出品的质地不因部分的手工制造而不易改良。以上所说的是就制造过程中纵的分段,把那些不必需要机器的部分留给手工业,借以利用乡村里多余的劳力。制造过程横的方面,也能分成不同部门分别在小型工厂中进行。"若我们把制造过程拆断了,其中有不少部分是不需要大机器的,都可以分配到用电力推动的小型工厂或用体力的家庭工场中去制造,结果,以前乡村工业在技术上所受的限制就破除了。"①

第三,乡村工业也可以是机器工业。费孝通认为,将乡村工业仅仅理解为传统的手工业、副业是一种误解,乡村工业不能等同于"手工业",它可以是手工的,也可以是机器的,可以是家庭性的,也可以是工厂性的。真正有前途的乡村工业,并不是那种纯粹以体力作为动力的生产方式,也不是每家或每个作坊各自为政的生产方法,"除非乡村工业在技术上和在组织上变了质,它才能存在,才能立足在战后的新世界里"②。也就是说,要想发展乡村工业,必须提高生产技术和改进生产组织。

所谓提高生产技术,是将生产工具和生产方法趋于机器化。费孝通认为,必须使乡村工业在技术上逐渐现代化,脱离纯粹的手工和人力基础。有多少可用的机器就用多少,有多少

①费孝通等:《人性和机器——中国手工业的前途》,第 28 页;费孝通:《中国乡村工业》,《费孝通文集》第 3 卷,第 15—18 页。

②费孝通:《对于各家批评的总答复》,《乡土重建》,第 166 页;费孝通:《中国乡村工业》,《费孝通文集》第 3 卷,第 15 页。

可以引入的现代知识就引进多少。所谓改进生产组织，即提倡乡村工业合作社组织，这是费孝通更为关注的。他以养蚕制丝为例指出，单靠技术的改进还有不足，一定须有一个适当的社会制度。新制度的原则是很简单的，就是要使每个参加工作的人，都能得到最公平的报酬；同时在经济活动上，能和资本主义经济制度的营业丝厂相竞争而不致失败。而要实现这一目标，就必须在经济组织中提倡合作原则，有了这样一个协调组织，散布在各个村庄的制造中心就可以只承担机器生产的一部分，或只承担制造过程中的特定环节，然后把产品汇合在一个大的中心工厂里组装。由此，"大规模生产的优越性在人口不用向城市中心带集中的同时保存了下来"①。费孝通的姐姐费达生在吴江县进行了丝织业的成功实验。她在开玄弓村成立生丝精制运销合作社，规定一切生产器具由参加工作的农民所有，一切管理及行政的权力由合作员掌握，一切利益由合作员平均分配。费孝通对此给予了高度评价，认为在合作社里面工作的人的态度和营业丝厂中的工人不同，她们的工作是为了自己，愈努力愈满足，不会发生罢工的风潮。如果说"一切营业丝厂非每年能获到利益，就不能维持，因为股东的目的，并不在给工人的工作的机会，而在股息的收入。资本主义愈发达的地方，资本向高利的流动率愈大。所以企业家一定要使他的工厂能维持高度的利率，不然立刻会有倒闭的危险"，而合作社则不然，其目的大部分在维持工作的机会，合作社的维持是建筑在每人

① 费孝通等：《人性和机器——中国手工业的前途》，第12页；费孝通：《对于各家批评的总答复》，《乡土重建》，第166页；费孝通：《我们在农村建设事业中的经验》，《独立评论》1933年第73号；费孝通：《〈云南三村〉英文版的"导言"与"结论"》，《费孝通文集》第2卷，第429页。

生活的实际利益上，而营业丝厂则建筑在股东的息上，两者相去自然很远①。可以说，开玄弓村蚕丝合作生产的成功是费孝通提倡发展乡村工业的一个非常重要的思想来源，也是特别有力的佐证。

　　还值得注意的是，费孝通从费达生的乡村工业工作中发现了城市人才回乡建设的转机。他曾针对都市对乡村精英的吸附及其影响，提出"有专长的人才退回到乡间去"的建议，非常羡慕英国乡村有"从都市里退休的医生、公务员、学者和富于服务心的太太们"②。但难题是如何才能使人才下乡，以往乡村里缺乏可以应用现代知识的事业，人才是无法回去的。他认为，在种种能应用现代知识的事业中，最基本的生产事业就是乡村工业③。费达生并不是一个人在江南乡村开展丝织业改良，而是她所在的江苏省立女子蚕业学校推广部有几百个女知识青年到乡里服务，费孝通认为这是现代技术与农民之间"最适当的桥梁"，是"一个极正确的道路"④。为此，他还对一些知识分子偏重文字教育、卫生教育等不能直接增加农民收入的乡村建设实验提出质疑。

# 结　语

　　任何思想和学说都是时代的产物。在二十世纪三四十年代中国城乡关系的讨论中，费孝通由表及里，提炼出了"相成相

①费孝通：《我们在农村建设事业中的经验》，《独立评论》1933 年第 73 号。
②费孝通：《再论双轨政治》，《大公报》（上海）1947 年 10 月 26 日。
③费孝通：《对于各家批评的总答复》，《乡土重建》，第 163、167 页。
④费孝通：《乡土工业的新形式》，《乡土重建》，第 121—122 页。

克"的概念,从而突显了其独到的学术贡献①。他以"相成相克"概念为中心,对中国城乡关系的历史和现实进行了多方面的阐发。从中国城乡关系的历史来看,费孝通认为一定历史时期的城乡之间并非是绝对的相成或者绝对的相克,相成与相克之间的张力影响和决定着城乡关系的历史趋势。对于古代中国传统的城乡关系,费孝通对"交流平衡""有机调整"的相成一面给予了较多的肯定;对中国近代尤其是民国时期的城乡关系,则主要是否定的,他认为城乡对立、都市克乡村的现象极其严重。当然,费孝通只是从城乡关系的角度阐论乡村遭受都市之害,而不是完全否定都市对社会经济发展的贡献。在为城乡相克提出解决的办法时,他的目标是重建城乡之间的有机循环,达到城乡关系的相成与互补。但无论是关于古代传统城乡关系还是近代城乡关系,费孝通关注和分析的着眼点主要是乡村而非城市,而且乡村工业是其中最为重要的方面。这一看法符合他对传统和近代城乡关系的基本评判:如果说乡村手工业的发达成就了古代传统城乡关系之相成,而乡村手工业的衰败也标志着近代都市对乡村的相克。正是循着这种一以贯之的思维,费孝通认为恢复和发展乡村工业才是解决城乡相克、促进整个乡村经济发展和提高农民生活水平的关键之道。所谓乡村工业,不仅仅是指传统手工业,而是在传统基础上与现代的结合,既可以是传统的手工业,也可以是机器工业。应该说,费孝通以上理论和建议

---

① 二十世纪五十年代以来,国外学者刘易斯、缪尔达尔、赫希曼、芒福德、费景汉等发表了关于城乡关系的理论,费孝通的主张可称为他们的前辈。参见折晓叶、艾云:《城乡关系演变的制度逻辑和实践过程》,中国社会科学出版社 2014 年版,第 16—20 页;易文彬:《城乡关系演变的历史与理论阐释》,《河南大学学报(社会科学版)》2010 年第 3 期。

是基本正确的,这是一条和西方发达国家不同的工业化之路。不过,正如他自己所说:"一个被视为'书生'的人,有责任把合理的方向指出来,至于能不能化为历史,那应当是政治家的事了。"①事实证明,当时的政治与社会环境并没有为此提供付诸实施的条件,乡村改造的思想和理论尚未变成强大的物质力量。

新中国成立以后,费孝通继续见证了城乡关系的剧烈变迁。在计划经济时期,在发展农业的同时,对副业有所忽视;从农村汲取资源,发展城市工业(有其国际国内环境的要求和重大意义),诸此都在一定程度上影响了农家收入,强化了城乡"相克"的格局。费孝通1957年重访江村,鉴于粮食增产而农民日子并未好过的情况,发出了"副业和农业不应当是矛盾"的呼声,显然是延续了其以前曾有过的思路②。改革开放以后,随着市场经济的逐步推行,中国社会发生了前所未有的巨大变化。费孝通的学术研究进入了一个新的阶段,他继续调查和研究乡村经济、乡村工业和城乡关系的发展,发表了《谈小城镇研究》《农村工业化的道路》《小城镇,大问题》《加快城市建设,推动区域经济发展》等著名篇章,提出了许多具有重要影响力的思路和建议,引起政府的重视③。他的城乡"相成"论和发展

---

① 费孝通:《黎民不饥不寒的小康水准》,《大公报》(上海)1948年1月11日。
② 费孝通:《重访江村》,《江村经济——中国农民的生活》,第234页。
③ 费孝通的相关论著主要有:《三访江村》《谈小城镇研究》,《费孝通文集》第8卷,第139—155、489—503页;《农村工业化的道路》《小城镇,大问题》,《费孝通文集》第9卷,第85—87、192—234页;《加快城市建设,推动区域经济发展》,《费孝通文集》第15卷,第126—129页;《中国城乡发展大道路——我一生的研究课题》,《费孝通文集》第12卷,第300—315页。

乡村工业的建议恢复了应有的活力，对中国农村工业化以及城乡建设起到了实际的推动作用。从他最为关注的江南地区来看，现代化工业已经遍布乡镇，村镇交通连成一片，城乡关系基本上实现了他所期望的"相成"目标[①]。当然，我们也要看到，迄今中国仍有不少经济落后地区，城乡差别依然很大，城市对乡村的支配关系并没有发生根本改变，甚至乡村凋敝成了媒体的新闻热点。如何解决这些地区的城乡差距和改善农民生活，是从城市经济找出路，还是继续关注农村的发展，具体路径是什么，一直是学界争议不断的问题[②]。然而，在争论现实的同时，也应该回观历史，历史与现实是无法割断的，著名学者的思想遗产更是值得汲取的资源。立足于二十一世纪当下的中国，展望城乡发展的未来，重新梳理和反思二十世纪三四十年代费孝通提出的城乡"相成相克"论和重视乡村建设尤其是乡村工业的理念，仍是颇有必要的。

---

[①] 2016 年 4 月 6—12 日，笔者在苏州市吴江区村镇（费孝通的老家，也是他的研究基地）进行考察，发现江南城乡一体化的进程在全国处于领先地位。

[②] 参阅折晓叶、艾云：《城乡关系演变的制度逻辑和实践过程》，第 285、427—426 页；韩俊：《中国城乡关系演变 60 年：回顾与展望》，《改革》2009 年第 11 期；周立：《新型城乡关系与中国的城镇化道路——对城乡二元结构本质问题的再思考》，《人民论坛·学术前沿》2016 年第 8 期。

# "土货化"经济学:方显廷及其中国经济研究

　　近代中国经历了数千年未有之变局。无论是政治、经济还是社会、文化,在本土与域外、连续与断裂、守旧与创新的相互纠缠之中,都由"常态"或多或少、或快或慢地步入"非常态"之旅。正是在这样一个历史时代,现代学科、学术、思潮从已有的土壤中生发和成长起来。在当今被誉为"显学"的经济学,就是新出现的学科之一,也是与中国社会变动关系比较密切的一种。诸多经济学人筚路蓝缕,参与和主导了中国经济学的奠基和发展,反过来义成为中国近代社会变迁的一部分。在此过程中,南开经济学派代表人物方显廷(1903—1985)是其中杰出的一位。当今学界称马寅初、刘大钧、何廉、方显廷为民国时期四大经济学家,由此可见方氏的重要地位[1]。不过,相比而言,大陆学界对马寅初较为熟悉,研究也较多,而其他几位却因意识形态等原因还很少进入大陆学术界的视野。近年来,在中国近

---

[1]林毅夫、胡书东:《中国经济学百年回顾》,《经济学(季刊)》2001年第1卷第1期。

代经济史、思想史的研究中已开始提到、介绍和研究方显廷等人的经济论著及其思想[①]。应该说,这些成果有助于我们了解方显廷的经济研究及其思想,但还有不少问题没有解决。譬如,它们多侧重于方显廷对机器工业的论述,对乡村工业、农村经济、货币金融、经济体制、经济形态等方面则较少或没有关注;对方显廷学习、研究经济及成长为经济学家的历程,缺乏应有的梳理和分析;对方显廷的经济论著缺少全面和深入的解读,尤其是缺乏与同时代其他经济学家的比较研究,从而不能凸显其在中国经济思想史上的位置。有鉴于此,本文拟将方显廷置于中国近代尤其是民国时期的社会背景和经济思想史的脉络之中,深入地剖析其成长为一个经济学家的历程,系统地呈现其对于中国经济问题的研究及其主张。

# 一、一个经济学家的成长

几乎所有的学术史都昭示,家庭背景、教育经历、社会环境、政治变动、生活际遇乃至个人性格都影响着一个学者的成

---

①涉及到方显廷的成果主要有,蔡志新:《民国时期浙江经济思想史研究》,中国社会科学出版社 2009 年版;易仲芳:《南开经济研究所"学术中国化研究"(1927—1949)》,华中师范大学博士学位论文,2013 年。专论方显廷的成果主要有,冶辉:《方显廷经济建设思想探析》,北京大学硕士学位论文,2008 年;朱子静:《方显廷工业化思想研究》,郑州大学硕士学位论文,2011 年;熊性美、纪辛:《方显廷与〈中国之棉纺织业〉》,《南开经济研究》2012 年第 3 期;孙智君:《民国经济学家方显廷的农业经济思想及其现实意义》,《华中农业大学学报(社会科学版)》2007 年第 2 期;Paul B. Trescott, "H. D. Fong and the Study of Economic Development," *History of Political Economy*, Vol.34, No.4(2002)。

长。方显廷的经济学家之路，即是一个例证。

早年的家庭、求学和工作经历，是方显廷人生的第一个阶段。

时代、地域、家庭乃至性格，都是个人无法选择并深受其影响的。方显廷1903年生于浙江宁波，当时中国正处于自鸦片战争以来"在世界共同体中的地位处在最低点的年代"①。但灾难也孕育着巨大的社会变动，清廷开始迟来的"新政"，辛亥革命发生，中华民国成立，无一不影响着中国历史的进程。这一痛苦与希望并存的历史背景，为一切有识之士提供了一个思考和改革社会的空间。宁波人以善于离乡经商而著称，近代上海等地涌现出的宁波籍企业家、银行家被称为"中国的犹太人"。但宁波不仅出商人，也孕育过许多大文豪、大学者。宁波人的闯荡精神，对方显廷在国内外游学和工作也有着潜移默化的影响。与此同时，方显廷又不乏学者所具备的静默的个性。在父母的八个儿女中，他最为年幼，是"一个孤独的男孩。……总是独自一人呆在家里"②。当然，青少年时期的方显廷并未脱离一般宁波家庭的商业特征。他的父亲在宁波开了一家珠宝店，但由于火灾和他父亲去世等变故，珠宝店生意冷淡，家道日衰。在方显廷读完私塾、小学和一所职业学校后，他不得不到自家的珠宝店做学徒。

在珠宝店做了一年，1917年，十四岁的方显廷离开宁波，来到上海厚生纱厂当学徒。这段经历，成为他人生的第一次重

---

① 方显廷：《方显廷回忆录——一位中国经济学家的七十自述》，商务印书馆2006年版，第6页。
② 方显廷：《方显廷回忆录——一位中国经济学家的七十自述》，第11页。

要转折。厚生纱厂为著名实业家穆藕初所创办,穆氏特别注重对年轻才俊的培养,对方显廷努力工作、刻苦学习的精神颇为欣赏。为此,他还送方显廷到上海郊区学习种植美国棉花的技术。在方显廷后来的经济研究中,棉纺织业占有重要地位,应渊源于此。更为幸运的是,1920 年春,穆藕初全费资助方显廷到上海南洋公学附属中学学习。一年之后,又资助他赴美留学[①]。人生道路得贵人相助,莫过于此。

留学美国,是方显廷人生的第二个重要转折,也是他蜕变为现代知识分子的重要阶段。

1921—1928 年,方显廷先后完成威斯康星大学预科生、纽约大学学士、耶鲁大学博士学位的学习,其主修专业均为经济学。这一选择,既与当时的实用风气有关[②],也与他曾经从商和做工的经历有关。这一留学经历,奠定了他从事经济学研究的坚实基础。

在此期间,方显廷在 1924 年夏于纽约大学毕业时,遇到对他人生具有决定意义的第二个人——何廉。当时何廉正在耶鲁大学撰写博士论文,他不仅帮助方显廷获得能够进入耶鲁大学求学的一份奖学金和一项助学贷款,还帮助方显廷选择了研究生课程。从此,何廉成为方显廷终生的益友和同事[③]。在

---

① 穆藕初先后资助过 22 人出国留学,包括罗家伦、段锡朋、汪敬熙、康白清等。参见方显廷:《方显廷回忆录——一位中国经济学家的七十自述》,第 28 页。

② 1854—1953 年中国留美生有 2 万余人,主修经济和商业管理专业者占总人数的 40%。参见李翠莲:《留美生与中国经济学》,南开大学出版社 2009 年版,第 90 页。

③ 何廉与方显廷成为学术合作的经典范例,何廉说:"方在南开从 1929 年一直呆到 1948 年,这 20 年间他是我最亲密的益友良师,南开经济研究的发展很多应归功于他的博学的贡献。"参见何廉:《何廉回忆录》,(转下页)

耶鲁，方显廷受经济史家德埃（Clive Day）教授的指导，研究经济史。他后来一直对经济史保持浓厚的兴趣，并以经济史方法来研究中国的经济问题。然而，他在美国求学的过程并非一帆风顺。由于穆藕初经营纱厂不利，被迫中断了对方显廷的资助，方显廷不得不到百货公司、汽车公司、图书馆等处打工。不过，这些艰苦的奋斗经历不仅为他获得收入，更对他以后的经济学研究发挥了作用，"这是同时代其他中国经济学家所不可比拟的"[1]。

　　离美归国，在私立南开大学任教和研究，是方显廷人生的第三个阶段，也是他从事中国经济学研究并取得学术成就最重要的阶段。

　　1928年12月，方显廷回到上海，被国民政府实业部任命为国家经济访问局局长；他还兼职公司顾问和家庭英语教师，月薪达到600元。此时，已是南开大学教授的何廉，为了吸引人才，亲自到上海劝说方显廷北上就任南开大学经济学教授，从事学术和教育事业。但南开大学教授月薪只有200元，仅为方显廷原来收入的1/3，去向抉择似乎是个难题。然而，方显廷没有任何犹豫，毅然放弃局长之职和丰厚的待遇，于1929年2月北上天津，开始了自己所钟爱的经济学研究和教学之路。正如他后来回忆时所说的："我做出了我毕生事业的抉择，愿为教育

　　（接上页）中国文史出版社1988年版，第43页。方显廷也说，"在我的一生中我一直将他（何廉）看作是我的兄长"，"从1924—1943年大约20年间，他一直是我的良师益友与合作伙伴"。参见方显廷：《方显廷回忆录——一位中国经济学家的七十自述》，第142—143页。
[1]Paul B. Trescott, "H. D. Fong and the Study of Economic Development," *History of Political Economy*, Vol.34, No.4（2002）.

工作尽我之所学，而不是在政府和商业圈子里消磨今生。……通过教学和研究工作来了解我的国家，以便我能最后证明自己对于祖国和人民的价值……在南开的岁月，是为事业奋斗的岁月。那是忙碌而又令人激动的岁月。……是我事业得到满足的源泉。那些年是我毕生事业最出成绩的岁月。"[1] 此诚可谓一次选择，终生不悔。

方显廷所言非虚。就从事经济学教学和研究而言，私立南开大学的确有其特殊的优势。一是经济学科开设较早，备受重视。1919 年南开大学开办后，相继建立商学院、经济系、社会经济研究委员会，三者于 1930 年合并为经济学院。1931 年，南开大学成立经济研究所，此为中国第一家进行经济研究和培育人才的学术机构，何廉为所长，方显廷为研究主任。在 1936 年 7 月何廉赴任国民政府行政院政务处处长后，方显廷担任研究所执行所长。二是南开大学为私立性质，财政相对独立，尽管工资不高，但能如数照发。尤其是经济学科，获得洛克菲勒基金、太平洋关系协会的拨款支持，有利于挽留人才和开展学术研究。1929 年夏，薪资优厚的清华大学挖走南开多位教授，但何廉、方显廷始终没有动摇，与此不无关系。三是经济学科队伍日益强大，学术平台广阔。除了何廉、方显廷之外，其他著名学者还有陈序经、李卓敏、吴大业、林同济、张纯明、袁贤能、李庆麐、符致逵、吴知、丁佶、李锐、冯华德、巫宝三、陈振汉、杨叔进、叶谦吉、宋则行、傅筑夫等。他们大多留学英美名校，学养深厚。经济研究所藏书之丰富，也居全国同类研究机构之冠，截至 1936 年底，共有中外文图书 2.04 万余册、杂志 600 余

---

① 方显廷：《方显廷回忆录——一位中国经济学家的七十自述》，第 65、93 页。

种①,其中何廉、方显廷从美国带回的图书就有七八千册。四是南开的"知中国"与"服务中国"的"土货化"理念,对经济学教学和研究产生了重要影响。二十世纪二三十年代,中国的经济学研究面临着外国理论如何适应中国实际的难题。南开大学校长张伯苓认为,"吾人可以断定,中国大学教育,目前之要务即'土货化'。吾人更可以断定,土货化必须从学术之独立入手","所谓土货化的南开,即以中国历史、中国社会为学术背景,以解决中国问题为教育目标的大学"。为此,他要求南开大学的经济学研究,"中心目标即在完成一本国化之经济学"②。何廉、方显廷也指出:"西方经济学者们试图致力于把西方市场经济一体化的观念应用于每一个不发达国家四分五裂的经济网络中。……南开经济研究所的口号是,要把经济学'中国化'……最主要的事是中国的经济学教师应当能够并且胜任讨论中国的经济问题,掌握住与他们的教学有关的中国材料。"③土货化、中国化成为南开经济学派的标志和灵魂。

南京国民政府成立后,注重工农业的恢复和发展,一定程度上也为"土货化"的经济学研究提供了历史机遇。以何廉与方显廷为核心的南开经济学团队,开始了对中国经济的调查和研究。其中,影响较大的成果有:编纂华北商品批发物价指数和天津生活费用指数;以天津地区为中心,考察中国工业化程

①王文俊等选编:《南开大学校史资料选》,南开大学出版社1989年版,第378页。
②龚克主编:《张伯苓全集》第1卷,南开大学出版社2015年版,第281页;龚克主编:《张伯苓全集》第2卷,南开大学出版社2015年版,第78页。
③何廉:《何廉回忆录》,第53页;方显廷:《方显廷回忆录——一位中国经济学家的七十自述》,第78页。

度及其影响,包括棉纺、缫丝、地毯、针织、面粉、制鞋、水泥、钢铁等行业;对中国农村经济进行考察,如农村合作组织、棉花运销、冀鲁两省向东北地区的人口迁移、高阳与宝坻等县的乡村手工业、定县与静海等县的乡村财政等。在此期间,方显廷还参与南开大学经济研究所中英文期刊的编辑,兼任英文主编;为大学生、研究生讲授经济史、经济地理、土地制度、乡村合作、工业与劳动力问题等课程①。在个人研究领域,截至抗日战争全面爆发前,方显廷出版中文著作 12 部、外文著作 13 部,发表中文文章 37 篇、外文文章 12 篇,内容广及城市工业、乡村手工业、农村经济、经济史等方面,达到其经济学研究的顶峰②。

　　全面抗战爆发后,方显廷参与北大、清华与南开三校联合办学的筹备,并在南京、汉口带领南开大学经济研究所研究人员参加全国军事委员会农业调整委员会的工作。1938 年初,长沙临时大学迁往昆明,方显廷被任命为西南联合大学法商学院院长,但他没有就任,因此时他已被南开大学派往贵阳定番县,任华北农村建设协进会秘书长。1939 年夏,方显廷结束在定番县的工作,回到主体设于重庆的南开大学经济研究所,继续执教和研究。1941 年 8 月至 1943 年 12 月的两年多时间,他前往美国访学。回国后,他任中央设计局调查研究室主任,编辑战后五年经济计划。方显廷曾说,他的研究工作在抗日战争期间

①仅以南开大学经济研究所培养的研究生而言,后来成为著名学者的有梁思达、陶继侃、黄肇兴、王毓铨、严景珊、杨敬年、吴于廑、勇龙桂、陶大镛、桑恒康、宋则行、杨叔进、姚念庆、滕维藻、钱荣堃、陈志让、宋承先、赵靖、聂宝璋、苏绍智等。
②为笔者根据自己所搜集资料进行的统计,同一研究成果在论文和单行本、中文和外文论著之间有一定重复。

基本告终，但实际上这段时间中他仍出版了中文著作8部、外文著作4部，发表中文文章23篇、外文文章2篇。不过，限于战时环境，与以前的实地调查和研究模式不同，他更多地转变为研究战时和战后的经济对策、宏观经济问题。

抗日战争胜利，百废待兴。由于南开大学及其经济研究所短时间内无法恢复，何廉在上海成立私立中国经济研究所，作为南开大学经济研究所的上海分所，方显廷任该所的执行所长。难以预料的是，自此他就再也没有回到南开大学。在此期间，方显廷的学术研究大大减少，但仍出版著作1部，发表文章31篇。和抗日战争时期一样，这些成果也多为对经济对策和宏观经济问题的研究。1948年1月，方显廷任联合国亚洲及远东经济委员会调查研究室主任，该委员会的总部临时设在上海；同年12月，亚洲及远东经济委员会总部迁至泰国曼谷，方显廷也随之到曼谷工作，直到1964年退休，连续身居海外达十五年。之后，他曾兼任台湾东吴大学经济系教授、新加坡南洋大学经济系客座教授。尽管如此，他仍心系南开大学，一直将后来的工作视为南开教学和研究的继续，南开大学是他一辈子的情结①。

以上方显廷从当学徒到美国留学再到成长为经济学家的历程，在同时代中国的著名学者中是不多见的，其学术成就更是居学界之先。他以其惊人的勤奋和执着，成为南开大学乃至全国最多产的经济学家之一。其所涉领域不仅有经济形态、经济体制等宏观问题，也包括工业、手工业、农业、金融等具体方

①方显廷：《方显廷回忆录——一位中国经济学家的七十自述》，第190、258页。

面,而且相互之间具有比较紧密的内在联系。

## 二、"中古式与半殖民地式"经济形态

　　经济形态是对于特定历史时期一个国家或地区社会经济的总体概括,也是区别不同社会性质的重要标志。1927 年大革命结束后,为了明确中国革命的目标和任务,思想理论界围绕着中国社会性质、中国社会史和中国农村社会性质等问题展开了一系列激烈的讨论,争论的核心是中国经济性质,也即占统治地位的是资本主义还是封建关系。有的学者认为可以找得到四个比较普通的范畴,即资本主义社会、封建主义社会、商业资本社会、半封建主义半资本主义社会[①]。最后一种,也被称为半殖民地化的封建社会或半殖民地半封建社会。以上学者各持不同的政治立场,但大都标榜和援引马克思主义理论来批驳对方。对此,方显廷指出:"中国经济之本质,言人人殊,甚有各执一词而彼此不相容者,数年前宗尚马克斯各派对于中国经济之为封建式的抑系资本式的之争执,即其一例。"[②]

　　方显廷也参与了对中国经济性质的研究,但他既非出自对经济理论的关怀,也不是对中国革命的前途表示忧虑,而是为中国经济现代化谋求出路:"吾人欲知中国现代经济之症结,首须对于中国现代经济之本质加以分析,然后始可进而研讨因此

---

[①] 罗荣渠主编:《从"西化"到现代化——五四以来有关中国的文化趋向和发展道路论争文选》,第 240 页。

[②] 方显廷:《中国经济之症结》,方显廷编:《中国经济研究》上,商务印书馆1938 年版,第 30 页。

种经济而发生之症结。"①与其他提法不同，方显廷以"中古式与半殖民地式经济"或"半殖民地化之中古经济"来概括中国经济的性质。

这一概括有一个演变的过程。1933年，方显廷在探讨中国棉纺织工业的衰落时，开始提出"中古经济"的看法，他说："至于经济原因，则因中国现在正当自中古经济制度蜕变至现代经济制度之过渡时期。"②1935年，在研究华北乡村织布工业制度时，他进一步提出"中古式"经济的观点，认为"高阳之商人雇主，虽于营业上不免与二十世纪大都市之工商业文化发生关系，然其社会及经济环境，终使其不能脱离中古式之生活"③。到1936年，在探讨中国经济之症结与统制时，方显廷正式提出中古式和半殖民地式经济的概念，认为中国经济之两大特征为"中古式与半殖民地式"，"中国经济既为半殖民地化之中古经济，欲图改造与复兴，自应对症下药，急图谋现代化自主经济之建设"④。

对于中古式经济和半殖民地式经济的含义，方显廷分别进行了论述：

所谓中古时期，方显廷并未将其等同于一般意义的封建社会，而是理解为近代以前的传统社会。他认为，中古式经济与近代经济是一个相对概念，前者为地方经济、农业经济和手工

①方显廷：《中国经济之症结》，《中国经济研究》上，第30页。
②方显廷：《中国之棉纺织业》，《方显廷文集》第1卷，商务印书馆2011年版，第391页。
③方显廷：《华北乡村织布工业与商人雇主制度》，《方显廷文集》第3卷，商务印书馆2011年版，第110页。
④方显廷：《中国经济之症结与统制》，《政治经济学报》1936年第4卷第3期。

经济,后者为国家经济(或世界经济)、工商经济、机械经济;前者是落后的,后者是先进的。中古时代的经济组织,"以地方为单位,此一单位与彼一单位之间,虽亦偶有往来,以通有无,然交易究未发展,各经济单位,多赖自足自给,以农业为主要收入,而以工商业辅佐之。举凡一切经济活动,鲜有大规模经营者,群以劳力为主体,绝无机械之引用"。不过,这种经济形态并非中国的特产,欧洲的中古时代也是如此,"国家以农业为重,地主与农民为社会上之主要阶级,除少数政治都会如伦敦、巴黎外,市镇之大者为数颇少。手艺工人与商贾,散居各市镇,从事于工商业务。生产以需要为依归,需要则仅限于当地,故当时之生产与交易,为量颇微。是则工业实农业之附庸,工业化实无由生产也"。近代以来,中国门户洞开,经济已渐有现代化之势,但"为时将及一世纪,而成就殊少可观"[①]。方显廷从农业、工业、贸易、交通、金融、财政等各个方面,分析了中古式经济在近代中国经济之延续。

在农业方面,一如中古时代,中国农业产值占总生产值的61%,制造业仅占9%。而同一时期,美国农业产值仅占8%,制造业产值达到17%。中国农业的经营规模和农耕方法都比较原始,以"条地"制度最为显著,小田场并非集中于整块土地,而是特别分散,以致农地的利用既耗时又废力,资本利用减至最低限度,结果农业产量仅足自给。在工业方面,农民于农闲从事制造,与中古时代无异。棉布产量的4/5仍为家庭手织机

①方显廷:《吾人对于工业化应有之认识》,方显廷编:《中国经济研究》下,商务印书馆1938年版,第596页;方显廷:《中国经济之症结》,《中国经济研究》上,第30—31页。

所生产,其他手工业也多为农家副业。即便是城镇工业,其生产技术也多赖手工制造,组织方式多为行会统制,机械利用和工会组织远未普及。在贸易方面,基本组织"为中古性之市集,农产品之生产,既多以自给为主,其流入市场部分,均借市集为外销之依据。……商品之参差不齐,掺水掺杂之习见不鲜,以及度量衡与币制之紊乱,均为大规模贸易发展之障碍"。在交通方面,"水赖民船,陆赖大车,两者俱以人力畜力为主要动力,间或佐以风力。新式交通利器如铁路、轮船、汽车之类,均已见诸引用,然以我国幅员之大、人口之众,已有之新式交通设备,直如杯水车薪,影响所及,至为有限"。在金融方面,也未脱离中古时代之遗迹,金融组织"为钱庄、典当与合会。新式银行制度,仅见之于通都大邑,即在内地之重要城镇,亦多未有分行之设立"。币制为交易之媒介,但"我国币制之混乱与复杂,为古今中外所罕见,较诸欧洲中古时代之情形,尚有过之"。在财政方面,中古时代的特征也颇明显,而"税制尤然。厘金制度,虽已于数年前命令废止,但按之事实,类似厘金之征取,在边远省份,尚未完全绝迹。证之苛捐杂税之繁重,更为显著。……与近代财政原则之以能力为征税标准者,背道而驰"[①]。

与中古式经济相辅相成的,为中国半殖民地式经济。自十八世纪工业革命以来,一些国家无法抵御列强侵略而沦为殖民地。中国在甲午战争后,"土地完整已成为国人自慰之词,实际上已频遭割裂,名为独立国家,实早已沦为半殖民地。……使中古式之我国经济,在彼等之导演下逐步现代化。外商既经攫

①方显廷:《中国经济之症结》,《中国经济研究》上,第31—34页;方显廷:《中国之国民所得》,《财政评论》1946年第15卷第4期。

得如此优越之权力，自可予取予求，从心所欲，凡所作为，自无往
而不有利于外商而有害于我国"①。方显廷同样从农业、贸易、交
通、金融及财政等方面，阐述了中国经济的半殖民地色彩。

在农业方面，凡为市场生产的农产品，均以供给国外工业
原料为前提，举凡价格高下、产量大小均决之于人。一旦国际
经济发生恐慌，工厂缩减生产，则中国农产品即无脱售之机，农
民经济也随之破产。在工业方面，外商在华开设工厂，自棉纺
业以至轮船制造莫不经营，棉纺织业日商占 3/5、英商占 1/10，
其他如毛织业、榨油业等或为外商所独占，或与华洋厂商平分。
尤其是矿产业，矿权已丧失殆尽，煤业经营日商占 1/3、英商占
1/7，铁矿也大半为日商所经营。在对外贸易方面，进口大半为
制成品，出口大半为原料及半制成品。贸易组织多操于外商之
手，国际汇兑也悉由外商把持。在交通方面，大洋航运尽由外
商专利，沿海及内海航运也为外商所霸占，全国轮船吨位英日
合占 2/3，中国只占 1/3。铁路虽大半名为国有，但多由借外债
而建，受到外商的牵制。在金融方面，国外贸易以及外人在华
投资均赖外商银行，国外汇兑也受到外商银行的控制。外商银
行还有纸币发行权，中国无权干涉。在财政方面，关盐各税的
征收向由外人越俎代庖，税收所得悉数存入外商银行，对本国
工商业形成莫大打击②。

由上可见，方显廷所谓中古式经济主要是指传统落后的一
面，半殖民地式经济指现代经济中受外国支配的一面，二者"相

---

① 方显廷：《中国经济之症结》，《中国经济研究》上，第 34—35 页；方显廷：《抗
　战期间中国工业之没落及其复兴途径》《新经济》1938 年第 1 卷第 4 期。
② 方显廷：《中国经济之症结》，《十年来之中国经济建设》，《中国经济研究》
　上，第 35—37、71—72 页。

互为因,而造成百年来濒于绝境之经济组织。内不足以言富国养民,外不足以言抗敌睦邻"①。这一内涵与前述"半殖民地化的封建经济"和"半殖民地半封建经济"的提法有相通之处,但仍有明显的区别,即对传统落后经济或半封建经济的理解,方显廷主要是从农业、工业、贸易等方面的落后来阐述的。

不仅如此,方显廷还对中古式与半殖民地式经济的成因做了分析。首先是经济因素,包括土地、资本和劳力三个方面。方显廷认为,广义的土地包括地面、地下一切富源,中国虽号称以农立国,但农业资源并不丰富,而且生产技术停滞、运销组织散漫、交通运输落后。至于矿业资源,除了煤矿、钨锑较为丰富之外,其他如铁矿、石油等储量都不大。产业资本更为缺乏,且多为外商保持。即便国人所拥有的产业资本,也多不是来自民间,而是官吏、军阀和买办阶级。劳工虽称丰富,但有过剩之虞,以致工价低廉,反而阻碍了机械利用。技术人才与企业家却极其缺乏,为中国经济现代化的一大障碍。其次是政治因素。方显廷认为内忧外患,"致中古式兼半殖民地式之我国经济,更深陷于万劫不复之境"。再者是社会因素,即传统的社会心理与社会组织阻碍了经济现代化,如重农贱商、家族制度皆与资本主义工商业的发展背道而驰。在此基础上,方显廷提出了双管齐下的解决之道,即"一方恢复国权,建立自主政体,一方开发资源,建设近代经济"②。也就是说,谋求民族独立和发展现代经济是中国走向富强的必然出路。这一理念,与近代以来中国有识之士的总体追求是一致的。

---

① 方显廷:《中国经济之症结》,《中国经济研究》上,第37—38页。
② 方显廷:《中国经济之症结》,《中国经济研究》上,第38—43页。

# 三、机器工业化与现代化

十八世纪以来,欧洲工业革命改变了世界历史的发展进程,工业化不仅是后发国家追求现代化的目标,也成为经济思潮的主流。近代中国也是如此,到二十世纪三四十年代,在内忧外患加剧和政府倡导经济发展的背景之下,学术界对工业化的讨论达到一个高潮。方显廷不仅参与了这场讨论,而且它在其整个学术生涯中占有十分重要的地位。

确定工业化的基本含义,是理解工业化问题的基础。按现在通常的理解,工业化是指西化或现代化,即农业国向工业化或现代化转变的过程。不过,这种解释并未表明工业化本身的具体含义。近代以来尤其是二十世纪三四十年代,知识界对此有过讨论。全面抗日战争爆发之前,知识界一般都将工业化等同于机器工业化或机械化。方显廷也持这种看法,不过他注意到工业化还有广义的一面。1930 年,他指出,西方是广义的工业化,包括制造业、农业、商业、运输业的革命,但在中国,更应注重狭义的工业化,"所谓工业化者,专指因机器之助,用雄厚之资本,以实行规模生产之制造业而言者也"。严格意义的工厂,应包括工作集中、实行监督、固定资本三要素,有的学者将少数手艺人的作坊亦包括在内,"殊有名不符实之弊"。但即便是狭义的机器工业化,其影响也是极为广泛的,"对于国内之农业、交通、商业、金融、财政各项,均具有密切之关系"[1]。1935 年,方显廷对制造业与工业化、现代化的密切关系做了进

---

[1]何廉、方显廷:《中国工业化之程度及其影响》,工商部工商访问局 1930 年版,第 1—2、20 页;方显廷:《〈天津地毯工业〉自序》,《方显廷文集》第 3 卷,第 7 页。

一步的阐述。他认为,近代欧洲经济的发展证明,制造工业占有中心地位,"制造工业现代化之兴起与扩张,亦即工业化之由来也。……工业革命以来,向之以农业为重者,今则以工业为重"[①]。全面抗日战争爆发后,面对日本的全面侵略,方显廷开始强调广义工业化的看法。他认为,中国经济要强大,必须以现代工业为中心,实现各个领域的工业化,"夫欲一国之工业化,非从事现代工业之提倡与建立可达目的,必以其国之社会、政治、经济、军事、教育诸端,均已循现代工业发展所取之途径……即就经济一端言,亦必须工业以外之一切经济活动如农、矿、交通、贸易、金融,以及财政等,均已循工业发展之途径,引用新式技术与大规模组织,始得谓为已臻工业化之境"[②]。方显廷的上述看法,在当时学术界可谓独树一帜。不过,综合方显廷所论,机器工业化仍是其工业化主张之核心。

工业化的特征,反映了近代以来中国工业化产生和演变的基本面貌。在方显廷看来,主要有以下几点:

其一,中国的工业化肇始于外力压迫和政府的提倡。西欧各国的工业化,为经济自然发展的结果,而中国则是受到欧美工业的外力压迫,才被动地走上工业化之途。在此过程中,远东地区包括日本、俄国和中国,政府都起了重要作用。方显廷说:"至言中国,设非赖一二眼光远大之辅政大臣,如曾国藩、张之洞、李鸿章辈之倡导,则所谓'工业化'之实现为期必当较晚。"[③]

---

①方显廷:《吾人对于工业化应有之认识》,《中国经济研究》下,第596—597页。

②方显廷:《西南经济建设论》,重庆独立出版社1939年版,第10页。

③方显廷:《吾人对于工业化应有之认识》,《中国之工业化与乡村工业》,《中国经济研究》下,第599、616页。

其二,多类型的资本主义工业。依据不同的标准,资本主义工业有多种类型,方显廷主张以资本所有权来划分。1934年,他粗略地指出,中国工业包括军阀资本主义、官吏资本主义、外国资本主义和华侨资本主义等四类[1]。这种分类,忽略了本国一般私人资本。到1939年,方显廷的阐述更详。他认为,中国工业包括外资经营和民族工业两类,民族工业又分为公有、私有两种,公有工业或为国或为省市县所有,私人工业指官僚(包括军人)、买办、华侨、商人以及银行、钱庄等投资的企业[2]。

其三,中国工业化程度低。西欧早已实现了工厂制,而中国却仍然盛行行会制、商人雇主制和家庭制,投资额度和资本构成很低。以1930年为例,华商纱厂投资多在50万元以下,而日商纱厂多为200万元—250万元;每百万人口所拥有的棉织机,中国仅有54架,英国已达16 746架。生产效率也很低下,每架织机年产布匹,华商纱厂为447.52匹,日商纱厂达到717.34匹。结果,在中国经济中,工业产值的比重很低,工厂制造业仅占国民生产所得的2.5%。1941年秋,方显廷去美国,发现美国每年生产钢铁1亿吨,而中国每年只能生产数千吨,为此他发出感叹:"中国去'现代化'还很远!"[3]

---

[1] 方显廷、谷源田:《中国之工业讲义大纲》,南开大学经济学院1934年版,第12—13页。

[2] 方显廷:《中国工业资本问题》,商务印书馆1939年版,第36—56页。

[3] 何廉、方显廷:《中国工业化之程度及其影响》,第35页;方显廷:《中国之棉纺织业》,《方显廷文集》第1卷,第119、267、389页;方显廷:《中国之国民所得》,《财政评论》1946年第15卷第4期;方显廷:《漫谈美国战时生活》,《东方杂志》1944年第40卷第6号。

其四,工业区域集中。与原料、劳工、技术、动力、运输、金融、市场等之便利有关,新式工业主要分布于上海、天津、广州、青岛、大连等沿海大城市,以及长江流域腹地的武汉三镇。以棉纺织业为例,1924—1930 年,上海、无锡、"通崇海"、武汉、天津及青岛六埠的纱厂工人占工人总数的 85%[①]。

近代以来,中国工业的发展为什么比较缓慢?此为工业化讨论的另一个重要问题。方显廷将此归纳为政治、经济和社会等三个方面的障碍:

政治上的障碍,主要是不平等条约的束缚,以及战乱频仍、捐税繁重。列强通过租借地与领事裁判权,垄断了进出口业和资金流动,控制了制造业、矿产、铁路等行业,中国工业无法与之竞争。至于"战乱频仍、时局纠纷与税捐繁重的影响,便是不特政府不能实施工商保护政策,企业家完全须以自己薄弱的力量去与国外势力相竞争反予工业以种种直接间接的障碍"[②]。

经济上的障碍,也是多方面的。如交通阻滞,新式交通仅限于海滨及长江流域,其他大部分地区的交通运输仍靠木筏、牲口和人力,以致原料和产品运输不畅,运费昂贵;币制也非常混乱,对以货币流动为命脉的工商界而言,只有吃亏受累;资本极其缺乏,金融机关放款利率高,工商业资金周转困难;原料生产不能自给,工业发展范围受到限制;中国工业受到外国商品的严重挤压,其中既有外国制造品的竞争,也有外国在华工厂

---

①方显廷:《中国之棉纺织业》,《方显廷文集》第 1 卷,第 20—27、141 页;方显廷、谷源田:《中国之工业讲义大纲》,第 19—20 页。

②方显廷、陈振汉:《中国工业现有困难的分析》,《教育旬刊》1933 年第 7 卷第 1 期。

的竞争[1]。

社会方面的障碍,主要是指劳动者缺乏教育与常识,大学或专门学校出身的技术人才较少,而且未得到资本家的认真利用,因此不利于劳工效率的提高;而传统家族制度,国人习于保守,亲戚关系复杂,也影响了工商业的经营[2]。

工业化讨论中更为重要的,是如何发展工业。方显廷认为以下几个方面值得注意:

其一,农工并重。关于工业与农业两个部门的发展顺序,分重农、重工和农工兼重三派。方显廷属于后者,他指出,重农派和重工派各有其理由,但二者"似各趋极端,实非无调剂之余地。盖一国经济建设为一整个问题,农业与工业有相互之连带关系,畸重畸轻,皆非所宜。工业无农业以供给原料,则工业不振,农业无工业以供给制成品,则农民之消费及生产二方面,均受损失"[3]。抗日战争期间,方显廷还提出优先发展农业和工业种类的观点,即"何种农业应谋发达,何种工业应予奖进……尤宜力求农工两业地域之接近,以便节省运费,减低成本"[4]。

其二,由"先轻后重"到"先重后轻"、"先国防后民生"。关于轻工业和重工业的发展顺序,学界有先轻后重、先重后轻和二者并重三种观点。方显廷的看法,随着形势的变化而有所修正。1936 年 5 月,他发表文章主张"先轻后重",认为重工业虽

---

① 方显廷、陈振汉:《中国工业现有困难的分析》,《教育旬刊》1933 年第 7 卷第 1 期。
② 方显廷、陈振汉:《中国工业现有困难的分析》,《教育旬刊》1933 年第 7 卷第 1 期。
③ 方显廷:《吾人对于工业化应有之认识》,《中国经济研究》下,第 599 页。
④ 方显廷:《论农业与工业之关系》,《西南实业通讯》1940 年第 1 卷第 3 期。

是轻工业的基础,但优先发展轻工业为各国工业化的普遍现象,"中国工业化之程序,应先自轻工业入手,而渐及于重工业。然与国防有关,由政府创办者,则须当作别论"①。不过,同年11月,方显廷的看法就发生了变化,认为"重工业或基本工业,为一切工业之母,其发展较轻工业尤为迫切"②。全面抗日战争爆发后,为了适应战争形势的需要,方显廷又提出先发展国防工业再发展民生工业的看法。他认为,百年来中国新工业"几全在轻工业,重工业微不足道,而危及国脉。抗战师兴,捉襟见肘"。今后中国工业资本,"宜以国防工业为首要,而民生工业次之。盖立国于兹武力压倒公理之世界,欲图富强,自必先强而后富。国防工业之建树,乃致强之唯一途径。正如民生工业之发展,为致富之要道也"。尤其是大后方西南地区,应建立一切有利于战事进行的国防工业,其他一切经济建设事业"均宜以促成国防工业之早日建立为鹄的"③。

其三,工业本身的建设。工业建设分环境建设与本身建设两部分,前者受整个社会环境的限制,后者有赖于个别工业的努力。方显廷侧重于工业本身的建设,对资金筹集,厂基、房屋、机器、原料和服务获得,成品制造,以及成品销售四个步骤,做了全面论述。他提出:1.工业金融应脱离商业金融的束缚,而另谋自立途径;工业投资银行及工业证券市场,尤须早日成立。2.工厂设立诸如厂基、房屋、机器、原料及服务的获得,应

①方显廷:《吾人对于工业化应有之认识》,《中国经济研究》下,第600—601页。
②方显廷:《十年来之中国经济建设》,《中国经济研究》上,第74页。
③方显廷:《中国工业资本问题》,自序第1页、正文第71—72页;方显廷编:《西南经济建设论》,第11—12页。

有通盘筹划；固定资金与流动资金的分配，也应求得一个合理的比例。3. 制造方面应力求科学管理，人事调整和成本计算应符合人事管理和成本会计的原则。4. 销售机构与生产环节应加强联系，避免二者的脱节而提高成本。以上四点"若能一一予以实施，则我国工业建设之前途，其有望乎？"[1] 其中，方显廷对工业资本的筹集尤为关注，他强调民族资本的积聚，防止投机性、浪费性行业投资，鼓励乃至强制储蓄，限制公司分红；还主张利用外资，以补充民族资本之不足，建议在抗战结束时，政府"利用外资机会到来之际，郑重宣言对外人投资利益之保障……以促其踊跃投资"。与此同时，方显廷又强调，须保持主动地位，"必利用得法，庶不致造成过去被外资利用之恶果"[2]。话虽如此，这显然是一个很难解决的矛盾。

## 四、传统乡村手工业的瓦解和改进

传统乡村手工业，是农民在农闲时从事的家庭副业以及手工作坊，即方显廷所言，是农业以外的乡村工业，或与大工业相对的小工业。耕织结合是中国最传统的"习俗"经济模式，没有手工业，农家经济和农民生活的持续是不可想象的。

近代以来，中国乡村手工业逐渐陷入解体的命运，此为学界之共识。方显廷也说，中国乡村工业的历史是一部失败的历史，"今则乡村工业最后全部扑灭之趋势，亦已昭然若揭。目前

---

[1]方显廷：《论工业建设》，《西南实业通讯》1940 年第 2 卷第 3 期。

[2]方显廷：《中国之国民所得与工业化前途之展望》，《新经济》1945 年第 12卷第 4 期；方显廷：《中国工业资本之筹集与运用》，《新经济》1939 年第 1卷第 8 期。

中国乡村工业如纺织、食品、化学、杂组等四项，均一致惨遭渐次崩溃之厄运"。其中，与农民联系密切的手工棉纺织业的解体，尤为显著，"在昔势力几占满乡村之手纺业，亦寂焉无闻"[1]。

乡村手工业为什么衰落了？社会学家张世文认为，"外国与本国大工厂廉价的出品渐渐的侵夺了内地乡村工业的市场，替代了一部分的乡村家庭手工业"[2]。方显廷亦认为，新式工厂工业的兴起与竞争是乡村工业衰落的原因之一，而外国商品的侵入与竞争，为另一重要原因。外国商品"以其生产成本之低廉，及其商业与金融制度之严密与齐整，实足致中国若干乡村工业于死命"。这也是世界经济发展的普遍现象，大工业取代小工业在欧美各国早已司空见惯，"是以我国小工业之衰落，实为必然之趋势"[3]。

尽管如此，中国的乡村手工业并未被机器工业完全取代，依然大量存在并在农村经济中占有重要地位。据估计，二十世纪三十年代初，中国尚有2.7亿农民从事家庭副业、手工业[4]。方显廷也指出，城市工业远不及乡村副业，全国织布工业的棉纱消耗量，1930年共计961兆磅，其中力织机消耗207兆磅，手织机消耗754兆磅，后者接近前者的4倍。全面抗日战争爆发后，沿海工业遭到日本侵略者的摧残，中国乡村工业的地位就

[1]方显廷：《乡村工业与中国经济建设》，《南大半月刊》1934年第13—14合期；方显廷：《中国之乡村工业》，《经济统计季刊》1933年第3卷第3期。
[2]张世文：《定县农村工业调查》，第38页。
[3]方显廷：《华北乡村织布工业与商人雇主制度》，《方显廷文集》第3卷，第122页；方显廷：《中国小工业之衰落及其复兴途径》，《经济动员》1939年第2卷第3期。
[4]彭泽益编：《中国近代手工业史资料(1840—1949)》第3卷，第748页。

更加重要了[①]。

如果说学界关于乡村手工业的衰落、地位并未有太多分歧的话,而对其发展前途则有较多的争论。这一争论,是在传统与现代的关系的框架下进行的。有的学者认为,手工业生产方式落后,只有发展机器工业才是中国经济的唯一出路;有的学者认为,考虑到人多地少和农民生活的需要,以及机器工业还不能完全占领工业品的阵地,因此仍要继续发展乡村手工业[②]。方显廷的观点与后者接近,但有其独到之处,他指出:"我们的农业尚占全人口四分之三,乡村人口的十分之九,城市制造工业发展很迟缓。因此,乡村工业的衰落,意义实在非常重大,如坐视不救,无异是自蹈经济上的自杀。"不仅如此,方显廷比其他经济学者更为乐观,认为"乡村小规模工业的发展前途,则是很光明的"[③]。

乡村手工业之所以仍有存在和发展之必要,根本取决于农民经济与农民生活的需求。在方显廷看来,手工业既有经济功能,也有社会功能。在经济功能中,首先是大量吸收农民劳工,"闲暇人工之利用,此点于中国之农业更为重要";其次是"对本地土产及副产之利用";三是"增加农民进款,使生活略有余裕,以备歉年及匪灾后之不足"。以华北为例,农作物每年最多不过二熟,除生活必需之外,农民所余无几,故不得不以手工

---

①方显廷:《中国小工业之衰落及其复兴途径》,《经济动员》1939 年第 2 卷第 3 期。

②李金铮:《毁灭与重生的纠结:二十世纪三四十年代中国农村手工业前途之争》,《江海学刊》2015 年第 1 期。

③方显廷:《乡村工业与中国经济建设》,《南大半月刊》1934 年第 13—14 合期。

业、副业弥补。至于社会功能,方显廷认为,"乡村工业之特质,
为小规模或分散生产,其发展也足以避免近代机械工业过度发
展后而产生之种种危害,且可得工人对机器之认识及应用。再
者,乡村工业可使乡村人民习于制造事业,使生活更有兴趣"[1]。
更有甚者,方显廷还认为,手工业在城市中也有其价值,因为新
工业不能供给社会普遍的需要,必须借手工制品为之补充[2]。这
一手工业与机器工业相互补充的观点,突破了传统与现代二元
对立的思维方式。

　　在此问题上,方显廷与其他经济学者最大的不同,是从世
界工业的分散化趋势,为乡村手工业的发展寻找理论根据。西
欧工业革命之后,工业生产集中于城市,迅速发展,乡村工业遭
受极大破坏而渐趋衰落。但自十九世纪中叶以来,有人发现小
规模工业仍有许多优点,进而提倡工业生产的分散化。到二十
世纪二十年代末,工业生产出现由集中而分散化、由城市化而
乡村化的趋势,即便是在工业发达的英国、美国,亦是如此。究
其原因,方显廷认为有三方面的因素。一是政治因素。城市工
业发达的结果,必然导致农民向城市集中,耕地者缺乏,乡村
农业衰落。一旦发生战争,粮食和工业原料就有断绝供给的危
险。要使农民不再往城里跑,并改善其生活,必须在乡村提倡
小工业。二是经济因素。1929 年世界经济恐慌爆发,城市失
业人口大量增加,纷纷返回乡村生活。但仅靠农业生产,乡村

---

[1]方显廷:《中国之乡村工业》,《经济统计季刊》1933 年第 2 卷第 3 期;方
　显廷:《由宝坻手织工业观察工业制度之演变》,《方显廷文集》第 3 卷,第
　137 页。
[2]方显廷:《中国小工业之衰落及其复兴途径》,《经济动员》1939 年第 2 卷
　第 3 期。

无法容纳如此之多的返乡人口,只有提倡乡村工业,才能满足需求。三是工业技术进步的原因。工业所用的动力多半是电,电可以用电线送到任何地方,从而创造了工业"乡村化"的条件[①]。但与欧美相比,中国距离城市工业集中仍很遥远,工业仍主要分布于乡村和小城市。在此情况下,是否先要经过工业集中再实行分散化呢? 方显廷做了相反的回答,"中国仍为小手工艺及农业盛行之国家,故其利于小规模工业之发展,实较任何西方工业化国家为甚"[②]。尤其是在抗日战争期间,当外货不易进口、本国工业产量又减低之时,他更加强调"我国工业又不能不走回乡村之路",以"养成自给自足的经济制度,以建立国防的基础"[③]。

既然中国乡村手工业仍有存在和发展的必要,那么应该采取哪些发展措施呢? 学界见仁见智,有的学者认为乡村工业必须走现代化之路,有的学者主张走合作组织之路。方显廷对此提出了三点建议:

第一,乡村工业与城市工业并重,且适当分工。在讨论如何发展工业化时,方显廷提出,发展工业化应该农工并重。与此逻辑一致,他认为乡村工业与城市工业的关系也应该是农工并重。中国急需创办的,"为小工业而非大工业,为城市与乡

---

[①] 方显廷:《乡村工业与中国经济建设》,《南大半月刊》1934 年第 13—14 合期;方显廷:《发展我国乡村工业的新途径》,《出版周刊》1936 年第 171 号。

[②] 方显廷:《华北乡村织布工业与商人雇主制度》,《方显廷文集》第 3 卷,第 120 页。

[③] 方显廷:《工业合作与乡村工业》,《服务月刊》1940 年第 3 卷第 2—3 期合刊。

村并重工业,而非仅偏重于城市之工业",“务求城市工业与乡村工业之平衡发展”。特别是在华北地区,“乡村工业之发展,较城市工业尤为重要”[1]。城乡工业的生产,应有适当的分工,乡村手工业所经营的,要尽量利用当地农业原料,就地加工制造,尽可能与机器生产无直接冲突,但在相当时间内又可以同时存在;当然,也可以是含有季节性而非终年不停的工业[2]。

第二,改进生产技术。方显廷强调,发展乡村手工业,“决不是盲目的开倒车”,而是“以科学的研究及教育方法,谋技术上之改进”。首先,要调查乡村工业的生产技术状况和最急切需要的设备,介绍改良旧工业与创办新工业的办法;其次,聘请工程师,仿照已有成效的农事试验场,设立乡村工业试验所,研究改良与建设的步骤与方法;再者,推广试验与研究结果,促动乡村工人的实地应用,“使乡民耳目所濡,起而效尤”[3]。

第三,替代传统经营方式,建立合作组织。工业生产以工厂制最为先进,能统一管理,大量生产,但方显廷认为,工厂制只适合于少数乡村工业,总体来讲,“对乡区不尽适合……工厂制度,恒需由规定不断之工作,与农村社会劳工情形,颇多扞格之处”。但传统经营方式也有诸多弊端,即便比较先进的商

---

① 方显廷:《吾人对于工业化应有之认识》,《中国经济研究》下,第 602 页;方显廷:《论华北经济及其前途》,《方显廷文集》第 3 卷,第 295 页。

② 方显廷:《中国小工业之衰落及其复兴途径》,《经济动员》1939 年第 2 卷第 3 期;方显廷:《工业合作与乡村工业》,《服务月刊》1940 年第 3 卷第 2—3 期合刊。

③ 方显廷:《工业合作与乡村工业》,《服务月刊》1940 年第 3 卷第 2—3 期合刊;方显廷:《中国之工业化与乡村工业》,《中国经济研究》下,第 632 页;方显廷:《乡村工业与中国经济建设》,《南人半月刊》1934 年第 13—14 合期。

人雇主制,也极度缺乏组织能力,很难一致行动。譬如,商人雇主、织户与金融组织各自为政,不相为谋;生产分散于织户家庭,无由监督,布匹种类、价格俱无一定标准;织户对于原料、货物的买卖完全不懂,只好受商人的剥削。因此,"乡村工业自然不会发达的"①。那么,能否找到一种替代商人雇主制,并与机器工业相竞争的经营方式呢? 方显廷认为,采用合作制度,是替代商业雇主制和抵抗机器生产的最好武器。俄国、日本、印度的乡村工业之所以发达,都归功于合作制度。中国建立乡村工业合作社的目标是,"大家合作起来,直接去购买原料,办理运销,无须用中间人为之懋迁有无,就可以免去中间人的剥削。这样,商人雇主制度将不打自倒。用机器制造货品,从前只有在工厂里才能施行的,现在有些工业,农民在乡村的家庭里也可以利用电力,或内燃机所生的动力,去推动机械,和工厂一样,享受机械发明的便利和经济。但是有些机器,既非个人所能充分利用,又非个人经济能力所能单独购置,有了合作社就可以购置机器,为全体社员利用"②。不过,他又认为,建立合作社,并不是取消生产者与商人间的中间人和独立商人,只是这些人为数不能太多。

此外,方显廷还呼吁政府要关注和发展乡村工业。譬如,由中央工业试验所负责乡村工业技术的研究与试验,省县各级政府设立工业推广的机构,由全国经济委员会、棉业统制委员

①方显廷:《中国之工业化与乡村工业》,《中国经济研究》下,第626页;方显廷:《华北乡村织布工业与商人雇主制度》,《方显廷文集》第3卷,第115页;方显廷:《发展我国乡村工业的新途径》,《出版周刊》1936年第171号。
②方显廷:《发展我国乡村工业的新途径》,《出版周刊》1936年第171号。

会、华洋义赈会讨论拟定乡村工业合作制度[①]。

由上可见，方显廷发展乡村手工业的主张，也是其倡导中国工业化的一部分。

## 五、农村经济的衰落与复兴

农村经济的兴衰，一向是中国社会变化的晴雨表，正如方显廷所言："农村经济，实为全国经济命脉之所系。证之历代兴亡，恒以农民革命为导火线"[②]。上述所论乡村工业，本为农村经济的一部分，只是因为方显廷对此所做的研究比较集中，故单独阐述。以下重点讨论的是，农业生产的变化及其复兴之道。

对近代以降中国农村经济的变化趋势，学界看法不一。大多数学者认为，中国近代尤其是二十世纪三十年代以来，农村经济和农民生活处于衰落和贫困之势。只有少数学者提出了些许不同的意见，认为二十世纪初以来农业生产和农民生活水平有一定的提高，当然他们也不否认其绝对落后和绝对贫困状态[③]。对此问题，方显廷与主流看法是基本一致的，但他以较为宽阔的国际视野和比较视野进行了分析。他认为，工业革命以来，农村经济的衰落是世界各国的普遍过程。不过，一些国家由于城市经济、工商业的兴起和发展，农村过剩人口获得了生路。中国的情形却迥然有别，"盖自帝国主义入侵以来，农村经济既遭摧残而衰落，工商经济复同受压迫而难兴，驯至农村过

①方显廷：《中国之工业化与乡村工业》，《中国经济研究》下，第632页。
②方显廷：《中国农村经济之复兴》，《中国经济研究》上，第163页。
③李金铮：《题同释异：中国近代农民何以贫困》，《江海学刊》2013年第2期。

剩人口,无宣泄之尾闾,农民生计乃益濒于绝境","我们确实吃的是世界上最粗劣一类的食物,照目前情形,国民营养是很难改善的"。尤其是在"九一八"事变后,天灾人祸频仍,衰疲更甚,"农村经济之衰落,至莫可挽回"[①]。在大规模的抗日战争及国共决战时期,抽丁拉夫,田赋征实,征用牲畜,更使中国农业遭受极大的损失。

中国农村经济的危机,促使知识界对经济危机的解决方案进行了讨论。有的学者侧重农业技术、农业经营的改良,有的学者主张建立和发展合作社组织,有的学者认为必须解决土地所有权问题。方显廷主要从土地问题、农业改良和合作组织三个方面,提出了复兴农村经济的建议。

土地对于中国农民具有无可比拟的重要性。方显廷说:"土地问题,为年来我国农业经济之中心问题。"[②]他的讨论,包括人地比例、土地分配和土地利用三个问题。

清初以来,由于人口的急剧增长,一直流行人口对耕地压力巨大之说,诸多解决人口压力的办法也提了出来。方显廷赞成这一看法,1924年在美国留学时,他就曾表示中国人口急剧增长,要控制人口生育。回国后,经过调查和研究,他更坚持此说,认为"我国人口众多及耕地不足已成为众目共睹之事实"。根据外国专家的估计,每人需耕田2.5英亩始能维持最低限度的生活,而中国人均耕地尚不足0.4英亩,"相去实不啻霄壤矣"[③]。那

①方显廷:《国际永久粮食机构与中国》,《新经济》1944年第11卷第4期;方显廷:《中国农村经济之复兴》,《中国经济研究》上,第163—164页。

②方显廷:《英文中国年鉴》,《政治经济学报》1936年第4卷第3期。

③方显廷:《中国农村经济之复兴》,《中国经济研究》上,第163页;方显廷:《论华北经济及其前途》,《方显廷文集》第3卷,第243页。

么,如何解决这一问题呢?除了节制生育以外,方显廷认为,可采用移民垦殖和促进工业化两种方法。以华北农村为例,农民的移民方向一直为东北地区,但由于日本的占领,自由移入的出路已经堵死。另一个移民方向,是西北地区,包括渭河、宁夏、甘肃、新疆尤其是绥远。不过,以华北人口增加之速,移民容纳数量仍是有限的。在此情况下,方显廷提出:"欲图解决华北人口过剩问题,则尚有待于其他方法如工业化之促进也。"[1]也就是,通过工业化吸收农村人口。

如果说人地比例反映的是人与自然的关系,那么土地分配则是人与社会的关系。在方显廷看来,土地分配不均,农民有一半以上需要全部或一部分向地主租赁土地,租额畸重,所以佃农成为土地分配的中心问题。他甚至将租佃关系与革命起源联系起来,发现南方佃农问题较北方为严重,故"年来'共祸',肇始于南方各省"。如何解决地权分配不均,已成为国共两党争执的焦点,方显廷赞同孙中山平均地权、耕者有其田的主张,认为"按价纳税和照价收买方法一经实施,则地价必近于真实"。南京国民政府也注重地权分配问题,在部分省区推行二五减租政策,颁布了土地法,但方显廷并不看好,认为"国民党之土地法,虽命令实施,但立法标准过高,去事实太远,其前途恐将一如工厂法之不容乐观"[2]。对于共产党激烈的土地革命政策,方显廷也给了了负面评价,但又承认这一政策获得了农民的支持,是共产党得势的重要原因。

---

[1]方显廷:《论华北经济及其前途》,《方显廷文集》第3卷,第243—245、293—294页。

[2]方显廷:《中国之土地问题与土地政策》,《中国经济研究》上,第290—293页。

土地利用,是土地经营方式问题。中国农业生产的突出特点是小农经营,其主要表现,英国经济学家托尼( R. H. Tawney )认为是每户耕地微小,而且分散[①]。与此相似,方显廷也指出,中国农地利用的主要问题为田场狭小、田场散碎,农场面积之狭小为世界各国所仅见。"以如此狭小之农场而复分散于八九不同地点,土地利用之效力,自更低微,农耕所获,愈益低减。盖狭小农场,复经碎分,每亩耕田之面积,益形缩小,加以形状不正,不能利用良好之器具或机械,最小之耕地,甚至旧式犁耙亦不能尽充分之利用。且经界占地甚多,工作及往返及搬运农具,耗费时间及劳力,对于劳动者之指挥监督,难期周到,其后急变之应付,亦难望其迅速处置,在在均足减低其生产效率也。"[②] 但对如何解决农户耕地的狭小与散碎,方显廷并未给出明确的答案。

农业生产是农村经济的主体,如何予以改良和提高,是社会各界普遍关注的问题。尤其是在南京国民政府时期,关于农业改良、农业推广的讨论及实践,达到一个新的阶段。全面抗日战争爆发之前,方显廷对此问题主要从农业环境改造和农业技术改进两个方面,提出了自己的看法。就农业环境来说,因水利不修,民国以来的二十年中,较大的旱涝之灾已达十余次之多,1931 年的江淮水灾,更属罕见浩劫。有鉴于此,方显廷认为:"水利之兴修如疏浚、筑堤、灌溉、造林等,为年来改进农村经济环境之首要工作。"交通闭塞也是环境恶劣的表现,全国

---

[①] 〔英〕托尼著,陶振誉译:《中国之农业与工业》,正中书局 1937 年版,第 31—32 页。

[②] 方显廷:《中国之土地问题与土地政策》,《中国经济研究》上,第 289—290 页。

各地农村经济无法调剂，"致有甲处聚谷焚毁而同时乙处饿殍载道之矛盾现象，是以交通之建设，实为改善农村经济环境刻不容缓之举"。在农业技术改进方面，主要是改良农作物，复兴蚕桑，以及提倡牧畜等[①]。不过，由于复兴农村经济的管理机构、研究部门叠床架屋，不相与谋，农业改进的成效并不显著。河北棉花产区就是一例。经过河北棉产改进所等公私机关团体的研究和努力，过去棉花种子欠佳、纤维甚短和技术粗劣的情况有一定的改变，但由于改良机构各自为政，成效较低。为此，方显廷建议统一机构，群策群力。抗日战争后期，方显廷对于战后农业建设提出了设想。一是发展经济作物。中国粮食作物已占作物总面积的 90%，少有扩展的余地。当战后交通便利、工业发达之后，应鼓励棉花、烟草等高利经济作物的种植，提高农民的收入和购买力，此为自给的农业经济走向工商经济时代的必然趋势。二是从多方面推进农业建设。譬如"技术改进、肥料增施、水利兴修、发展畜牧事业、增进外销产品，以及农场经营、农业金融与农产运销的改善等，都是战后农业建设之急务"。其中最急需做的，是水利建设、肥料增施和发展渔牧事业[②]。

此外，合作组织的建立和发展，不仅关乎前述乡村工业的前途，也影响着整个农村经济的前途。方显廷认为，农业组织的改造，端赖合作制度之推行[③]。不过，他对以往农村合作社的历史多有批评，认为中国的合作事业多为自上而下加给农民的

---

①方显廷：《中国农村经济之复兴》，《中国经济研究》上，第 165—167 页。
②方显廷：《国际永久粮食机构与中国》，《新经济》1944 年第 11 卷第 4 期。
③方显廷：《中国农村经济之复兴》，《中国经济研究》上，第 166 页。

一种政策,而非由农民自动兴起,所以容易导致"人存则政存,人亡则政息"。各省、县农民银行或贷款所的办理,也颇成问题,"办理放款事业者,率多不负责任,疏忽渎职";农民既穷且愚,无法有效地办理社务。组织合作社的目的,不是为了合作,而是作为低利借款的工具,与合作社的真义相去甚远。为此,方显廷希望,政府厘定合作政策,制定商业银行放款法规,对于农民给予教育与金融的协助;此外,他还提出组织全国合作社联合会,使各地合作社互通声气,交流经验[①]。

# 六、货币金融与经济之关系

在经济建设、市场交易、财政收支中,货币金融都起着"血液"的作用。近代以来,随着中外经济交往的频繁、国家财政支出的增加、工商业和金融机构的发展,货币金融与经济之间的关系愈趋复杂。

全面抗日战争爆发前,学术界围绕银价涨落与中国经济之间的关系有过争论。中国虽然是世界上极少数实行银本位的国家,但在对外经济关系上却是以金为准的,所以金银比价受到世界变动的控制,反过来又对中国的经济产生影响。长期以来,中国金贵银贱的格局处于相对稳定之势。但清光绪之后,银价大幅度下降,1929—1933年世界经济危机期间,金贵银贱的现象更为严重。对金贵银贱的利弊,经济学界分为三种意见,即有利无害、有利有害、有害无利,以后者为盛。1934年,美国实施白银收购法案,大幅度提高白银价格,中国白银大量外

---

①方显廷:《中国之合作运动》,《中国经济研究》上,第423—430页。

流,银价转而急剧上涨。经济学界又掀起新的论战,少数人认为银价提高利大于弊,更多的学者认为它给中国带来了灾难性后果,必须放弃银本位制,实行通货管理①。在以上两次金银比价变动期间,南开大学经济研究所的同人参与了讨论。在方显廷主编的《中国经济研究》中,收录了十多篇货币金融方面的论文,对金银比价变动及其后果发表了意见。方显廷对此并无专门的研究,但也提出了一些基本看法。他指出,银价涨落不仅牵动着整个币制,也对全国经济产生莫大的影响。从中国经济发展的状况与趋势判断,"银价跌,则国内货币因银入口而膨胀,物价因货币膨胀而上涨,其结果,全国经济日趋兴旺。银价涨,则货币因银外流而紧缩,物价因货币紧缩而下跌,其结果,全国经济日趋衰落"②。可见,银价涨落与中国经济呈反向关系。这一观点,与一般货币经济学的原理是比较相近的。不过,方显廷又认为,1932年以后银价剧跌时,中国经济遭受重创;1934年银价暴涨,现银大量外流,金融顿呈枯竭之象,"政府当轴已穷于应付"③。这一观点与前一表述有别,也就是银价无论涨落,对中国经济都是有害的。

抗日战争后期尤其是战后,通货膨胀愈益成为中国的突出现象。正如方显廷所言:"我国通货膨胀的程度,在抗战期间内,已为各国所罕见,其产生的弊害有目共睹。大家总希望

①孙大权:《中国经济学的成长——中国经济学社研究(1932—1953)》,上海三联书店2006年版,第293—294、302—315页;吴敏超:《1934—1935年白银问题大讨论与法币改革》,《江苏社会科学》2007年第6期。
②方显廷:《关于银价问题与中国文献之介绍》,《政治经济学报》1935年第3卷第2期。
③方显廷:《统制经济与中国》,《中国经济研究》上,第59页。

胜利后可以立即停止膨胀,实行币制改革,然胜利以来,最初虽曾一度物价下降,人民改变对法币的心理,但不久良机即失,物价复涨。且自前年冬季以后,通货膨胀的速率,较抗战前为尤甚。"[1]这一现象,引起学界的极大关注和讨论,出现了诸多遏制通货膨胀的建议。方显廷的观点非常明确,他认为,要想改善中国经济状况,必须实现和平,停止通货膨胀。他从五个方面阐述了通货膨胀与经济各方面的关系:

其一,通货膨胀与生产的关系。方显廷认为,影响物价的因素,除了货币以外,还有物资。如果物资数量能随通货数量同比例地增加,则物价不会上涨;如果后者增加,而前者不增,则物价将会上升;如果后者增加,而前者反减少,则物价上升极烈。从理论上说,缓和的通货膨胀与微慢的物价上涨,是可以刺激生产的;但如果通货恶性膨胀,物价猛烈上升,则不但无益于生产,反足以阻碍生产,因为生产的利益不如囤积投机的利益。当然,此时中国生产的减少,不能完全归之于通货膨胀,战争也使生产减少。

其二,通货膨胀与贸易的关系。方显廷指出,抗日战争结束后,消费货物、生产器材都急需由国外输入,政府采取鼓励输入的偏高汇率政策,以平抑国内物价,但对于本国出口及整个生产都产生了不利影响,国际贸易出现巨大逆差,在短期间内消耗了国家积存的大量外汇资源。在出口方面,每当官价或市价汇率调整时,商品出口暂时一度活跃,但转瞬之间,国内物价复涨,输出售价不敷成本,导致货物堆积口岸或非法走私出口。

其三,通货膨胀与政府财政的关系。方显廷认为,政府发

---

行的通货愈多,实际收入就变得愈少,通货、物价和财政之间更加恶性循环。为此,他向政府呼吁,不能再仰仗印刷机来解决财政问题。

其四,通货膨胀与证券交易的关系。由于通货膨胀和市场投机等原因,股价上涨高于物价上涨。方显廷认为,货币流通速率不能无限放大,购买力既用于购买股票,就不能同时再用以购买商品,因此证券市场对物价的稳定作用是属于正面的。不过,在通货膨胀持续和整个经济日趋不稳的情势下,证券市场所能发挥的作用是有限的,不可期望太高,股价仍以稳定为宜,与其暴涨暴跌,不如缓缓升降[①]。

其五,通货膨胀与物价的关系。相比而言,方显廷对此论述较多。他提出通货膨胀的三段论:第一个阶段,在和缓的通货膨胀下,物价增高的比率落后于钞票发行;第二个阶段,在真正的通货膨胀下,物价像通货发行一样增涨起来;第三个阶段,当货币流通速度加快,物价上涨的比率超过钞票扩张的比率,就达到狂奔通货膨胀的阶段[②]。他认为,一国经济危险的程度,完全可由其物价的涨落来衡量,抗日战争期间以及国共内战以来,战费主要靠发钞来维持的政策始终没有改变,"根据这种趋势下去,物价跳动的幅度愈来愈大,经济前途岌岌可危,是不难想象了"。在激烈的通货膨胀下,农产品价格的上涨落后于一般物价的高涨,农民生活更趋贫苦,也由于农民购买力下降,引

---

[①]方显廷:《胜利后的中国经济》,《经济评论》1948年第2卷第14期;方显廷:《货币流通速度与物价波动》,《钱业月报》1948年第19卷第5期;方显廷:《证交一年》,《证券市场》1947年第2卷第8—9合期。

[②]方显廷:《货币流通速度与物价波动》,《钱业月报》1948年第19卷第5期。

起了工商业的萧条[1]。

更值得注意的是,关于货币流动速度与物价波动的关系,方显廷与美国著名经济学家,也是他的老师的费雪(Irving Fisher)进行了讨论。费雪于1911年提出了一个检验社会货币供应量的方程式 MV=PT,M 为货币需求量,V 为货币流通速度,P 为总体商品价格,T 为商品交易量。费氏认为,货币流通速度 V 是一个制度变量,在短期内变化很小,是一个常数。其原因,货币流通速度主要取决于支付制度、支付习惯、人口密度、交通条件等制度性因素,这些因素在一般情况下是相对稳定或不变的,于是货币量的增减必然引起物价同样程度的变动。即便在一个转型期内,物价水准和货币量暂时不能保持一种正常的比例关系,但这个转型期极为短促,一旦结束,物价水准和货币量就能恢复正常的关系。然而,方显廷却认为,费雪忽视了货币流通速度的重要性,使得了解中国目前的物价问题极为困难。譬如,到1947年,货币发行量为1936年的1.1万倍,而物价却增加了3.4万倍,二者差距如此之大,只能以货币流通速度的增加来解释,但费雪却将它的伸缩性看漏了。方显廷还根据英国经济学家庇古(Arthur Cecil Pigou)关于货币的需要与购买力的需要相等的理论来分析这一问题。他指出,人们手中保持的货币和购买力的总量,一般说可以恰好满足应付不时之需和购买便利,但也会随着客观的经济环境和个人的心理状态而有所变动。人民愿以货币形式保持在手中的那一部分财富的比例,与费雪公式中的货币流通速度恰是相反的,即手中所持的货币越多,货币流通速度就愈减少。公众的经济行

---

①方显廷:《胜利后的中国经济》,《经济评论》1948年第2卷第14期。

为,主要是受未来"期望"或未来经济局势预言的影响,在战争时代更为显著。在抗日战争第一阶段,由于战争导致商品的需要增加,物价有过上涨的趋势,但大家对战争抱有在短期内可以结束的希望,并不急着买物品。于是,物价在退缩之中,货币流通速度减低,物价上涨也落在货币增加之后。但随着战区的继续扩大,政府不得不发行更多的货币,一旦公众觉得从日益增涨的物价中必定蒙受损失时,他们对未来的期望就会发生改变,甚至在消费者之中盛行囤积与投机。由此,货币流通速度迅速加快。不仅如此,如果将银行存款估计在内,货币流通的速度就更加上升了。在英美两国,银行信用是有限度的,银行往往准备 1/10 的现款准备金,一银元的流通速度可以增加 9 倍。但中国的情形并非如此,不能交换的通货可以漫无限制地发行。当银行存款扩大时,信用无可避免地过分扩张,转而又加速了货币流通①。

从上述讨论可以发现,方显廷的货币金融观具有了一定的理论色彩。

对政府的货币金融策略,方显廷也给予一定的关注。为了遏制通货膨胀和刺激经济发展,南京国民政府于 1947 年颁布了《经济紧急措施方案》《经济改革方案》。前一个方案,主要是平衡收支,防止通货膨胀,以及充实外汇资源,包括开源节流、禁止黄金流通、标售敌伪及剩余物资、国营事业酌售民营、计划征用国人在国外银行的存款等。方显廷对此提出质疑,认

---

①方显廷:《货币流通速度与物价波动》,《钱业月报》1948 年第 19 卷第 5 期;李占兵:《费雪与马克思宏观货币需求理论比较分析》,《技术与市场》2007 年第 7 期。

为它只是一种暂时办法,而非永久之策,所能发挥的效果极为有限,至多只能暂时平定金融风潮,在内战不停、继续增发纸币的情形下,无法做到收支平衡。因此,方显廷呼吁,必须停止内战,提高行政效率,改善公务员待遇,根据市场情形调整汇率[①]。后一方案,是一个侧重于经济彻底改革的长期计划,但方显廷发现,该方案仍是偏重于金融,而非集中于生产,"这显然是有点不明经济大体的",若应用于中国现实,难免不发生"利未见而害先睹"之祸。他还指出,此方案等于更加大开通货膨胀之门。譬如,规定每县设一银行,以发展农村经济,然而其资金来源须靠国家银行供给,而国家银行供给资金就完全等同于膨胀通货了。何况,在现代信用制度之下,1元货币可以制造数元的信用,如此全国通货及信用膨胀的速率必将极大,其影响农村物价及农民生活也不可言喻。该方案还规定增加生产贷款,但国家银行为增加生产而贷款,同样等于增发通货、膨胀通货。方显廷建议,政府要想扶助生产、扩大建设,应设法吸收市场游资,而不是以此名义增加货币发行[②]。

# 七、自由主义计划经济

在任何社会形态之下,经济体制都是社会经济得以运行的制度模式,也是实现国家经济意志的基本前提。方显廷认为,纯粹经济学只是一种逻辑,不受时间空间的限制,然而"一旦应用于实际,则制度问题即见重要",所以,特殊制度、制度背景在

---

① 方显廷:《评经济紧急措施方案》,《金融汇报》1946年第44—45合期。
② 方显廷:《评〈经济改革〉方案》,《群情月刊》1947年第1卷第5期。

经济学中十分重要①。他的这一观点已触及经济体制问题。

世界经济的演变进程表明,经济体制主要表现为市场经济、计划经济以及各自与私有制、公有制组合的多种类型,纯粹的类型是不存在的。其中,国家干预还是自由放任往往是经济体制问题的核心。自二十世纪二三十年代起,哈耶克、凯恩斯等西方经济学大师对此进行了激烈的争论。以政府干预为核心的统制经济,形成一股强有力的思潮,这一思潮既是对自由竞争所导致的资源浪费的对抗,也是俄、日等国"后发外生型"工业化迅速发展的反映②。对统制经济及其思潮的历史,方显廷有较多的了解。他指出,统制经济渊源甚早,中古时代的城市经济以及继之而起的国家经济,均以统制为原则。十八世纪工业革命兴起后,资本主义放任经济应时而起。第一次世界大战期间,因财源有限而战争供需无穷,各国遂由中央政府统制全国的生产、分配和消费。大战告终,放任经济复兴,由政府统制的农工商金融重新走上私人自由经营之途。1921年、1929年相继爆发了世界经济大恐慌,"统制经济之声浪,复弥漫于全世界,东起日俄,西迄英美德法,莫不以局部的或全部的经济统制为经济复兴之要策。而苏俄之第一次五年计划,得于四年内超过原定限度而告完成,实为促进统制经济之主因也"③。正是在此背景之下,中国学术界在二十世纪三四十年代掀起了对统制经济的讨论。

<hr>

①方显廷:《马沙尔经济学概念之研究》,《复旦学报》1948年第4期。
②钟祥财:《二十世纪三四十年代中国的统制经济思潮》,《史林》2008年第2期。
③方显廷:《统制经济与中国》,《中国经济研究》上,第57—58页;方显廷:《统制经济讲义大纲》,南开大学商学院1936年油印本,第1—2页。

　　何谓统制经济? 学术界对此尚没有一个统一表达,主要是因对统制经济和计划经济的区别与联系,有不同的理解。大多数学者认为,两个概念基本等同,统制经济是计划经济的代名词。也有学者认为,统制经济与计划经济有程度乃至实质性的差别。还有的学者认为,统制经济是对计划经济和市场经济的折中。也有学者将社会主义国家称为计划经济,将欧美各国称为统制经济,苏联为"计划经济"的样板,德国为"统制经济"的样板。抗日战争时期,由于国民政府实行"战时经济统制"政策,不少学者又将统制经济、计划经济与"战时经济统制"混同,甚至指为苏德经济模式。方显廷对统制经济的表述,与上述学者既有相同,也有其独特之处。1935年,方显廷将统制经济与计划经济作为同一个概念看待,说"'统制经济'或'计划经济'一词,盛行于1929年世界经济恐慌之后",当前的统制经济是"有计划的经济",以一国为施行区域[①]。但到1936年,方显廷又对统制经济与计划经济做了区别,认为前者是被动的、务实的和资本主义的,后者是主动的、重理想的和社会主义的,不过二者的共同点仍是国家计划、干涉或集团主义的。进一步说,计划经济又称绝对集团主义,政府具有绝对的统制权,完全负责整个国家的经济和军事。政府为主,人民为仆,人民须放弃言论自由、择业自由和支配收益自由。其典型是苏俄战时共产主义,这种体制的经济是贫乏的经济。统制经济又称自由集团主义,人民为主,政府为仆,政府应负责整个国家经济,改正资本主义的紊乱状态,但在许可范围内仍要保持私人企业的自由[②]。由此,

①方显廷:《统制经济与中国》,《中国经济研究》上,第57页。
②方显廷:《统制经济讲义大纲》,第3—4页。

方显廷所谓统制经济,是指自由集团主义或自由主义计划经济。全面抗战时期,1938 年,方显廷没再区分不同社会制度下统制经济的含义,而是认为无论是资本主义、共产主义还是法西斯主义国家无一不崇尚统制经济[①]。1939 年,他又将统制经济转述为战时经济统制,认为抗战以来中国经济政策是"统制经济"的形成和全面实施。抗日战争胜利后,1946 年,方显廷将苏德意诸国经济体制称为集体主义计划经济,英美经济体制为自由主义计划经济,基本上恢复了 1936 年的看法,并认为自由主义计划经济与中国所标榜的自由经济颇多相近[②]。总之,方显廷所界定的统制经济,以"计划"为其基本特质,但有英美式自由主义计划经济和苏俄式集体主义计划经济之别。

尽管学术界对统制经济的概念有不同的理解,但绝大多数学者对国家的计划性表示赞同,尤其是对苏德计划经济所取得的成功颇为崇尚,并提出了中国经济统制的具体策略。当然,也有学者认为苏德计划经济不可行,主张计划与自由混行,甚至否认计划经济模式,认同英美自由经济模式,在抗日战争末期和战后尤其如此。方显廷对经济的计划性也一直表示认同,也曾羡慕苏俄计划经济,并提出了实现统制经济的具体措施。

在全面抗日战争爆发之前,方显廷认为中国已开始实施统制经济,孙中山所著《建国方略》即为其嚆矢。南京国民政府成立后,成立全国经济委员会,"谋挽救复兴之道,由是我国之统制经济,粗具端倪"。1935 年币制改革,实行通货统制,经济统制更进入新的阶段。蒋介石倡导"新生活运动",详述国

①方显廷:《抗战与经济统制》,《时事类编》1938 年第 21 期。
②方显廷:《自由主义的计划经济》,《财政评论》1946 年第 15 卷第 3 期。

民经济建设运动之具体方案。对于国民政府的举措,方显廷认为:"若能以之为今后施政之南针,——见诸实行,则我国统制经济之前途,当更未可限量也。"不过就总体而言,方显廷认为,南京国民政府上台以后,"我国统制经济之未上轨道,统制经济先决条件之尚未完备,则为不可掩饰之事实","外审大势,内察国情,仍不能不从统制经济入手"①。统制经济分全部统制和局部统制两种,苏德意三国为全部统制,英美日三国为局部统制。方显廷指出,中国统制经济也为局部统制,因为统制经济的先决条件尚不具备,如"健全之民众经济组织,强有力之统一政权,及学识兼优之技术人才等,在我国既均未齐备,则我国经济之统制,自亦无从着手"②。因此,他认为应分轻重缓急,首先对交通、粮食、衣料、贸易进行统制。在交通方面,方显廷针对中国发展水平远低于世界先进国,以及经营缺乏系统与控制,主张对铁道统制要注重干线与支线的联络、管理权的集中和建筑工程的标准化;航运统制应就已收回的引水权,培育足够的引水人才,民营商轮也要设法消弭彼此间不利的竞争;公路建筑应以辅佐铁道及航路为主,改变以往只适应军事需要而不能促进经济发展的局面。在粮食与衣料方面,针对近代以来农村经济日益衰落的情况,方显廷认为,"若不急起而谋统制之道,则整个经济机构之崩溃,在指顾间耳",应实行生产、消费与运销三种统制:生产统制以种子选择与耕地推广为要;消费统制集中于计口分配,运用代替品,禁绝消费品;运销统制则宜广设仓

---

① 方显廷:《统制经济与中国》,《中国经济研究》上,第 59—60 页;方显廷:《国民经济建设之途径》,《信托季刊》1937 年第 2 卷第 2 期。
② 方显廷:《统制经济与中国》,《中国经济研究》上,第 62 页;方显廷:《国民经济建设之途径》,《信托季刊》1937 年第 2 卷第 2 期。

库,存储有季节性的农产品,以调剂供需,提高农产物价。在贸易方面,针对中国对外贸易长期处于入超和国际收支的逆差状态,方显廷认为也有实行统制的客观需要。不过,由于我国处于殖民地地位,国力有限,采取任何国家的统制,都极为困难①。从以上所述来看,方显廷的统制经济措施具有浓厚的战时准备色彩。

全面抗日战争时期,面临日本侵略的严重危机,政府扮演的角色更加重要,方显廷也更加强调统制经济的重要性。他认为,必须增强政府对经济活动的控制和协作,开发国家的人力物力资源,增强国防能力和经济自足能力。在大后方,要发展现代铁路公路交通体系,建设重工业,减少贸易入超,增加食品和衣料作物的生产②。对于国民政府的战时统制政策及其成就,方显廷给予了充分肯定,并对统制经济的障碍和前途做了分析。他认为,阻碍统制经济的因素主要有:外国列强不平等条约的束缚,缺乏民众组织,缺乏统计资料和事实根据,以及中国迟迟未能实现政治统一等。统制经济的前途,取决于政府对于人力、资源与组织三者能否实现有效的控制,方显廷认为,人力方面殊为乐观,战时所需物资、日用品大体上可以自给,军用品则仰给于外国,须设法供给必要的交通工具和充足的财源。在组织力方面,无论中央还是地方,都有所改组,有利于民众组织的巩固。只要以上三个方面得到有效的统制,"则经济基础,可以稳固,抗战力量可以加强,最终胜利庶几可得矣"③。不过,正

---

① 方显廷:《统制经济与中国》,《中国经济研究》上,第63—69页。
② H. D. Fong, "War-Time Economic Construction in China," *NanKai Social and Economic Quarterly*, Vol. XI, No1-2, January（1940）.
③ 方显廷:《抗战与经济统制》,《时事类编》1938年第21期。

当大多数学者崇尚苏德计划经济之时,方显廷却对美国统制经济表示了欣赏。他说,一般人认为民主国家在政治组织上自由散漫,其实在经济方面,美国工商企业都有极为密切的组织联系,统制起来非常方便[1]。也就是说,他认为自由与统制并不完全矛盾。

抗日战争胜利后,方显廷仍然认为,"计划与统制的因素,尚未完全消失"[2]。不过,他主要是对统制经济的理论做了进一步的探讨。他首先分析了苏俄式集体主义计划经济的利弊,认为其利是以集体意志及中央行政机构来代替市场与物价的职能,解决了自由放任经济的种种弱点,如恐慌频仍、失业众多、资源浪费与分配失当等;但其弊害也很明显,方显廷援引哈耶克的理论,认为它有助于形成一种腐败的官僚政治,剥夺人民的政治自由和经济自由,阻碍人民个性的发展与技术的进步,丧失了自由竞争为经济进步的原动力。有鉴于此,方显廷提出,应该实行自由主义计划经济,以达到在政治上实行民主,在经济上发展平稳的双重要求。自由主义计划经济虽然需要一个中央计划机构,总揽全国计划的编制与执行事宜,但也应以实现民主为依归,减少独裁政治,保留私人企业的形态,只在生产上予以指导,由此解决经济独占与民主政治的冲突。不过,方显廷也承认,自由主义与计划经济是难于并存的,自由主义计划经济有过于理想与牵强之处,如编造计划时价值的估定不易精确,执行计划时政府与私人生产者的难以协调等[3]。

---

① 方显廷:《漫谈美国战时生活》,《东方杂志》1944年第40卷第6号。
② 方显廷:《马沙尔经济学概念之研究》,《复旦学报》1948年第4期。
③ 方显廷:《自由主义的计划经济》,《财政评论》1946年第15卷第3期。

可见，方显廷主观上倾向于自由主义计划经济，但也有所保留，反映了自由主义与计划经济在后发展中国家的张力。

# 结　语

本文主要呈现了方显廷离开大陆之前的人生经历、学术研究及其主张，由此可以看出三个基本面相：

其一，个人经历与历史时代的结合成就了方显廷的学术事业。内忧外患的社会背景是方显廷从事学术研究的社会基础，宁波地域和家庭变化是方显廷成长和发展的环境因素，外柔内刚的静默个性是方显廷从事学术研究的禀赋，穆藕初、何廉是方显廷人生道路的扶持者和引领者，南开大学经济研究所是方显廷施展才华的平台，何廉与方显廷的精诚合作成就了他们以及所有南开经济学人的事业。方显廷基本上是一个书斋型学者，在他留学归国到离开大陆之前，除了短暂参与过华北农村建设协进会、中央设计局调查研究室等项工作，很少离开过学术研究岗位。即便在以上工作期间，他也都是以无党无派的自由主义学者身份同南开大学经济研究所同人一道，用学术研究及其成果来进行服务。这大概是那个时代许多学者的特征。

其二，方显廷是一个研究中国经济问题的经济学家。除了少数几篇介绍马歇尔经济学和第二次世界大战后远东与世界经济建设的几篇文章，他其余的论著都是有关中国经济问题的；而且，在中国经济问题之中，除了经济形态、通货膨胀以外，很少专门研讨经济理论，几乎都是研究不同经济部门的具体问题,甚至有的属于为政府的"出谋划策"[1],目标是促进中国经济的增长。但也正因为如此,基本上实现了他本人以及南开大学倡导的"土货化"学术理念。他们的开拓性研究,成为南开经济学派的重要标志,也是中国现代经济学的重要源头。

其三,方显廷对中国经济问题提出了一些独到的见解。在民国时代的经济学家中,方显廷不仅是研究涉猎范围最广、发表论著最多者之一,而且对中国经济问题提出了许多不同于他人的洞见。关于中国经济形态,方显廷以"中古式与半殖民地式经济"或"半殖民地化之中古经济"的概念,进行了独到的概括和分析;关于中国工业化,方显廷率先提出了广义工业化的概念,对轻重工业的发展顺序,随着时代的变化先后提出"先轻后重"、"先重后轻"、"先国防后民生"的看法;关于乡村手工业,方显廷不仅认为其仍有存在和发展之必要,而且比一般学者的看法更为乐观。他还从世界各国工业的分散化趋势,来为中国乡村手工业发展提供理论根据;关于农业生产,方显廷从工业革命以来世界各国农村经济的普遍衰落,来表明中国农业经济衰落的必然性,然而又认为中国的衰落有其特殊性;关于货币金融问题,方显廷对费雪方程式进行了商榷,认为费雪忽视了货币流通速度对通货膨胀的重要影响;关于统制经济体制,方显廷先后论证了自由集团主义与绝对集团主义、自由主

---

[1] 方显廷说:"经济学人的一切意见,无论是积极的建议或消极的批判,提供办法或阐明原则,痛陈弊端或建议革新,探究因果或叙陈事实,计划未来或救治现状,我们暂不必奢望一步登天,能立即有积极性的改善,但假设能够发生一些减轻大多数人们痛苦的消极作用,就是经济学人对于当前社会的一种贡献。"方显廷:《卷头语》,《经济评论》1947年第2卷第1期。

义计划经济与集团主义计划经济的区别。以上观点,有的已经
带有一定的理论色彩,惜乎这些见解在以往的经济思想史研究
中并未得到应有的重视。方显廷之所以具有如此开阔的学术
视野,与他的经济史学术背景有关。他对所研究的经济问题,
总是要追溯其历史渊源和发展脉络。他对西方经济史有专门
的研究,著有《近代欧洲经济史讲义大纲》。他对西方经济学说
史也比较熟悉,李嘉图、哈耶克、凯恩斯、米塞斯、庇古、马歇尔、
费雪、卡塞尔、罗宾斯、奈特等经济学家以及西方经济学中的名
词、概念都曾出现于他的论著。这些都有助于他从世界经济史
的视野来看待中国经济问题,也有助于他将西方经济学的方法
特别是计量方法,运用于具体问题的研究之中。

　　不过,也正因为如此,方显廷与其他中国经济学家一样,其
思想资源主要来自西方。如果用西方经济学(无论微观还是宏
观)的标准来衡量,方显廷的经济学研究仍处于"应用"阶段,
缺乏与西方经济学的对话和论辩,在理论和概念上少有原创性
贡献[1]。揆诸中国经济学家的言论及其著作,包括方显廷在内,
似乎连突破西方经济学理论的口号和理念也未曾提出。对此,
方显廷有着清醒的自觉,他说:"即是比较深入的作品,也大半
只是引用西洋的学说,来解释我国事实,尚未能脱除先进国的
影响而达于创造时期。"[2]

　　这不难理解,更无须苛责。清末与民国时期的中国,经济

---

① 有关西方经济学理论、学说史,参见尹伯成:《西方经济学说史》,复旦大学
　　出版社 2012 年版;〔美〕保罗·萨缪尔森、〔美〕威廉·诺德豪斯著,萧琛
　　主译:《经济学(第 19 版)》,商务印书馆 2013 年版。
② 方显廷:《民元以来之中国经济研究》,《银行周报》1947 年第 31 卷第 4—
　　5 合期。

学等一切现代学科处于从西方输入、传播和消化的过程之中。西学中国化,也即理论西方与问题中国相结合的任务还远未完成,基本上谈不到突破西方理论,更谈不到建立中国自己的学术话语体系。何况,从经济学的发展历程来看,经济理论中心与经济发达中心往往是一致的。像近代中国这样一个经济落后的国家,不可能成为学术理论创新的中心。

一个时代有一个时代的学者,方显廷只能完成他那个时代的经济学家所能完成的任务。在经济学日新月异的今天,仍不能说中国经济学界已经冲破了西强中弱的格局。尽管我们已经强烈地意识到要超越西方经济学,为世界经济学的进步作出独特贡献,但我们仍处于向西方学习之途,理论创新依然是所有经济学人追求的目标。

# 早期中国马克思主义学者
# 对农村经济的主张

近代以来，尽管中国开始了"千年未有之变局"，但农村的中心地位并未发生根本的变化。"中国的农村，现在还是中国的命根。"[①] 而"农村问题的中心是农村经济问题"[②]，"不认识农村经济是不行的"[③]。应该说，国人对农村经济的记录和认识有着十分悠久的历史，不过真正从学理上进行研究则始于民国之后尤其是二十世纪二三十年代。在各种研究力量中，马克思主义学者是一支十分重要的队伍，其突出特点是以生产关系为主要研究对象，强调阶级分析方法，拥护乃至参加了中共革命。这支队伍在马克思主义传播、中国社会性质论战、中国农村社会性质论战以及农村社会经济的调查研究中逐渐形成，涌现出王亚南、郭大力、沈志远、许涤新、何干之、王学文、潘东周、吴黎平、张闻天、钱亦石、陈翰笙、薛暮桥、钱俊瑞、张锡昌、骆耕漠、

①梁漱溟：《中国经济建设的路线》，中国文化书院学术委员会编：《梁漱溟全集》第5卷，第988页。
②李景汉：《定县土地调查（上）》，《社会科学》1936年第1卷第2期。
③费孝通：《学术自述与反思：费孝通学术文集》，第31页。

徐雪寒、秦柳方、王寅生、石西民、狄超白、千家驹、李紫翔、孙晓村、冯和法、刘端生、陈洪进等著名学者①。他们以《新思潮》《中国农村》《中国经济情报》《新中华》《读书杂志》《农村周刊》等为阵地发表文章，和其他非马克思主义学者以及虽然标榜信仰马克思主义但对中共革命道路并不认同的学者进行了论争，对阐释、传播中共革命理论以及马克思主义经济学的中国化作出了重要贡献。其中，以《新思潮》为核心的学者王学文、何干之、潘东周、吴黎平、张闻天、钱亦石等，侧重理论分析，被称为"新思潮派"；以中国农村经济研究会及其杂志《中国农村》为核心的学者，也就是上面所介绍学者名单中陈翰笙及之后的学者，注重农村调查和研究，被称为"中国农村派"或"分配派"，影响更为广泛。他们多来自江浙等南方地区②，参与论争时多为二三十岁的青年，具有极强的政治性、革命性、战斗性③。他们关于中国农村经济的研究及其主张，既有宏观问题，也有具体方面，以下分而述之。

# 一、半殖民地半封建的农村经济

农村经济性质是马克思主义学者对中国近代农村经济形

---

①他们发表文章常署笔名，本文采其通用姓名，但在引用资料时仍用发表时的署名。
②何以大多来自经济比较发达的江浙地区，值得做专门研究。
③关于马克思主义学者对中国农村经济的研究及其主张，雷颐、吴敏超等学者的文章有所涉及，但尚缺乏系统的梳理、分析、比较和提炼。有关马克思主义经济学中国化的教科书，则几乎没有介绍中共革命时期马克思主义学者对中国农村经济的研究，令人疑惑。

态的总体概括。1927 年大革命结束后,先是发生了中国社会性质的论战,这一论战已经涉及对农村经济性质的讨论;继之掀起了中国农村社会性质的论战,对农村经济性质的讨论就更加直接和全面了。对此,学界主要有四种观点,即资本主义经济、封建主义经济、商业资本经济和半殖民地半封建经济,其中以资本主义经济和半殖民地半封建经济最有影响。而所有争论的背后,其实都与革命前途和革命方式密切相关。

　　马克思主义学者持半殖民地半封建说,他们主要与持资本主义说者进行了争论。后者的代表人物有两类。其中,一类是被称为"托派"领袖的陈独秀和严灵峰、任曙等,他们认为自国际资本主义侵入中国以后,封建自然经济崩溃,城市商品经济支配了乡村,中国包括农村已经是资本主义经济。因此中国革命必须超出资产阶级民权革命的范围,不仅要推翻地主和帝国主义统治,还要打倒资产阶级①。另一类是标榜以马克思主义研究农村经济的学者王宜昌、王毓铨等人,他们提出认识中国社会性质应以研究生产力为主,在中国农村资本主义经济已经占到优势②。

　　马克思主义学者的观点受到斯大林观点和中共中央决议的影响,但分析更加全面和深入。新思潮派学者在探究中国社会性质问题时,较早运用马克思主义分析农村经济性质。王学

---

① 陈独秀:《我们的政治意见书》;严灵峰:《"中国是资本主义的经济,还是封建制度的经济?"》;任曙:《中国经济研究绪论》,高军主编:《中国社会性质问题论战(资料选辑)》,第 90—91、350、437、483 页。

② 王宜昌:《论现阶段的中国农村经济研究》,中国农村经济研究会编:《中国农村社会性质论战》,新知书店 1936 年版,第 99—101、105 页;王毓铨:《中国农村副业的诸形态及其意义》,《中国经济》1935 年第 3 卷第 1 期。

文指出,新兴的资本主义经济主要在沿海大都市和少数地方,基本上还处于萌芽状态。半封建性的生产方式和生产关系仍占统治地位,并束缚着资本主义经济的发展。在帝国主义支配下,中国经济还具有半殖民地性[1]。何干之认为,各种生产关系决定了中国经济不是资本主义性质,而是具有半殖民地半封建性质,是一种融合着封建经济和资本主义经济的半封建经济的过渡形式。中国农村最流行的是半封建的农业经营,落后的生产工具不可能是资本主义的经营方式。而且,入侵中国的帝国主义在将中国变为殖民地的同时,还要维持中国的封建残余[2]。

与新思潮派学者相比,中国农村派学者对中国农村经济性质做了更为详尽的研究。他们特别明确,生产关系是决定经济性质的基本因素[3]。薛暮桥认为,资本主义生产方式与封建性生产方式都是存在的,但封建残渣仍占优势。帝国主义的入侵虽然促进了中国的商品生产,但并未使中国农业建立起资本主义生产关系。中国农民的商品生产不是资本主义的自由生产,而是贫困导致的,农村市场仍保留了相当明显的封建色彩。新式的农具虽然有使用,但资本主义经营非常稀少,封建半封建的地主经济仍占极大优势,少有的雇佣劳动也带有浓厚的封建

---

[1] 王昂:《中国资本主义在中国经济中的地位其发展及其前途》;思云:《中国经济的性质是什么?》,高军主编:《中国社会性质问题论战(资料选辑)》,第191—192、514、517页。

[2] 何干之:《中国社会性质问题论战》,生活书店1937年版,第25、35、82—83、174页;杜鲁人:《〈中国经济读本〉节录》,高军主编:《中国社会性质问题论战(资料选辑)》,第833页。

[3] 《〈中国农村〉发刊辞》,《中国农村》1934年第1卷第1期;通信讨论组:《关于半封建社会的解释及其它》,《中国农村》1936年第2卷第10期。

和半封建性[①]。钱俊瑞也指出,尽管中国国民经济已经是世界资本主义的一环,但资本主义生产方式在中国的发展仍然极不充分。资本主义的农业生产方式在中国农村更未占到优势,半封建的小农经营仍为农业经营的支配形态,阻碍着资本主义农业的生产。不仅如此,帝国主义对中国农村的半封建性还起着维持的作用[②]。

以上马克思主义学者的观点,否定了持资本主义性质说学者所提出的中国革命的推翻资产阶级论,支持了中共民主革命的反帝反封建论。

## 二、中国农民的贫困化

农民的生活水平同样是马克思主义学者阐释中国农村经济时面对的总体性问题,而且是农村经济演变的结局性问题,与中共革命道路和所依靠的主体力量有着密切的联系。

和对中国农村经济性质的判断不同,其他学者与马克思主义学者对于农民生活水平有着基本相同的判断,即处于绝对贫困状态。柯象峰估计,在贫困线以下的中国农民约占全国农民总数的3/4,不下2.6亿人[③]。费孝通指出,"农民的收入降低到

---

① 余霖:《中国农业生产关系底检讨》,《中国农村》1935年第1卷第5期;薛暮桥:《旧中国的农村经济》,第12—13、46、54、64、131页。

② 周彬:《中国农村经济性质问题的讨论》,《中国农村》1935年第1卷第9期;陶直夫:《中国农村社会性质与农业改造问题》,中国农村经济研究会编:《中国农村社会性质论战》,第14、22页;陶直夫:《中国地租的本质》,冯和法:《中国农村经济论》,黎明书局1934年版,第265页。

③ 柯象峰:《中国贫穷人口之估计》,《新社会科学》1931年第1卷第4期。

了不足以维持最低限度生活水平所需的程度。中国农村真正的问题是人民的饥饿问题"，甚至一般中小地主也不过维持着小康水准，"克勤克俭是必须的生活条件"[1]。不仅如此，民国以来，农民生活还处于不断恶化的趋势。梁漱溟说："不是'贫'的问题，而是'贫而越来越贫'的问题……我们要知道现在是乡村日趋破坏，农民生计日益窘蹙。"[2]

当然，马克思主义学者的看法更甚。陈翰笙认为："对于中国说来，不再需要指出人民生活水平普遍低下这一人所熟知的事实；重要的毋宁是分析和弄清楚生活水平的趋势……现在农民的经济地位，还不如在纯封建制之下的经济地位。"他还以广东番禺县为例指出，在过去三十年内，"农村工资的下降，确凿地证明了农民生活水平的下降"[3]。吴黎平也认为，最近数十年来，农民的贫穷化表现于农民生活的恶化，"各处关于农民生活的叙述，以及农民购买能力降低的事实，都可以充分证明农民生活之更进一步的恶化。……极大部分农民，就是维持半饥半饿的生活也都不可得"[4]。薛暮桥甚至说，一百年前中国的

---

①费孝通：《江村经济——中国农民的生活》，第200页；费孝通：《乡土重建》，《费孝通文集》第4卷，第375页。

②梁漱溟：《研究"乡村建设"的途径》，《梁漱溟全集》第5卷，第520页；〔美〕艾恺采访，梁漱溟口述：《这个世界会好吗：梁漱溟晚年口述》，东方出版中心2006年版，第183页。

③陈翰笙：《作者原序》，陈翰笙：《帝国主义工业资本与中国农民》，第iii页；陈翰笙：《三十年来的中国农村》，汪熙、杨小佛编：《陈翰笙文集》，第127页；陈翰笙：《解放前西双版纳土地制度》，中国社会科学出版社1984年版，第104页。

④吴黎平：《中国土地问题》，高军主编：《中国社会性质问题论战（资料选辑）》，第250页。

农民还能够"含辛茹苦"地过他们的安定生活,但近代以后就变了[①]。

关键是农民为什么贫困。在如何看待这一问题上,马克思主义学者与其他学者既有相同点,也有一定的差别。其他学者如卜凯、梁漱溟、晏阳初、费孝通、吴景超、杨开道等,既有持单因论,也有持双因论和多因论的。单因论者分析的原因涉及以下诸方面:人口对耕地的压力,生产技术低下,帝国主义者侵略,国内政治不良,天灾人祸,军阀混战,佃农制度,田赋积弊等。双因论者分析的原因包括:半殖民地半封建社会的枷锁,帝国主义者经济的榨取和豪绅、高利贷、军阀之超经济剥削,帝国主义侵蚀与封建势力剥削,帝国主义侵略、国内政治紊乱等。持多因论者,分析的原因为三个以上乃至七八种、十多种,最多者达到十五种,其实主要是对以上单因论、双因论的综合[②]。

马克思主义学者多持双因论,认为中国农民贫困的原因可以概括为帝国主义的侵略和封建势力的压迫剥削。这一判断与以上非马克思主义学者的双因论并无根本的差别,但论证更加深入,理论性更强。他们主要与以卜凯为代表的"技术派"和以晏阳初、梁漱溟为代表的"改良派"进行了争论。薛暮桥认为,促成中国农民贫困化的基本原因是帝国主义侵略和地主豪绅的各种半封建剥削,其导火线是灾荒的蹂躏和世界经济恐慌的袭击。由此,农业生产力的衰落达到空前严重的程度,农民生活陷入最悲惨的境地。针对"技术派"强调生产技术落

---

① 薛暮桥:《旧中国的农村经济》,第3页。

② 参见李金铮:《题同释异:中国近代农民何以贫困》,《江海学刊》2013年第2期。

后的观点,薛暮桥指出,生产技术的落后固然是农村破产的原因之一,但它自身又是受了陈腐的生产关系约束的结果。不肃清封建势力和帝国主义势力的压迫和剥削,是不能解决农民问题的[①]。千家驹也认为,导致中国农民贫穷的根本原因,是帝国主义的经济统治和封建势力的剥削,二者是合为一体的。针对"改良派"提出的中国农村的病根是85%以上的农民"愚穷弱私"的观点,千家驹指出,仅知道"愚穷弱私"的表象是不够的,要真正探究造成"愚穷弱私"的社会经济基础,这就不能不承认资本帝国主义长期的经济侵略与国内封建势力残酷的剥削是造成中国今日农村现状的主要原因[②]。

这一对农民贫困化原因的分析,与马克思主义者对农村经济性质的判断是一致的,为中共民主革命的反帝反封建论和判断革命所依靠的主体力量是谁增加了依据。

## 三、土地集中与重新分配

土地是中国农民的命根子,它不仅"为中国农村经济以及整个中国国民经济发展的一个基本问题"[③],也是中共民主革命的核心问题,关系到农民动员和革命的成败。土地问题主要指的是土地分配关系,但马克思主义学者对此问题的认识也牵涉到人地比例关系。

---

①薛暮桥:《旧中国的农村经济》,第4—5、122—128页。
②千家驹:《我们对于农业技术改良运动的态度》,《中国农村》1936年第2卷第7期。
③吴黎平:《中国土地问题》,高军主编:《中国社会性质问题论战(资料选辑)》,第229页。

　　其他学者如孙倬章、陈长蘅、卜凯、翁文灏等,大多赞同马尔萨斯的人口论,认为中国人口对耕地的压力巨大,人均耕地已不能维持农民最低限度的生活。为此,他们还提出了解决人口压力的各种办法,其中以节制生育的呼声为最高,此外还有两种或多种办法相结合的思路,譬如垦拓荒地、促进中国工业化、增加农业生产、移殖边疆等[①]。

　　与此相反,马克思主义学者反对马尔萨斯人口论,否认中国人满为患和人均耕地不足之说。冯和法指出,中国人口并未超过土地所能供给的粮食,否则中国就应该是野无荒土了。事实上,中国不仅有大量荒地,人口尤其是农村人口还在逐年减少[②]。薛暮桥也认为,马尔萨斯论是一个毫无根据的幻想。随着生产技术的进步,农业的劳动生产率将会增加,生产食料的困难也将大为减少。如果能够充分利用荒地,农业产量至少要比现在增加一倍,民食问题一定能够得到解决[③]。也就是说,农民的粮食问题与人均耕地无关,而是土地分配集中导致的结果。

　　与人地比例关系不同,对于土地分配关系,马克思主义学者与其他绝大多数学者却有着惊人的一致。其他学者认为农民之所以耕地不足,除了人口压力,土地分配不均也是一个重要的因素。李景汉就指出:"农民土地的缺乏,一方面是由于耕地的不足,但另一方面最主要的是由于耕地的分配不均。"[④]马

①参见李金铮:《近代中国耕地"红线"之争》,《人文杂志》2017年第3期。
②冯和法:《农村社会学大纲》,第142、145页。
③薛暮桥:《贫困现象的基本原因》,陈翰笙等编:《解放前的中国农村》第2辑,第207页;余霖:《从山额夫人谈到人口问题》,《中国农村》1936年第2卷第4期。
④李景汉:《中国农村问题》,第37页。

克思主义学者一方面否认人口压力,另一方面却强调土地分配集中导致了农民耕地的不足。薛暮桥指出,假使每个中国农民平均分到耕地,可勉强过着小康生活;但事实上,中国耕地分配不均,约有 70% 集中于地主富农之手,收获的一大部分又被帝国主义和地主豪绅们所剥夺,这才是问题的主要根源[①]。不仅如此,何干之还谈到,土地"不平等的分配,不只在数量上,而且在质量上"[②]。与江南地区相比,华北农村的自耕农较占优势,但陈翰笙认为这不过是表象,他们"大多数和贫农一样,所有土地,不足耕种"[③]。

　　问题的关键已经不是土地分配是否集中,而是如何解决土地分配集中的现象。对此,马克思主义学者的看法与其他学者有着显著的区别。其他学者的基本看法,是依据孙中山"耕者有其田"的主张,用"税去地主"和"买去地主"的和平手段,来实现"土地国有"和耕者有其田的目标。而马克思主义学者却认为,以上和平手段并无实施的条件,只有实行土地革命才能满足农民对土地的要求。不过在不同阶段,他们的主张又有一定的变化。土地革命时期,吴黎平指出,通过最彻底的土地革命,实现土地国有,将地主的土地分予农民[④]。冯和法也认为,必须立即改变地主土地私有制度,用革命的方法没收地主土地,

---

[①] 余霖:《从山额夫人谈到人口问题》,《中国农村》1936 年第 2 卷第 4 期;余霖:《中国农业生产关系底检讨》,《中国农村》1935 年第 1 卷第 5 期。

[②] 何干之:《中国社会性质问题论战》,第 19 页。

[③] 陈翰笙:《现代中国的土地问题》,汪熙、杨小佛编:《陈翰笙文集》,第 47 页。

[④] 吴黎平:《中国土地问题》,高军主编:《中国社会性质问题论战(资料选辑)》,第 261—262、266—267 页。

收归国有,实现耕者有其田[1]。到抗日战争时期,薛暮桥指出,由于土地问题与民族问题比较起来已处于次要地位,因此须改行二五减租政策,和平解决土地问题[2]。解放战争时期,王寅生又认为,所有耕地应按人口通盘重新调整,实现耕者有其田;而且强调,"土地国有"的想法不适合中国农民和中国政权的现状,要从土地地主所有发展到土地国有的社会主义时期,必须经过土地农民所有的一个阶段[3]。

以上变化,与中共革命的土地政策是基本一致的。其中,土地革命时期"土地国有"的提法反映了当时偏"左"的倾向。

## 四、地主与农民的剥削与被剥削关系

在研究农村经济性质和土地关系的基础上,马克思主义学者还关注阶级关系和阶级对立问题。狄超白讲:"在中国的农村社会里,主要的阶级关系是地主与农民的直接对立。"[4] 而这种对立,主要是基于地主与农民的剥削与被剥削关系,或者说主要体现于租佃关系和借贷关系。

关于租佃关系的重要性,马克思主义学者与其他学者的认识并无差别。其他学者如蔡树邦指出,佃农人口占农民人口

---

[1]冯和法:《论"如何实现耕者有其田"》,《中国农村》1937年第3卷第4期;冯和法:《平均地权与土地所有问题》,《中国农村》1937年第3卷第5期。

[2]薛暮桥:《现阶段的土地问题和土地政策》,薛暮桥、冯和法编:《〈中国农村〉论文选》上,第348页。

[3]王寅生:《怎样实行土地改革》,《王寅生文选》,中国财政经济出版社1999年版,第331—332、342页。

[4]狄超白:《中国土地问题》,《狄超白集》,中国社会科学出版社2000年版,第2页。

的一半,是农民中最受压迫最为痛苦者,"佃农问题实为目前中国社会的中心问题底中心问题"[1]。马克思主义学者冯和法也指出,"全国佃农的百分数必超出自耕农,并占到农民总人口的50%以上,是无疑义的"[2]。

地主对佃农的剥削程度,主要不在于地租形态,而是地租率、附加条件以及由此反映的主佃关系。对此,马克思主义学者与其他学者多有共同点,认为地租剥削严重,主佃关系紧张。其他学者如归廷轮指出,地租率低者百分之三四十,高者达百分之七八十,佃户每年除缴田租外,所得的报酬微乎其微[3]。不过,也有学者认为不可一概而论。陈正谟就指出,佃农缴纳地租虽然很重,但地主所得如果与土地投资和借贷利率相比也不算太高,因此主佃双方是两败俱伤[4]。马克思主义学者则对租佃关系持完全批判的态度。吴黎平指出,地主对于佃农的剥削"非但夺取了地租以及佃农投资所应得的平均利润,而且甚至侵蚀了佃农劳动所应该得到的工资之一大部分",在这样的剥削制度之下,半佃农不得不沦为全佃农,全佃农不得不更加贫困化[5]。

与土地分配问题一样,对于如何消除地租制度的弊端,其他学者多持改良性质的减租态度[6],而马克思主义学者则除了

---

[1]蔡树邦:《近十年来中国佃农风潮的研究》,《东方杂志》1933年第30卷第10号。

[2]冯和法:《农村社会学大纲》,第103页。

[3]归廷轮:《农村经济没落之原因及其救济方案》,《东方杂志》1935年第32卷第1号。

[4]陈正谟:《中国各省的地租》,第34页。

[5]吴黎平:《中国土地问题》,高军主编:《中国社会性质问题论战(资料选辑)》,第240页。

[6]乔启明:《中国农村经济学》,第263—265页。

抗战时期外,均持彻底废除的观点。

　　与租佃关系相比,借贷关系对农民没有那么重要,但"比较佃租更加来得普遍"。农民借贷的主要来源是地主、商人和高利贷者,也可以说是三位一体的地主阶级①。在借贷关系中,最能体现地主与农民间剥削关系者是高利贷。对于高利贷剥削所产生的恶果,马克思主义学者与其他学者有较多的共识。其他学者如张镜予指出:"农民因之愈借愈贫,有产者变为无产,由自种农沦落而为佃户,由佃户沦落而为劳动者,更由劳动者沦落而为乞丐盗贼。"②也有少数学者对高利贷的正向作用给予了一定的关注。费孝通就认为,"单纯地谴责土地所有者或即使是高利贷者为邪恶的人是不够的。……如果没有他们,情况可能更坏";农民"向高利贷者借款至少到一定的时候,还可能有一线偿还的希望③。马克思主义学者则对高利贷持完全否定态度,陈翰笙指出:"高利贷就像一种微生物那样生存在小农们的毛细血管系统里,吸吮他们的血液,使他们的心脏衰弱,逼着他们在日益悲惨的条件下从事农业生产"④。狄超白也认为,广大农民在高利贷的盘剥之下,"借高利贷度日,结果是家破人亡"⑤。

　　与租佃制度一样,对于高利贷,除了抗日战争时期以外,

①薛暮桥:《中国农村中的高利贷》,《中国农村》1936年第2卷第8期。
②张镜予:《中国农民经济的困难和补救》,《东方杂志》1929年第26卷第9号。
③费孝通:《江村经济——中国农民的生活》,第196、201页。
④陈翰笙著,冯峰译:《解放前的地主与农民——华南农村危机研究》,第103页。
⑤狄超白:《中国土地问题》,《狄超白集》,第16页。

马克思主义学者与其他学者一样都持取缔态度。此外,他们还都主张建立信用合作社等现代农业金融机构,以缓解高利贷剥削。应该说,现代金融的低利借贷有利于农民,但距离农民的借贷需求仍相距甚远,甚至可能转变为高利贷。其他学者如符致逴指出,农村合作社多为豪绅阶级所主持,银行对合作社所给予的低利资金往往被土劣自借或冒名借去,转以高利贷予农民,以达其剥削之目的[1]。马克思主义学者对此更是多有揭露,薛暮桥指出:"银行资本既然没有铲除农村中的旧式高利贷者,也没有动摇地主、商人高利贷者在农村中的巩固势力。他们一般仍同地主豪绅合作,通过他们而来继续高利贷的剥削。"[2]陈翰笙也认为,合作社通过土豪劣绅和原有高利贷者之手,变为集团的高利贷,"在个人高利贷穷于应付的时候,得到集体高利贷或变相高利贷的帮助,高利贷自然是更加猖獗了"[3]。

马克思主义学者对地主与农民对立关系的分析,为中共革命对象的确立和对广大农民的动员提供了依据。

## 五、农家经济由传统向集体化的变革

农家经济是中国农村经济最直接的体现,其主体是农业生产和家庭手工业。其经营方式存在哪些问题,未来的发展方向如何,不仅是马克思主义学者关心的问题,也是关系中共革命过程中经济建设以及未来经济发展前途的问题。

---

①符致逴:《商业银行对于农村放款问题》,《东方杂志》1935年第32卷第22号。
②薛暮桥:《旧中国的农村经济》,第75页。
③陈翰笙:《三十年来的中国农村》,汪熙、杨小佛编:《陈翰笙文集》,第129页。

中国农业生产的显著特征是小农经营的普遍性,在这一点上马克思主义学者与其他学者没有差别。其他学者如乔启明指出:"我国农场面积小,不合经济使用单位,已为不可否认的事实。"①马克思主义学者刘端生也认为:"耕地所有的集中,使用耕地的碎小,是构成中国半封建农业生产关系的主要杠杆。"②对于小农经营方式的落后尤其是生产效率的低下,马克思主义学者与其他学者也有基本一致的意见。其他学者如陈其鹿指出,中国农场之小远过于各国,很难利用新式农具,"农人生产之效率,不免过低"③。马克思主义阵地《中国农村》编辑部指出:"大规模经营总比小农经营有利。在大农场上,劳动力和农具之使用都比较经济,生产率也比较高。许多新的农业机械在小农经营的条件下是根本不适用的。"④

对于家庭手工业的命运,马克思主义学者与其他学者也给出了几乎相同的意见,即因为生产方式落后,在外国和本国机器工业的冲击下,遭遇解体的状态。其他学者如方显廷指出,以前几占满乡村的手纺业,在国外机纺纱及国内机纺纱的竞争下,已受淘汰,寂焉无闻⑤。马克思主义学者钱亦石也强调,洋货输进中国的市场,小规模农业与家庭手工业两者联合的纽带被折断了,家庭手工业被摧毁⑥。

①乔启明:《中国农村社会经济学》,第201页。
②刘端生:《嘉兴四三一二户农业经营的研究》,《中山文化教育馆季刊(夏季号)》1937年第4卷第2期。
③陈其鹿:《农业经济史》,商务印书馆1930年版,第182—183页。
④通信讨论组:《关于大小经营的利弊》,《中国农村》1936年第2卷第6期。
⑤方显廷等:《中国之乡村工业》,《经济统计季刊》1933年第3卷第3期。
⑥钱亦石:《现代中国经济的检讨——一幅半殖民地经济的透视画》,高军主编:《中国社会性质问题论战(资料选辑)》,第793页。

但对于如何解决小农生产和家庭手工业的问题,马克思主义学者与其他学者的观点就有一定的区别了。其他学者大都认为,中国农业生产的前途一定是大农经营或集合经营。李景汉就指出,小农经营未来必然趋于没落,被大农场所取代[①]。费孝通认为,在土地所有权分散的情况下,可以实行集合式的农场经营[②]。其他学者对于家庭手工业的主张则比较复杂,有的认为手工业必然解体,发展机器工业才是正道;有的认为家庭手工业虽然很难与机器工业相竞争,但仍适合农民的需要,应予保留[③]。

马克思主义学者站在中共革命的角度,对农家经济的前景进行了阐述,但在不同的历史阶段,认识上有所变化。土地革命时期,吴黎平认为,土地国有之后,美国式的农业发展模式是绝少可能的,中国农民经济最可能的前途是苏联式的发展道路,也就是转入社会主义发展的道路,进行大规模的社会化大生产[④]。钱俊瑞从未来的抗日战争前途出发,认为要抵制帝国主义侵略,必须以统一的国家政权建立国家资本主义或者说国家大经济和合作经济,以消解小的私营经济。尽管中国最后要走社会主义道路,但在目前必须通过国家资本主义驾起小生产与社会主义之间的桥梁[⑤]。与吴、钱不同,薛暮桥认为,在半殖民地

①李景汉:《中国农村问题》,第5页。
②费孝通:《内地的农村》,《费孝通文集》第4卷,第209—210页。
③参见李金铮:《毁灭与重生的纠结:二十世纪三四十年代中国农村手工业前途之争》,《江海学刊》2015年第1期。
④吴黎平:《中国土地问题》,高军主编:《中国社会性质问题论战(资料选辑)》,第268—269页。
⑤钱俊瑞:《中国国防经济建设》,《钱俊瑞选集》,第324—325页。

半封建的农村中,资本主义经营和社会主义集体农场都是走不通的[①]。到抗日战争时期,薛暮桥仍然强调中国尚未具备建设社会主义农场的物质条件和政治条件[②]。解放战争时期,他继续主张中国当时要走新民主主义经济之路,为社会主义经济的未来做准备,不但发展资本家的大生产和大规模的国营经济,更要扶助农民和手工业者,在个体经济的基础上,建立农业集体劳动和手工业生产合作组织,使他们的生产逐渐地集体化。他认为,过分强调大规模的集体经营,距离农民的现实状况太远,反而会降低农民生产的积极性[③]。

薛暮桥的主张是符合中国社会经济基础的,不仅反映了中共革命经济建设的出路,也预示了未来中国经济发展的方向。

由上观之,马克思主义学者对中国农村经济的宏观与具体问题都做了探讨,尽管不可避免地存在稚嫩乃至教条之处,但仍为中国农村经济研究作出了独特的贡献。值得注意的是,面对同样的农村社会经济状况,他们与其他学者所作出的解释既有不同也有相同之处。这一现象原本是颇可理解的,但以往更多地强调了二者相互对立的一面,而忽略了相互认同的一面。其实,二者最大的区别不是对中国农村乃至整个中国社会经济问题的揭示和批判,而是以什么途径予以解决。中共革命的目标是反帝反封建,是通过土地革命,动员农民,建立新的政权、

---

① 薛暮桥:《旧中国的农村经济》,第 23 页。

② 薛暮桥:《中国土地问题和土地政策研究》,《抗日战争时期和解放战争时期山东解放区的经济工作》,第 58、68 页。

③ 薛暮桥:《中国农业发展的新方向》;薛暮桥:《农业生产建设问题》,《抗日战争时期和解放战争时期山东解放区的经济工作》,第 118—119、121、129—130、137—138 页。

新的社会、新的经济。这恰恰也是革命的马克思主义学者进行调查、研究和宣传的根本目的,体现了马克思主义理论解释社会、改造社会、为革命服务的力量。

# 参考文献

## 一、中文图书

《民国二十年代中国大陆土地问题资料》第 86 册，台北成文出版社有限公司、（美国）中文资料中心 1977 年版。

《中国商事法判解例初选本》，南开大学商事业讲义，1935 年印。

安徽省财政厅、安徽省档案馆编：《安徽革命根据地财经史料选》第 1 册，安徽人民出版社 1983 年版。

蔡志新：《民国时期浙江经济思想史研究》，中国社会科学出版社 2009 年版。

曹幸穗：《旧中国苏南农家经济研究》，中央编译出版社 1996 年版。

陈伯庄：《平汉铁路沿线农村经济调查》，交通大学研究所 1936 年版。

陈达：《现代中国人口》，天津人民出版社 1981 年版。

陈岱孙：《陈岱孙文集》，北京大学出版社 1988 年版。

陈翰笙：《帝国主义工业资本与中国农民》，复旦大学出版社 1984 年版。

陈翰笙:《解放前西双版纳土地制度》,中国社会科学出版社
　　1984 年版。

陈翰笙主编:《解放前的中国农村》第 1 辑,中国展望出版社
　　1985 年版

陈翰笙主编:《解放前的中国农村》第 2 辑,中国展望出版社
　　1986 年版。

陈翰笙主编:《解放前的中国农村》第 3 辑,中国展望出版社
　　1989 年版。

陈翰笙著,冯峰译:《解放前的地主与农民——华南农村危机研
　　究》,中国社会科学出版社 1984 年版。

陈其广:《百年工农产品比价与农村经济》,社会科学文献出版
　　社 2003 年版。

陈其鹿:《农业经济史》,商务印书馆 1930 年版。

陈正谟:《中国各省的地租》,商务印书馆 1936 年版。

崔毓俊:《忆往》,未刊稿,1986 年印。

狄超白:《狄超白集》,中国社会科学出版社 2000 年版。

董时进:《农业经济学》,北平文化学社 1933 年版。

杜修昌:《农家经济分析:1936 年我国四个地区 177 农家记帐研
　　究报告》,国家统计局 1985 年印。

方显廷、谷源田:《中国之工业讲义大纲》,南开大学经济学院
　　1934 年版。

方显廷:《方显廷回忆录——一位中国经济学家的七十自述》,
　　商务印书馆 2006 年版。

方显廷:《方显廷文集》第 3 卷,商务印书馆 2011 年版。

方显廷:《统制经济讲义大纲》,南开大学商学院 1936 年油印本。

方显廷:《西南经济建设论》,重庆独立出版社 1939 年版。

方显廷：《中国工业资本问题》，商务印书馆 1939 年版。

方显廷编：《中国经济研究》上下，商务印书馆 1938 年版。

费孝通：《费孝通文集》，群言出版社 1999 年版。

费孝通：《江村经济——中国农民的生活》，江苏人民出版社
　　1986 年版。

费孝通：《禄村农田》，商务印书馆 1943 年版。

费孝通：《乡土中国·生育制度》，北京大学出版社 1998 年版。

费孝通：《学术自述与反思：费孝通学术文集》，生活·读书·新
　　知三联书店 1998 年版。

费孝通：《中国绅士》，中国社会科学出版社 2006 年版。

费孝通等：《人性和机器——中国手工业的前途》，生活书店 1946
　　年版。

丰南县地方志编纂委员会：《丰南县金融志（初稿）》，1989 年印。

冯和法：《农村社会学大纲》，黎明书局 1934 年版。

冯和法：《社会学与社会问题》，黎明书局 1933 年版。

冯和法：《中国农村经济论》，黎明书局 1934 年版。

冯和法：《中国农村经济资料》，黎明书局 1933 年版。

龚厥民：《农业经济学》，商务印书馆 1935 年版。

龚克主编：《张伯苓全集》，南开大学出版社 2015 年版。

古楳：《中国农村经济问题》，中华书局 1930 年版。

顾复：《农村社会学》，商务印书馆 1935 年版。

国民政府土地委员会：《全国土地调查报告纲要》，1937 年编印。

国民政府主计处统计局：《中国租佃制度之统计分析》，正中书
　　局 1942 年版。

何干之：《中国社会性质问题论战》，生活书店 1937 年版。

何廉、方显廷：《中国工业化之程度及其影响》，工商部工商访问

局 1930 年版。

何廉:《何廉回忆录》,中国文史出版社 1988 年版。

何清涟:《人口:中国的悬剑》,四川人民出版社 1988 年版。

胡绳:《从鸦片战争到五四运动》,人民出版社 1997 年版。

湖北省随州市地方志编纂委员会编纂:《随州志》,中国城市经
　　济社会出版社 1988 年版。

华东军政委员会土地改革委员会:《安徽省农村调查》,1952
　　年印。

华东军政委员会土地改革委员会:《江苏省农村调查》,1952
　　年印。

华东军政委员会土地改革委员会:《山东省华东各大中城市郊
　　区农村调查》,1952 年印。

华东军政委员会土地改革委员会:《浙江省农村调查》,1952
　　年印。

江苏省农村金融志编纂委员会:《江苏省农村金融志》,江苏人
　　民出版社 1999 年版。

晋绥边区财政经济史编写组、山西省档案馆编:《晋绥边区财政
　　经济史资料选编》,山西人民出版社 1986 年版。

康有为:《大同书》,内蒙古人民出版社 2005 年版。

李敖主编:《谭嗣同全集》,天津古籍出版社 2016 年版。

李伯重:《中国的早期近代经济——1820 年代华亭—娄县地区
　　GDP 研究》,中华书局 2010 年版。

李翠莲:《留美生与中国经济学》,南开大学出版社 2009 年版。

李大钊:《李大钊文集》下,人民出版社 1984 年版。

李金铮:《借贷关系与乡村变动——民国时期华北乡村借贷之
　　研究》,河北大学出版社 2000 年版。

李金铮:《近代中国乡村社会经济探微》,人民出版社2004年版。

李金铮:《民国乡村借贷关系研究:以长江中下游地区为中心》,
　　人民出版社2003年版。

李景汉:《定县社会概况调查》,中华平民教育促进会1933年版。

李景汉:《中国农村问题》,商务印书馆1937年版。

李谟:《民法债编总论》,上海大东书局1931年版。

李文治编:《中国近代农业史资料》第1辑,生活·读书·新知
　　三联书店1957年版。

梁方仲:《梁方仲经济史论文集集遗》,广东人民出版社1990
　　年版。

梁启超:《中国历史研究法》,东方出版中心1996年版。

梁漱溟口述,〔美〕艾凯采访:《这个世界会好吗:梁漱溟晚年口
　　述》,东方出版中心2006年版。

梁思达:《中国合作事业考察报告》,南开大学经济研究所1936
　　年版。

刘大钧:《我国佃农经济状况》,上海太平洋书店1929年版。

刘光华:《农业政策》,南京书局1932年版。

刘豪兴等:《旷世忧思——费孝通的经济社会学思想》,上海人
　　民出版社2010年版。

刘梦溪主编:《中国现代学术经典:洪业·杨联陞卷》,河北教育
　　出版社1996年版。

罗荣渠主编:《从"西化"到现代化——五四以来有关中国的文
　　化趋向和发展道路论争文选》,北京大学出版社1990年版。

马寅初:《马寅初经济论文选集(增订本)》,北京大学出版社
　　1990年版。

孟庆鹏编:《孙中山文集》下,团结出版社1997年版。

宓公干:《典当论》,商务印书馆1936年版。

穆藕初:《穆藕初文集(增订本)》,上海古籍出版社2011年版。

潘同生编著:《中国经济诗今释》,中国财政经济出版社2000年版。

彭南生:《中间经济:传统与现代之间的中国近代手工业》,高等教育出版社2002年版。

彭信威:《中国货币史》,上海人民出版社2007年版。

彭泽益编:《中国近代手工业史资料(1840—1949)》第3卷,中华书局1962年版。

彭真:《关于晋察冀边区党的工作和具体政策报告》,中央党校出版社1997年版。

齐武:《晋冀鲁豫边区史》,当代中国出版社1995年版。

千家驹编:《中国农村经济论文集》,中华书局1936年版。

千家驹等:《广西省经济概况》,商务印书馆1936年版。

千家驹等编:《中国乡村建设批判》,新知书店1936年版。

钱俊瑞:《钱俊瑞选集》,山西人民出版社1986年版。

乔启明:《中国农村经济学》,商务印书馆1946年版。

秦孝仪主编:《革命文献》第101辑,台北"中央"文物供应社1984年版。

秦孝仪主编:《革命文献》第84辑,台北"中央"文物供应社1980年版。

秦孝仪主编:《革命文献》第85辑,台北"中央"文物供应社1980年版。

秦孝仪主编:《革命文献》第96辑,台北"中央"文物供应社1983年版。

荣孟源主编:《中国国民党历次代表大会及中央全会资料》,光明日报出版社 1985 年版。

山东财政科学研究所等编:《山东革命根据地财政史料选编》第 2 辑,1985 年印。

山东乡村建设研究院编:《乡村建设旬刊汇要》第 1 集,山东乡村建设研究院 1932 年版。

沈云龙主编:《近代中国史料丛刊续编》第 443 辑,台北文海出版社 1986 年版。

盛邦跃:《卜凯视野中的中国近代农业》,社会科学文献出版社 2008 年版。

实业部中国经济年鉴编纂委员会:《中国经济年鉴》上,商务印书馆 1934 年版。

司法行政部编:《民商事习惯调查报告录》,1930 年印。

苏南人民行政公署土地改革委员会编:《我所见到的苏南土地改革运动》,1951 年印。

孙大权:《中国经济学的成长——中国经济学社研究( 1932—1953 )》,上海三联书店 2006 年版。

汤志钧编:《康有为政论集》上,中华书局 1981 年版。

童玉民:《农业经济学》,上海新学会社 1931 年版。

汪熙、杨小佛:《陈翰笙文集》,复旦大学出版社 1985 年版。

王汎森:《中国近代思想与学术的系谱》,吉林出版集团 2011 年版。

王世颖:《农村经济及合作》,黎明书局 1934 年版。

王文俊等选编:《南开大学校史资料选》,南开大学出版社 1989 年版。

王先明:《走近乡村——20 世纪以来中国乡村发展论争的历史追索》,山西人民出版社 2012 年版。

王寅生:《王寅生文选》,中国财政经济出版社 1999 年版。

魏宏运主编:《抗日战争时期晋察冀边区财政经济史资料选编》,南开大学出版社 1984 年版。

魏宏运主编:《抗日战争时期晋冀鲁豫边区财政经济史资料选编》,中国财政经济出版社 1990 年版。

乌丙安:《民俗学原理》,辽宁教育出版社 2001 年版。

吴斐丹、张草纫选译:《魁奈经济著作选集》,商务印书馆 1981 年版。

吴景超:《第四种国家的出路——吴景超文集》,商务印书馆 2008 年版。

吴知:《乡村织布工业的一个研究》,商务印书馆 1936 年版。

夏东元编:《郑观应集》上,上海人民出版社 1988 年版。

行龙:《人口问题与近代社会》,人民出版社 1992 年版。

熊正文:《中国历代利息问题考》,北京大学出版社 2012 年版。

徐畅:《二十世纪二三十年代华中地区农村金融研究》,齐鲁书社 2005 年版。

许莹涟等编述:《全国乡村建设概况》第 1 辑上册,山东乡村建设研究院 1935 年版。

薛暮桥、冯和法编:《〈中国农村〉论文选》下,人民出版社 1983 年版。

薛暮桥:《旧中国的农村经济》,农业出版社 1980 年版。

薛暮桥:《抗日战争时期和解放战争时期山东解放区的经济工作》,山东人民出版社 1984 年版。

薛暮桥:《中国农村经济常识》,新知书店 1937 年版。

严昌洪主编:《经济发展与社会变迁国际学术研讨会论文集》,华中师范大学出版社 2002 年版。

严中平:《中国棉纺织史稿》,科学出版社 1955 年版。

言心哲:《农村社会学概论》,中华书局 1939 年版。

阎振熙:《定县实验区考察记》,北平众志学社 1934 年版。

杨开道:《农场管理学》,商务印书馆 1934 年版。

杨学新:《卜凯与 20 世纪中国农业变革》,人民出版社 2018
    年版。

叶孝信主编:《中国民法史》,上海人民出版社 1993 年版。

尹伯成:《西方经济学说史》,复旦大学出版社 2012 年版。

应廉耕:《四川省租佃制度》,1941 年编印。

张爱国主编:《盐山县志》,南开大学出版社 1991 年版。

张丽:《非平衡化与不平衡——从无锡近代农村经济发展看中
    国近代农村经济的转型》,中华书局 2010 年版。

张世文:《定县农村工业调查》,四川人民出版社 1991 年版。

张思:《近代华北村落共同体的变迁——农耕结合习惯的历史
    人类学考察》,商务印书馆 2005 年版。

张则尧:《中国农业经济问题》,商务印书馆 1946 年版。

章有义:《明清及近代农业史论集》,中国农业出版社 1997 年版。

章有义编:《中国近代农业史资料》第 3 辑,生活·读书·新知
    三联书店 1997 年版。

章植:《土地经济学》,黎明书局 1934 年版。

赵冈:《中国土地制度史》,新星出版社 2006 年版。

赵树贵、曾丽雅编:《陈炽集》,中华书局 1997 年版。

折晓叶、艾云:《城乡关系演变的制度逻辑和实践过程》,中国社
    会科学出版社 2014 年版。

郑大华:《民国乡村建设运动》,社会科学文献出版社 2000 年版。

郑起东:《转型期的华北农村社会》,上海书店出版社 2004

年版。

中共苏南区委员会农村工作委员会:《苏南土地改革文献》,1952
年印。

中共中央马克思、恩格斯、列宁、斯大林著作编译局:《马克思恩
格斯选集》第 1 卷,人民出版社 2012 年版。

中共中央马克思、恩格斯、列宁、斯大林著作编译局:《马克思恩
格斯选集》第 3 卷,人民出版社 2012 年版。

中共中央文献编辑委员会:《毛泽东选集》第 2 卷,人民出版社
1991 年版。

中共中央文献编辑委员会:《毛泽东选集》第 4 卷,人民出版社
1991 年版。

中共中央文献研究室编:《毛泽东农村调查文集》,人民出版社
1982 年版。

中国第二历史档案馆编:《中华民国史档案资料汇编》第 5 辑第
1 编《财政经济》(7),江苏古籍出版社 1994 年版。

中国第二历史档案馆编:《中华民国史档案资料汇编》第 5 辑第
2 编《财政经济》(4),江苏古籍出版社 1997 年版。

中国人民银行金融研究所、中国人民银行山东省分行金融研究
所编:《中国革命根据地北海银行史料》第 2 册,山东人民出
版社 1987 年版。

中国人民政协文史资料委员会编:《孙晓村纪念文集》,中国文
史出版社 1993 年版。

中国社会科学院经济研究所等编:《1949—1952 年中华人民共
和国经济档案资料选编(农村经济体制卷)》,社会科学文献
出版社 1992 年版。

中国社会科学院经济研究所中国现代经济史组编:《第一、二

次国内革命战争时期土地斗争史料选编》,人民出版社 1981
年版。

中国文化书院学术委员会编:《梁漱溟全集》第 1 卷,山东人民
出版社 2005 年版。

中国文化书院学术委员会编:《梁漱溟全集》第 5 卷,山东人民
出版社 2005 年版。

中央档案馆编:《中共中央文件选集( 1942—1944 )》,中共中央
党校出版社 1981 年版。

中央档案馆编:《中共中央文件选集( 1948—1949 )》,中共中央
党校出版社 1987 年版。

中央银行经济研究处:《中国农业金融概要》,商务印书馆 1936
年版。

钟祥财:《中国农业思想史》,上海社会科学院出版社 1997
年版。

周昕:《中国农具通史》,山东科技出版社 2010 年版。

朱文通等编:《李大钊全集》第 2 卷,河北教育出版社 1999 年版。

《清实录》第 6 册,中华书局 1985 年版。

〔汉〕司马迁:《史记》,北京线装书局 2006 年版。

〔宋〕陈旉撰,万国鼎校注:《陈旉农书校注》,农业出版社 1965
年版。

〔清〕戴鸿慈:《出使九国日记》,湖南人民出版社 1982 年版。

〔清〕冯桂芬:《校邠庐抗议》,上海书店 2002 年版。

〔清〕刘锡鸿、〔清〕张德彝:《英轺私记·随使英俄记》,岳麓书
社 1986 年版。

〔清〕王韬:《弢园文录外编》,上海书店出版社 2002 年版。

〔清〕徐鼒撰,刘荣喜校注:《未灰斋诗文集》,巴蜀书社 2009
年版。

〔清〕张履祥:《杨园先生全集》卷五,清同治十年江苏书局刊本。

〔清〕志刚:《初使泰西记》,湖南人民出版社 1981 年版。

〔奥〕米塞斯著,夏道平译:《人的行为》,上海社会科学院出版社
2015 年版。

〔德〕邓玉函口授,〔明〕王徵译绘:《远西奇器图说》,中华书局
1985 年版。

〔德〕马克思著,中共中央马克思恩格斯列宁斯大林著作编译局
编译:《资本论》第 3 卷,人民出版社 2018 年版。

〔德〕马克斯·韦伯著,于晓、陈维纲等译:《新教伦理与资本主
义精神》,生活·读书·新知三联书店 1987 年版。

〔德〕约翰·冯·杜能,吴衡康译:《孤立国同农业和国民经济的
关系》,商务印书馆 1997 年版。

〔俄〕恰亚诺夫著,萧正洪译:《农民经济组织》,中央编译出版社
1996 年版。

〔法〕马克·布洛赫著,张和声、程郁译:《历史学家的技艺》,上
海社会科学院出版社 1992 年版。

〔美〕保罗·萨缪尔森、〔美〕威廉·诺德豪斯著,萧琛主译:《经
济学(第 19 版)》,商务印书馆 2013 年版。

〔美〕卜凯、〔美〕刻蒂斯著,戈福鼎、汪荫元译:《中国农场管理
学》,商务印书馆 1947 年版。

〔美〕卜凯主编,乔启明等译:《中国土地利用》,成都金陵大学农
学院农业经济系 1941 年版。

〔美〕卜凯著,张履鸾译:《中国农家经济》,商务印书馆 1936

年版。

〔美〕戴乐仁等著,李锡周编译:《中国农村经济实况》,北平农民运动研究会1928年版。

〔美〕费正清主编,杨品泉等译:《剑桥中华民国史》上,中国社会科学出版社1998年版。

〔美〕韩丁著,韩倞译:《翻身——中国一个村庄的革命纪实》,北京出版社1980年版。

〔美〕黄宗智:《华北的小农经济与社会变迁》,中华书局2000年版。

〔美〕黄宗智:《长江三角洲小农家庭与乡村发展》,中华书局1992年版。

〔美〕李丹著,张天虹等译:《理解农民中国:社会科学哲学的案例研究》,江苏人民出版社2008年版。

〔美〕李怀印著,岁有生、王士皓译:《华北村治——晚清和民国时期的国家与乡村》,中华书局2008年版。

〔美〕罗斯基著,唐巧天等译:《战前中国经济的增长》,浙江大学出版社2009年版。

〔美〕马若孟著,史建云译:《中国农民经济》,江苏人民出版社1999年版。

〔美〕裴宜理著,池子华、刘平译:《华北的叛乱者与革命者:1845—1945》,商务印书馆2007年版。

〔美〕舒尔茨著,梁小民译:《改造传统农业》,商务印书馆1999年版。

〔美〕悉尼·霍默、〔美〕理查德·西勒著,肖新明、曹建海译:《利率史》,中信出版社2010年版。

〔美〕詹姆斯·C.斯科特著,程立显等译:《农民的道义经济学》,

译林出版社 2001 年版。

〔日〕岸本美绪著,刘迪瑞译:《清代中国的物价与经济波动》,社会科学文献出版社 2010 年版。

〔日〕内山雅生著,李恩民、邢丽荃译:《二十世纪华北农村社会经济研究》,中国社会科学出版社 2001 年版。

〔瑞典〕达格芬·嘉图著,杨建立等译:《走向革命——华北的战争、社会变革和中国共产党(1937—1945)》,中共党史资料出版社 1987 年版。

〔英〕理查德·H.托尼,安佳译:《中国的土地和劳动》,商务印书馆 2014 年版。

〔英〕马凌诺斯基著,费孝通译:《文化论》,华夏出版社 2002 年版。

〔英〕托尼著,陶振誉译:《中国之农业与工业》,正中书局 1937 年版。

〔英〕亚当·斯密著,郭大力、王亚南译:《国民财富的性质及其原因的研究》,商务印书馆 1974 年版。

# 二、中文文章

《促进农业生产,设立农业促进委员会》,《大公报》(汉口)1938 年 7 月 1 日。

《发展农村借贷,保护正当债务关系》,《晋绥日报》1948 年 5 月 3 日。

《广东:提倡制造农具》,《广益丛报》1907 年第 138 期。

《河南省令县长转建设局应用新旧农具》,《河南建设月刊》1929 年第 2 卷第 3—4 期。

《胡适之答梁漱溟先生》,《新月》1930 年第 3 卷第 1 期。

《冀察平津农事试验场及推广机关调查报告》,《冀察调查统计丛刊》1936 年第 1 卷第 3 期。

《晋西北减息交息条例》,《抗战日报》1942 年 10 月 10 日。

《岢岚农村借贷在发展》,《晋绥日报》1948 年 6 月 7 日。

《黎城二区村干部集会讨论开展信用借贷》,《新华日报(太行版)》1947 年 4 月 25 日。

《论筹购机器以开垦荒田》,《申报》1877 年 2 月 20 日。

《论机器》,《申报》1874 年 7 月 20 日。

《论中国治乱由于人口之众寡(社说)》,《东方杂志》1904 年第 1 卷第 6 号。

《全国合作农场共二三二所场员二九九六人总面积六一二八八五》,《每周经济要闻索引》1948 年第 15 期。

《全国生产会议开会纪详》,《大公报》(香港)1939 年 5 月 15 日。

《实业:改良农业之方针》,《广益丛报》1909 年第 212 期。

《新民主主义社会里自由借贷与封建高利贷有啥分别》,《新华日报(太行版)》1948 年 10 月 17 日。

《新年声中之振兴实业声,实厅长通令改良农业》,《大公报》(天津)1924 年 1 月 1 日。

《新式农具之销路》,《钱业月报》1922 年第 2 卷第 7 期。

《中共山东分局关于减租减息改善雇工待遇开展群众运动的决定》,《大众日报》1942 年 5 月 25 日。

《〈中国农村〉发刊辞》,《中国农村》1934 年第 1 卷第 1 期。

《中美农业团分组即出发全国各地视察》,《大公报》(上海)1946 年 7 月 13 日。

《朱志尧创设各种工厂上政府书》,《大公报》(天津)1915 年 9

月 14 日。

艾礼朋:《英国对近代农业革命和农业资本主义的研究》,《世界历史》2007 年第 2 期。

编辑部:《农业经营与产业组合法之效果(续第一期)》,《农友会报》1912 年第 1 卷第 3 期。

伯材:《农民常识、旧式农业社会的改良》,《申报》1920 年 10 月 15 日。

蔡树邦:《近十年来中国佃农风潮的研究》,《东方杂志》1933 年第 30 卷第 10 号。

曹茂良:《中国农业经济学之建立》,《大学月刊》1942 年第 1 卷第 11 期。

陈必觇:《大农经营与小农经营优劣论》,《新陕西》1931 年第 2 期。

陈贵耕:《曳引机与农业机械化》,《工程界》1948 年第 3 卷第 2 期。

陈翰笙:《现代中国的土地问题》,《中国经济》1933 年第 1 卷第 4—5 合期。

陈培元:《警管区制与新农村之建设》,《民间》1936 年第 3 卷第 10 期。

陈其鹿:《陕西省农业金融之概况》,《社会经济月报》1934 年第 1 卷第 10 期。

陈序经:《乡村文化与都市文化》,《独立评论》1934 年第 126 号。

陈意新:《史澜导:〈僵硬的大地:美国农学家在中国的土壤上,1898—1937〉》,《中国学术》第 2 辑,商务印书馆 2000 年版。

陈颖光:《农业经营上合作共耕之重要》,《合作评论》1941 年第 1 卷第 3 期。

陈长蘅:《中国近百八十余年来人口增加之徐速及今后之调剂方法》,《东方杂志》1927 年第 24 卷第 18 号。

陈振汉:《政府银行学术机关与复兴农村》,《国闻周报》1933 年第 10 卷第 46 期。

慈鸿飞:《二十世纪前期华北地区的农村商品市场与资本市场》,《中国社会科学》1998 年第 1 期。

崔哲:《"相财主" 杀刮农民的 "奥妙"》,《晋绥日报》1946 年 7 月 26 日。

戴鞍钢:《近代上海与周围农村》,《史学月刊》1994 年第 2 期。

戴鞍钢:《近代中国新式农垦企业述略》,《中国农史》1985 年第 2 期。

戴松恩:《农业机械化与农具改良》,《新经济》1940 年第 4 卷第 3 期。

邓礼寅:《保全中小农刍言》,《农林公报》1912 年第 1 卷第 3 期。

丁昆:《农村合作经济的道路》,《人民日报》1949 年 1 月 14 日。

丁礼卿:《改良农具初步计划草案》,《山东省建设半月刊》1936 年第 1 卷第 1 期。

董时进:《农业国家何以要闹粮荒》,《大公报》(上海)1946 年 5 月 17 日。

董时进:《土地改革与集体农场》,《经济评论》1947 年第 1 卷第 5 期。

杜修昌:《农村与都市之关系》,《中华农学会报》1932 年第 101—102 期。

杜修昌:《中国农业机械化问题》,《新农业》1931 年第 1 期。

段禄峰、魏明:《我国农业土地规模经营模式研究——基于西方

资本主义雇佣型大农场的衰落及启示》,《地域研究与开发》
2017 年第 1 期。

方显廷、陈振汉 :《中国工业现有困难的分析》,《教育旬刊》1933
年第 7 卷第 1 期。

方显廷 :《发展我国乡村工业的新途径》,《出版周刊》1936 年第
171 号。

方显廷 :《工业合作与乡村工业》,《服务月刊》1940 年第 3 卷第
2—3 期合刊。

方显廷 :《关于银价问题与中国文献之介绍》,《政治经济学报》
1935 年第 3 卷第 2 期。

方显廷 :《国际永久粮食机构与中国》,《新经济》1944 年第 11
卷第 4 期。

方显廷 :《国民经济建设之途径》,《信托季刊》1937 年第 2 卷第
2 期。

方显廷 :《货币流通速度与物价波动》,《钱业月报》1948 年第 19
卷第 5 期。

方显廷 :《卷头语》,《经济评论》1947 年第 2 卷第 1 期。

方显廷 :《抗战期间中国工业之没落及其复兴途径》,《新经济》
1938 年第 1 卷第 4 期。

方显廷 :《抗战与经济统制》,《时事类编》1938 年第 21 期。

方显廷 :《论工业建设》,《西南实业通讯》1940 年第 2 卷第
3 期。

方显廷 :《论农业与工业之关系》,《西南实业通讯》1940 年第 1
卷第 3 期。

方显廷 :《马沙尔经济学概念之研究》,《复旦学报》1948 年第
4 期。

方显廷:《漫谈美国战时生活》,《东方杂志》1944 年第 40 卷第 6 号。

方显廷:《民元以来之中国经济研究》,《银行周报》1947 年第 31 卷第 4—5 合期。

方显廷:《评〈经济改革〉方案》,《群情月刊》1947 年第 1 卷第 5 期。

方显廷:《评经济紧急措施方案》,《金融汇报》1946 年第 44—45 合期。

方显廷:《胜利后的中国经济》,《经济评论》1948 年第 2 卷第 14 期。

方显廷:《乡村工业与中国经济建设》,《南大半月刊》1934 年第 13—14 合期。

方显廷:《英文中国年鉴》,《政治经济学报》1936 年第 4 卷第 3 期。

方显廷:《证交一年》,《证券市场》1947 年第 2 卷第 8—9 合期。

方显廷:《中国工业资本之筹集与运用》,《新经济》1939 年第 1 卷第 8 期。

方显廷:《中国经济之症结与统制》,《政治经济学报》1936 年第 4 卷第 3 期。

方显廷:《中国小工业之衰落及其复兴途径》,《经济动员》1939 年第 2 卷第 3 期。

方显廷:《中国之国民所得》,《财政评论》1946 年第 15 卷第 4 期。

方显廷:《中国之国民所得与工业化前途之展望》,《新经济》1945 年第 12 卷第 4 期。

方显廷:《中国之乡村工业》,《经济统计季刊》1933 年第 2 卷第

3 期。

方显廷:《自由主义的计划经济》,《财政评论》1946 年第 15 卷
　第 3 期。

方行:《清代前期农村高利贷资本问题》,《清史研究》1994 年第
　3 期。

费孝通:《不是崩溃而是瘫痪》,《时论》(长沙)1947 年第 1 卷
　第 2 期。

费孝通:《地主阶级面临考验》,《大公报》(上海)1948 年 2 月
　14 日。

费孝通:《复兴丝业的先声》,《纺织周刊》1934 年第 4 卷第 20 期。

费孝通:《关于"城""乡"问题——答姜庆湘先生》,《中国建设》
　1948 年第 5 卷第 6 期。

费孝通:《关于"乡土工业"和"绅权"》,《观察》1948 年第 4 卷第
　4 期。

费孝通:《黎民不饥不寒的小康水准》,《大公报》(上海)1948
　年 1 月 11 日。

费孝通:《论城、市、镇》,《中国建设》1948 年第 6 卷第 2 期。

费孝通:《漫谈桑梓情谊》,《中国建设》1948 年第 5 卷第 4 期。

费孝通:《损蚀冲洗下的乡土》,《大公报》(上海)1947 年 11 月
　30 日。

费孝通:《我们在农村建设事业中的经验》,《独立评论》1933 年
　第 73 号。

费孝通:《乡村、市镇、都会》,《大公报》(香港)1947 年 4 月 27 日。

费孝通:《小康经济——敬答吴景超先生对〈人性和机器〉的批
　评》,《观察》1947 年第 3 卷第 11 期。

费孝通:《再论双轨政治》,《大公报》(上海)1947 年 10 月

26 日。

冯川:《费孝通城乡关系理论再审视》,《中国图书评论》2010 年第 7 期。

冯和法:《论"如何实现耕者有其田"》,《中国农村》1937 年第 3 卷第 4 期。

冯和法:《平均地权与土地所有问题》,《中国农村》1937 年第 3 卷第 5 期。

冯和法:《庸俗农业经济学批判》,《中国农村》1937 年第 3 卷第 2 期。

冯静远:《中国农家经济》,《华年·读书副刊》1936 年第 5 卷第 43 期。

符致逵:《从中国农产商品化谈到中国农民应有之觉悟》,《大公报》(天津)1937 年 5 月 5 日。

符致逵:《商业银行对于农村放款问题》,《东方杂志》1935 年第 32 卷第 22 号。

龚人汉:《解放前的民间借贷及高利贷剥削》,《宣恩文史资料》1989 年第 4 辑。

古松:《论中国农具之改良》,《江苏省立第二农业学校校友会汇刊》1914 年第 1 期。

顾毓琇:《手艺工业与农村复兴》,《东方杂志》1935 年第 32 卷第 7 号。

归廷轮:《农村经济没落之原因及其救济方案》,《东方杂志》1935 年第 32 卷第 1 号。

郭于华:《"道义经济"还是"理性小农"》,《读书》2002 年第 5 期。

过探先:《中国之农业问题(三)》,《农林新报》1929 年第 160 期。

韩德章:《河北省深泽县农场经营调查》,《社会科学杂志》1934年第5卷第1期。

韩俊:《中国城乡关系演变60年:回顾与展望》,《改革》2009年第11期。

韩昭:《山东泗水县的四下涧》,《新中华》1934年第2卷第20期。

何秀荣:《关于我国农业经营规模的思考》,《农业经济问题》2016年第9期。

宏流:《地主剥削式样》,《晋绥日报》1947年3月30日。

侯哲荦:《苏俄集团农场与合作化实验区》,《农村合作月报》1936年第2卷第2期。

胡伯龙:《论农民经济行为》,《经济管理学报》1997年第5期。

胡庆钧:《费孝通及其研究工作》,《观察》1948年第4卷第23—24期。

胡适:《从农村救济谈到无为的政治》,《独立评论》1933年第2卷第49号。

胡正:《斗垮地主白老婆——高家村诉苦清算大会速写》,《晋绥日报》1947年4月16日。

坚瓠:《都市集中与农村改造》,《东方杂志》1921年第18卷第17号。

姜庆湘:《当前中国都市与农村的对立关系》,《中国建设》1947年第5卷第3期。

姜庆湘:《再论城乡对立的经济关系》,《中国建设》1948年第5卷第5期。

蒋耀:《农具之选材问题》,《科学世界》1938年第7卷第4期。

金向明:《论城乡经济与乡土工业——请教费孝通、姜庆湘两先生》,《创世》1948 年第 17 期。

柯象峰:《中国贫穷人口之估计》,《新社会科学》1931 年第 1 卷
　第 4 期。

孔伟:《近代宁波的城市化水平与城乡关系》,《宁波经济》2012
　年第 12 期。

蓝梦九:《都市与农村的根本关系》,《中国经济》1933 年第 1 卷
　第 2 期。

蓝梦九:《农业机械化问题》,《乡村建设旬刊汇要》1932 年第
　1 期。

雷秉章:《我国合作农场运动》,《世界农村月刊》1949 年第 3 卷
　第 2 期。

李丹五:《增进农业生产的途径(续)》,《大公报》(天津)1933
　年 5 月 10 日。

李国桓:《中国农业机械化之可能与农业经营制度之配合问
　题》,《中央周刊》1947 年第 9 卷第 34 期。

李宏略:《数字中底农家生活》,《东方杂志》1934 年第 31 卷第
　7 号。

李金铮、邓红:《另一种视野:民国时期国外学者与中国农村调
　查》,《文史哲》2009 年第 3 期。

李金铮:《"研究清楚才动手":二十世纪三四十年代费孝通的农
　村经济思想》,《近代史研究》2014 年第 4 期。

李金铮:《大农与小农:清末民国时期中国农业经营规模的论
　争》,《近代史研究》2021 年第 5 期。

李金铮:《高利贷与农家关系新解——以民国时期长江中下游
　乡村为中心》,《浙江学刊》2002 年第 6 期。

李金铮:《革命策略与传统制约:中共民间借贷政策新解》,《历

史研究》2006 年第 3 期。

李金铮：《毁灭与重生的纠结：二十世纪三四十年代中国农村手工业前途之争》，《江海学刊》2015 年第 1 期。

李金铮：《近代中国耕地"红线"之争》，《人文杂志》2017 年第 3 期。

李金铮：《题同释异：中国近代农民何以贫困》，《江海学刊》2013 年第 2 期。

李金铮：《也论近代人口压力：冀中定县人地比例关系考》，《近代史研究》2008 年第 4 期。

李景汉：《定县土地调查（上）》，《社会科学》1936 年第 1 卷第 2 期。

李景汉：《华北农村人口之结构与问题》，《社会学界》1934 年第 8 卷。

李景汉：《中国农村土地与农业经营问题》，《东方杂志》1936 年第 33 卷第 1 号。

李俊：《滨湖农业经营方式之研究》，《明日之土地》1946 年第 2 期。

李鲁航：《农业机械化与农业革命》，《三民主义周刊》1941 年第 2 卷第 4 期。

李孟麟：《机器灌溉法》，《农行月刊》1936 年第 3 卷第 7 期。

李楠：《近代东北地区乡村社会的无息借贷》，《东方早报》2015 年 5 月 12 日。

李仁柳：《我国农业经营制度改革论》，《合作经济》1945 年第 2 卷第 1 期。

李树青：《中国的小农问题》，《清华周刊》1934 年第 42 卷第 6 期。

李树青:《中国农民的贫穷程度》,《东方杂志》1935 年第 32 卷第 19 号。

李学桃:《20 世纪 30、40 年代费孝通地权思想浅析》,《中央民族大学学报(哲学社会科学版)》2012 年第 2 期。

李永振:《农业机械化问题》,《苏讯》1946 年第 71 期。

李占兵:《费雪与马克思宏观货币需求理论比较分析》,《技术与市场》2007 年第 7 期。

李作人:《我国战后之农具问题》,《中农月刊》1944 年第 5 卷第 3 期。

林星:《近代东南沿海通商口岸城市城乡关系的透视——以福州和厦门为个案》,《中国社会经济史研究》2007 年第 2 期。

林毅夫、胡书东:《中国经济学百年回顾》,《经济学(季刊)》2001 年第 1 卷第 1 期。

林毅夫:《小农与经济理性》,《农村经济与社会》1988 年第 3 期。

凌鹏:《近代华北农村经济商品化与地权分散——以河北保定清苑农村为例》,《社会学研究》2007 年第 5 期。

刘冰石:《农业机械化的面面观》,《金大农专》1935 年第 5 卷第 2 期。

刘端生:《嘉兴四三一二户农业经营的研究》,《中山文化教育馆集刊(夏季号)》1937 年第 4 卷第 2 期。

刘汉祥:《关于江西农业经营改制问题》,《农村》1934 年第 1 卷第 3 期。

刘培德:《中国农业机械化问题》,《协大农报》1941 年第 3 卷第 3 期。

刘秋根:《试论宋代官营高利贷资本》,《河北学刊》1989 年第

2 期。

刘王立明:《妇女与节制生育》,《东方杂志》1935 年第 32 卷第
　　1 号。

刘维奇、韩媛媛:《中国城乡资源流动与城乡互动关系研究——
　　以比较经济史为视角》,《现代经济探讨》2013 年第 10 期。

卢锡川:《新郑县唐河农村的调查》,《河南大学农学院院刊》
　　1930 年第 1 卷第 3 期。

陆国香:《苏北五县之高利贷》,《农行月刊》1934 年第 1 卷第
　　1 期。

罗必良:《提倡向农民学习——基于农民经济理性的经济学解
　　释》,《农村经济》2004 年第 8 期。

罗志田:《地方的近世史:"郡县空虚"时代的礼下庶人与乡里
　　社会》,《近代史研究》2015 年第 5 期。

罗子为:《中国农业经营合作化的途径》,《时代批评》1948 年第
　　5 卷第 102 期。

马保之等:《中国农具前途之展望》,《西南实业通讯》1945 年第
　　12 卷第 5—6 期。

马俊亚:《典当业与江南近代农村社会经济关系辨析》,《中国农
　　史》2002 年第 4 期。

马小勇:《理性农民所面临的制度约束及其改革》,《中国软科
　　学》2003 年第 3 期。

毛邦汉:《谈谈新农具的利益和购置的办法》,《苏农》1931 年第
　　2 卷第 2 期。

茅于轼:《理性和全面地看待民间借贷》,《中国科技投资》2011
　　年第 8 期。

南经庸:《湖北农村金融之建设与统治》,《中国经济评论》1934

年第 1 卷第 2 期。

倪养如:《无锡梅村镇及其附近的农村》,《东方杂志》1935 年第
　　32 卷第 2 号。

区昭文:《由美国底农业机械化讨论到我国现时能否农业机械
　　化》,《现代生产杂志》1935 年第 1 卷第 7 期。

区祖继:《把握农业集体化的时机(续)》,《大公报》(上海)1946
　　年 9 月 20 日。

潘光旦、费孝通:《科举与社会流动》,《社会科学》(北平)1947
　　年第 4 卷第 1 期。

潘鸿声:《中国农民资金之检讨》,《农林新报》1936 年第 13 年
　　第 16 期。

潘咏雷:《论大农制度不适用于中国》,《生活》(上海)1912 年
　　第 8 期。

彭南生、金东:《论费孝通的乡村工业思想》,《史学月刊》2010
　　年第 11 期。

彭起、周开慧:《改良农具以增工作效能由》,《浙江农业》1939
　　年第 5—6 期合刊。

彭心如:《最新简易农具之种类及其效用》,《中华实业界》1914
　　年第 11 期。

彭学沛:《大农经营制度和小农经营制度》,《晨报副刊·社会》
　　1926 年第 21 期。

起予:《大盂黄寨青龙镇三村访问记》,《新农村》1933 年第 3—
　　4 期。

千家驹:《抗战中的农村经济问题》,《中国农村》1939 年第 6 卷
　　第 2 期。

千家驹:《我们对于农业技术改良运动的态度》,《中国农村》

1936 年第 2 卷第 7 期。

钱实甫:《中国农业的"劳动不足"》,《独立评论》1932 年第 1 卷
　　第 16 号。

乔启明:《卜凯的中国农村经济》,《社会学刊》1931 年第 2 卷第
　　4 期。

秦晖:《传统与当代农民对市场信号的心理反应——也谈所谓
　　"农民理性"问题》,《战略与管理》1996 年第 2 期。

曲直生:《农具与农业》,《中国农民》1944 年第 4 卷第 1 期。

群一:《必须活跃农村借贷关系》,《晋绥日报》1946 年 9 月
　　28 日。

任树椿:《中国田赋之沿革及其整理之方案》,《东方杂志》1934
　　年第 31 卷第 14 号。

社论:《小农制何以盛行于中国,大农制何以盛行于俄美?》,
　　《农业周报》1933 年第 2 卷第 12 期。

沈其益:《近代农业机械化》,《科学世界》1935 年第 4 卷第
　　3 期。

沈文辅:《卜凯、刻替斯合著:中国农场管理学》,《中农月刊》
　　1943 年第 4 卷第 1 期。

沈志忠:《近代中美农机具事业交流与合作探析(1898—1948
　　年)》,《南京农业大学学报(社会科学版)》2010 年第 4 期。

沈宗瀚:《中国的土地利用》,《新经济·书评》1939 年第 1 卷第
　　7 期。

史家麒:《我国农业机械化问题之检讨》,《西南实业通讯》1941
　　年第 3 卷第 1 期。

史建云:《对施坚雅市场理论的若干思考》,《近代史研究》2004
　　年第 4 期。

宋洪远:《经济体制与农户行为》,《经济研究》1994 年第 8 期。

苏德森:《广西的一个农村经济调查》,《民间》1935 年第 2 卷第 8 期。

孙清波:《江苏省立农具制造所计划》,《农矿公报》1929 年第 7 期。

孙诗锦、龙秀清:《试论中世纪天主教会高利贷观念的嬗变》,《学术研究》2007 年第 6 期。

孙智君:《民国经济学家方显廷的农业经济思想及其现实意义》,《华中农业大学学报(社会科学版)》2007 年第 2 期。

汤德明:《小商品生产的梦呓——评费孝通等著〈人性和机器〉》,《理论与现实》1946 年第 3 卷 3 期。

汤惠荪:《农业经营与土地利用》,《地政月刊》1933 年第 1 卷第 12 期。

唐启宇:《农业机械对于生产及工作之影响》,《少年世界》1920 年第 1 卷第 12 期。

通信讨论组:《关于半封建社会的解释及其它》,《中国农村》1936 年第 2 卷第 10 期。

通讯讨论组:《关于大小经营的利弊》,《中国农村》1936 年第 2 卷第 6 期。

童润之:《都市与乡村》,《世界农村月刊》1947 年第 1 卷第 2 期。

统计局:《28 年来保定农村经济调查报告》,《中国农业合作史资料》1988 年增刊第 2 期。

万典武:《从"城""乡"对立论中国经济的症结及其出路》,《中国建设》1948 年第 6 卷第 1 期。

汪洪法:《我国农民负债之特质》,《文化建设》1936 年第 2 卷第 6 期。

王达三:《农村怎样可以自力更生——发展农村工业化》,《民间》1937 年第 3 卷第 19 期。

王方中:《旧中国农业中使用机器的若干情况》,《江海学刊》1963 年第 9 期。

王斐荪:《自耕农与集团农场》,《中国经济》1933 年第 1 卷第 1 期。

王观华:《新农具与农民》,《浙江农业推广》1936 年第 2 卷第 1 期。

王露璐:《"生存伦理"与"理性意识"的共生与紧张——二十世纪 20—40 年代苏南乡村地权关系的经济伦理解读》,《江苏社会科学》2007 年第 6 期。

王启美:《农具采用之基本观念》,《农林新报》1936 年第 13 年第 32 期。

王世桢:《一年来之合作事业》,《中农月刊》1947 年第 8 卷第 4 期。

王文钧:《中国农村金融之现状(四)》,《大公报》(天津)1934 年 6 月 20 日。

王毓铨:《中国农村副业的诸形态及其意义》,《中国经济》1935 年第 3 卷第 1 期。

王章昺:《农具篇》,《安徽实业杂志》1913 年第 4 期。

王章辉:《英国农业革命初探》,《世界历史》1990 年第 1 期。

王珍:《改良陕省农业意见书》,《秦钟》1920 年第 5 期。

魏悦:《关于高利贷资本的界定》,《探求》2005 年第 4 期。

温铁军等:《农村土地问题的世纪反思》,《战略与管理》1998 年第 4 期。

文军:《从生存理性选择到社会理性选择:当代中国农民外出就

业动因的社会学分析》,《社会学研究》2001 年第 6 期。

翁文灏:《中国人口分布与土地利用(续)》,《独立评论》1932 年第 1 卷第 4 号。

翁文灏:《中国人口分布与土地利用》,《独立评论》1932 年第 1 卷第 3 号。

巫宝三:《农业经济:农业机械化的展望》,《福建农业》1943 年第 3 卷第 10—12 期。

巫宝三:《乡村人口问题》,《独立评论》1935 年第 6 卷第 134 号。

吴承明:《中国近代农业生产力的考察》,《中国经济史研究》1989 年第 2 期。

吴承禧:《中国银行业的农业金融》,《社会科学杂志》1935 年第 6 卷第 3 期。

吴宏吉:《改良我国农业之管见》,《农业丛刊》1922 年第 1 卷第 1 期。

吴宏岐:《费孝通城乡社会研究的历史地理学视野》,《陕西师范大学学报(哲学社会科学版)》2010 年第 4 期。

吴景超:《发展都市以救济乡村》,《大公报》(天津)1934 年 9 月 9 日。

吴景超:《关于佃户的负担答客问》,《独立评论》1935 年第 7 卷第 168 号。

吴景超:《近代都市化的背景》,《清华学报》1933 年第 8 卷第 2 期。

吴景超:《提高生活程度的途径》,《独立评论》1934 年第 5 卷第 115 号。

吴景超:《中国的人口问题》,《独立评论》1936 年第 9 卷第

225 号。

吴景超:《中国农民生活程度与农场》,《新月》1932 年第 3 卷第 3 期。

吴景超:《中国手工业的前途》,《经济评论》1947 年第 1 卷第 20 期。

吴敏超:《1934—1935 年白银问题大讨论与法币改革》,《江苏社会科学》2007 年第 6 期。

吴士雄:《农场分类研究》,《中农月刊》1947 年第 8 卷第 10 期。

吴寿彭:《逗留于农村经济时代的徐海各属(续)》,《东方杂志》1930 年第 27 卷第 7 号。

吴相淦:《我国农业机械化实施方案》,《农业推广通讯》1945 年第 7 卷第 7 期。

吴毅:《传统的翻转与再翻转:新区土改中农民土地心态的建构与历史逻辑》,《开放时代》2010 年第 3 期。

吴知:《工农立国下中国乡村工业的新评价》,《大公报》(天津)1935 年 7 月 24 日。

吴知:《山东省棉花之生产与运销》,《政治经济学报》1936 年第 5 卷第 1 期。

咸金山:《中国近代机灌事业的发展》,《中国农史》1989 年第 2 期。

咸金山:《中国近代农机改良事业述评》,《中国农史》1989 年第 1 期。

萧灌恩:《复兴农村与农业机械化》,《校风》1935 年第 286 期。

萧双云:《我国农具今后之改进》,《政经学刊》1940 年第 1 卷第 1 期。

萧湘:《两年来成都区合作农场辅导工作之回顾与检讨》,《农场经营指导通讯》1944 年第 2 卷第 7—8 期。

萧正洪:《清代陕南的土地占有关系与农业经营》,《中国经济史研究》1994 年第 1 期。

肖玉琼:《19 世纪英国小农变化初探》,南京大学硕士学位论文,2015 年。

谢劲键:《中国佃种制度之研究及其改革之对策》,《中国经济》1933 年第 1 卷第 4—5 期。

熊性美、纪辛:《方显廷与〈中国之棉纺织业〉》,《南开经济研究》2012 年第 3 期。

徐天胎:《福建小农经营之初步研究》,《协大农报》1941 年第 3 卷第 2 期。

许涤新:《农村破产中底农民生计问题》,《东方杂志》1935 年第 32 卷第 1 号。

许庆等:《规模经济、规模报酬与农业适度规模经营——基于我国粮食生产的实证研究》,《经济研究》2011 年第 3 期。

薛暮桥:《怎样研究农村经济》,《中国农村》1934 年创刊号。

薛暮桥:《中国农村经济的新趋势》,《中国农村》1936 年第 2 卷第 11 期。

薛暮桥:《中国农村中的高利贷》,《中国农村》1936 年第 2 卷第 8 期。

薛暮桥:《中国农村中的基本问题》,《中国农村》1936 年第 2 卷第 1 期。

薛暮桥:《中国农村中的土地问题》,《中国农村》1936 年第 2 卷第 3 期。

薛暮桥:《中国现阶段的农业经营》,《中国农村》1936 年第 2 卷第 6 期。

薛晴、任左菲：《美国城乡一体化发展经验及借鉴》，《世界农业》
　　2014 年第 1 期。

严中平：《手工棉纺织业问题》，《中山文化教育馆季刊》1937 年
　　第 4 卷第 3 期。

杨开道：《我国农村生活衰落的原因和解救的方法》，《东方杂
　　志》1927 年第 24 卷第 16 号。

杨庆堃：《农村家庭工业运动的基本问题（续）》，《大公报》（天
　　津）1934 年 1 月 18 日。

杨蔚：《采用农业机械的合理化》，《大公报》（天津）1934 年 4
　　月 18 日。

杨蔚：《采用农业机械的合理化》，《农村经济》1934 年第 1 卷第
　　10 期。

杨学新、任会来：《卜凯问题研究述评》，《中国农史》2009 年第
　　2 期。

姚洋：《重新认识小农经济》，《中国合作经济》2017 年第 8 期。

叶非英：《中国农业经营论（上）》，《血路》1928 年第 1 卷第
　　8 期。

衣保中：《论近代东北地区的大农规模经济》，《中国农史》2006
　　年第 2 期。

易文彬：《城乡关系演变的历史与理论阐释》，《河南大学学报
　　（社会科学版）》2010 年第 3 期。

易仲芳：《南开经济研究所"学术中国化研究"（1927—1949）》，
　　华中师范大学博士学位论文，2013 年。

意檀：《农业推广工作的困难》，《中国农村》1937 年第 3 卷第
　　3 期。

殷一兵、汪和建：《论费孝通经济社会学的理论和方法——

对〈江村经济〉的意义及理论、方法的再省察》,《江海学刊》
1994 年第 1 期。

尹树生:《农业机器化与农具利用合作社》,《乡村建设》1937 年
第 6 卷第 13 期。

隐农:《介绍一个学农业经济的地方》,《大公报》(天津)1931
年 7 月 28 日。

游海华:《农民经济观念的变迁与小农理论的反思——以清
末至民国时期江西省寻乌县为例》,《史学月刊》2008 年第
7 期。

于传岗、秦致伟:《关于中国式适度规模经营农业界定标准探
析》,《农业经济》2017 年第 2 期。

余椿寿:《高利贷产生之原因及其影响》,《农林新报》1936 年第
13 年第 14 期。

余景德:《要救济中国农民不能用大农制度的意见》,《湖北省农
会农报》1922 年第 11 期。

余霖:《从山额夫人谈到人口问题》,《中国农村》1936 年第 2 卷
第 4 期。

余霖:《中国农业生产关系底检讨》,《中国农村》1935 年第 1 卷
第 5 期。

玉璧:《中国农业机械化刍议(续)》,《天地人》1936 年第 1 卷第
7 期。

虞振镛:《农具》,《中国华洋义赈救灾总会丛刊乙种》第 25 号,
1928 年版。

袁方:《城乡关系:敌乎? 友乎?》,《新路周刊》1948 年第 1 卷
第 6 期。

原颂周译:《卜凯教授论农人及推广》,《现代农民》1944 年第 7

卷第 6 期。

远:《河北省一个农村经济的调查》,《中国经济》1934 年第 2 卷
　第 8 期。

苑朋欣:《清末农业新政研究》,河北师范大学博士学位论文,
　2007 年。

张柏香:《整理田赋应规定农民生活最低限度》,《东方杂志》
　1935 年第 32 卷第 1 号。

张保丰:《战后农村集体经营之策进》,《新中华》1944 年第 2 卷
　第 7 期。

张德粹:《改革我国农制的基本认识》,《农场经营指导通讯》
　1945 年第 3 卷第 3—4 期。

张德粹:《合作农场之实施》,《浙大农业经济学报》1942 年第
　2 期。

张家炎:《环境、市场与农民选择——清代及民国时期江汉平原
　的生态关系》,〔美〕黄宗智主编:《中国乡村研究》第 3 辑,社
　会科学文献出版社 2005 年版。

张金銮:《论我国农业之亟宜改良》,《国立北京农业专门学校校
　友会杂志》1917 年第 2 期。

张镜予:《中国农民经济的困难和补救》,《东方杂志》1929 年第
　26 卷第 9 号。

张丽:《关于中国近代农村经济的探讨》,《中国农史》1999 年第
　2 期。

张利民:《城市史视域中的城乡关系》,《学术月刊》2009 年第
　10 期。

张培刚:《清苑的农家经济(中)》,《社会科学杂志》1936 年第 7
　卷第 2 期。

张士云等:《美国和日本农业规模化经营进程分析及启示》,《农业经济问题》2014 年第 1 期。

张寿浯:《农学论》,《农学报》1897 年第 4 期。

张腾发:《中国的都市与农村》,《农声月刊》1937 年第 210—211 期。

张维迎:《反思经济学》,《经济观察报》2014 年 4 月 29 日。

张峪嶭:《卜凯主编:中国土地利用》,《中农月刊》1942 年第 3 卷第 10 期。

章有义:《海关报告中的近代中国农业生产力状况》,《中国农史》1991 年第 2 期。

章有义:《近代中国人口和耕地的再估计》,《中国经济史研究》1991 年第 1 期。

赵葆全:《推行合作农场以促进中国农业机械化》,《中华农学会通讯》1947 年第 71—72 期。

赵凌云:《中国古代经济理论的辉煌与衰落》,《寻根》1999 年第 1 期。

赵清源:《中国农业经营问题及其解决之途径(上)》,《世界农村月刊》1948 年第 2 卷第 7 期。

赵泉民:《从"无差别的统一"到"对抗性"形成——基于新式教育兴起看二十世纪初期中国城乡关系演变》,《江苏社会科学》2007 年第 3 期。

赵晓阳:《解决农村经济问题的路径差异与思想根源——陈翰笙和卜凯经济思想比较研究》,《经济学动态》2014 年第 1 期。

郑槐:《我国目下之乡村借贷情形》,《农林新报》1936 年第 13 年第 16 期。

郑重:《略论农业规模经营问题》,《中国农村经济》1991 年第 12 期。

直隶省党部农民部:《直隶土地情形之报告》,《中国农民》1927 年第 2 卷第 1 期。

中华经济学会资料室:《我国北方各省经济调查》,《中国经济评论》1941 年第 3 卷第 2 期。

钟祥财:《二十世纪三四十年代中国的统制经济思潮》,《史林》2008 年第 2 期。

钟耀山:《我国农业机械化问题》,《新福建》1944 年第 6 卷第 2 期。

周彬:《中国农村经济性质问题的讨论》,《中国农村》1935 年第 1 卷第 9 期。

周诚:《农业规模经营问题断想》,《中国农村经济》1989 年第 4 期。

周立:《新型城乡关系与中国的城镇化道路——对城乡二元结构本质问题的再思考》,《人民论坛·学术前沿》2016 年第 8 期。

周其仁:《家庭经营的再发现》,《中国社会科学》1985 年第 2 期。

朱洪启:《二十世纪华北农具、水井的社会经济透视》,南京农业大学博士学位论文,2004 年。

朱天祜:《农具推广》,《川农所简报》1940 年第 24—25 期。

朱偰:《农村经济没落原因之分析及救济农民生计之对策》,《东方杂志》1935 年第 32 卷第 1 号。

宗良:《中国农业机械化》,《农之友》1947 年第 25—28 期。

宗秩:《希望农具工厂注意》,《农业推广通》1942 年第 4 卷第 4 期。

〔德〕姚诺尔:《苏联的国营农场与集体农场(二)》,《农业推广通讯》1942年第4卷第3期。

〔德〕姚诺尔:《苏联的国营农场与集体农场(续完)》,《农业推广通讯》1942年第4卷第4期。

〔德〕姚诺尔:《苏联的国营农场与集体农场(一)》,《农业推广通讯》1942年第4卷第2期。

〔美〕卜凯博士讲,唐希贤追记:《欧洲农业概观》,《农林新报》1933年第10年第32期。

〔美〕卜凯著,刘润涛译:《农业推广方法》,《农林新报》1935年第12年第26期。

〔美〕卜凯著,刘润涛译:《农业推广方法》,《农林新报》1935年第12年第26期。

〔美〕卜凯著,孙文郁译:《河北盐山县一百五十农家之经济及社会调查》,《金陵大学农林科农林丛刊》第51号,1929年版。

〔美〕卜凯著,孙文郁译:《中国目前应有之几种农业政策(未完)》,《农林新报》1934年第11年第5期。

〔美〕卜凯著,孙文郁译:《中国目前应有之几种农业政策(续)》,《农林新报》1934年第11年第6期。

〔美〕卜凯著,汪荫元译:《从农场管理上论中国农业机械》,《农场经营指导通讯》1945年第3卷1—2合期。

〔美〕卜凯著,翁绍耳译:《中国租佃问题》,《财政评论》1945年第13卷第3期。

〔美〕卜凯著,徐澄译:《芜湖附近一百零二农家之经济的及社会的调查》,《金陵大学农林科农林丛刊》第42号,1928年版。

〔美〕卜凯著,叶有琪译:《农业改良之意义》,《农业周报》1931年第1卷第14期。

〔美〕卜凯著,张履鸾译:《采用西洋农具应注意的几点》,《农林新报》1929 年第 186 期。

〔美〕黄宗智:《"家庭农场"是中国农业的发展出路吗?》,《开放时代》2014 年第 2 期。

〔美〕桑普逊著,张永懋译:《中国人口问题的世界观(续)》,《三民半月刊》1930 年第 4 卷第 12 期。

〔日〕今关常次郎著,〔日〕吉田森太郎译:《农业经济篇(卷下)》,《农学报》1901 年第 141 期。

〔英〕戴乐仁:《中国今日亟需兴办农村工业》,《农报》1934 年第 1 卷第 24 期。

〔英〕戴乐仁:《中国农村工业之亟需及倡办》,《大公报》(天津)1935 年 6 月 16 日。

# 三、外文文献

Fei, Hsiao-tung, *China's Gentry*, Chicago: University of Chicago Press, 1953.

Fong, H. D., "War-Time Economic Construction in China," *NanKai Social and Economic Quarterly*, 1940, Vol. XI, No1-2, January.

Stanton, Bernard F., *Agricultural Economics at Cornell, A History, 1900-1990*, Ithaca, New York: Cornell University, 2001.

Stross, Randall, *The Stubborn Earth: American Agriculturalists on Chinese Soil, 1898-1937*, Berkeley: University of California Press, 1986.

Trescott, Paul B., "H. D. Fong and the study of Economic Development,"*History of Political Economy*, 2002, Vol.34, No. 4.

Warren, G. F., *Farm Management*, New York: The Macmillan Company, 1914.

# 后　记

　　我整理完书稿后,总觉得还要唠叨几句话,以说明本书的主旨及由来。

　　中国历史的古近之变,犹如从老牛拉车变到过山车般魔幻。老牛拉车的时代是充满自信的,崇尚以农立国,坚如磐石。不过,到明末,似乎开始出现稍显异样的苗头。随着西方传教士来华以及带来那里的器物,明人表示出好奇乃至欣赏的心态。以农具而言,不仅有了介绍西洋农具的专书,而且中国农学家对西洋农具的精巧发出"甲于古今""其法至便"的感叹,这是否也就意味着对秦汉以来本土农具形制的长期不变有了某种怀疑呢?当然,在外国列强入侵以前,中国为大一统王朝,实力高居世界之首,间有外力威胁也远不能撼动其根基。在此情况下,立足于"华夏中心观",国人对国内一切事物、制度充满了自信,鲜有自我矮化的情绪。

　　鸦片战争特别是甲午战争后,列强的坚船利炮让中国陷入风云突变的过山车时代,也即数千年未有之变局。经受强烈的厮杀刺痛和与西方比较之后,国人觉得自己出了大问题,于是以前的优越感变为自卑感,被迫转向学习西方,"师夷之长技以制夷"，开始产生救亡图存的民族主义意识。在这一历史背景和自省逻辑之下，一切原本不是问题的都成了问题，一切本土传统都成为中国落后的根源，传统逐渐沦为愚昧、保守、腐朽的代名词，而西学或现代化却愈益成为中国社会追求的主流。尤其是在器物层面上，西方标准成了中国标准，传统与现代几乎完全对立化了。

中国向西方学习的现代化进程，始于军事工业，而后，城市的工业、商业、金融、交通等等成为现代化的桥头堡。尽管如此，乡村仍是中国绝大多数人生产生活之地，其重要性并未发生质的改变，因而乡村的未来命运、乡村现代化的前途始终受到社会各界仁人志士的关注和研究。他们和主流思潮一样，对传统小农经济予以否定，主张学习西方发达国家，使用现代的机械工具、技术手段，组织规模经营，实现乡村农业、工业、商贸、金融的现代化。当然，在具体路径上，基于地位、学识、境遇的不同他们有不同意见的争论，形成经济话语百舸争流之局面。在实践层面，朝野上下、民间团体、高等院校、企业等都参与了这一现代化事业，也取得了一些成绩，但远未达到预期目标，乡村现代化不过是零星之迹象而已，它仍是一个局限于思想上、主张上的现代化，传统小农经济的继续延续才是乡村历史的真正面相。也正因为如此，有的学者对以机械化为主的农业现代化路径的追求提出了质疑，也即一味仿效欧美是否脱离了中国已有的社会经济基础，大机器是否适合人口众多的中国农业，乡村手工业是否仍有继续存在的价值？总之，问题的焦点在于传统小农经济是否还有继续发挥作用的生命力。无疑，这种观点的声音在当时是相当微弱的。对以上各家各派的言论，不管是否符合历史社会经济的需求，皆有其话语史、认识史之价值。即便如今为人诟病的传统现代二元对立观点,它也往往是历史时代追求进步的产物,理应得到后人的一份敬意。当然,对于那些呈现传统和现代的复杂关系,试图挖掘传统小农价值的低音,也许更值得我们咀嚼。传统才是支撑中国历史进程的潜流,传统才是中国乡村乃至中华文明未曾中断的根基。今天,中国经济日新月异,但乡村前途、乡村发展道路仍不能说完全清晰,大多数争论似乎仍处在近代历史的延长线上,所谓历史并不遥远,也正在于此。如何将眼光既聚焦于当下,又不忘回望所来的历史,汲取思想史的智慧,建立一个传统与现代相融合的健康模式,仍是需要深思的问题。

本书各篇较为集中地呈现了近代中国的乡村经济话语,特别是对清末民国时期中国乡村经济走向和前途的论争。一方面,涉及中国乡村生产要素和经营方式问题;另一方面,是对乡村经济整体较为宏观的认识,当然二者是不能截然分开的。其中,个别文章并非专门针对清末民国时期乡村经济问题的论争而撰写,但对这一主题也有较多反映,于是就纳入进来,以丰富对此问题的全面理解。各篇章内容都在期刊发表过,现按本书目录顺序做 罗列,以方便读者查阅:1.《题同释异:中国近代农民何以贫困》,《江海学刊》2013 年第 1 期;2.《近代中国耕地"红线"之争》,《人文杂志》2017 年第 3 期;3.《机械与机械化:近代中国农业现代化的共识及忧虑》,《社会科学战线》2024 年第 5 期;4.《大农与小农:清末民国时期中国农业经营规模的论争》,《近代史研究》2021 年第 5 期;5.《毁灭与重生的纠结:二十世纪三四十年代中国农村手工业前途之争》,《江海学刊》2015 年第 1 期;6.《释"高利贷":基于中国近代乡村之考察》,《社会科学战线》2016 年第 9 期;7.《求利抑或谋生:国际

视域下中国近代农民经济行为的论争》,《史学集刊》2015 年第
3 期；8.《洋学者与中国的相遇：卜凯农村调研的西学意识与比
较意识》,《广东社会科学》2024 年第 2 期；9.《"研究清楚才动
手"：二十世纪三四十年代费孝通的农村经济思想》,《近代史研
究》2014 年第 4 期；10.《"相成相克"：二十世纪三四十年代费
孝通的城乡关系论》,《中国社会科学》2020 年第 2 期；11.《"土
货化"经济学：方显廷及其中国经济研究》,《近代史研究》2016
年第 4 期；12.《早期中国马克思主义学者对农村经济的主张》,
《近代史研究》2017 年第 5 期。这次对个别错漏之处,做了更
正。借本书出版之机,对所有为之付出辛劳的朋友表示敬意和
感谢。

我近四十年的治史经历,一直以中国近代乡村社会经济史
的实证研究为主,大概在 2010 年以后才开始关注中国近代经
济思想尤其是乡村经济思想的研究。这一学术转向,2020 年
我在接受《历史教学》采访的访谈稿《乡村研究是理解中国近
代社会变迁的基石》里有所述及。其实,并不是我对思想史不
感兴趣,而是不敢轻易涉猎这个领域。我早就有一个不成熟的
想法,即应该先对历史上的社会实际进行研究,才有条件、有底
气探究思想史。否则,思想言说由何而来,是符合历史实际还
是超前或滞后于历史实际,就没有充分的依据来加以判断。后
来看到大史学家何炳棣先生《读史阅世六十年》中的一段话,
更加坚定了这个看法。他说他一生治学的"保命"之源,"在自
始即有自知之明：我的资质和训练不宜过早从事思想史的研
究,必须长期在经济、社会、政治、制度、文化诸史知识达到合
理最低必需的深广度以后,才有能力钻研思想史；否则势必陷
于过空、过迂或过浅,只能看到表面,不能窥探思想流派的深层

意识"。何先生是何等资质的大师,他的经验之谈对我们应该具有重大的指导意义。当然,万事不可一刀切,如果有人确有既通晓历史实际又敏于思想雄辩之才,一开始就进入思想史研究领域则是令人羡慕的。但本人愚钝,只能先做经济史的具体研究,再涉足经济思想史(尽管经济史里面不可能没有经济思想)。本书各篇即是我进入这一领域十数年的一点成果。

这些研究是否达到了我所期望的思想与历史的互动,是否对先贤的表达及其论争作出合理的判断和解释,还很难说,热诚期待方家不吝赐教。

2025 年 1 月 8 日